全国高等院校新能源专业规划教材

全国普通高等教育新能源类"十三五"精品规划教材

新能源技术经济学

Technological Economics for New Energy

主　编　杨　晴

副主编　王丽丽　钟淋涓　岳建芝　李佳硕

·北京·

内　容　提　要

本书是为新能源类本科生专业课程编写的教材。全书由绪论、经济评价的基本要素、经济评价的基本方法、不确定性与风险分析、基于热力学定律的能源有效利用的分析方法、新能源建设项目可行性研究、新能源系统全生命周期分析方法、能源可持续发展与项目后评价和新能源技术经济预测等 9 章构成，其内容符合新能源类本科生能源经济学教学的基本要求。

本书取材新颖，内容丰富，既可作为普通高等院校专业学生的教材，亦适合于能源及其相关行业的从业人员阅读参考。

图书在版编目（ＣＩＰ）数据

新能源技术经济学 / 杨晴主编. -- 北京：中国水利水电出版社，2018.1(2024.4重印)
全国高等院校新能源专业规划教材　全国普通高等教育新能源类"十三五"精品规划教材
ISBN 978-7-5170-6145-8

Ⅰ. ①新… Ⅱ. ①杨… Ⅲ. ①新能源－能源经济学－高等学校－教材 Ⅳ. ①F407.2

中国版本图书馆CIP数据核字(2017)第324342号

	全国高等院校新能源专业规划教材 全国普通高等教育新能源类"十三五"精品规划教材
书　　名	**新能源技术经济学** XINNENGYUAN JISHU JINGJIXUE
作　　者	主　编　杨　晴 副主编　王丽丽　钟淋涓　岳建芝　李佳硕
出版发行	中国水利水电出版社 （北京市海淀区玉渊潭南路1号D座　100038） 网址：www.waterpub.com.cn E-mail：sales@mwr.gov.cn 电话：（010）68545888（营销中心）
经　　售	北京科水图书销售有限公司 电话：（010）68545874、63202643 全国各地新华书店和相关出版物销售网点
排　　版	北京时代澄宇科技有限公司
印　　刷	清淞永业（天津）印刷有限公司
规　　格	184mm×260mm　16开本　17.75印张　415千字
版　　次	2018年1月第1版　2024年4月第2次印刷
印　　数	3001—4500册
定　　价	**54.00元**

凡购买我社图书，如有缺页、倒页、脱页的，本社营销中心负责调换
版权所有·侵权必究

丛书编委会

顾　　问　褚君浩（中国科学院上海技术物理研究所）
　　　　　徐建中（中国科学院工程热物理研究所）
　　　　　贺德馨（中国风能协会）
　　　　　刘吉臻（华北电力大学）
　　　　　杨德仁（浙江大学）
　　　　　张百良（河南农业大学）
主　　任　杨勇平（华北电力大学）
副 主 任　戴松元（华北电力大学）
　　　　　陈汉平（华中科技大学）
　　　　　黄志高（福建师范大学）
　　　　　汪建文（内蒙古工业大学）
委　　员　（按姓氏笔画排序）
　　　　　王　谦（江苏大学）
　　　　　王少清（济南大学）
　　　　　王景甫（北京工业大学）
　　　　　田　德（华北电力大学）
　　　　　邢作霞（沈阳工业大学）
　　　　　许　昌（河海大学）
　　　　　孙后环（南京工业大学）
　　　　　李　岩（东北农业大学）
　　　　　李　涛（青海师范大学）
　　　　　杨　晨（重庆大学）
　　　　　杨世关（华北电力大学）
　　　　　陈　荐（长沙理工大学）
　　　　　林　鹿（厦门大学）
　　　　　周建斌（南京林业大学）
　　　　　周继承（中南大学）
　　　　　钱　斌（常熟理工学院）

丛 书 前 言

总算不负大家几年来的辛苦付出，终于到了该为这套教材写篇短序的时候了。

这套全国高等院校新能源专业规划教材、全国普通高等教育新能源类"十三五"精品规划教材建设的缘起，要追溯到 2009 年我国启动的国家战略性新兴产业发展计划，当时国家提出了要大力发展包括新能源在内的七大战略性新兴产业。经过不到十年的发展，我国新能源产业实现了重大跨越，成为全球新能源产业的领跑者。2017 年国务院印发的《"十三五"国家战略性新兴产业发展规划》，提出要把战略性新兴产业摆在经济社会发展更加突出的位置，强调要大幅提升新能源的应用比例，推动新能源成为支柱产业。

产业的飞速发展导致人才需求量的急剧增加。根据联合国环境规划署 2008 年发布的《绿色工作：在低碳、可持续发展的世界实现体面劳动》，2006 年全球新能源产业提供的工作岗位超过 230 万个，而根据国际可再生能源署发布的报告，2017 年仅我国可再生能源产业提供的就业岗位就达到了 388 万个。

为配合国家战略，2010 年教育部首次在高校设置国家战略性新兴产业相关专业，并批准华北电力大学、华中科技大学和中南大学等 11 所高校开设"新能源科学与工程"专业，截至 2017 年，全国开设该专业的高校已超过 100 所。

上述背景决定了新能源专业的建设无法复制传统的专业建设模式，在专业建设初期，面临着既缺乏参照又缺少支撑的局面。面对这种挑战，2013 年华北电力大学力邀多所开设该专业的高校，召开了一次专业建设研讨会，共商如何推进专业建设。以此次会议为契机，40 余所高校联合成立了"全国新能源科学与工程专业联盟"（简称联盟），联盟成立后发展迅速，目前已有近百所高校加入。

联盟成立后将教材建设列为头等大事，2015 年联盟在华北电力大学召开了首次教材建设研讨会。会议确定了教材建设总的指导思想：全面贯彻党的教育方针和科教兴国战略，广泛吸收新能源科学研究和教学改革的最新成果，认真对标中国工程教育专业认证标准，使人才培养更好地适应国家战略性新兴产业的发展需要。同时，提出了"专业共性课＋方向特色课"的新能源专业课程体系建设思路，并由此确定了教材建设两步走的计划：第一步以建设新能源各个专业方向通用的共性课程教材为核心；第二步以建设专业方向特色课程教材为重点。此次会议还确定了第一批拟建设的教材及主编。同时，通过专家投票的方式，选定中国水利水电出版社作为教材建设的合作出版机构。在这次会议的基础上，联盟又于 2016 年在北京工业大学召开了教材建设推进会，讨论和审定了各部教材的编写大纲，确定了编写任务分工，由此教材正式进入编写阶段。

按照上述指导思想和建设思路，首批组织出版 9 部教材：面向大一学生编写了《新能源科学与工程专业导论》，以帮助学生建立对专业的整体认知，并激发他们的专业学习兴趣；围绕太阳能、风能和生物质能 3 大新能源产业，以能量转换为核心，分别编写了《太阳能转换原理与技术》《风能转换原理与技术》《生物质能转化原理与技术》；鉴于储能技术在新能源发展过程中的重要作用，编写了《储能原理与技术》；按照工程专业认证标准对本科毕业生提出的"理解并掌握工程管理原理与经济决策方法"以及"能够理解和评价针对复杂工程问题的工程实践对环境、社会可持续发展的影响"两项要求，分别编写了《新能源技术经济学》《能源与环境》；根据实践能力培养需要，编写了《光伏发电实验实训教程》《智能微电网技术与实验系统》。

首批 9 部教材的出版，只要这套系列教材建设迈出的第一步。在教育信息化和"新工科"建设背景下，教材建设必须突破单纯依赖纸媒教材的局面，所以，联盟将在这套纸媒教材建设的基础上，充分利用互联网，继续实施数字化教学资源建设，并为此搭建了两个数字教学资源平台：新能源教学资源网（http：//www.creeu.org）和新能源发电内容服务平台（http：//www.yn931.com）。

在我国高等教育进入新时代的大背景下，联盟将紧跟国家能源战略需求，坚持立德树人的根本使命，继续探索多学科交叉融合支撑教材建设的途径，力争打造出精品教材，为创造有利于新能源卓越人才成长的环境、更好地培养高素质的新能源专业人才奠定更加坚实的基础。有鉴于此，新能源专业教材建设永远在路上！

丛书编委会
2018 年 1 月

本 书 前 言

能源是经济和社会发展的重要物质基础。由于人类对自然系统中化石能源资源的密集开发和大量消耗，当今世界面临着能源紧缺与环境压力的双重挑战，尤其是化石能源消耗过程中释放的大量温室气体已经对全球气候产生了不可逆转的影响，发展清洁、低碳、可再生的新能源成为人类社会实现可持续发展的必然选择。一方面，以生物质能、太阳能、风能、地热能等为代表的新能源产业得到了全球范围内的快速发展；另一方面，包括新能源理论研究、技术开发、经济研究、环境生态影响研究等在内的新能源学科系统正在逐步形成，新能源的本科教育在国内外众多高等院校也方兴未艾，但有关新能源学科的教材编写还处于相对滞后的状态，尤其是如何从经济学角度去分析新能源系统的相关教材尤其匮乏。而新能源系统的经济性是制约新能源产业发展的关键因素。

为适应新能源产业的快速发展，满足培养新能源相关人才的迫切需求，本书是以新能源学科的发展为契机，结合经济学、管理学、生态学、环境、资源等学科优势，并综合生态、环境、政策等多种因素，形成的有别于传统能源经济学的新能源经济学教材。本书取材新颖，内容丰富，既可作为普通高等院校专业学生的教材，亦适合于能源及其相关行业的从业人员阅读参考。

本书由华中科技大学杨晴担任主编，参加编写的作者分工如下：第 1 章、第 2 章和第 4 章由河海大学钟淋涓编写；第 3 章由河南农业大学岳建芝编写；第 5 章由华中科技大学杨晴编写；第 6 章～第 9 章由东北农业大学王丽丽编写，杨晴对其中部分章节提供了案例分析内容；华中科技大学李佳硕负责大部分章节习题的编写，并对第 1 章、第 2 章和第 4 章的修改提出了很多有用的意见。杨晴作为主编负责全书编写过程的统筹安排和各个章节的修改定稿。

中国水利水电出版社对本书的出版给予了大力支持，华中科技大学陈汉平教授对本书的主要思路、侧重点进行了指导，华北电力大学牛东晓教授对本书的结构提出了宝贵意见，在此一并致谢。

由于编者水平有限，且新能源学科涉及面广、发展迅速，书中难免疏误和不足之处，欢迎读者批评指正。

作者
2017 年 12 月

目　　录

丛书前言
本书前言
第1章　绪论 ·· 1
　1.1　技术与经济的关系 ··· 1
　1.2　技术经济学的含义及主要内容 ··· 4
　1.3　技术经济分析的一般过程 ·· 5
　1.4　新能源技术与项目进行经济评价的重要意义 ·· 6
　思考题 ·· 6
　参考文献 ·· 7
第2章　经济评价的基本要素 ·· 8
　2.1　经济效果 ··· 8
　2.2　现金流量 ··· 11
　2.3　投资与资产 ··· 14
　2.4　固定资产折旧 ·· 15
　2.5　成本 ··· 17
　2.6　税金与税收 ··· 19
　2.7　销售收入、利润和利润率 ·· 21
　2.8　资金时间价值及其等值计算 ··· 22
　思考题 ·· 27
　参考文献 ·· 29
第3章　经济评价的基本方法 ·· 30
　3.1　经济评价方法和指标的分类 ··· 30
　3.2　投资回收期法 ·· 31
　3.3　净现值法 ··· 33
　3.4　内部收益率法 ·· 35
　3.5　其他效率型指标 ··· 37
　3.6　经济评价指标和方法的选择 ··· 39

思考题 ·· 45
　　参考文献 ·· 46

第4章　不确定性与风险分析 ·· 48
4.1　不确定性与投资风险概述 ·· 48
4.2　盈亏平衡分析 ·· 49
4.3　敏感性分析 ·· 51
4.4　概率分析 ·· 54
　　思考题 ·· 56
　　参考文献 ·· 57

第5章　基于热力学定律的能源有效利用的分析方法 ·································· 58
5.1　基于热力学第一定律的能源有效利用分析方法 ································ 58
5.2　基于热力学第二定律的㶲分析法 ·· 66
　　思考题 ·· 70
　　参考文献 ·· 70

第6章　新能源建设项目可行性研究 ·· 72
6.1　项目可行性研究概述 ·· 72
6.2　市场预测与项目建设规模 ·· 77
6.3　原材料、能源及公用设施分析 ·· 80
6.4　厂址选择 ·· 81
6.5　工艺设备和技术的选择 ·· 84
6.6　环境影响评价 ·· 85
6.7　投资估算与资金筹措 ·· 85
6.8　建设项目财务评价 ·· 87
6.9　国民经济评价 ·· 89
6.10　新能源工程项目可行性研究案例 ··· 92
　　思考题 ·· 144
　　参考文献 ·· 145

第7章　新能源系统全生命周期分析方法 ·· 146
7.1　全生命周期分析方法概述 ·· 146
7.2　评价目标和评价范围的确定 ·· 149
7.3　生命周期清单分析 ·· 150
7.4　生命周期影响评价 ·· 152
7.5　生命周期影响评价结果解释 ·· 154
7.6　LCA在新能源系统中的应用 ·· 155
　　思考题 ·· 176

  参考文献 ··· 177

第 8 章　能源可持续发展与项目后评价 ································· 180
 8.1　可持续发展的内涵与项目可持续发展 ····························· 180
 8.2　项目可持续发展评价 ·· 182
 8.3　项目后评价 ·· 203
  思考题 ··· 216
  参考文献 ··· 219

第 9 章　新能源技术经济预测 ·· 220
 9.1　技术经济预测概述 ··· 220
 9.2　新能源技术经济预测的方法及应用 ································· 227
  思考题 ··· 270
  参考文献 ··· 270

第1章 绪论

新能源技术经济学是一门利用经济学理论及分析方法,研究新能源技术规划方案、技术政策和技术措施等经济效果,新能源技术与经济相互促进以及新能源技术创新与经济增长之间的相互关系,从而实现新能源技术在资源中的最佳分配,促进新能源技术与经济协调发展的学科。在资源约束、环境恶化的经济发展条件下,能源与环境问题愈发突出。新能源技术经济学的研究需要围绕如何在有限的投资约束下实现能源与环境协调发展的问题展开。在此之前,需先了解技术与经济的关系、技术经济学的含义及主要内容、技术经济分析的一般过程以及技术经济分析的程序。

1.1 技术与经济的关系

1.1.1 技术与经济的概念及相互关系

1.1.1.1 技术与经济的概念

1. 技术的概念

技术发展的历史,就是人类社会发展的历史。在古希腊,亚里士多德曾把技术看作人们在生产活动中的技艺或能力。18世纪末,法国科学家狄德罗指出:"技术是为某一目的共同协作组成的各种工具和规则体系"。这些定义的要点是:①技术是"有目的的";②技术实现是通过广泛"社会协作"完成的;③技术存在两种表现形式,即"工具"或硬件,"规则"或软件;④技术是成套的"知识体系"。到20世纪90年代,关于技术的简单维度界定,已经被更复杂、涵盖各种不同要素的理解所代替,今天技术更多地被定义为硬件、软件、组件(organization - ware)、才件(human - ware)以及其他无形资产之间相互作用的结果。

狭义的技术一般是指劳动工具的总称或指人们从事某种活动的技能。广义的技术是指把科学知识、技术能力和物质手段等要素结合起来所形成的一个能够改造自然的运动系统,是在解决特定问题中体现的有机整体。由此,技术是人类在认识自然和改造自然的实践中,按照科学原理及一定的经验需要和社会目的而发展起来的、用以改造自然的劳动手段、知识、经验和技巧。它包括实验技术、生产技术、服务技术、管理技术,具体表现为硬技术与软技术的统一所组成的多要素、多层次的复杂体系。

硬技术即物质形态的技术,或称物化的科学技术,主要指机器、设备、基础设施等生产条件和工作条件,泛指人们在劳动过程中用以改变或影响劳动对象的一切物质资料,其基础与核心是劳动工具。

软技术指知识形态的技术，体现为工艺规程、制造方法与技术、生产程序、资料与信息、经验、技巧、生产组织和管理能力等。没有先进的软技术，硬技术便不可能发挥应有的作用。软、硬技术融为一体，相辅相成地配合发展，才可能推动技术进步和加速经济发展。

2. 经济的概念

经济是一个多义词。在中国古代，经济作"经世济民"理解，其含义是治理国家。由于其使用的角度不同，现代社会对经济作不同的理解。其一，用作"国民经济"时，是指社会再生产的整个过程，包括生产、交换、分配、消费等经济活动；或作国民经济的组成理解，如农业经济、工业经济等。其二，用作"经济基础"时，是指社会生产关系的总和，是政治、思想意识等上层建筑赖以建立起来的经济基础。其三，用作"经济不经济"时，是指节约或节省，含效益之意。依其活动范畴与运行机制，经济又可划分为宏观经济与微观经济，也可进一步划分为宏观经济、中观经济（准宏观经济）及微观经济三个层次。

1.1.1.2 技术与经济的相互关系

1. 技术与科学的关系

技术与科学是相互区别而又相互联系的，技术既是人类有目的地改造自然的手段，又是改造自然的产物，在本质上反映着人对自然的能动关系，它与科学不属于同一概念。科学是关于自然、社会和思维的知识体系，科学的任务是认识客观世界；技术的任务是改造客观世界。科学回答的是"是什么""为什么"；技术回答的是"做什么""怎样做"；科学提供物化的可能，技术提供物化的现实；科学是发现，技术是发明；科学是创造知识的行为，技术是综合应用知识与需要的活动。

2. 科学技术与经济的关系

当前"科学技术是第一生产力"这一论点已被世界各国所接受，并得到高度重视，科技因素在现代经济增长中已经比劳动、资本两大传统要素更为重要。科学技术的发展不仅改变了生产力的水平、规模和结构，也是经济发展的强大推动力量。科学技术提高了劳动力的素质、改革了生产工艺、提高了生产设备的技术水平和生产经营管理水平，为经济增长提供了可能性。西方国家战后经济迅速发展的推动力以及德国、日本从废墟中重新崛起的动力源，都是不断进步的科学技术。改革开放后我国经济的腾飞，也得益于大力发展科学技术。毫无疑问，现代科学技术已成为影响经济增长速度的决定性因素。

经济学家丹尼森、肯法里克等认为科技进步的内容取决于知识进展、要素质量、结构转变、规模经济和其他不规则因素等五个因素。很多经济学家深入研究后一致认为：科技进步对经济增长的贡献率可达到66%。此外，科学技术的发展提高了劳动生产率和生产社会化程度，使资本积累不断增加，从而推动世界各大型企业设备的自动化、精密化、高效化与大型化。生产规模扩大，加强了企业内部协作和生产专业化，进而推动了经济增长。

科学技术的发展使世界经济形成了多极化的格局，一些经济学家经过长期研究证明：一个国家的经济越发展，其依靠科技进步提高劳动生产率的程度越明显。20世纪初，发达国家依靠科技进步将劳动生产率提高了5%~20%，而目前已达60%~80%。经济一体化和区域集团化，使世界走向了多极化，新的政治和经济格局的形成主要取决于各国的综合国力。当前，世界经济正从工业经济向信息经济转变，世界经济格局变更的周期在加快，以前经济落后的国家，有更多的经济起飞的机遇，事实证明：通过科学技术的革新，一两个相对处于劣势的国家短期内"跃进式"高速发展经济并超过某些先进国家是完全可能的。

3. 技术与经济关系的表现形式

(1) 不同的经济概念与技术关系的不同表现形式。技术和经济是相互促进相互影响的。由于对经济的概念有不同的理解，因此，技术与经济的关系亦可表现为不同的形式。

1) 将"经济"理解为"国民经济"时，技术与经济的关系表现为科技进步与经济发展的关系。

2) 将"经济"理解为"经济基础"时，技术与经济的关系表现为生产力与生产关系的关系，这种关系在政治经济学中有专门的论述。

3) 将"经济"理解为"节省、节约"时，技术与经济的关系表现为科技活动与经济可行性的关系。

科学技术活动的直接任务是产生知识或科技成果，其首要特征是探索性与创新性。新现象的发现，新规律的揭示，新概念的建立，新事物的发明，新产品、新工艺的研制及其商品化，不断提高着人们认识自然与改造自然的能力，并成为创造社会财富的工具与手段。但是科技活动既是科技成果的发明创造过程，又是生产要素组合的投入产出过程，必须投入相应的人力、物力和财力，才能保证科技活动的正常进行，而且其所需要的投入随技术研究、开发、应用的进程不断增大。据统计分析，科学理论研究、技术开发到产品研制和发展这三个阶段的投资比值为1：10：100。高新技术的研究更需要投入巨额资金。一方面，当国家经济落后、企业资金不足时，就缺乏财力支撑科技发展，企业也缺乏对科技的需求拉力。另一方面，从经济发展角度看，经济活动的基本任务是发展生产，保证供给，其首要特征是讲求经济效益，投入的可行性和产出的效益性是筹划经济活动首要考虑的问题。经济持续稳定地发展，必须以经济效益为中心，以科技进步为动力，以不断增强综合国力和改善人民生活为目的，实行注重效益、优化结构、提高质量、稳定增长的经济发展战略。对企业来说，其基本任务是向市场提供适销对路的产品以满足社会不断增长的物质文化生活的需求，并以此获得利润。作为自主经营、自负盈亏、自我发展、自我约束的经济实体，在采纳新技术时，客观上必然要求技术先进性与经济合理性的统一。具备投资能力是企业应用科技成果的重要条件，提高经济效益是企业采用先进技术的动因和目的。

(2) 相互制约和矛盾。由于科技与经济的不同特性，使它们在一定的背景下，又具有相互制约和矛盾的一面。具体表现在：

1) 技术研究、开发、应用与经济可行性的矛盾。缺乏足够的资金，就不能进行重大领域的科学研究或引进消化他人的先进技术。直观理解这是经济对技术的制约，从后果分析，将使技术与经济陷入双重落后的困境。

2) 技术先进性与适用性的矛盾。技术的先进性反映其水平和创新程度，这是科研部门所追求的；技术的适用性则表示技术适应生产与市场需要的程度，这是企业所要求的。

先进的技术不一定适用，适用的技术不一定最先进。人们固然希望技术越先进越好，但它只有在对使用者适用、被使用者掌握、具有增值价值的使用价值时，才会受到青睐，否则不可能发挥其先进性的作用，并将在闲置中随科技进步与经济环境的变化而贬值。特别是在市场经济条件下，技术成为商品，如果技术研究与开发脱离了市场需求，不可能实现其自身价值与使用价值。

3) 技术效益的滞后性及潜在性与应用者渴望现实盈利的矛盾。技术成果的应用会带来超额利润，但其应用有一个吸收、消化、创新的过程，不一定会立竿见影地带来效益；而投资者期望尽快得到资金回报，可能另辟蹊径将资金另作他用，从而使技术得不到应用。投资者当然也可能由于舍弃先进技术的应用而造成机会成本的损失。

4) 技术研究开发应用效益与风险的矛盾。技术研究开发应用的效益与风险是并存的，研究开发应用一旦成功，就会因掌握了技术与市场的领先优势而赢得超额利润。但研究开发应用过程也充满风险，包括技术选择失策、开发失败、时机滞后、技术供求关系变化、竞争失利、技术应用达不到预期效益等。有时人们因畏于风险而放弃新技术的开发应用，也可能因此而失去创新发展的机遇。

5) 技术研究开发应用成本与新增效益的矛盾。技术越先进，往往支付的代价越高昂，从而出现支付成本与预期效益的矛盾，先进技术开发应用的成本一定要低于预期效益，否则再先进的技术也难以推广应用。

从技术与经济的关系可以看出，技术与经济实际上是矛盾的关系，技术与经济之间，既互相促进、互相依赖，又互相制约，而且，随着条件的变化，其关系处于不断地变化和运动之中。技术与经济的这种矛盾关系，正是技术经济学的研究对象。

1.2 技术经济学的含义及主要内容

技术经济学是研究技术与经济相互关系的一门科学，也是研究技术与经济最佳统一规律及其实现形式和方法的科学，具体来说，它是专门研究技术方案（技术方案是指以技术为基础，由人力、物力、财力、运力、自然力和时力组成的，为达到某种目的和满足某种需要的一种有机组合）经济效益和经济效率问题的科学。技术经济分析是对不同技术方案的经济效果进行计算、分析、评价，并在多种方案的比较中选择最优方案（包括计划方案、设计方案、技术措施和技术政策）。因此，技术经济分析的结果可以作为选择方案和进行决策的依据。

技术经济学的研究范围极广，既有涉及整个国民经济的带有全局性的经济效果的研究，又有对某一企业、某一工程或某一科研项目的经济效果的研究。技术经济学的研究任务是正确地认识和处理技术和经济之间的关系，寻找技术经济的客观规律，探索技术和经济之间的合理关系，包括最佳关系和协调关系，具体包括以下三个部分：

(1) 研究技术经济评价和综合评价理论和方法。其一是研究共同的评价理论和方法；其二是针对不同技术，研究不同的评价理论和方法。这两种研究相互促进，相辅相成。有了理论和方法，规划设计、生产运行和经济管理等部门就能够根据各种具体情况来解决各种具体的技术经济问题。

(2) 从总的技术经济分析论证出发，寻找国内外技术发展的客观规律以及技术进步与经济增长的相互关系和发展规律。

(3) 研究解决实际技术经济问题，特别是因素复杂、综合性很强的重大技术经济问题，提出具体结论和建议，指导实际应用。

技术经济分析的主要内容包括：①认真做好市场需求预测和拟建规模的调查工作，为确定项目提供决策依据；②认真做好项目布局、厂址选择的研究工作；③认真做好工艺流程的确定和设备的选择工作；④认真做好项目专业化协作的落实工作；⑤认真做好项目的经济效果评价和综合评价工作。确定项目的各项货币（投资、经营费用或生产成本等）和实物指标是进行技术经济分析的重要前提，对各项数据指标质量都有着较高的要求。技术经济分析要将定性分析和定量计算结合起来，对每一个项目都要进行全面的、综合性的研究和分析，既要在技术上做到可行、先进，又要在经济上做到有利、合理。

1.3 技术经济分析的一般过程

技术经济分析是对各种可行的项目技术方案进行综合分析、计算、比较和评价，全面衡量项目技术方案的经济效果，以此做出最优选择，为项目技术方案决策提供科学依据。技术经济分析的一般过程主要有以下步骤：

(1) 确定项目技术方案的目标。项目技术方案的目标是指项目最终要实现的功能。确定项目技术方案的目标和要求是进行技术经济分析的首要步骤，也是技术经济分析中非常重要的环节之一。如果目标设定错误，就会导致投资和建设失败，带来重大的经济损失。在新能源项目中，例如，某地区的电力需求有 80 万 kW·h 的缺口，需要建设一座新能源发电厂，则该项目技术方案的目标就是解决 80 万 kW·h 的电力缺口。为此，在对该项目进行技术经济分析时，需要在明确项目技术方案目标的基础上，首先确定建立风力发电、太阳能发电或生物质能发电等形式的新能源发电厂的具体技术方案。

(2) 列出备选方案。技术方案目标确定之后，就要围绕技术方案的目标进行调查研究，收集相关资料，并根据资料进行分析和预测，列出各种可能的项目技术方案，作为备选。例如，为了解决电力短缺问题，可以建设风电场、太阳能电厂、生物质能电厂等，这些新能源电厂的建设方案都可能作为项目的备选方案。在列出备选方案的过程中，要尽可能多地列出满足项目技术方案目标的所有可能的方案，以便比较、选择，从中选出最优方案。

(3) 拟定技术经济评价指标。根据项目技术方案目标的内容和所拟定的各种备选方案，确定技术经济分析的评价指标，这是进行项目技术方案评价的依据。同时，由于各种备选方案的评价指标和参数不同，还必须依据技术经济分析中的可比性原则，将各种备选方案的评价指标统一起来，把不能直接进行比较的数量和质量指标尽可能地转化成统一的可比指标，使各个备选方案具有可比性。

(4) 进行技术方案评价。技术方案评价包括定性分析和定量评价。其中定性分析是从定性的角度对一些无法具体量化计算的指标进行分析，判断这些指标的优劣，剔除一些明显不合格的技术方案。定量评价是通过对拟定的评价指标进行具体计算来量化分析方案评价指标的好坏，以此淘汰不可行的技术方案，保留可行的技术方案。

（5）优选方案。根据上述方案评价的结果，筛选出能够达到目标功能的、技术上先进的、经济上合理的最优方案，这也是进行技术经济分析的最终目的。在优选方案时，可能会出现备选方案都不能很好地满足目标功能的情况，这表明项目技术方案的目标制定得不合理，或者是备选方案没有涵盖最优的技术方案在内，此时，必须重新确定目标或者重新制订备选方案，然后再次进行技术经济分析，以完成项目科学、合理的决策。

1.4 新能源技术与项目进行经济评价的重要意义

传统的能源技术经济学侧重于煤炭、石油、天然气等常规化石能源的技术经济研究，忽视了常规化石能源消费带来的环境问题和能源可持续供应问题。新能源技术经济学以可持续发展经济学为基础，强调能源、经济、环境三者之间的协调与可持续发展。新能源技术与项目进行经济评价是从国民经济需要与合理开发能源资源的原则出发，利用技术经济分析方法，在一定的开发利用技术条件下，全面综合研究各种自然和社会因素对新能源资源开发利用的影响，分析新能源资源的工业意义和开发利用价值，经济评价的任务是回答新能源资源开发利用合理性问题。

新能源作为我国重大能源战略之一，近年来在《中华人民共和国可再生能源法》的推动下得到了广泛重视。新能源市场规模迅速扩大，资金投入明显增加，装备制造业和产业体系快速起步，开发利用规模不断增加。作为节能减排的重要领域，电力行业也在积极加快新能源发电产业的发展。然而，新能源发电项目初期投资成本较高，技术风险、市场风险、政策风险较大，使得新能源发电的投资及并网面临较大挑战，需要相应的政策保障及激励措施予以支持。

在上述背景下，研究新能源的技术经济评价对促进我国低碳经济的发展和节能减排目标的实现都具有重要的理论及现实意义。

（1）研究新能源的发展潜力及风险，一方面，有利于为我国新能源的技术经济评价提供理论支撑；另一方面，有利于促进投资者优化投资策略以规避风险。

（2）研究新能源项目的技术经济评价，对比新能源项目的经济效益，分析不确定性条件下新能源项目投资时序及阈值的影响，有利于为投资者提供正确的投资信号，激励新能源项目的投资，推进经济的发展。

（3）研究我国新能源产业的发展对策，有利于完善我国可再生能源激励政策体系，为政府部门及企业决策部门提供政策导向参考。可再生能源的发展是我国一直以来大力推行节能减排的重要路径，因此，不论从环境要求还是政策导向来看，对新能源项目开展技术经济评价都具有非常重要的意义。

思 考 题

1. 简述在现代社会，有关技术狭义和广义的定义。
2. 石墨烯材料由于其优异的性能而受到广泛关注，用它制备的超级电容器在很多方面都具有重要的应用价值，可是却由于成本过高、量产困难等原因迟迟未能推向市场，这其中体现了科技与经济的哪种关系?

3. 简述技术与科学的关系。

4. 请结合新能源技术的发展,谈一谈对"科学技术是第一生产力"这句话的理解。

5. 简述新能源技术经济分析的主要内容。

6. 简述新能源技术经济分析的一般过程。

7. 根据对经济的不同理解,简述经济概念与技术关系的不同表现形式。

8. 请举例说明新能源技术与项目进行经济评价的重要意义。

9. 近年来,我国新能源产业发展迅速,但部分地区也出现了较为严重的"弃风""弃光"现象,简述其原因和新能源技术经济分析在其中扮演的角色。

参 考 文 献

[1] 李平,王宏伟,陈星星. 新常态下中国技术经济学前沿动态——评议2015年中国技术经济论坛 [J]. 科技促进发展,2016,12(3):269-275.

[2] 何岫芳. 知识要素成为生产力主导要素的现实原因分析 [J]. 荆门职业技术学院学报,2006,21(2):65-69.

[3] 彭运芳. 新编技术经济学 [M]. 北京:北京大学出版社,2009.

[4] 袁明鹏,胡艳,庄越. 新编技术经济学 [M]. 北京:清华大学出版社,2007.

[5] 刘秋华. 技术经济学 [M]. 3版. 北京:机械工业出版社,2016.

[6] 陈昭玖,翁贞林. 能源经济学 [M]. 北京:清华大学出版社,2015.

[7] 杨颖春,邱国林,闫波. 工程经济学 [M]. 北京:中国电力出版社,2010.

[8] 陈伟,罗来明. 技术进步与经济增长的关系研究 [J]. 社会科学研究,2002(4):44-46.

[9] 马英,张淑莲. 从科学技术与经济的关系解读科技创新战略的现实意义 [J]. 河北广播电视大学学报,2010,15(4):30-32.

[10] 雷家骕,程源,杨湘玉. 技术经济学的基础理论与方法 [M]. 北京:高等教育出版社,2005.

[11] 王大洲,关士续. 科学、技术与经济间关系的制度分析 [J]. 自然辩证法研究,2001,17(1):29-32.

[12] 罗伟. 论科学技术与经济的关系 [J]. 科学与科学技术管理,1984(12):2-5.

[13] 徐斌,喻德华. 技术经济学近二十年研究综述 [J]. 科技进步与对策,2009,26(3):153-156.

[14] 钟学义,陈平. 技术,技术进步,技术经济学和数量经济学之诠释 [J]. 数量经济技术经济研究,2006(3):156-161.

[15] 徐寿波. 技术经济学 [M]. 南京:江苏人民出版社,1986.

[16] 孙毅. 新时期技术经济学的理论体系 [J]. 东北财经大学学报,2007(6):87-90.

[17] 周凯,李健. 论科学技术与经济的可持续发展 [J]. 中国集体经济,2007(6):4-5.

[18] 尚勇. 科学技术与经济发展 [M]. 北京:经济管理出版社,2001.

[19] 郑宁,郑彩云,韩星. 技术经济学 [M]. 2版. 北京:清华大学出版社,2016.

[20] 游达明,刘亚铮. 技术经济与项目经济评价 [M]. 长沙:湖南人民出版社,2001.

[21] 张宏尧. 能源技术经济学 [M]. 哈尔滨:哈尔滨工业大学出版社,1993.

[22] 孙薇. 技术经济学 [M]. 北京:机械工业出版社,2009.

第2章 经济评价的基本要素

新能源的技术经济分析和评价所涉及的资源投入和工程效用是通过工程投资、生产成本和产品的生产销售比例等方面的技术经济因素体现的。了解和掌握经济评价的基本要素,是进行技术经济分析和评价的基础。在经济评价中,通常的基本要素主要包括经济效果、投资、成本、税收以及利润等。

2.1 经济效果

2.1.1 概念

经济效果是指生产过程中产出量与投入量的比值。它反映的是生产过程中劳动消耗转化为劳动成果的程度,因此也被称为"成果与消耗之比"或"产出与投入之比"。

对经济效果进行正确理解的前提是必须将成果和劳动消耗联系起来综合考虑。当投入一定时,产出量越多说明经济效果越好;当产出一定时,投入量越少则经济效果越好。

经济效果概念中的劳动消耗包括技术方案消耗的全部人力、物力和财力,即包括生产过程中的直接劳动消耗、劳动占用以及间接劳动消耗三部分。其中,直接劳动消耗是指技术方案在生产运行中所消耗的原材料、燃料、动力,生产设备等物化劳动消耗以及劳动力等活劳动消耗。劳动占用通常指技术方案为正常进行生产而长期占用的用货币表现的厂房、设备、资金等,通常分为固定资金和流动资金两部分,投资是衡量劳动占用的综合性价值指标。间接劳动消耗是指在技术方案实施过程中社会发生的消耗。

经济效果与经济效益在本质上一致,反映产出与投入的关系,社会劳动时间的节约。但经济效果的实质是经济效率,它可以反映单项投入的效果,也可以反映投入的综合效果;经济效益的实质是盈利,它反映产值、成本、利润、税收等因素之间的相互关系,是经济活动的综合结果。

2.1.2 分类

按照不同的分类方法和分类原则,经济效果可作不同的分类,具体如下:

(1)根据受益分析对象的不同,经济效果可分为国民经济效果和企业经济效果。从整个国民经济的角度出发,分析评价技术方案对整个国民经济以至整个社会产生的效果,称为国民经济效果;而站在企业的立场上,从企业的利益出发,分析得出的技术方案为企业带来的效果,称为企业经济效果。由于分析的角度不同,对同一技术方案的国民经济效果评价结果与企业经济效果评价结果可能会不一致,这就要求不仅要作企业经济效果评价,而且还要进行国民经济效果评价。对技术方案的取舍应主要取决于国民经济效果评价的结果。

(2) 根据经济效果的体现,可分为直接经济效果和间接经济效果。通常,一个技术方案的采用,除了给实施企业带来直接经济效果外,还会对社会其他部门产生间接经济效果。如一个风电场建设,不仅给建设单位带来发电收益、旅游收益,还能给区域环境带来环境收益。一般来说,直接经济效果容易看得见,不易被忽略。但站在全社会角度,则更应强调后者。

(3) 根据经济效果的形式,可分为有形经济效果和无形经济效果。有形经济效果是指能用货币计量的经济效果,如利润;无形经济效果是指难以用货币计量的经济效果,如新能源技术方案采用后对改善环境污染、保护生态平衡、提高劳动力素质、填补国内空白等方面产生的效益。在技术方案评价中,不仅要重视有形经济效果的评价,还要重视无形效果的评价。

2.1.3 表示法

经济效果通常有三种表示法,即差额表示法、比值表示法和差额-比值表示法。

1. 差额表示法

差额表示法是一种用产出与劳动耗费之差表示经济效果大小的方法,其表达式为

$$经济效果 = 产出 - 劳动耗费 \tag{2.1}$$

净现值、利润额、国民收入等都是以差额表示法表示的常用的经济效果指标。显然,这种表示方法要求产出与劳动耗费必须是相同计量单位,其差值大于零是技术方案可行的经济界限。

差额表示法的优点是计算的经济效果指标简单、概念明确,缺点是不能确切反映技术装备水平不同的技术方案的经济效果的高低与好坏。

2. 比值表示法

比值表示法是用产出与劳动耗费之比表示经济效果大小的一种方法,其表达式为

$$经济效果 = \frac{产出}{劳动耗费} \tag{2.2}$$

采用比值法表示的指标有劳动生产率、单位产品原材料消耗水平等。当计量单位相同时,比值大于1是技术方案可行的经济界限。

比值表示法的特点是产出与劳动耗费的计量单位可以相同,也可以不同。

3. 差额-比值表示法

差额-比值表示法是将差额法与比值法结合起来表示经济效果大小的一种方法,其表达式为

$$经济效果 = \frac{产出 - 劳动耗费}{劳动耗费} \tag{2.3}$$

采用差值-比值表示法表示的指标有投资回收期、投资利润率等。该方法表示了单位劳动耗费获得的净效果,其比值不小于零为方案可行的经济界限。

2.1.4 评价指标

衡量经济效果的评价指标有很多,主要可通过投入方面的指标与产出方面的指标的比

较来获得。

根据考察经济效果的要求和评价经济效果标准的选择，投入方面的指标主要有活劳动消耗、各种生产资料的消耗、成本占用的资金等。而活劳动消耗又可以是劳动时间、直接生产者人数或企业全部人数；各种生产资料的消耗则可以是直接消耗或包括直接消耗和间接消耗的完全消耗；占用的资金则可以是全部占用资金、固定资金、流动资金、各项机器设备或生产能力（如装机容量）等。

产出方面的指标主要有社会总产品、国内生产总值、国民收入、最终产品、总产值、净产值、利润、各种产品、各种劳务、新增生产能力、各种效用等。

将投入指标和产出指标进行不同的比较，就可以确定各种评价经济效果的标准，考察各种经济效果。例如，把固定资产同总产值进行比较，这一比值可以衡量一个企业或工业部门的固定资产的利用效果。在西方国家，类似的指标是厂房和设备的账面价值（除去折旧）与产出之间的比率，称为资本产出比率，或资本系数。又如，将新增国民收入同投资进行比较，这一比率可以从一个方面衡量国民投资利用效果，在西方国家称为资本生产率。除此以外，经济效果还有其他衡量指标，如一年内流动资金周转次数等。

2.1.5 意义和特点

经济效果的高低对于国民经济的发展具有重要意义。K. 马克思曾经肯定了古典经济学家 D. 李嘉图的看法："真正的财富在于用尽量少的价值创造出尽量多的使用价值，换句话说，就是在尽量少的劳动时间里创造出尽量丰富的物质财富"。

在不同的生产方式下，经济效果有不同的意义和特点，以资本主义和社会主义为例进行说明如下：

（1）由于资本主义和社会主义两种生产方式的性质不同，它们各自运动的经济规律不同，因而决定了经济效果的实质不同。资本主义的生产目的是剩余价值及其转化形态——利润，资本家所关心的只是所得利润和预付资本的比较，即"用最小限度的预付资本生产最大限度的剩余价值或剩余产品"，或者"用相等的资本榨取更多的利润"，这反映了资本主义条件下经济效果的本质要求。在社会主义条件下，经济效果的实质是由社会主义的生产目的决定的，劳动者在生产资料公有制的基础上，将合理地调节他们和自然之间的物质变换，并且是"靠消耗最小的力量，在最无愧于和最适合于他们的人类本性的条件下来进行这种物质变换"。用最少的社会劳动消耗，生产最多的满足社会需要的产品，反映了社会主义条件下经济效果的本质要求。

（2）在资本主义条件下，劳动消耗的经济效果从属于劳动占用的经济效果。追求剩余价值是推动资本主义生产发展的唯一动机，资本家考虑劳动消耗的节约只是为了用更少的预付资本带来更多的利润。马克思说：资本主义生产方式"把浪费工人的生命和健康，压低工人的生存条件本身，看作不变资本使用上的节约"。在社会主义条件下，劳动占用的经济效果则从属于劳动消耗的经济效果。劳动占用的节约，归根结底是为了保证劳动者能有更多的自由时间，促进劳动者智力和体力的日益全面发展。

（3）在资本主义条件下，生产资料归资本家私人占有，各个资本家或集团主要从个别企业来考察经济效果，在许多情况下，个别企业经济效果的提高，往往同社会范围内生产力的巨大浪费联系在一起。社会主义生产资料公有制的建立，决定了社会主义制度下不仅考虑个别企业的经济效果，而且要考虑整个国民经济的经济效果。一般说来，社会主义个别企业的经济效果同整个国民经济的经济效果是一致的；但有些时候眼前和长远、局部和全局的经济效果也可能发生矛盾，在这种情况下，个别企业的经济效果一般要服从整个国民经济的经济效果，这是资本主义经济所不能做到的。

2.1.6 提高经济效果的途径

经济效果的提高取决于多方面的因素，在不同的生产方式下不尽相同。一般说来，一切能够节约活劳动与物化劳动消耗的办法和措施都是提高经济效果的途径。它们包括发挥社会经济条件、物质条件、自然条件、科学技术、组织管理、国家有关经济和技术政策等各种因素的作用。例如，生产力诸要素的合理组织、职工的学习和培训、对企业和国民经济各个部门进行技术改造、采用新的科学技术成果、综合利用自然资源、生产力的合理布局、国民经济比例的协调、调整或改革不适应生产发展要求的组织管理体制等，都有利于发挥人力、物力和财力的作用，有利于节约劳动消耗，从而有利于提高企业和社会的经济效果。

近年来，我国经济学界对经济效果和经济效益这两个概念的异同提出了一些不同的意见。有人认为两者只是表述有所不同；有人认为经济效益这个概念更宽，包括了经济效果的意思在内；有人认为经济效果和经济效益是两个质上各不相同的概念；还有人认为经济效果同经济效益既有共同点又有区别。

2.2 现金流量

2.2.1 概念

在进行新能源项目技术经济分析时，通常把分析考察的对象看作是一个独立的经济系统，这个经济系统可以是一个项目、一个企业，也可以是一个区域或者是一个国家。对于这个经济系统而言，投入的资金、花费的成本、获得的收入，都可以看成是以货币形式体现的该系统的资金流出或资金流入。现金流量是指这个经济系统在一定时期各个时点上实际发生的资金流入或资金流出。其中，流入系统的资金被称为现金流入，用 CI（cash in）表示；流出系统的资金被称为现金流出，用 CO（cash out）表示；现金流入与现金流出的差值被称为净现金流量，用 NCF（net cash flow）表示。现金流入与现金流出统称为现金流量。

现金流量是现代经济学中的一个重要概念，是通过一定经济活动（包括经营活动、投资活动、筹资活动和非经常性项目）而产生的现金流入、现金流出及其总量情况的统称，即企业一定时期的现金和现金等价物的流入和流出的数量。

现金流量一般以计息周期（年、季、月等）为时间量的单位，用现金流量图或现金流量表来表示。

2.2.2 分类

在新能源技术经济分析中,一般意义上的现金流量在不同情况下可分为三大类,即经营活动现金流量、投资活动现金流量和筹资活动现金流量。

经营活动是指直接进行产品生产、商品销售或劳务提供的活动,它们是企业取得净收益的主要交易和事项。从经营活动的定义可以看出,经营活动的范围很广,它包括了除投资活动和筹资活动以外的所有交易和事项。一般来说,经营活动产生的现金流入项目主要有销售商品、提供劳务收到的现金,收到的税费返还,收到的其他与经营活动有关的现金;经营活动产生的现金流出项目主要有购买商品、接受劳务支付的现金,支付给职工以及为职工支付的现金,支付的各项税费,支付的其他与经营活动有关的现金。

投资活动是指长期资产的购建和不包括现金等价物范围内的投资及其处置活动。其中,长期资产是指固定资产、无形资产、在建工程、其他资产等持有期限在一年或一个营业周期以上的资产。一般来说,投资活动产生的现金流入项目主要有收回投资所收到的现金,取得投资收益所收到的现金,处置固定资产、无形资产和其他长期资产所收回的现金净额,收到的其他与投资活动有关的现金;投资活动产生的现金流出项目主要有购建固定资产、无形资产和其他长期资产所支付的现金,投资所支付的现金,支付的其他与投资活动有关的现金。

筹资活动是指导致企业资本及债务规模和构成发生变化的活动。这里的企业资本既包括实收资本(股本),也包括资本溢价(股本溢价);这里所说的债务指对外举债,包括向银行借款、发行债券以及偿还债务等。一般来说,筹资活动产生的现金流入项目主要有吸收投资所收到的现金,取得借款所收到的现金,收到的其他与筹资活动有关的现金;筹资活动产生的现金流出项目主要有偿还债务所支付的现金,分配股利、利润或偿付利息所支付的现金,支付的其他与筹资活动有关的现金。

在上述划分的基础上,又将每大类活动的现金流量分为现金流入和现金流出两类,即经营活动现金流入、经营活动现金流出、投资活动现金流入、投资活动现金流出、筹资活动现金流入、筹资活动现金流出。

2.2.3 表示方式

对于一个经济系统,其现金流量的流向、数额和发生时点都不尽相同。在新能源技术经济研究中,为了便于考察投资项目或技术方案在其整个寿命期内各个时点上所发生的现金流入和现金流出,并分析、计算它们的经济效益,可以利用现金流量图或现金流量表的形式来直观地反映。

1. 现金流量图

现金流量图是一种反应经济系统资金运动状态的图式,即反映研究对象各时点上现金流量大小和方向的图。它既能简单、形象、充分地表示一个项目或方案系统所有的现金流量信息,又有利于不同时刻各种现金流量之间的相互换算。现金流量图如图2.1所示。

现金流量图包括三大要素,即大小、流向、时间点。其中:大小表示资金的数额;流向指项目的现金流入或流出;时间点是指现金流入或现金流出所发生的时间。要正确绘制现金流量图,必须把握好现金流量的三大要素。

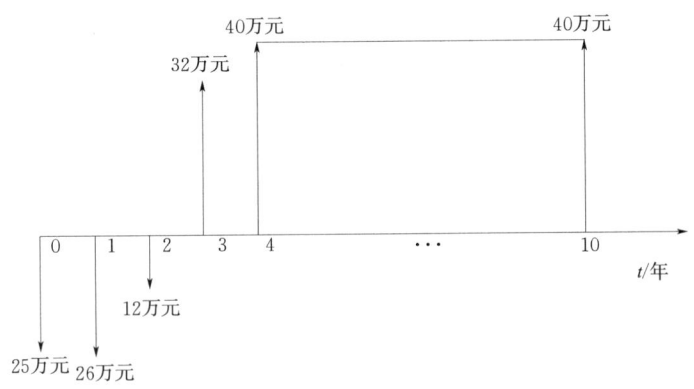

图 2.1 现金流量图

在图 2.1 中,水平线表示时间轴,时间从左到右,逐次推移。轴线等分成若干间隔,每一间隔代表一个时间单位。每个时间节点规定为本期末与下期初重合。比如图 2.1 中"2"表示第二年年末和第三年年初。

垂直带箭头线段表示现金流量,箭头向上表示现金流入,箭头向下表示现金流出,线段的长短表示现金流入量或流出量的大小。

假设投资都发生在年初,收益和成本都发生在年末。

现金流量图的作图方法和规则如下:

(1) 以横轴为时间轴,向右延伸表示时间的延续,轴上每一刻度表示一个时间单位,可取年、半年、季或月等;零表示时间序列的起点。

(2) 相对于时间坐标的垂直箭线代表不同时点的现金流量,在横轴上方的箭线表示现金流入,即表示收入;在横轴下方的箭线表示现金流出,即表示支出。

(3) 现金流量的方向(流入与流出)是对特定的经济系统而言。通常,新能源项目现金流量的方向是针对资金使用者的系统而言。

(4) 在现金流量图中,箭线长短与现金流量数值大小呈比例绘制,并在各箭线上方(或下方)注明其现金流量的数值。

现金流量图是描述现金流量作为时间函数的图形,它能表示资金在不同时间点流入与流出的情况。它是经济分析的有效工具,其重要有如力学计算中的结构力学图。运用现金流量图可全面、直观地表达经济系统的资金运动状态。

2. 现金流量表

现金流量除了用图表示,还可以用表格的形式来表示,即现金流量表。表 2.1 为图 2.1 所示现金流量图对应的现金流量表。

表 2.1 现 金 流 量 单位:万元

时间/年	0	1	2	3	4	5	6	7	8	9	10
现金流入	0	0	0	32	40	40	40	40	40	40	40
现金流出	25	26	12	0	0	0	0	0	0	0	0
净现金流量	−25	−26	−12	32	40	40	40	40	40	40	40

对于新能源项目技术经济分析来说，投资、成本费用、销售收入、税金和利润等都是构成经济系统现金流量的基本要素，也是进行新能源技术经济分析最重要的基础经济量。因此，要正确预测和估算现金流量，必须熟悉这些经济概念。

2.3 投资与资产

2.3.1 投资

投资一般是指某项新能源工程从筹建开始到全部竣工投产为止所发生的全部资金投入。广义的投资是指人们的一种有目的的经济行为，即以一定的资源投入某项计划，以获取所期望的报酬；狭义的投资是指人们在社会生产活动中为实现某种预定的生产、经营目标而预先垫支的资金。投资可分为生产性投资和非生产性投资，所投入的资源可以是资金，也可以是土地、人力、技术、管理经验或其他资源等。

固定资产投资是指用于建造或购置建筑物、构筑物和机器设备等固定资产的投资。固定资产投资在项目投产以后，随着固定资产在使用过程中的磨损和贬值，其价值逐渐以折旧的形式计入成品成本，并通过成品销售以货币形式回到投资者手中。

新能源项目总投资包括建设投资和流动资金两部分。其中：

（1）建设投资包括设备及工器具投资、建筑安装工程投资、工程建设其他投资、预备费以及算入建设投资的建设期利息。

（2）流动资金是指生产经营性项目投产后，为了进行正常生产运营，用于购买原材料、燃料，支付工资及其他经营费用等所需的周转资金，也就是项目投产前有限垫付，在投产后用于购买原材料、燃料动力、备品备件、支付工资和其他费用以及被在制品、半成品和制成品占用的周转资金。流动资金在每个生产周期完成一次周转，在整个项目寿命周期内始终被占用，直到项目寿命周期末，全部流动资金才能退出生产与流通，以货币资金形式被收回。项目投资中流动资金数额的大小主要取决于产品产量、生产技术、原材料燃料消耗定额、生产周期的长短以及资金周转速度的快慢。此外，原材料、燃料的供应条件、产品销售条件、运输条件及管理水平等也都会对流动资金占用额产生影响。

2.3.2 资产

1. 建设投资形成的资产

（1）固定资产。指房屋及建筑物、机器设备、运输设备、工具器具等单位价值较高、使用期限较长（一般为1年以上）的生产资料。固定资产在生产过程中为多个生产周期服务，经反复使用仍能维持其原有的实物形态，并在使用过程中随着磨损把自身的价值逐渐转移到产品上去。

（2）无形资产。指不具有实物形态，但能为企业提供某些特权或利益的资产，如土地使用权、商标权、专利权、技术、商誉等。

（3）递延资产。指集中发生但在会计核算中不能全部记入当年损益，应当在以后年度内分期摊销的费用，包括开办费、租入固定资产的改良支出等。

2．流动资产

流动资金在项目运营过程中形成流动资产，由材料、燃料、低值易耗品、存货、包装物、在产品、半成品、产成品、流动资产协作件、外购商品、现金及各种存款、短期投资、应收及预付款项等构成。

3．资产价值

（1）固定资产原值。购建固定资产的实际支出即为固定资产原始价值，简称为固定资产原值。

（2）无形资产原值。购建无形资产的实际支出即为无形资产原值。

（3）固定资产净值。固定资产使用一段时间后，其原值扣除累计的折旧费总额称为当时的固定资产净值。

（4）固定资产重估值。根据社会再生产条件和市场情况对固定资产的价值重新进行评估，重新评估所确定的固定资产价值称为固定资产重估值。

（5）固定资产重置成本（或重置值）。对固定资产的价值进行重新评估时，往往需要估算在当前情况下重新购建该固定资产所需要的全部费用，所估算的重新购建费用称为固定资产重置成本（或重置值）。

（6）固定资产期末残值。项目寿命结束时固定资产的残余价值称为固定资产期末残值。

（7）无形资产和递延资产的摊销。无形资产和递延资产的价值在有效服务期内的逐年转移称为无形资产和递延资产的摊销。无形资产和递延资产的摊销费均计入产品成本。

2.4 固定资产折旧

2.4.1 概念

固定资产的一个主要特征是能够连续在若干个生产周期内发挥作用并保持其原有的实物形态，而其价值则是随着固定资产的磨损逐渐地转移到所生产的产品中去，这部分转移到产品中的固定资产价值，就是固定资产折旧。

固定资产折旧指伴随固定资产损耗发生的价值转移，转移的价值以折旧费的形式计入产品成本，通过产品的销售以货币形式收回。折旧费按国家有关规定计算，企业提取折旧费的方法有年限平均法、工作量法和加速折旧法。

固定资产提取的折旧额大小受计提折旧基数、净残值、折旧年限、折旧方法等因素的影响。

2.4.2 方法

固定资产折旧费的计算方法很多，按折旧速度可分为均匀折旧法、加速折旧法、慢速折旧法。在实际应用中，较常用的方法有直线折旧法（包括年限平均法和工作量法）和加速折旧法（包括双倍余额递减法和年数总和法）。对于不同的项目应当根据固定资产所含经济利益预期实现方式选择不同的方法。折旧方法不同，计提折旧额相差很大。

2.4.2.1 直线折旧法

1. 年限平均法

年限平均法是指将固定资产的应计折旧额均衡地分摊到固定资产预定使用寿命内的一种方法。采用这种方法计算的每期折旧额相等。计算公式为

$$年折旧额 = \frac{固定资产原值（1-固定资产净残值率）}{固定资产使用年限}$$

$$= \frac{固定资产应计提折旧总额}{固定资产使用年限} \tag{2.4}$$

$$月折旧额 = \frac{年折旧额}{12} \tag{2.5}$$

在实际工作中，固定资产折旧额一般按照固定资产原值乘以折旧率计算。在年限平均法中，固定资产折旧率是固定资产折旧额与固定资产原值的比率，其计算公式为

$$年折旧率 = \frac{1-固定资产净残值率}{固定资产使用年限} \times 100\% \tag{2.6}$$

$$月折旧率 = \frac{年折旧率}{12} \tag{2.7}$$

【**例 2.1**】 某太阳能发电设备资产原值为 50000 元，预计使用 5 年，净残值为 6000 元。试采用年限平均法计算其年折旧额。

解：
$$年折旧额 = \frac{50000-6000}{5} 元 = 8800 元$$

2. 工作量法

工作量法是根据实际工作量计算每期应提折旧额的一种方法。计算公式为

$$单位工作量折旧额 = \frac{固定资产原值(1-预计净残值率)}{预计总工作量} \tag{2.8}$$

$$固定资产月折旧额 = 单位工作量折旧额 \times 当月完成的工作总量 \tag{2.9}$$

对于不同的固定资产，其工作量有不同的表现形式。对于运输设备来说，其工作量表现为运输里程；对于机器设备来说，其工作量表现为机器工时和机器台班。

2.4.2.2 加速折旧法

1. 双倍余额递减法

双倍余额递减法是指不考虑固定资产预计净残值的情况下，根据每期期初固定资产价值减去累计折旧后的余额（即固定资产净值）和双倍的直线折旧率计算固定资产折旧的一种方法。计算公式为

$$双倍直线折旧率 = \frac{2}{固定资产使用年限} \times 100\% \tag{2.10}$$

$$固定资产年折旧额 = 固定资产期初价值 \times 双倍直线折旧率 \tag{2.11}$$

最后两年按平均年限折旧法计算，计算公式为

$$最后两年的每年固定资产折旧额 = \frac{倒数第二年年初固定资产价值 - 固定资产净残值}{2} \tag{2.12}$$

采用双倍余额递减法计算固定资产折旧额时，由于每年年初固定资产价值没扣除预计净残值，因此，在应用这种方法计算折旧额时必须注意不能使固定资产的价值降低到其预计净残值以下，即采用双倍余额递减法计提折旧的固定资产，通常在其折旧年限到期的最后两年内，将固定资产价值扣除预计净残值后的余额平均分摊。

【例 2.2】 某太阳能发电设备资产原值为 50000 元，预计使用 5 年，净残值为 6000 元。试采用双倍余额递减法计算其年折旧额。

解：年折旧率 $=\dfrac{2}{5}\times 100\%=40\%$

第 1 年折旧额 $=50000$ 元 $\times 40\%=20000$ 元

第 2 年折旧额 $=(50000-20000)$ 元 $\times 40\%=12000$ 元

第 3 年折旧额 $=(50000-20000-12000)$ 元 $\times 40\%=7200$ 元

第 4 年、第 5 年折旧额 $=\dfrac{50000-20000-12000-7200-6000}{2}$ 元 $=2400$ 元

2. 年数总和法

年数总和法是指将固定资产的原值扣除预计净残值后的余额作为基数，乘以一个以各年年初固定资产尚可使用年限做分子、以预计使用年限逐年数字之和做分母的逐年递减的分数计算每年折旧额的一种方法。具体计算公式为

$$年折旧率=\frac{固定资产尚可使用年限}{预计使用年限的年数总和}\times 100\% \tag{2.13}$$

$$年折旧额=固定资产应计提的折旧总额\times 年折旧率 \tag{2.14}$$

在实际工作中，企业一般应按月计提固定资产折旧。企业在实际计提固定资产折旧时，当月增加的固定资产，当月不计提折旧，从下月起计提折旧；当月减少的固定资产，当月依然计提折旧，从下月起不计提折旧。固定资产提足折旧后，不论能否继续使用，均不再计提折旧；提前报废的固定资产，也不再补计提折旧。

2.5 成本

2.5.1 概念

成本是指人们为达成一事或取得一物所必须付出或已经付出的代价。就新能源项目而言，成本是新能源项目投产开始生产经营活动后，由于成品的生产与销售伴随着活劳动与物化劳动的消耗的货币表现。影响产品成本高低的因素很多。对于同一种成本来说，不同的生产技术方案、不同的生产规模、不同的生产组织方式、不同的技术水平与管理本平、不同的物资供应与产品销售条件、不同的自然环境等都可能导致产品成本的不同。

投资分析中使用的成本概念与企业财务会计中使用的成本概念不完全相同。主要表现在以下两个方面：

首先，财务会计中的成本是对生产经营活动中实际发生费用的记录，各种影响因素的作用是确定的，所得到的成本数据是唯一的；而投资分析中使用的成本有许多是对拟实施项目未来将要发生的费用的预测和估算，各种影响因素的作用是不确定的，不同的实施方

案会有不同的成本数据。

其次，在投资分析中，根据分析计算的需要还要列入一些财务会计中没有的成本概念（如机会成本、沉没成本、不可预见费用等），这些成本的经济含义及成本中所包含的内容与财务会计中的成本不完全一样。

2.5.2 分类

1. 生产成本和总成本

直接费用和相应的制造费用构成产品的生产成本，已销售产品的生产成本通常称为销售成本。

(1) 按经济用途与核算层次。

$$总成本＝直接费用＋制造费用＋期间费用 \qquad (2.15)$$

其中，期间费用包括销售费用、管理费用和财务费用。

(2) 按照各费用要素的经济性质与表现形态。

$$总成本＝外购材料＋外购燃料＋外购动力＋工资及福利费＋折旧费＋\\摊销费＋利息支出＋修理费＋其他费用 \qquad (2.16)$$

2. 经营成本

经营成本是指生产和销售产品及提供劳动服务而实际发生的现金支出，不包括计入产品总成本中但实际没有发生现金支出的费用项目。如固定资产折旧费、无形资产摊销费等虽然计入总成本，但它们只是项目系统内部的现金转移，而非现金支出，因而不属于经营成本。经营成本是项目技术经济评价中的一个专门术语，在财务会计中没有经营成本的概念。经营成本的计算公式为

$$经营成本＝总成本－折旧与摊销费－利息支出 \qquad (2.17)$$

3. 固定成本与变动成本

按各种费用与产品产量的关系，可将产品成本划分为固定成本与变动成本两部分。

(1) 固定成本。指在一定生产规模限度内不随产品产量变动而变动的费用，如按年限平均法计摊的固定资产折旧费、行政管理费、管理人员工资及实行固定基本工资制的生产工人的工资等。

(2) 变动成本。指在产品成本中随产品产量变动而变动的费用，如构成产品实体的原材料、燃料、动力费用及实行计件工资制的生产工人工资等。

4. 沉没成本

沉没成本也称为沉入成本，指过去已经支出而无法得到补偿的成本费用。经济活动在时间上是具有连续性的，但从决策的角度看，以往发生的费用只是造成当前状态的一个因素，当前状态是决策的出发点，当前决策所要考虑的是未来可能发生的费用及可能带来的效益，不考虑以往发生的费用。

5. 机会成本

将一种具有多种用途的有限资源置于特定用途时所放弃的其他收益，称为机会成本。当一种有限的资源具有多种用途时，可能有许多个投入这种资源获取相应收益的机会，如果这种资源置于某种特定用途，必然要放弃其他的资源投入机会，同时也放弃了相应的收

益，在所放弃机会中的最佳机会可能带来的收益，就是将这种资源用于特定用途时的机会成本。使用机会成本的概念可以比较准确地反映从社会观点看把有限的资源用于某项经济活动的代价，从而促使人们比较合理地分配和使用资源。在技术经济分析中，沉没成本不会在现金流量中出现，而机会成本则会以各种方式影响现金流量。

2.6 税金与税收

2.6.1 税金

税金是国家依据法律对有纳税义务的单位和个人征收的财政资金。

2.6.2 税收

1. 含义

税收是国家为满足社会公共需要，凭借公共权力，按照法律所规定的标准和程序，参与国民收入分配，强制地、无偿地取得财政收入的一种方式。马克思指出："赋税是政府机器的经济基础，而不是其他任何东西。""国家存在的经济体现就是捐税。"恩格斯指出："为了维持这种公共权力，就需要公民缴纳费用——捐税。"19世纪美国大法官霍尔姆斯说："税收是我们为文明社会付出的代价。"这些都说明了税收对于国家经济生活和社会文明的重要作用。

对税收的内涵可以理解为以下几个方面：①国家征税的目的是满足社会成员获得公共产品的需要；②国家征税凭借的是公共权力（政治权力），税收征收的主体只能是代表社会全体成员行使公共权力的政府，其他任何社会组织和个人是无权征税的，与公共权力相对应的必然是政府管理社会和为民众提供公共产品的义务；③税收是国家筹集财政收入的主要方式；④税收必须借助法律形式进行。

2. 特征

税收作为政府筹集财政收入的一种规范形式，具有区别于其他财政收入形式的特点。税收特征可以概括为强制性、无偿性和固定性。

（1）税收的强制性。税收的强制性是指国家凭借其公共权力以法律、法令形式对税收征纳双方的权利（权力）与义务进行规范，依据法律进行征税。我国宪法明确规定我国公民有依照法律纳税的义务。纳税人必须依法纳税，否则就要受到法律的制裁。税收的强制性主要体现在征税过程中。

（2）税收的无偿性。税收的无偿性是指国家征税后，税款一律纳入国家财政预算统一分配，而不直接向具体纳税人返还或支付报酬。税收的无偿性是从个体纳税人角度而言的，其享有的公共利益与其缴纳的税款并非一一对等。但就纳税人的整体而言则是对等的，政府使用税款的目的是向社会全体成员包括具体纳税人提供社会公共产品和公共服务。因此，税收的无偿性表现为个体的无偿性、整体的有偿性。

（3）税收的固定性。税收的固定性是指国家征税之前预先规定了统一的征税标准，包括纳税人、课税对象、税率、纳税期限、纳税地点等。这些标准一经确定，在一定时间内是相对稳定的。税收的固定性包括以下两层含义：

1) 税收征收总量的有限性。由于预先规定了征税的标准，政府在一定时期内的征税数量就要以此为限，从而保证税收在国民经济总量中的适当比例。

2) 税收征收具体操作的确定性。即税法确定了课税对象及征收比例或数额，具有相对稳定、连续的特点。既要求纳税人必须按税法规定的标准缴纳税额，也要求税务机关只能按税法规定的标准对纳税人征税，不能任意降低或提高。

当然，税收的固定性是相对于某一个时期而言的。国家可以根据经济和社会发展需要适时地修订税法，但这与税收整体的相对固定性并不矛盾。

税收的三个特征是统一的整体，相互联系，缺一不可。无偿性是税收这种特殊分配手段本质的体现，强制性是实现税收无偿征收的保证，固定性是无偿性和强制性的必然要求。三者相互配合，保证了政府财政收入的稳定。

3. 税与费的区别

与税收规范筹集财政收入的形式不同，费是政府有关部门为单位和居民个人提供特定服务，或被赋予某种权利而向直接受益者收取的代价。税和费的区别主要表现在以下几个方面：

（1）主体不同。税收的主体是国家，税收管理的主体是代表国家的税务机关、海关或财政部门；而费的收取主体多是行政事业单位、行业主管部门等。

（2）特征不同。税收具有无偿性，纳税人缴纳的税收与国家提供的公共产品和服务之间不具有对称性；费则通常具有补偿性，主要用于成本补偿的需要，特定的费与特定的服务往往具有对称性。税收具有稳定性；而费则具有灵活性。税法一经制定，对全国具有统一效力，并相对稳定；费的收取一般由不同部门、不同地区根据实际情况灵活确定。

（3）用途不同。税收收入由国家预算统一安排，用于社会公共支出；而费一般具有专款专用的性质。

2.6.3 种类

我国的现行税制就其实体法而言，是新中国成立后经过几次较大的变革逐步演变而来的，共有 24 个税种，按其性质和作用大致可分为：流转税类、资源税类、所得税类、特定目的税类、财产和行为税类、农业税类、关税等七类。新能源项目通常缴纳的税金主要有增值税、销售税附加和企业所得税等三项。

1. 增值税

增值税是对在我国境内销售货物或者提供加工、修理修配劳务以及报关进口货物入境的单位和个人而征收的一种税金。它由国家税务局负责征收，是我国最主要的税种之一。增值税是以商品销售额为计税依据，同时从税额中扣除上一道环节中已经缴纳的税款。增值税按销售额计算。在实际中，商品新增价值或附加值在生产和流通过程中是很难准确计算的。因此，我国也采用国际上普遍采用的税款抵扣的办法。即根据销售商品和提供劳务的销售额，按规定的税率计算出销项税额，然后扣除取得该商品或劳务时所支付的增值税税额，也就是进项税额，其差额部分就是增值部分应缴的税额。增值税应纳税额的计算公式为

$$增值税应纳税额 = 当期销项税额 - 当期进项税额 \tag{2.18}$$

（1）销项税额的计算。销项税额是指纳税人销售商品或提供劳务，按照销售额或应税劳务收入和规定的税率计算并向购买方收取的增值税税额。销项税的计算公式为

$$销项税额 = 销售额 \times 适用税率 \tag{2.19}$$

式中，增值税是价外税，销售额应为不含税的销售额，若销售额中含有销项税额，必须先转换成不含税的销售额。

不含税销售额计算公式为

$$不含税销售额 = \frac{含税销售额}{1 + 增值税税率} \tag{2.20}$$

（2）进项税额的计算。根据税法规定，准予从销项税中抵扣的进项税额，必须有增值税扣税凭证上注明的增值税税额或按规定的税额扣除率计算的进项税额。进项税额的计算公式为

$$进项税额 = 购进货物或应税劳务已缴纳的增值税 \tag{2.21}$$

2. 销售税附加

销售税附加包括城市维护建设税、教育费附加。这属于价内税，以增值税、营业税为依据计提。城市建设维护税按照纳税人所在地实行差别比例税率，市区为 7%，县城、建制镇为 5%，其他地区为 1%。教育费附加费率为 3%。

3. 企业所得税

企业所得税指按销售收入扣除总成本和有关税金等费用后为应纳税所得额。根据 2007 年全国人民代表大会通过的《中华人民共和国企业所得税法》，新能源企业所得税率为 25%。对于国家或地方有另外规定减征或者免征的按具体规定执行。

2.7 销售收入、利润和利润率

2.7.1 销售收入

销售收入是指项目投入使用后运营期内隔年销售产品或提供服务所得的收入，是新能源项目建成投产后补偿成本、缴纳税金、偿还债务、保证企业再生产正常进行的前提，也是估算利润总额、增值税的基础数据。销售收入一般以年为单位进行计算。

2.7.2 利润

利润是企业经济目标的集中表现，也是企业在一定时间内的经营成果，是企业收入减去有关的成本费用后的差额。

$$营业利润 = 营业收入 - 生产成本 - 管理费用 - 财务费用 - 营业费用 - 营业税金及附加 \tag{2.22}$$

$$税后利润 = 营业利润 - 所得税$$

其中 $营业税金及附加 = 营业税 + 消费税 + 城市维护建设税 + 资源税 + 教育费附加 \tag{2.23}$

企业生产经营的最终目的就是要努力增加收入，尽可能地降低成本费用，提高企业的

经济效益。当收入、成本包含的经济内容不同时，利润也就有着不同的含义。

2.7.3 利润率

利润率是反映企业一定时期利润水平的相对指标。利润率指标既可考核企业利润计划的完成情况，又可比较各企业之间和不同时期的经营管理水平，以提高企业经济效益。

利润率的主要形式有销售利润率、成本利润率、产值利润率、资金利润率和净利润率等五种。

1. 销售利润率

一定时期的销售利润总额与销售收入总额的比率称为销售利润率。它表明单位销售收入获得的利润，反映销售收入和利润的关系。

2. 成本利润率

一定时期的销售利润总额与销售成本总额之比称为成本利润率。它表明单位成本获得的利润，反映成本与利润的关系。

3. 产值利润率

一定时期的销售利润总额与总产值之比称为产值利润率。它表明单位产值获得的利润，反映产值与利润的关系。

4. 资金利润率

一定时期的销售利润总额与资金平均占用额的比率称为资金利润率。它表明单位资金获得的销售利润，反映企业资金的利用效果。

5. 净利润率

一定时期的净利润（税后利润）与销售净额的比率称为净利润率。它表明单位销售收入获得税后利润的能力，反映销售收入与净利润的关系。

2.8 资金时间价值及其等值计算

在对新能源项目进行技术经济分析和评价时，必须考虑资金的时间因素对现金流量产生的影响，即将不同时间点上的货币价值换算成同一时间点上价值，才能做出正确的评价。

2.8.1 资金时间价值

2.8.1.1 概念

资金是在商品经济中劳动资料、劳动对象和劳动报酬的货币表现，是国民经济各部门中财产和物资的货币表现。资金是属于商品经济范畴的概念。在商品经济条件下，资金是不断运动着的。资金的运动伴随着生产与交换的进行，生产与交换活动会给投资者带来利润，表现为资金的增值。资金增值的实质是劳动者在生产过程中创造了剩余价值。从投资者的角度来看，资金的增值使资金具有时间价值。因此，资金的时间价值可以定义为资金在参与经济活动的过程中随着时间发生的增值，也即是资金在生产过程中通过劳动可以不断地创造出新的价值；可以理解为资金一旦用于投资，就不能用于现期消费。牺牲现期消费是为了能在将来得到更多的消费,个人储蓄的动机和国家积累的目的都是如此。从消费者的角度来看,资金的时间价值体现为对放弃现期消费的损失所应做的必要补偿。

资金时间价值具有以下特点:
(1) 在一定的生产条件下,增量的大小是时间的函数。
(2) 增量可能是正值,也可能是负值。正值表示经营有效,负值表示发生亏损。
(3) 增量的大小反映出资金利用效率的高低。

在技术经济分析中,按是否考虑资金的时间价值分为静态的计算方法和动态的计算方法。静态的计算方法不考虑资金的时间价值,这种方法计算虽然简单,但容易造成资金积压,不符合市场经济活动规律。因此,新能源工程项目在规划、设计、施工及运行管理阶段进行技术经济分析时,都应采用考虑资金的时间价值的动态计算方法。

2.8.1.2 表现形式

资金时间价值的表现形式有相对形式——时间价值率和绝对形式——时间价值额。在现实经济活动中,资金时间价值有利息和利润两种表现形式。

2.8.2 资金等值计算

由于资金有时间价值,所有不同时点发生的现金流量就不能直接相加或相减,对不同方案的不同时点的现金流量也不能直接相比较,只有通过换算为同一时点的现金流量后才能相加减或相比较,这个点称为基准点,这个过程称为资金等值计算。

资金等值计算公式即为复利计算公式。首先对基本计算公式中的常用符号加以说明,以便后面的讨论:P 是指相对于基准点的数值,一般称为现值;F 是指 n 个计息周期末的数值,一般称为终值;A 是指一段时间内的每个计息周期末的一序列等额数值,称为等额年值;G 是指等差序列的相邻级差值;i 是指计息周期折现率或利率,常以%计;n 是指计息周期数,无特别说明时通常以年为单位。

需要注意的是:计息周期数 n 和利率 i 必须配套使用,即计息周期为年,利率即为年利率;计息周期为月,利率则须为月利率。

按照现金流量序列的特点,可以将资金等值计算的公式分为一次支付、等额多次支付及等差和等比序列等几种基本类型。

2.8.2.1 一次支付公式 (one-short payment formula)

一次支付又称整付,是指所分析的经济系统中的现金流量,无论是流入还是流出,均在某一个时间点上一次发生。其典型现金流量图如图 2.2 所示。

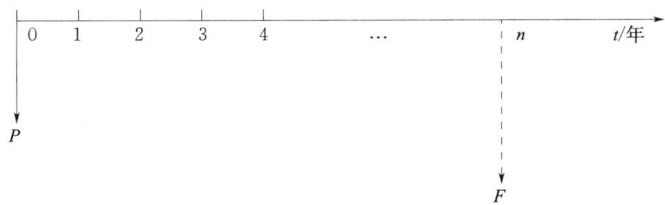

图 2.2 一次支付现金流量图

对于所分析的经济系统来说,如果在考虑资金时间价值的条件下,现金流入恰恰能补偿现金流出，则 F 与 P 就是等值的。

一次支付的等值计算公式包括一次支付终值公式和一次支付现值公式两种。

1. 一次支付终值公式

$$F = P(1+i)^n = P(F/P, i, n) \tag{2.24}$$

式中：$(1+i)^n$ 称为一次支付终值系数，通常用符号 $(F/P, i, n)$ 表示。其中，斜线右边大写字母表示已知量，左边表示欲求的量。该公式的经济含义是已知支出资金 P，当利率为 i 时，在复利计算的条件下，求 n 期期末时所支出的本利和 F。

式 (2.24) 是资金等值计算公式中最基本的一个，所有其他公式都可以由此公式推导得到。

2. 一次支付现值公式

一次支付现值公式是已知终值 F，求现值 P 的等值公式，也是一次支付终值公式的逆运算。可由式 (2.24) 直接推导得出为

$$P = F(1+i)^{-n} = F(P/F, i, n) \tag{2.25}$$

式中 $(1+i)^{-n}$——一次支付现值系数，也可记为 $(P/F, i, n)$，它和一次支付终值系数 $(1+i)^n$ 互为倒数；

i——贴现率或折现率。

这种把终值折算为现值的过程称为贴现或折现。

一次支付现值公式的经济含义是：如果在未来的第 n 期期末一次支出金额 F，在利率为 i 的复利计算条件下，求现在应一次支出资金 P 为多少。即已知 n 年后的终值，反求现值 P。

2.8.2.2 等额支付公式（uniform payment formula）

现金流入和流出在多个时点上发生，而不是集中在某个时点上，称为多次支付。等额支付是多次支付形式中的一种。现金流数额的大小可以是不等的，也可以是相等的。当现金流序列是连续且相等时，则称为等额序列现金流。等额现金流序列等值计算公式包括等额支付终值公式、等额支付偿债基金公式、等额支付现值公式和等额支付资金回收公式。

1. 等额支付终值公式

若每年年末有一等额现金流序列，每年的金额均为 A，称为等额年值。等额支付终值公式是在利率为 i 的情况下，求 n 年后的终值 F 为多少。现金流量图如图 2.3 所示。

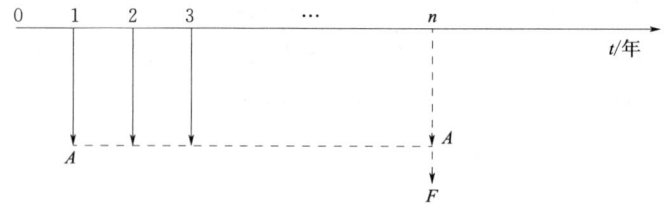

图 2.3 等额支付终值现金流量图

在图 2.3 中，可将等额序列现金流看作是 n 个一次支付的组合，然后利用一次支付终值公式，推导出等额分付终值公式。具体推导过程如下

$$\begin{aligned} F &= A + A(1+i) + A(1+i)^2 + \cdots + A(1+i)^{n-1} \\ &= A[1 + (1+i) + (1+i)^2 + \cdots + (1+i)^{n-1}] \end{aligned} \tag{2.26}$$

对式 (2.26) 利用等比级数求和公式，可得

$$F = A\frac{(1+i)^n - 1}{i} = A(F/A, i, n) \quad (2.27)$$

式（2.27）即为等额支付终值公式。式中，$\frac{(1+i)^n - 1}{i}$ 为等额支付终值系数，记为 $(F/A, i, n)$。该公式的经济含义是对 n 期期末等额支付的现金流量 A，在利率为 i 的复利计算条件下，求第 n 期期末的终值（本利和 F），也就是已知 A、i、n 求 F。

2. 等额支付偿债基金公式

等额支付偿债基金公式是等额支付终值公式的逆运算。即已知终值 F，求与之等价的等额年值 A。由式（2.27）可直接推导得出

$$A = F\left[\frac{i}{(1+i)^n - 1}\right] = F(A/F, i, n) \quad (2.28)$$

式中 $\frac{i}{(1+i)^n - 1}$——等额支付偿债基金系数，记为 $(A/F, i, n)$。

式（2.28）的经济含义是当利率为 i 时，在复利计算的条件下，如果需在 n 期期末能一次收入 F 数额的现金，求在这 n 期内连续每期期末需等额年值 A 为多少，也就是已知 F、i、n 求 A。

3. 等额支付现值公式

若在每年年末等额支付年值 A，求在利率为 i 的条件下与之经济等值的现值 P，其现金流量如图 2.4 所示。

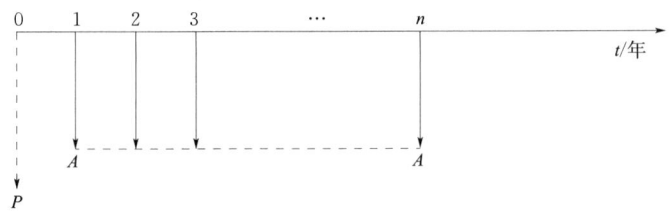

图 2.4 等额支付现值现金流量图

由图 2.4 可得

$$P = F\left[\frac{1}{(1+i)^n}\right] = A\left[\frac{(1+i)^n - 1}{i}\right]\frac{1}{(1+i)^n} = A\left[\frac{(1+i)^n - 1}{i(1+i)^n}\right] = A(P/A, i, n)$$

$$(2.29)$$

式中 $\frac{(1+i)^n - 1}{i(1+i)^n}$——等额支付现值系数，记为 $(P/A, i, n)$。

式（2.29）的经济含义是在利率为 i，复利计息的条件下，求 n 期内每期期末发生的等额支付年值 A 的现值 P，即已知 A、i、n 求 P。

4. 等额支付资金回收公式

等额支付资金回收公式是等额支付现值公式的逆运算，即已知现值 P，求与之等价的等额年值 A。由式（2.29）可直接推导得出

$$A = P\left[\frac{i(1+i)^n}{(1+1)^n - 1}\right] = P(A/P, i, n) \quad (2.30)$$

式中 $\dfrac{i(1+i)^n}{(1+i)^n-1}$——等额支付资金回收系数,记为 $(A/P, i, n)$。

等额支付资金回收系数是一个重要的系数。在对项目进行技术经济评价时,它表示在考虑资金时间价值的条件下,对应于项目的单位投资,在项目寿命期内每年至少应该回收的金额。如果对应于单位投资的实际回收金额小于这个值,在项目的寿命期内就不可能将全部投资收回。

2.8.2.3 等差支付公式(arithmetic gradient payment formula)

在新能源项目建设和生产运营过程中,常见的情形是每年收付的现金流量是不等的。例如,一个生物质能发电项目,其主要发电设备随着使用年限的延伸,维修费用逐年有所增加。当逐年递增或递减的量是等额的,此时现金流量表现为逐年递增或递减的等差序列,则称为等差序列现金流量,现金流量示意图如图 2.5 所示。

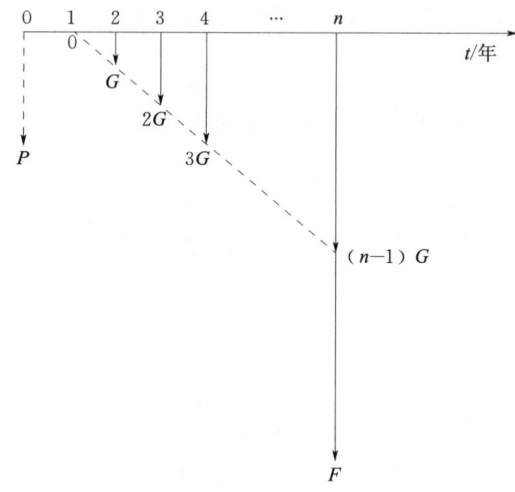

图 2.5 等差支付现金流量图

等差序列现金流量的等值计算公式有等差支付终值公式、等差支付现值公式和等差支付年值公式三种。

1. 等差支付终值公式

由图 2.5 可知,该等差序列的终值可以看做是若干不同年数而同时到期的资金总额,则第 n 年年末的终值 F 可表示为

$$F=G(1+i)^{n-2}+2G(1+i)^{n-3}+\cdots+(n-2)G(1+i)+(n-1)G \quad (2.31)$$

将式(2.31)左右两边同时乘以 $(1+i)$,得

$$(1+i)F=G(1+i)^{n-1}+2G(1+i)^{n-2}+\cdots+(n-2)G(1+i)^2+(n-1)G(1+i) \quad (2.32)$$

用式(2.32)减去式(2.31),可得

$$Fi=G(1+i)^{n-1}+G(1+i)^{n-2}+\cdots+G(1+i)-(n-1)G \quad (2.33)$$

再次将式(2.33)左右两边同时乘以 $(1+i)$,可得

$$Fi(1+i)=G(1+i)^n+G(1+i)^{n-1}+\cdots+G(1+i)^2-(n-1)G(1+i) \quad (2.34)$$

用式(2.34)减去式(2.33),可得

$$Fi^2 = G(1+i)^n - nG(1+i) + (n-1)G \qquad (2.35)$$

整理可得

$$F = \frac{G}{i}\left[\frac{(1+i)^n - 1}{i} - n\right] = \frac{G}{i}[(F/A, i, n) - n] = G(F/G, i, n) \qquad (2.36)$$

式中 $\dfrac{1}{i}\left[\dfrac{(1+i)^n - 1}{i} - n\right]$——等差支付终值系数，记为$(F/G, i, n)$。

2. 等差支付现值公式

将一次支付终值公式 $F = P(1+i)^n$，代入式（2.36），可得

$$P = \frac{1}{(1+i)^n}\frac{G}{i}\left[\frac{(1+i)^n - 1}{i} - n\right] = \frac{G}{i}\left[\frac{(1+i)^n - 1}{i(1+i)^n} - \frac{n}{(1+i)^n}\right]$$

$$= \frac{G}{i}[(P/A, i, n) - n(P/F, i, n)] = G(P/G, i, n) \qquad (2.37)$$

式中 $\dfrac{1}{i}\left[\dfrac{(1+i)^n - 1}{i(1+i)^n} - \dfrac{n}{(1+i)^n}\right]$——等差支付现值系数，记为$(P/G, i, n)$。

3. 等差支付年值公式

将等额支付偿债基金公式 $A = F\left[\dfrac{i}{(1+i)^n - 1}\right] = F(A/F, i, n)$，代入式（2.36）中，化简整理可得

$$A = \left[\frac{i}{(1+i)^n - 1}\right]\frac{G}{i}\left[\frac{(1+i)^n - 1}{i} - n\right] = G\left[\frac{1}{i} - \frac{n}{(1+i)^n - 1}\right] = G(A/G, i, n) \qquad (2.38)$$

式中 $\dfrac{1}{i} - \dfrac{n}{(1+i)^n - 1}$——等差支付年值系数，记为$(A/G, i, n)$。

2.8.2.4 等比支付公式 (geometric payment formula)

若在项目建设和生产运营期内，每年收付的现金流量发生的方向相同、大小成等比关系变化，则称该序列的现金流量为等比序列现金流量。等比序列现金流量的支付公式与等差序列现金流量相类似，都属于特殊情况下有规律可循的序列现金流，可采用类似的计算推导方法进行计算，在这里不再详述。

思 考 题

1. 下面不是新能源项目投资经济分析相比于企业财务会计特有的一项成本概念的是（　　）。

   A. 机会成本　　　B. 沉没成本　　　C. 经营成本　　　D. 不可预见费用

2. 新能源项目销售税附加不包含（　　）。

   A. 增值税　　　B. 营业税　　　C. 资源税　　　D. 土地增值税

3. 某太阳能电厂基础设施预计使用50年，已使用8年，用年数总和法计算年折旧率为（　　）。

   A. 1.6%　　　B. 3.3%　　　C. 4.5%　　　D. 6.4%

4. 某风电场拟在第5年年末能够从银行取出20万元更新现有设备，若年利率为

10%，那么现在需要把（　　）存入银行。

A. 16.667 万元　　B. 13.333 万元　　C. 10 万元　　D. 12.418 万元

5. 经济效果是新能源技术经济评价的基本要素之一，简述其分类及表示方法。

6. 简述新能源产业的利润率分类，及各种类分别反映了哪些利润水平的相对指标。

7. 请结合实际简要分析从传统能源项目到新能源项目投入指标和产出指标分别发生的变化。

8. 请联系我国现有新能源技术和经济政策谈谈如何提高新能源项目的经济效果。

9. 表 2.2 是某风电场部分经营活动财务计划现金流量表，请转化为对应的现金流量图。

表 2.2　　　　　　　某风电场部分经营活动财务计划现金流量

序号	项目	建设期	生产期				
		1	2	3	4	5	6
	装机容量/MW	49.5	49.5	49.5	49.5	49.5	49.5
1	现金流入/万元	0	7065	7065	7065	7065	7065
1.1	发电销售收入/万元	0	6038	6038	6038	6038	6038
1.2	增值税销项税额/万元	0	1027	1027	1027	1027	1027
2	现金流出/万元	0	425	477	1231	1258	1888
2.1	经营成本/万元	0	389	389	1231	1258	1316
2.2	增值税进项税额/万元	0	0	0	0	0	0
2.3	销售税金及附加/万元	0	0	0	0	0	40
2.4	增值税/万元	0	0	0	0	0	445
2.5	所得税/万元	0	37	89	0	0	87
	经营活动净现金流量/万元	0	6640	6588	5834	5807	5177

10. 某新能源项目无形资产投资 30 万元，固定资产投资 600 万元，员工培训费 8 万元，并且贷款 200 万元用于流动资金，利率为 10%。项目于第二年投产，第二年售电收入 70 万元，此后第三至第八年中为 110 万元；第二年总成本为 55 万元，第三至第八年为 60 万元；第二至第八年每年折旧费用为 10 万元。根据以上条件作出相应的现金流量表。

11. 某生物质电厂一发电设备原价 80 万元，预计发电量 150 万 kW·h，预计净残值率为 3%。2016 年 4 月该发电设备发电 18000kW·h。试采用工作量法计算该发电设备 4 月应提取的折旧额。

12. 某太阳能电厂的机电设备资产原值 380 万元，预计使用寿命为 5 年，预计净残值率为 4%。请分别用平均年限法和双倍余额递减法计算其年折旧额。

13. 某风电场 2013 年发电成本为 4750 万元，其中折旧费 3023 万元，维修费 972 万元，工资及福利费 141 万元，保险费 159 万元，利息支出 207 万元，其他费用 248 万元。试计算该风电场 2013 年经营成本。

14. 某太阳能电厂向银行贷款用于生产建设，年利率为 10%，每月计息一次，预计在

10 年内每年年末向银行等额支付 30 万元。试计算该电厂向银行共贷款多少万元。

15. 某新能源投资项目，预计第 1 年年收益为 200 万元，此后年收益直到第 8 年年末逐年递增 30 万元，年利率为 15％。试采用复利法计算该项目 8 年的收益现值和等额序列收益年值。

参 考 文 献

[1] 刘秋华. 技术经济学 [M]. 3 版. 北京：机械工业出版社，2016.
[2] 顾圣平，李晓英，王设亮. 风电场技术经济分析 [M]. 北京：中国水利水电出版社，2015.
[3] 郭洁，卢亚丽. 技术经济学 [M]. 北京：清华大学出版社，2016.
[4] 武春友，张米尔. 技术经济学 [M]. 3 版. 大连：大连理工大学出版社，2006.
[5] 何建洪. 技术经济学：原理与方法 [M]. 北京：清华大学出版社，2012.
[6] 李南. 工程经济学 [M]. 4 版. 北京：科学出版社，2013.
[7] 杨克磊. 工程经济学 [M]. 上海：复旦大学出版社，2007.
[8] 王柏轩. 技术经济学 [M]. 上海：复旦大学出版社，2007.
[9] 黄素逸，龙妍. 能源经济学 [M]. 北京：中国电力出版社，2010.
[10] 王伟，邓蓉，张志强. 资源经济学 [M]. 北京：中国农业出版社，2007.
[11] 林伯强. 现代能源经济学 [M]. 北京：中国财政经济出版社，2007.
[12] 郑宁，郑彩云，韩星. 技术经济学 [M]. 2 版. 北京：清华大学出版社，2016.
[13] 夏恩君. 技术经济学 [M]. 北京：中国人民大学出版社，2013.
[14] 许昌，钟淋涓. 风电场规划与设计 [M]. 北京：中国水利水电出版社，2014.
[15] 都沁军. 工程经济学 [M]. 北京：北京大学出版社，2012.
[16] 王勇民，刘荣厚，边志敏. 北方"三位一体"沼气生态模式经济评价 [J]. 可再生能源，2005 (2)：39-42.
[17] 张贤模. 技术经济学原理与方法 [M]. 北京：机械工业出版社，1999.
[18] 林伯强. 高级能源经济学 [M]. 北京：中国财政经济出版社，2009.

第3章 经济评价的基本方法

新能源工程技术方案属于工程技术方案的一种,它的技术经济分析的基本方法与工程技术经济分析方法一样,也是对不同技术方案实施所需要的投入与取得的经济效果进行计算、分析、比较和论证,对参选方案进行评价,从而得出方案取舍的一套方法。经济评价方法中有多种多样的评价指标,它们从不同角度反映工程技术方案的经济性。由于项目或者方案的复杂性,任何一种评价指标都只能反映项目的某一个侧面或者某些侧面,却忽视了另外的因素,因此正确的评价项目必须根据项目的目标,采用几种指标全面评价,从而确保投资决策的正确性和科学性。

3.1 经济评价方法和指标的分类

项目经济性评价的基本方法包括确定性评价和不确定性评价两大类,对于同一个项目需要同时进行确定性评价和不确定性评价。不确定性评价会在第4章详细介绍,在此不做赘述。确定性评价中按照是否考虑时间价值,可以分为静态评价方法和动态评价方法。静态评价方法包括投资回收期法、借款偿还期法和投资效果系数等。动态评价方法包括净现值法、费用现值法、费用年值法和内部收益率法等。确定性经济评价方法分类见表3.1。

表 3.1 确定性经济评价方法分类

方法类别	评价方法
静态评价方法	投资回收期、借款偿还期法、投资效果系数等
动态评价方法	净现值法、费用现值法、费用年值法和内部收益率法等

经济评价指标种类很多,按照项目对资金的回收速度、获利能力和资金的使用效率可以把指标分为时间型指标、价值型指标和效率性指标三类。第一类是以时间作为计量单位的时间型指标,如投资回收期、增量投资回收期和固定资产投资借款偿还期等。第二类是以货币单位计量的价值型指标,如净现值、净年值、费用现值、费用年值、投资增额净现值等。第三类是反映资源利用效率的效率性指标,如内部收益率、外部收益率、投资利润率、投资利税率、净现值率、费用-效益比等。详细的经济指标分类见表3.2。

表 3.2 经济评价指标分类

指标类型	具体指标
时间型指标	投资回收期、增量投资回收期、固定资产投资借款偿还期
价值型指标	净现值、净年值、费用现值、费用年值、投资增额净现值
效率性指标	内部收益率、外部收益率，投资利润率、投资利润率、净现值率、费用-效益比

3.2 投资回收期法

投资回收期是以项目的净收益抵偿全部投资（包括固定资产投资和流动资产投资）所需要的时间，简记 T。日常生活中所说的某个投资可以在某年内收回，就是人们自觉地使用了这一指标来评价。投资回收期一般从项目开始建设年算起，如果用投产年算起，需要注明。根据是否考虑资金的时间价值，可以分为静态投资回收期和动态投资回收期。

3.2.1 静态投资回收期

静态投资回收期按年为计算单位的表达式为

$$\sum_{t=0}^{T} (CI - CO)_t = 0 \tag{3.1}$$

式中　　CI——现金流入量；
　　　　CO——现金流出量；
　　$(CI-CO)_t$——第 t 年净现金流量；
　　　　T——投资回收期。

如果项目投资 I 在期初一次性投入，当年产生受益，每年的净现金收入 NB 不变，则可以将式（3.1）简化为

$$T = \frac{I}{NB} \tag{3.2}$$

式中　I——投资额；
　　　NB——年净收入，为收入减去支出。

投资回收期通常可以用列表法求得，计算公式为

$$T = \begin{pmatrix} 累计净现金流量开 \\ 始出现正值的年份数 \end{pmatrix} - 1 + \left(\frac{上年累计净现金流量的绝对值}{当年净现金流量} \right) \tag{3.3}$$

用静态投资回收期对项目进行财务评价项目，需要将计算所得的静态投资回收期与行业基准投资回收期 T_b 比较，判别准则为：当 $T \leqslant T_b$ 时，表明项目投资可在规定年限内通过净收益收回，则项目可以考虑接受；当 $T > T_b$ 时，说明全部投资无法在规定年限内收回，则项目应予以拒绝。

【例 3.1】　某新能源项目现金流量表见表 3.3，设 $T_b = 7$ 年，试用静态投资回收期指标评价项目的可行性。

表 3.3　某新能源项目现金流量　　　单位：万元

时间/年	0	1	2	3	4	5	6	7
投资	600	200						
净收益		100	300	300	300	300	300	300

解： 为了计算静态投资回收期，由所给的现金流量表计算出净现金流量和累计净现金流量，并制成表3.4。

表 3.4　[例 3.1] 表　　　单位：万元

时间/年	0	1	2	3	4	5	6	7
投资	600	200						
净收益		100	300	300	300	300	300	300
净现金流量	−600	−100	300	300	300	300	300	300
累计净现金流量	−600	−700	−400	−100	200	500	800	1100

由表3.4可见，累计净现金流量开始出现正值的年份为第4年，上年累计净现金流量绝对值为100万元，第4年的净现金流量为300万元，则该项目的静态投资回收期为

$$T = \left(4 - 1 + \frac{100}{300}\right) \text{年} = 3.33 \text{年}$$

即所求的投资回收期大约为3年4个月，小于行业投资回收期7年，因此项目可以考虑接受。

静态投资回收期已经在国际上使用多年并且仍在使用，主要就是因为它可以反映项目本身的资金回收能力，直观容易理解，便于衡量投资风险。但静态投资回收期也有自身的缺点：第一，它没有反映资金的时间价值；第二，没有考虑资金回收后项目的情况，所以并不能全面反映项目在寿命期内的真实效益。因此，必须将该指标与其他指标联合使用，否则可能导致错误的结论。

3.2.2　动态投资回收期

静态投资回收期没有反映资金的时间价值，为了克服这个缺点，可采用动态投资回收期。动态投资回收期是按照给定的基准折现率，用项目的净收益现值将总投资现值回收所需的时间，计算式为

$$\sum_{t=0}^{T_P}(CI-CO)_t(1+i_0)^{-t}=0 \tag{3.4}$$

式中　T_P——动态投资回收期；

　　　CI——第 t 年的收入，视为现金流入；

　　　CO——第 t 年的支出或者投资，视为现金流出；

　　　i_0——对于项目的财务评价，i_0 取行业的基准收益率；对于项目的国民经济评价，i_0 取社会折现率，现行的社会折现率为8%。

基准折现率是由部门或者行业自行测算控制并报国家发展和改革委员会审。基准折现

率的取值直接影响到动态计算的结果,是决定项目能不能通过的重要经济因素。

动态投资回收期的计算也可以根据财务分析中的现金流量表计算,计算公式为

$$T_P = \left(\frac{累计净现金流量折现值}{开始出现正值的年份数}\right) - 1 + \left(\frac{上年累计净现金流量折现值的绝对值}{当年净现金流量折现值}\right) \quad (3.5)$$

按照[例 3.1]给出的现金流量表,取折现率 i_0 为 8%,则动态投资回收期的计算见表 3.5。

表 3.5　　　　　　　　　动态投资回收期的计算　　　　　　　　单位：万元

时间/年	0	1	2	3	4	5	6	7
投资	600	200						
净收益		100	300	300	300	300	300	300
净现金流量	−600	−100	300	300	300	300	300	300
现值系数	—	0.9259	0.8573	0.7938	0.7350	0.6806	0.6302	0.5835
净现金流量折现值 ($i_0=8\%$)	−600	−92.59	257.19	238.14	220.5	204.18	189.06	175.05
累计净现金流量折现值	−600	−692.59	−435.40	−197.26	23.24	227.42	416.48	591.53

从表 3.5 中可见,累计净现金流量折现值出现正值的年份是第 4 年,上年累计现金流量折现值为−197.26 万元,则该项目的动态投资回收期为

$$T_P = \left(4 - 1 + \frac{|-197.26|}{220.5}\right) 年 = (3 + 0.9) 年 = 3.9 年$$

动态投资回收期尽管弥补了静态投资回收期没有考虑资金时间价值的缺点,但是依然存在没有反映投资回收期以后方案或者项目的情况,不能反映项目在整个寿命期内真实的经济效果。所以不管是静态还是动态投资回收期,一般只用于粗略评估,对新能源项目进行技术经济评价的时候还需要和其他指标结合起来使用。

3.3　净现值法

方案的净现值(net present value,NPV)是指方案在寿命期内各年的净现金流量 $(CI-CO)_t$,按照一定的折现率将各年净现金流量折现到期初的现值之和。净现值的表达式为

$$NPV = \sum_{t=0}^{n} (CI - CO)_t (1 + i_0)^{-t} \quad (3.6)$$

式中　NPV——净现值;
　　　CI——第 t 年的现金流入;
　　　CO——第 t 年的现金流出;
　　$(CI-CO)_t$——第 t 年的净现金流量;
　　　i_0——基准折现率。

n——项目寿命年限。

净现值的经济含义是反映项目在寿命期内的获利能力。对于单一方案，NPV>0，则表示项目的收益率不仅可以达到基准收益率的水平，而且还有盈余；NPV=0，则表示项目的收益率恰好等于基准收益率；NPV<0，则说明项目或者方案的收益率达不到基准收益率。因此，对于单一项目，用净现值指标评价的判别准则是：NPV≥0时，则项目考虑接受；NPV<0，则项目拒绝接受。

【例 3.2】 某新能源公司拟购置一台设备，购价为 38000 元，该设备的年运行收入为 15000 元，年运行费用为 3500 元，4 年以后可以按照 5000 元的价格转让，如果基准收益率为 15%，这项投资是否值得？

解： 用净现值指标评价时，可以得出

$$\text{NPV}(i_0=15\%)=[-38000+(15000-3500)(P/A,15\%,4)+5000(P/F,15\%,4)]\text{元}$$
$$=(-38000+11500\times2.855+5000\times0.5718)\text{元}$$
$$=(-38000+32832.5+2859)\text{元}$$
$$=-2308.5\text{元}$$

由于 NPV$(i_0=15\%)$<0，则项目不值得投资，达不到 15% 的报酬率。

【例 3.3】 如果其他情况相同，基准收益率为 5%，这个项目是否值得投资？

$$\text{NPV}(i_0=5\%)=[-38000+(15000-3500)(P/A,5\%,4)+5000(P/F,5\%,4)]\text{元}$$
$$=(-38000+11500\times3.546+5000\times0.8227)\text{元}$$
$$=(-38000+40779+4113.5)\text{元}$$
$$=6892.5\text{元}$$

NPV$(i_0=5\%)$>0，这说明如果基准折现率为 5%，这项投资不仅可以获得 5% 的收益率，而且可以获得 6892.5 的超额收益。

从［例 3.2］和［例 3.3］可以看出，净现值的大小与折现率有很大关系，当折现率变化的时候，净现值也随之变化，因此净现值和折现率之间存在函数关系，即 NPV$(i)=f(i)$。通常情况下，同一净现金流量的净现值随着折现率的增大而减小。如果以横坐标表示净现值，纵坐标表示折现率，上述函数关系可以表示为如图 3.1 所示。

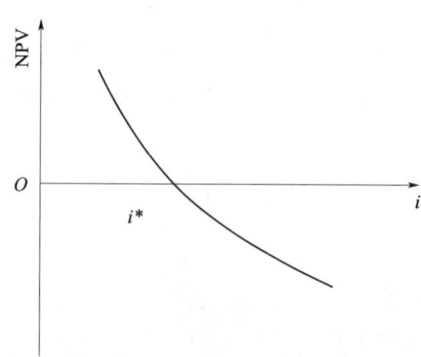

图 3.1 净现值函数曲线

由图 3.1 可以发现，净现值函数有以下两个特点：

(1) 对于一般投资项目，同一净现金流量的净现值随着折现率的增大而减小。这是因为一般投资项目的投资在前，收益在后，负现金流总是出现在正现金流的前面，负现金流折现的时间短，其现值减小得少，正现金流折现的时间长，其现值减小得多，这样现值的代数和就减小。因此，基准折现率定得越高，计算的 NPV 越小，方案越不容易通过评价标准，容易否定方案；反之，定得越低，越容易接受方案。

(2) 净现值曲线与横坐标存在一个交点，表示该折现率下的净现值 NPV=0，当 $i<i^*$ 时，$NPV(i)>0$；$i>i^*$，$NPV(i)<0$。i^* 是一个具有重要经济意义的折现率临界值。

3.4 内部收益率法

内部收益率（internal rate of return，IRR）又称内部报酬率，指整个计算期内各年净现金流量现值累计等于零时的折现率，它反映项目所占用资金的盈利率，用来考察项目盈利能力。在所有的经济评价指标中，是最重要的评价指标之一。

内部收益率可以通过求解下述方程求得

$$NPV(IRR) = \sum_{t=0}^{n}(CI-CO)_t(1+IRR)^{-t} = 0 \quad (3.7)$$

式中　IRR——内部收益率；

其他符号意义同式（3.6）。

设基准折现率为 i_0，内部收益率的判别准则是：若 $IRR \geq i_0$，则项目在经济效果上可以接受；若 $IRR < i_0$，则项目在经济效果上不能接受。

式（3.7）是一个非线性方程，不容易直接求解，因此可以用试算方法近似求得内部收益率。其步骤如下：

(1) 计算各年的现金收入、现金流出，并得到各年的净现金流量 $(CI-CO)_t$。

(2) 列出净现值函数 $\sum_{t=0}^{n}(CI-CO)_t(1+IRR)^{-t} = 0$。

(3) 先取折现率 i_1（一般可以取 $i_1=i_0$），计算对应的 $NPV(i_1)$，若 $NPV(i_1)>0$，说明要求解的 $IRR>i_1$，若 $NPV(i_1)<0$，说明要求解的 $IRR<i_1$。然后继续取 i_2，求出 $NPV(i_2)$ 的值，如此反复试算，最终得到两个比较接近的折现率 i_m 和 i_n（$i_m<i_n$，两者之差不超过 5% 为宜），使得 $NPV(i_m)>0$，$NPV(i_n)<0$，然后用线性内插法求得 IRR 的近似解 i^*。计算公式为

$$i^* = i_m + \frac{NPV(i_m)}{NPV(i_m)+|NPV(i_n)|}(i_n-i_m) \quad (3.8)$$

求解思路如图 3.2 所示。

显然当折现率 i_m 和 i_n 之差趋近于零时，弧 AB 几乎与直线 AB 重合，所以 i^* 的近似等于 IRR。i^* 的求解利用三角形 $\triangle Ai^*i_m$ 和 $\triangle Bi^*i_n$ 相似求解。

【例 3.4】 某可再生能源项目的现金流量见表 3.6，试用试算法求解该项目的 IRR。

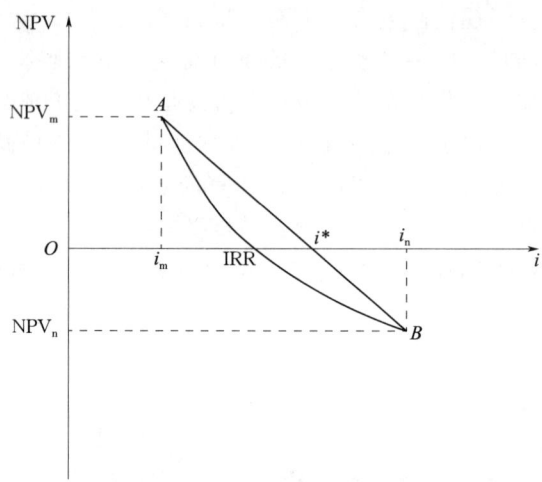

图 3.2 用内插法求解 IRR 图解

已知 $i_0=10\%$,试评价该项目是否可行。

表 3.6　　　　　某可再生能源项目的现金流量　　　　　单位:万元

时间/年	0	1	2	3	4	5
现金流量	-3600	800	1000	1000	1200	1500

解:利用试算法求解,净现值函数为

$$\text{NPV}(i)=[-3600+800(P/F,i,1)+1000(P/F,i,2)+1000(P/F,i,3)+\\1200(P/F,i,4)+1500(P/F,i,5)]\text{万元}$$

取 $i_1=i_0=10\%$,$i_2=15\%$,可得

$$\text{NPV}_1=[-3600+800\times0.9091+1000\times0.8264+1000\times0.7513+\\1200\times0.6830+1500\times0.6209]\text{万元}=455.93 \text{ 万元}$$

$$\text{NPV}_2=(-3600+800\times0.8696+1000\times0.7561+1000\times0.6575+\\1200\times0.5718+1500\times0.4972)\text{万元}=-58.65 \text{ 万元}$$

由式(3.8)可得

$$\text{IRR}=10\%+\frac{455.93}{455.93+58.65}\times(15\%-10\%)=14.4\%$$

$$\text{IRR}=14.4\%>i_0$$

所以该项目在经济上是可行的。

内部收益率反映项目所占用资金的盈利率,是考察项目盈利能力的主要动态指标。与净现值相比,内部收益率更常用。

但是这种方法具有局限性,它只适用于有限寿命的收益费用型项目,并且必须是初期投资较大,中后期没有投资或者投资非常少,也就是说项目初期都是负现金流,项目后期是正现金流的项目。当内部收益率用作方案比较的时候,还要求各方案的初期投资相等或者相近,否则不能用或者不适宜用。

3.5 其他效率型指标

3.5.1 净现值指数(NPVI)

前面介绍的净现值指标可以反映技术方案的盈利总额,但用于多方案比较时,没有考虑各方案投资额的大小,不能直接反映资金的利用效率。净现值指数(net present value index,NPVI),又称为净现值率,是项目净现值与项目投资总额现值之比,它反映单位投资现值所获得的收益。当需要对有资金约束方案进行选择的时候,可以采用净现值率指标来反映资金的使用效率。净现值指数的计算公式为

$$\text{NPVI} = \frac{\text{NPV}}{I_P} = \frac{\sum_{t=0}^{n}(\text{CI}-\text{CO})_t(1+i_0)^{-t}}{\sum_{t=0}^{n}I_t(1+i_0)^{-t}} \tag{3.9}$$

式中 I_t——第 t 年的投资额;
I_P——投资额折现总值。

判别准则:对于单一方案,净现值指数的评价准则与净现值的评价准则相同,即 NPVI≥0,方案是经济合理的,若 NPVI≤0,方案应予否定。这是因为 NPV≥0,则 NPVI≥0(因为 I_P≥0);若 NPV<0,则 NPVI<0。

对于多方案比选时,如果被选方案的投资额相近则净现值指数最大的,表示其投资的收益大,该方案为最佳方案。但是值得注意的是,多方案比选时,以净现值指数最大准则选择方案,有利于投资额偏小的项目。所以,NPVI 指标仅仅适用于投资额相近或者资金总额受限制的多方案比选。

3.5.2 投资收益率

投资收益率是指在项目正常生产年份的净收益与投资总额的比值,又称投资效果系数或者静态投资报酬率。其计算公式为

$$R = \frac{\text{NB}}{I} \tag{3.10}$$

$$I = \sum_{t=0}^{m} I_t$$

式中 R——投资收益率;
I——投资总额,根据不同的分析目的,I 可以是全部投资,也可以是投资者的权益投资;
I_t——第 t 年的投资额;
m——完成投资的年份;
NB——正常年份的净收益,根据不同的分析目的,NB 可以是利润,也可以是利润税金总额,也可以是年净现金流入。

投资收益率的经济含义是:每投 1 元钱,项目投产后的一个正常年份所能赚得的净利

润额。

投资收益率与静态投资回收期互为逆指标。

用投资收益率指标评价投资方案的经济效果，需要根据同类项目的历史数据和投资者意愿等确定的基准投资收益率 R_b 做比较。当 $R \geqslant R_b$ 时，该项目可以考虑接受；当 $R < R_b$ 时，该项目应予以拒绝。

在实际应用中，投资收益率可以细分为投资利润率、投资利税率、全部投资收益率和权益投资收益率。

投资利润率是项目达到正常生产规模的年利润总额与项目总投资的比率。如果生产期内各年的利润总额变化幅度较大，可计算生产期年平均利润总额与项目总投资的比率。

$$投资利润率 = \frac{年利润总额或年平均利润总额}{项目总投资} \times 100\% \tag{3.11}$$

其中　　年利润总额＝年销售收入－年销售税金及附加－年总成本费用

投资利税率是指项目达到设计生产能力后一个正常年份的年利税总额或者项目生产期内年平均利税总额与项目总投资的比率。其计算公式为

$$投资利税率 = \frac{年利税总额或年平均利税总额}{项目总投资} \times 100\% \tag{3.12}$$

其中　　　　年利税总额＝年销售收入－年总成本费用
或者　　　　年利税总额＝年利润总额＋年销售税金及附加

全部投资收益率是指达产期正常年份的年息税前利润或运营期年均息税前利润占项目总投资的百分比。

$$全部投资收益率 = \frac{年利润＋折旧与摊销＋利息支出}{总投资} \times 100\% \tag{3.13}$$

权益投资收益率是指投资者在项目达产期正常年份的投资中所投入的自有资本的收益率，它考虑了还本付息对自有资金现金流的影响。

$$权益投资收益率 = \frac{年利润＋折旧与摊销}{权益投资额} \times 100\% \tag{3.14}$$

3.5.3　差额内部收益率（ΔIRR）

差额内部收益率也称为增量内部收益率，是指两个投资方案不同的方案比较时，一方案与另一方案投资差额的内部收益率。或者说是两方案增量净现值等于零时的折现值。差额内部收益率的计算表达式为

$$\Delta \text{NPV}(\Delta \text{IRR}) = \sum_{t=0}^{n} (\Delta \text{CI}_t - \Delta \text{CO}_t)(1 + \Delta \text{IRR})^{-t} = 0 \tag{3.15}$$

式中　ΔNPV——增量净现值；

　　　ΔIRR——差额内部收益率；

　　　ΔCI_t——两个方案第 t 年的增量现金流入；

　　　ΔCO_t——两个方案第 t 年的增量现金流出。

差额内部收益率主要用于互斥方案的选择，并且两个互斥方案必须有相同的寿命期或者计算期。其评价准则是将所求得的差额内部收益率与基准收益率 i_0 相比，当 $\Delta \text{IRR} > i_0$

时，说明投资大的方案与投资小的方案相比有超额收益存在，应当选择投资大的方案；反之，则说明投资大的方案与投资小的方案相比是不经济的，应当选择投资小的方案。

3.5.4 外部收益率（ERR）

外部收益率（external rate of return，ERR）是与内部收益率相对的指标。它指项目在计算期内各年支出的终值与各年收入再投资的净收益终值累计相等时的收益率，其计算公式为

$$\sum_{t=0}^{n} CO_t (1+ERR)^{n-t} = \sum_{t=0}^{n} CI_t (1+i_0)^{n-t} \tag{3.16}$$

从式（3.16）可以看出，ERR 与 IRR 的经济含义相似，都反映的是项目在计算期内的盈利能力。只不过 ERR 假设所回收的资金是以相当于基准收益率进行再投资的，而 IRR 是假设所回收的资金也是以 IRR 收益率进行再投资的。一般情况下，IRR$\geqslant i_0$，因此，ERR 的值会在 IRR 和 i_0 之间。

外部收益率的判别准则：当 ERR$\geqslant i_0$ 时，方案可行；反之，方案不可行。

3.6 经济评价指标和方法的选择

工程方案经济性评价除了采用前述的评价指标分析该方案是否达到了标准要求之外，往往还需要在多个备选方案之间进行比选。方案比选的过程中应当注意指标的选用，不同的指标可能导致不同的结论，选择正确的指标至关重要。备选方案之间的关系影响评价指标和评价方法的选择。因此本节将在分析备选方案类型的基础上，讨论如何选择经济评价指标和评价方法。

3.6.1 独立方案的经济评价

独立方案是指作为评价对象的各个方案的现金流是独立的，不具有相关性，任一方案的采用与否都不影响其他方案是否采用。单一方案是独立型方案的一种特例。在没有制约的条件下，多个独立方案的比选与单一方案的评价方法相同，即用经济效果评价标准（NPV$\geqslant 0$，NAV$\geqslant 0$，IRR$\geqslant i_0$ 等）直接判别该方案是否可行。

独立方案常用的静态评价指标有投资回收期和投资效果系数；常用的动态评价指标有净现值、内部收益率和动态投资回收期等。

3.6.2 互斥方案的经济评价

当方案之间由于技术的或者经济的原因，接受某一个方案就必须放弃其他方案，即方案之间存在着相互不容、互相排斥的关系时，从决策角度来看，这些方案是相互排斥的，称为互斥方案。如厂址方案的选择，特定水力发电站坝高方案的选择。

互斥方案的经济评价包含两部分内容：一是考察各个方案自身的经济效果，进行绝对经济效果检验；二是考察哪个方案最优，对这些方案进行优劣排序，进行相对经济效果检验。通常对互斥方案进行经济效果检验时，这两者缺一不可。

【例 3.5】 某新能源投资项目有 A、B 两个互斥方案，寿命期相同，都为 10 年，各年的现金流量见表 3.7，试评价选择方案（$i_0=10\%$）。

表 3.7　　　　　　　　　　　现　金　流　量　　　　　　　　　　单位：元

项目	0 年	1～10 年年收益	1～10 年年费用	NPV	IRR/%
方案 A 的净现金流	170 000	114 000	70 000	100 360.95	22.47
方案 B 的净现金流	300 000	130 000	64 000	105 541.43	17.68
方案 B 比方案 A 的增量净现金流	130 000	16 000	−6 000	5 180.48	10.92

解：
$$\mathrm{NPV_A}(10\%)=[-170000+44000(P/A,10\%,10)]元=100360.95\ 元$$
$$\mathrm{NPV_B}(10\%)=[-300000+66000(P/A,10\%,10)]元=105541.43\ 元$$

由方程式
$$-170000+44000(P/A,\mathrm{IRR_A},10)=0$$
$$-300000+66000(P/A,\mathrm{IRR_B},10)=0$$

可以求得 $\mathrm{IRR_A}=22.47\%$，$\mathrm{IRR_B}=17.68\%$

由于 $\mathrm{NPV_A}$、$\mathrm{NPV_B}$ 都大于零，$\mathrm{IRR_A}$、$\mathrm{IRR_B}$ 都大于基准收益率 10%，所以方案 A 和方案 B 都达到了标准要求，就单个方案而言，A、B 两个方案都是可行的。

但是题目要求是互斥方案，也就是两个方案只能选择一个，那么按照 NPV 最大原则，由于 $\mathrm{NPV_B}>\mathrm{NPV_A}$，则方案 B 优于方案 A。但是如果按照 IRR 最大原则，由于 $\mathrm{IRR_A}>\mathrm{IRR_B}$，则方案 A 优于方案 B。两种指标选择的结果是矛盾的。这种矛盾是如何产生的呢？下面分别作出两个方案的净现值函数图进行说明。

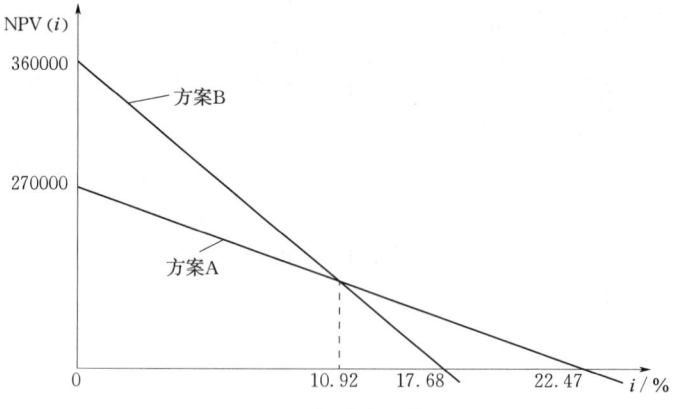

图 3.3　净现值函数图

从图 3.3 可以看出，尽管方案 A 的 $\mathrm{IRR_A}$ 等于 22.47%，大于方案 B 的 $\mathrm{IRR_B}$，但是在基准折现率为 10% 的时候有 $\mathrm{NPV_B}>\mathrm{NPV_A}$。这表明 IRR 最大不能保证在某一设定折现率下 NPV 也最大。根据差额内部收益率的定义，可以知道图 3.3 中两个方案的交点对应的折现值就是差额内部收益率。计算式为

$$-(300000-170000)+(66000-44000)(P/A,\Delta\mathrm{IRR_{B-A}},10\%)=0$$

解得 $\Delta \mathrm{IRR}_{B-A} = 10.92\%$

因为 $\Delta \mathrm{IRR}_{B-A} > 10\%$，由 3.5 节差额内部收益率的判别准则可知，投资大的方案为优，因此选择方案 B。

实际上，投资额不等的互斥方案比选的实质就是要判断增量投资的经济效果，即投资大的方案相对于投资小的方案多投入的资金能否带来满意的增量收益。[例 3.5] 也表明了互斥方案比选的基本方法是增量分析法，增量分析法是经济学中边际原理的一种具体应用。

互斥方案进行经济评价的特点是要在多个方案之间进行比选，因此备选方案之间一定要有可比性，包括考察时间段及计算期的可比性；收益和费用的性质及计算范围的可比性；方案风险水平的可比性和评价所使用假设的合理性。

当备选方案的寿命期相同时，选择寿命期当作计算期具有时间上的可比性的，可以利用净现值、净年值、费用现值、费用年值和内部收益率等指标进行评价。当备选的互斥方案寿命期不同时，这就需要各备选方案间在时间上具有可比性。对于寿命期不同的互斥方案，最简便的方法是净年值法，也可以设定一个共同的时间段用净现值法。这个共同的时间段，可以是一个较长的计算期，也可以"年度"为单位。通常按照研究期和最小公倍数确定计算期。研究期法通常取寿命期最短的方案的寿命期为研究期，但是这种方法仅限于考虑和比较方案在某一研究期内的效果。最小公倍数法是以不同方案使用寿命的最小公倍数作为共同的计算期，并假定每一方案在这一期间内反复实施，计算出计算期内各方案的净现值，净现值较大的为最佳方案。

【例 3.6】 某新能源工厂技术改造方案有 A、B 两个，两个方案的现金流量见表 3.8，基准收益率为 15%，用净现值方法比选方案。

表 3.8 现 金 流 量 单位：万元

方案	方案 A	方案 B
初始投资	10000	16000
年净现金流	3000	3400
残值	1000	2000
计算期	6	9

解：方案 A 和方案 B 的寿命期不同，要使方案在时间上可比，可以用寿命期的最小公倍数 18 年作为计算期，采用方案重复型假设，方案 A 重复实施 3 次，方案 B 重复实施 2 次。

$$\mathrm{NPV}_A = \{-10000[1+(P/F,15\%,6)+(P/F,15\%,12)]+3000(P/A,15\%,18)+$$
$$1000[(P/F,15\%,6)+(P/F,15\%,12)+(P/F,15\%,18)]\}\text{万元}$$
$$= 2892 \text{ 万元}$$
$$\mathrm{NPV}_B = \{-16000[1+(P/F,15\%,9)]+3400(P/A,15\%,18)+2000\times$$
$$[(P/F,15\%,9)+(P/F,15\%,18)]\}\text{万元}$$
$$= 1016.6 \text{ 万元}$$

因为 $\mathrm{NPV}_A > \mathrm{NPV}_B$，所以方案 A 较优。

互斥方案常用的静态评价指标有追加投资回收期和年费用；常用的动态评价指标有净现值和净现值率、费用年值和差额内部收益率。

3.6.3 相关方案的经济评价

在多个方案之间，如果接受（或者拒绝）某一方案，会显著改变其他方案的现金流量，或者接受（或拒绝）某一方案会影响其他方案的接受（或拒绝），因此说这些方案是相关的。

互斥方案是相关方案的一种特殊类型，除了互斥方案还有相互依存型和完全互补型（如生产电动车和与之配套的电池的两个项目）、现金流相关型（如为解决渡河问题，可以通过建收费公路桥和收费轮渡码头两个方案解决，两个方案并不互斥，可以同时接受，但是任一方案的实施或者放弃都会影响另一方案的收入）、资金约束导致的方案相关。这里对现金流相关型和受资金约束方案选择做进一步介绍。

1. 现金流相关方案的选择

现金流相关方案的选择可以采用"互斥方案组合法"，即将各方案组合成互斥方案，计算各互斥方案的现金流量，再按照互斥方案的评价方法进行评价选择。

【例3.7】 为了解决某地的渡河问题，有关部门分别提出修建一座大桥解决和（或）修建轮渡码头通过轮渡解决。只上一个项目时的净现金流量见表3.9。若两个项目都上，由于分流的影响，两项目都将减少收入，其净现金流量见表3.10。当基准折现率为10%时应如何决策？

表3.9　　　　　　　　只上一个项目时的净现金流量　　　　　　　　单位：百万元

方案	时间/年			
	0	1	2	3～32
修建大桥（A）	－200	－200	－200	100
修建轮渡码头（B）	－100	－100	－100	60

表3.10　　　　　　　　两个项目都上时的净现金流量　　　　　　　　单位：百万元

方案	时间/年			
	0	1	2	3～32
修建大桥（A）	－200	－200	－200	80
修建轮渡码头（B）	－100	－100	－100	35
两个项目合计	－300	－300	－300	115

可以把只修建大桥只修建轮渡码头B和两个项目都上看成三个互斥方案，分别计算其净现值，即

$$\text{NPV}_A = \sum_{t=0}^{32}(\text{CI}-\text{CO})_t(1+10\%)^{-t}$$
$$= [-200-200(P/F,10\%,1)-200(P/F,10\%,2)+100(P/A,10\%,30) \times (P/F,10\%,2)]\text{百万元}$$

$$= [-200 - 200 \times 0.9091 - 200 \times 0.8264 + 100 \times 9.427 \times 0.8264] 百万元$$
$$= 231.95 \text{ 百万元}$$

同理计算得到 $NPV_B = 193.90$ 百万元，$NPV_{A+B} = 75.29$ 百万元。

根据净现值判别准则，在三个互斥方案中，方案 A 的净现值最大而且大于零，所以方案 A 为最优方案。

2. 受资金限制的方案的选择

资金短缺是社会经济建设中一个普遍存在的问题。在资金短缺的情况下，如何选择方案使目标收益或者费用达到最优是资金限制下的方案选择问题。在资金有限的情况下，局部看来不具有互斥性的独立方案也成了相关方案。"净现值指数排序法"和"互斥方案组合法"是受资金限制的方案选择使用的主要方法。

（1）净现值指数排序法。净现值指数排序法是在计算各方案净现值指数的基础上，将净现值指数大于或者等于零的方案按净现值指数大小排序，并依此次序选取方案，直至所需方案的投资额最大限度地接近或者等于投资限额为止。

净现值指数排序法所要达到的目的是在一定的投资额约束下使所选方案的净现值最大。

【例 3.8】 某新能源公司投资预算资金为 500 万元，有七个独立方案 A、B、C、D、E、F、G 可以选择，寿命均为 10 年，各方案的现金流量见表 3.11，基准收益率为 12%，判断经济性并选出合适的方案。

表 3.11　　　　　　　　各方案的现金流量

方案	第 0 年投资/万元	1～10 年的净收入/万元	净现值 NPV/万元	净现值指数（NPVI）	按 NPVI 排序
A	-140	25	1.25	0.009	5
B	-80	19	27.35	0.34	1
C	-120	25	21.25	0.177	3
D	-100	20	13	0.13	4
E	-110	22	14.3	0.13	4
F	-90	15	-5.25	-0.058	6
G	-80	17	16.05	0.20	2

首先将净现值指数小于零的方案 F 淘汰，然后按照净现值指数由大到小排序选择方案，满足资金限制条件的方案组为 B、G、C、D、E，所用资金总额为 490 万元，总净现值为 91.95 万元。

按净现值指数排序原则选择项目方案，其基本思想是单位投资的净现值越大，在一定投资限额内所能获得的净现值总额就越大。净现值指数排序法的主要优点是简便易算。但是，由于投资项目的不可分性，净现值指数排序法在许多情况下不能保证现有资金的充分利用，不能达到净现值最大的目标。只有在各方案投资占投资预算的比例很小，或者各方案投资额相差无几，或者各入选方案投资额累加起来的总额与投资预算相差无几时，净现值指数排序法才能达到或者接近于净现值最大目标。

实际上,在各种情况下都能保证实现净现值最大的更可靠的方法是互斥方案组合法。

(2)互斥方案组合法。互斥方案组合法是把受资金限制的独立方案都组合成互斥方案,计算各互斥方案的总投资额和效益指标(如净现值和内部收益率等指标),保留投资额不超过投资限额的同时符合指标评价标准的方案,淘汰其余组合方案。

【例 3.9】 现有三个独立方案 A、B、C。其初始投资(第 0 年年末)及各年净收入见表 3.12。投资限额为 450 万元。基准折现率为 8%,各方案的净现值与净现值指数的计算结果也列于该表中。如何选择方案?

表 3.12　　　　　　　初始投资额(第 0 年年末)及各年净收入

方　案	初始投资 /万元	寿命 /年	年净收入 /万元	净现值 /万元	净现值指数
A	100	10	23	54.33	0.543
B	300	10	58	89.18	0.297
C	250	10	49	78.79	0.315

解:建立所有的互斥方案的组合,并计算净现值指标,见表 3.13。

表 3.13　　　　　　互斥方案组合及其净现值指标　　　　　　单位:万元

方案组合序号	方案组合方法	投资总额/万元	年净收益/万元	净现值/万元
1	A	100	23	54.33
2	B	300	58	89.18
3	C	250	49	78.79
4	A+B	400	81	143.51
5	A+C	350	72	133.12
6	B+C	550	107	超过资金限额
7	A+B+C	650	130	超过资金限额

从表 3.13 可以看出,组合方案 6 和组合方案 7 的投资总额超过了资金的限制条件 450 万元,所以不考虑。满足资金限制条件的是前 5 个组合方案,其中第 4 个组合方案的净现值最大,所以选择组合 A+B。

值得注意的是,[例 3.9]中,如果按照净现值指数排序法,应该选择组合方案 A+C,但是这个组合方案的净现值为 133.12 万元,小于组合方案 A+B 的净现值 143.51 万元,所以按照净现值指数排序的方法有时候得不到净现值最大的最优选择,而方案组合法能保证在各种情况下实现净现值最大的最优选择。但是由于方案的组合个数很多 2^n-1 个(n 为备选方案的个数),所以计算比较繁琐。

3.6.4　评价指标和方法的选择

在进行经济评价的过程中,一般来说静态方法计算简便、形象直观,但是静态方法忽略了资金的时间价值，当各方案的使用寿命不等或者较长的时候，用静态评价方法得出的结论常常与动态的方法不一致，这种情况下要采用动态评价方法。

静态评价方法通常用于项目规划和投资期限很短或者收益率水平很低的项目。

采用动态评价方法的时候，各动态方法可以任选，但是最好根据各指标的特点进行有针对性的选择。例如，对于新建项目，通常投资者希望知道整个经济寿命周期的盈利水平，也要与本行业的盈利状况进行比较，一般采用内部收益率，当然，也可以采用净现值和净现值率；对寿命不等的多方案进行比较，多采用年值法；对于老厂改造或者设备更新项目，投资者关心的是能不能维持原有的盈利水平，多采用净现值（或净现值率）。

思 考 题

1. 某新能源厂拟向某机床厂购买一台机床，已知该机床的售价为8000元，预计运杂费需要200元，安装费需要200元。该机床运行投产后，每年可加工工件2万件，每件净收入0.2元，试问该机床的初始投资几年可以回收？如果基准投资回收期为4年，问购买此机床经济上是否合理？

2. 某新能源工程项目现金流量见表3.14，若基准折现率为10%，试计算项目的动态投资回收期。

表 3.14　　　　　　　某新能源工程项目现金流量

时间/年	0	1	2	3	4	5	6	7	8	9	10
现金流量/万元	−100	−150	30	80	80	80	80	80	80	80	80

3. 某企业基建项目设计方案总投资1995万元，投产后年经营成本500万元，年销售额1500万元，第三年工程项目配套追加投资1000万元。若项目计算期为5年，折现率为10%，残值为0，试计算方案的净现值。

4. 有两个互斥投资方案，方案A投资100万元，年经营成本10万元；方案B投资120万元，年经营成本6万元。两方案计算期均为10年，当基准收益率分别为10%和20%时，那个方案为最佳方案？试解释不同结论的原因。

5. 拟建一座建筑物用于出租，该建筑物的经济寿命为40年，到那时将予以拆毁，残值为零，土地价值不变。现获得土地的费用为30万元，房屋有四种备选高度，不同建筑高度的建造费用和房屋建成后的收益见表3.15。若最低希望收益率为15%，需要建造多少层最好？

表 3.15　　　　　不同建筑高度的建造费用和房屋建成后的收益

层数	2	3	4	5
初始建费用/万元	200	250	310	385
年运行费用/万元	15	25	30	42
年收入/万元	40	60	90	106

6. 两方案的各年净现金流量见表 3.16, 如基准收益率为 10%, 试以净现值法比较, 哪一方案为优?

表 3.16 两方案的各年净现金流量

时间/年	0	1	2	3	4	5	6	计算期/年
方案甲/万元	−1000	300	300	300	300			4
方案乙/万元	−1200	350	350	350	350	350	350	6

7. 某方案的各年净现金流量见表 3.17。试求内部收益率。

表 3.17 某方案的各年净现金流量

时间/年	1	2	3	4	5	6	7	8	9
净现金流量/万元	−1800	−500	300	500	500	500	500	500	1200

8. 有 A、B、C、D 四个互斥方案,各年净现金流量见表 3.18。试以差额内部收益率法优选,若基准收益率为 10%,应选择哪个方案?

表 3.18 各年净现金流量

方案	A	B	C	D
期初投资/万元	65	58	93	100
第 1～第 5 年年收益/万元	18	15	23	25
期末残值/万元	0	10	15	0

9. 某方案期初固定资产投资 1300 万元,第 1 年年末投入流动资金 200 万元,第 1 年即达到设计生产能力,预计年销售收入 2470 万元,年经营费用 2000 万元,年税金 220 万元,项目寿命期为 10 年,期末有固定资产残值 300 万元,并回收全部流动资金,如果行业基准折现率为 10%,试求项目的净现值、净现值率和内部收益率,并判断项目是否可行。

10. 某项目有 A、B 两个方案待选,方案的计算期为 6 年,各年净现金流量见表 3.19。试以基准收益率 12% 和 15% 分别计算净现值,并判断哪个方案为优。

表 3.19 各年净现金流量

时间/年	0	1	2	3	4	5	6
方案 A/万元	−1000	300	300	300	300	300	450
方案 B/万元	−1200	350	350	350	350	350	500

参 考 文 献

[1] 傅家骥,仝允桓. 工业技术经济学 [M]. 3 版. 北京:清华大学出版社,1999.
[2] 吴添祖. 技术经济学概论 [M]. 北京:高等教育出版社,2004.

［3］ 任玉珑．技术经济学［M］．重庆：重庆大学出版社，1999．
［4］ 徐莉．技术经济学［M］．武汉：武汉大学出版社，2003．
［5］ 李振球．技术经济学［M］．沈阳：东北财经大学出版社，1999．
［6］ 黄素逸，龙妍．能源经济学［M］．北京：中国电力出版社，2010．
［7］ 杭育．技术经济学［M］．上海：上海世界图书出版公司，1997．

第4章 不确定性与风险分析

由于外界经济、社会、环境的变化以及项目本身信息、资料等因素的限制,技术方案的经济评价具有一定程度的不确定性和风险性。为了提高技术方案经济评价的可靠性,需要深入分析不确定因素或风险因素对经济评价指标的影响,即进行不确定性分析和风险分析。

4.1 不确定性与投资风险概述

4.1.1 不确定性概述

通常,新能源项目技术经济分析和投资决策方法都是建立在对新能源项目的现金流量和投资收益率进行预测的基础上。由于外部自然及社会环境的变化以及预测方法的局限性,新能源项目技术方案经济评价中所采用的基础数据往往会与实际值存在一定的偏差,从而使新能源工程项目具有风险和不确定性。

分析不确定因素对经济评价指标的影响,考察经济评价结果的可靠程度,称为不确定性分析。对项目经济评价进行不确定性分析的主要目的有两个:一是预测经济评价指标发生变化的范围,分析项目获得预期效果的风险程度,为项目决策提供依据;二是找出对项目经济效果指标具有较大影响的因素,以便在项目的规划、设计、施工中采取适当的措施,将它们的影响限制到最小。

经济评价中的不确定性分析包括敏感性分析和盈亏平衡分析。盈亏平衡分析只用于财务评价,敏感性分析可同时用于财务评价和国民经济评价。

4.1.2 新能源政策带来的投资风险和不确定性分析概述

目前,全球各国新能源发展面临不同的挑战,因此,各国新能源发展应对的政策也不一样。但总体而言,新能源政策的不确定性其实是新能源发展的最大障碍。新能源政策中的经济刺激成分可以适当少一点,但必须是长期的、可预测的,否则会让新能源方面的投资产生巨大波动,进而影响整个行业的健康。例如,美国对风电实施生产税收抵免政策,但是该政策能持续多久往往受到美国政党斗争的影响,有很大的不确定性,这种不确定性会给新能源的投资带来一定的风险和不确定性;由于经济危机,欧洲一些国家削减了对新能源产业的补贴,导致2012年全球部分新能源投资比例下降。

4.2 盈亏平衡分析

各种不确定因素的变化会影响新能源项目投资方案的经济效果,当这些因素的变化达到其一临界值时,就会影响投资方案的取舍。盈亏平衡分析是通过分析某个独立投资方案的产品产量、成本和利润之间的相互关系,找出投资方案盈利与亏损在产量、产品价格(产品售价)、单位产品可变成本等方面的临界值,进而判明该投资方案在各种不确定因素作用下的风险大小。盈亏平衡分析也称为量-本-利分析,其目的就是要找出这种临界值,判断投资方案对不确定因素变化的承受能力。

盈亏平衡点(break-even point,BEP)是指项目投资方案的盈利与亏损的转折点。在 BEP 处,该项目的销售收入等于总成本,此时项目刚好盈亏平衡。盈亏平衡分析就是要找出 BEP,判断投资方案对不确定因素变化的承受能力,为决策提供依据。

4.2.1 销售收入、生产成本与产品产量的关系

项目的销售收入与产品销售量(如果按销售量组织生产,产品销售量等于产品产量)的关系有两种情况。

第一种情况:该项目的生产销售活动不会明显地影响市场供求状况。假定其他市场条件不变,产品价格不会随着该项目的销售量的变化而变化,可以看作是一个常数。销售收入与销售量是线性关系,即

$$B = PQ \tag{4.1}$$

式中 B——销售收入;

P——单位产品价格;

Q——产品销售量。

第二种情况:该项目的生产销售活动将明显地影响市场供求状况,随着该项目产品销售量的增加,产品价格有所下降,这时销售收入与销售量之间不再是线性关系,对应于销售量 Q,销售收入为

$$B = \int_0^{Q_0} P(Q) \mathrm{d}Q \tag{4.2}$$

项目投产后,生产成本可以分为固定成本与可变成本两部分。固定成本主要包括财务费用、工资、折旧费、修理费和其他费用等。可变成本包括材料费、燃料动力费、水资源费等。可变成本总额中的大部分与产品产量成正比例关系,也有一部分可变成本与产品产量不成正比例关系,如与生产批量有关的某些消耗性材料费,如模具费及运输费等。通常称这部分可变成本为半可变成本,一般可以近似地认为它也随产量成正比例变动。

总成本是固定成本与可变成本之和,它与产品产量的关系也可以近似地认为是线性关系,即

$$C = C_\mathrm{f} + C_\mathrm{v} Q \tag{4.3}$$

式中 C——生产成本;

C_f——固定成本;

C_v——单位产品可变成本。

4.2.2 盈亏平衡点及其确定

盈亏平衡点应以正常年份的产量或者销售量、固定成本、可变成本、产品价格和销售税附加等数据计算。正常年份应选择还款期间的第一个达产年和还款后的年份分别计算。

将式（4.1）与式（4.3）在同一坐标图上表示出来，可以构成线性量-本-利分析图，如图 4.1 所示。

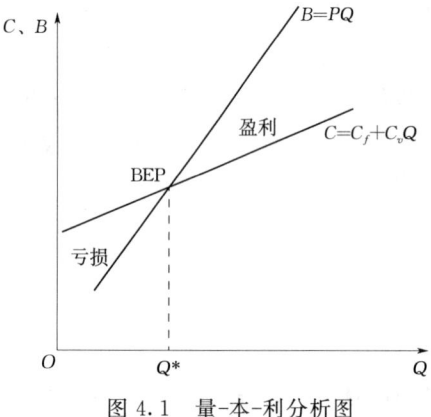

图 4.1 量-本-利分析图

在图 4.1 中，纵坐标表示销售收入与产品总成本，横坐标表示产品产量。销售收入线 B 与总成本线 C 的交点称为盈亏平衡点，即项目盈利与亏损的临界点。在 BEP 的左边，总成本大于销售收入，项目亏损；在 BEP 的右边，销售收入大于总成本，项目盈利；在 BEP 点上，项目不亏不盈。

根据图 4.1，盈亏平衡点也可以用产品产量、产品销售价格、生产能力利用率、单位产品变动成本等表示。在盈亏平衡点，销售收入 B 等于总成本 C，即

$$PQ = C_f + C_v Q \tag{4.4}$$

盈亏平衡产量为

$$Q^* = \frac{C_f}{P - C_v} \tag{4.5}$$

若按设计能力进行生产和销售，则盈亏平衡价格为

$$P = \frac{C_f}{Q^*} + C_v \tag{4.6}$$

若项目生产能力为 Q_0，则盈亏平衡生产能力利用率为

$$E^* = \frac{Q^*}{Q_0} \times 100\% \tag{4.7}$$

若按设计能力进行生产和销售，则盈亏平衡单位产品变动成本为

$$C_v^* = P - \frac{C_f}{Q_0} \tag{4.8}$$

通过计算盈亏平衡点，结合市场预测，可以对项目发生亏损的可能性做出大致的判断。

【例 4.1】 某新能源项目年设计生产能力为生产某种新能源产品 3 万件，单位产品售价 3000 元，生产总成本为 7800 万元，其中固定成本 3000 万元，总变动成本与产品产量成正比例关系。求以产量、生产能力利用率、销售价格、单位产品变动成本表示的盈亏平衡点。

解：单位产品变动成本为

$$C_v = \frac{(7800 - 3000) \times 10000}{30000} \text{元/件} = 1600 \text{元/件}$$

盈亏平衡产量为

$$Q^* = \frac{3000 \times 10000}{3000 - 1600} \text{件} = 21400 \text{件}$$

盈亏平衡生产能力利用率为

$$E^* = \frac{3000 \times 10000}{(3000-1600) \times 3 \times 10000} \times 100\% = 71.43\%$$

盈亏平衡销售价格为

$$P^* = \left(1600 + \frac{3000 \times 10000}{3 \times 10000}\right) 元/件 = 2600 \ 元/件$$

盈亏平衡单位产品变动成本为

$$C_v^* = \left(3000 - \frac{3000 \times 10000}{3 \times 10000}\right) 元/件 = 2000 \ 元/件$$

在［例 4.1］中，如果未来的产品销售价格及生产成本与预期值相同，项目不发生亏损的条件是年销售量不低于 21400 件，生产能力利用率不低于 71.43%；如果按设计能力进行生产并能全部销售，生产成本与预期值相同，项目不发生亏损的条件是产品价格不低于 2600 元/件；如果销售量、产品价格与预期值相同，项目不发生亏损的条件是单位产品变动成本不高于 2000 元/件。

4.3 敏感性分析

敏感性分析是新能源项目不确定性与风险分析中最常见的一种不确定性分析方法。通过对项目进行敏感性分析，可以分析和预测项目投资、成本、价格、折现率、建设工期等因素发生变化时，项目的主要经济评价指标如净现值、内部收益率、投资回收期等的变化趋势和临界值，从中找出敏感因素，并确定其敏感程度，从而对项目外部条件发生不利变化时投资方案的承受能力做出判断。

4.3.1 敏感性分析的概念

敏感性是指影响因素的变化对投资项目经济效果的影响程度。一般来说，在影响因素变化幅度相同时，对投资项目经济效果的影响程度越大，说明经济效果评价指标对该不确定因素越敏感。

敏感性分析是通过分析不确定因素的变化所引起的经济效果评价指标的变动幅度，找出影响经济效果的敏感因素，判明最敏感因素发生不利变化时，投资方案的承受能力（即给出经济效果主要评价指标可行与否的临界值）。通过敏感性分析，可以有针对性地制定控制和应变措施，以减小风险、增加项目投资决策的可靠性。

4.3.2 敏感性分析的一般步骤

1. 选择不确定因素

影响投资方案经济效果的不确定因素很多，严格地说，凡影响方案经济效果的因素在某种程度上都带有不确定性。在实际应用中一般视项目具体情况，按可能发生且对经济评价产生较大不利影响的方式来进行选择。

2. 确定各因素的变化幅度及其增量

各因素的变化范围原则上应根据项目的具体情况分析确定，在资料缺乏时，也可参照下列变化范围选用：

(1) 固定资产投资：±10%～±20%。
(2) 效益：±10%～±20%。
(3) 建设期年限：增加或减少1～2年。

3. 选定进行敏感性分析的评价指标

由于敏感性分析是在确定性分析的基础上进行的，一般可只在确定性分析所使用的指标内选用。经济评价指标较多，没有必要全部进行敏感性分析，一般可只对主要经济评价指标，如财务评价中的财务净现值（FNPV）、财务内部收益率（FIRR）、投资回收期（P_t），国民经济评价中的经济净现值（ENPV）和经济内部收益率（EIRR）等进行分析，应根据项目需要研究确定。

4. 计算某种因素浮动对项目经济评价指标的影响及其敏感程度

在计算出基本情况时经济评价指标的基础上，按选定的因素和浮动幅度计算其相应的评价指标，同时将所得到的结果绘成图表，以利分析研究和决策。

依据每次变动因素的数目多寡，敏感性分析可分为单因素敏感性分析和多因素敏感性分析。变动一个因素，其他因素不变条件下的敏感性分析，称为单因素敏感性分析；变动两个以上因素的敏感性分析，称为多因素敏感性分析。

敏感因素的变化可以用相对值或绝对值表示。相对值是使每个因素都从其原始取值变动一个幅度，例如±10%、±20%、…，计算每次变动对经济评价指标的影响，根据不同因素相对变化对经济评价指标影响的大小，可以得到各个因素的敏感性程度排序。用绝对值表示的因素变化可以得到同样的结果，这种敏感性程度排序可用列表或作图的方式来表述。

图4.2所示为经济内部收益率敏感性分析示意图。图中固定资产投资和效益变动对经济

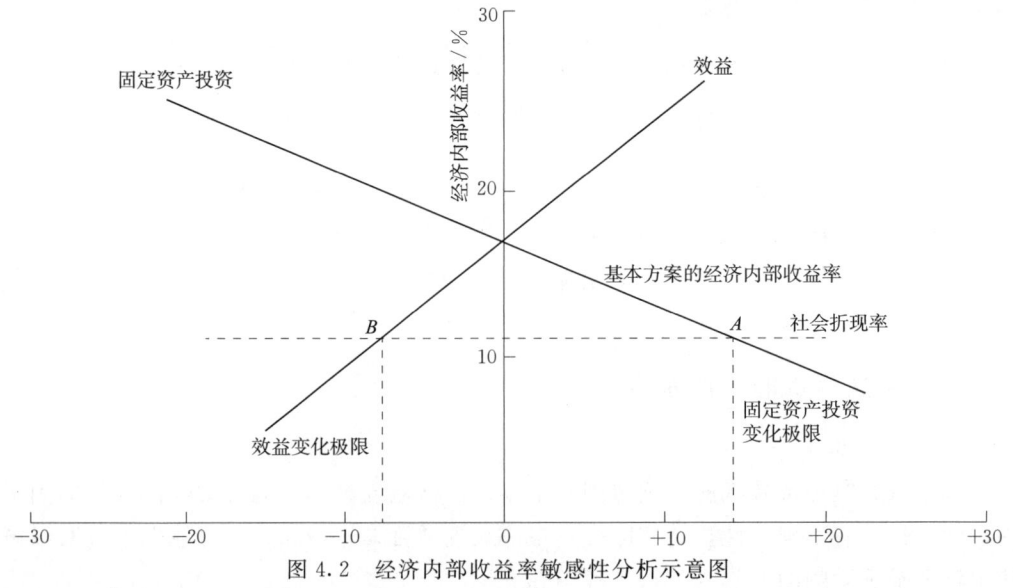

图 4.2 经济内部收益率敏感性分析示意图

内部收益率的影响线,可根据项目的分析成果点绘制。两线与社会折现率线的交点 A 和 B 为临界点,相应横坐标分别是固定资产投资和效益变化极限。如项目固定资产投资和效益变化超过临界点,该项目在经济上是不合理的。

4.3.3 敏感性分析计算方法

进行敏感性分析有两种基本方法:一种是单因素敏感性分析,另一种是多因素敏感性分析。

1. 单因素敏感性分析

单因素敏感性分析是指每次只变动某一个不确定因素,其他不确定因素假定都不发生变化,计算其对经济评价指标的影响,从而最终选择出敏感因素,分析项目的抵抗风险能力。下面通过一个实例来具体说明单因素敏感性分析的具体过程。

【例 4.2】 某新能源项目的财务现金流量见表 4.1,试对该项目进行敏感性分析(折现率 8%)。

表 4.1　　　　　　　　　财 务 现 金 流 量　　　　　　　　　单位:万元

序号	项目	合计	时间/年						
			1	2	3	4	5	6~22	23
1	现金流入	39800				1000	1600	2000	3200
1.1	销售收入	38600				1000	1600	2000	2000
1.2	回收固定资产余值	500							
1.3	回收流动资金	700							
2	现金流出	28322.5	1150.0	2150.0	1600.0	683.9	998.2	1207.8	1207.8
2.1	固定资产投资	4200	1150	2150	900				
2.2	流动资金	700			700				
2.3	经营成本	19562.5				583.9	838.2	1007.8	1007.8
2.4	销售税金	3860				100	160	200	200
3	净现金流量	11477.5	−1150.0	−2150.0	−1600.0	316.1	601.8	792.2	1992.0
4	折现系数		0.926	0.857	0.794	0.735	0.681	6.208	0.170
5	净现值	1720.9	−1064.9	−1842.6	−1270.4	232.3	409.8	4918	338.7

解:(1)设定分析的指标为净现值。

(2)选择可能对项目效益影响较大的不确定因素。根据提供的资料,可选择项目总投资、销售收入、经营成本三个不确定因素。

(3)根据不确定因素的变化率,计算这几个因素对分析指标的影响。设项目总投资、销售收入、经营成本三个因素的变化率均为 5% 时,净现值指标变化情况见表 4.2。

表 4.2　　　　　　　　　　　因素变动及净现值变动表

项目		净现值/万元	变化率/%
基本方案		1720.3	0.0
投资	+5%	1539.2	-181.1
	-5%	1901.5	181.2
销售收入	+5%	2449.3	729
	-5%	991.3	-729
经营成本	+5%	1349.0	-371.3
	-5%	2091.7	371.4

(4) 根据表 4.2 绘制敏感性分析图,如图 4.3 所示,寻找敏感因素。

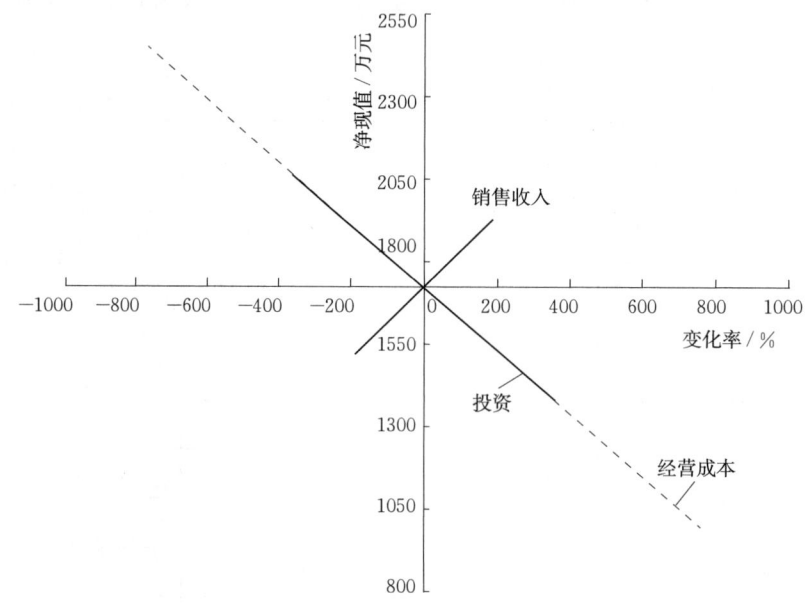

图 4.3　敏感性分析图

从表 4.2 及图 4.3 可以看出,销售收入是上述不确定因素中的最敏感因素。

2. 多因素敏感性分析

多因素敏感性分析要同时考虑多种不确定因素的变化对评价指标的影响,因此分析工作要复杂得多。当分析的不确定性因素不超过三个,评价指标比较简单时,可以用图解法进行分析;否则,只能采取数学方法进行分析,这里不做具体介绍。

4.4　概率分析

概率分析是指运用概率与数理统计理论研究计算各种风险因素的变动情况,确定他们的概率分布、期望值以及标准差,进而估计这些风险因素对项目经济效益影响程度的一种定量分析方法。概率分析一般计算项目的净现值的期望值以及净现值大于或等于零的累计概率，累计概率越大，说明项目承担的风险越小。概率分析中运用的主要参数是期望值和标准差。

4.4.1 期望值（均值）

期望值也称数学期望值，它是随机事件的各种变化量与相应概率的加权平均值。期望值代表了不确定因素在实际中最可能出现的值。离散型随机变量及连续型随机变量期望值的计算公式是不一样的。离散型随机变量是指发生的可能变化为有限次数，并且每次发生的概率值为确定的随机变量。项目净现值的期望值计算公式为

$$E(\text{NPV}) = \sum_{i=1}^{m} \text{NPV}_i P_i \qquad (4.9)$$

式中　$E(\text{NPV})$——项目净现值的期望值；

　　　m——随机变量个数；

　　　i——随机变量的序号，$i=1, 2, \cdots, m$；

　　　NPV_i——第 i 个净现值可能出现的离散值；

　　　P_i——对应于 NPV_i 的概率值。

如果已知净现金流量中每个时间点的现金流量期望值为 $E(X_t)$，则项目的净现值期望为

$$E(\text{NPV}) = \sum_{t=0}^{n} E(X_t)(1+i_0)^{-t} \qquad (4.10)$$

式中　i_0——项目折现利率；

　　　n——项目计算期；

　　　t——项目计算期的序号，$t=0, 1, 2, \cdots, n$。

4.4.2 标准差（均方差）

标准差就是能够表示数学期望值与实际值的偏差程度的一个概念，有时也称为均方差。净现值的标准差 σ 可定义为

$$\sigma(\text{NPV}) = \sqrt{D(\text{NPV})} \qquad (4.11)$$

$$D(\text{NPV}) = \sum_{i=1}^{m} [\text{NPV}_i - E(\text{NPV})]^2 P_i \qquad (4.12)$$

式中　$\sigma(\text{NPV})$——净现值的标准差；

　　　$D(\text{NPV})$——净现值的方差。

标准差指标越小，说明实际发生的可能情况与期望值越接近，期望值的稳定性也越高，项目风险就小，反之亦然。因此，一个好的项目应该具有较高的期望值和较小的标准差。

4.4.3 离散系数

标准差虽然可以反映随机变量的离散程度，但它是一个绝对量，其大小与变量的数值及期望值大小有关。一般而言，变量的期望值越大，其标准差也越大，特别是需要对不同

方案的风险程度进行比较时,标准差往往不能够准确反映风险程度的差异。为此,引入另一个指标——离散系数,它是标准差与期望值的比值,即

$$C = \frac{\sigma(x)}{E(x)} \tag{4.13}$$

由于离散系数是一个相对数,不会受变量和期望值的绝对值大小的影响,因此能更好地反映投资方案的风险程度。

当对两个或两个以上投资方案进行比较时,如果期望值相同,则标准差越小的投资方案风险越低;如果两个投资方案的期望值与标准差均不相同,则离散系数较小的方案风险更低。

思 考 题

1. 简述进行不确定性分析的意义。
2. 简述盈亏平衡分析的基本步骤及盈亏平衡点的意义。
3. 简述敏感性分析的目的,分哪几个一般步骤。
4. 简述在概率分析中,标准差和离散系数的含义有什么不同。
5. 某企业生产某种新能源电池,设计年产量8000件,每件出厂价500元,企业固定开支为72万元/年,产品变动成本为120元/件,求:
(1) 企业的最大可能盈利。
(2) 企业盈亏平衡时的产量。
(3) 企业年盈余50万元时的产量。
(4) 产品出厂价由500元降至480元,此时要维持40万元盈余所应销售的产品数量。
6. 某小型太阳能发电项目的投资方案,用于确定性经济分析的现金流量见表4.3,所采用的数据是根据未来最可能出现的情况而预测估算的。由于未来投资额、经营成本和销售收入均有可能在±20%的范围内变动。设定基准折现率为10%,不考虑所得税,试就三个不确定性因素做单因素敏感性分析。

表4.3　　　　　　　　　　　现 金 流 量　　　　　　　　　　单位:万元

年　份	0	1	2~10	11
投资额 K	15000	0	0	0
销售收入 B	0	0	19800	19800
经营成本 C	0	0	15200	15200
期末资产残值 L	0	0	0	2000
净现金流量 CI−CO	−15000	0	4600	6600

7. 某新能源项目方案的净现值及其概率见表4.4,计算其净现值的期望值。

表4.4　　　　　　　　　净 现 值 及 其 概 率

NPV/万元	23.5	26.2	32.4	38.7	42	46.8
概率 p	0.1	0.2	0.3	0.2	0.1	0.1

参 考 文 献

［1］（美）沙立文，（美）威克斯，（美）勒克斯霍．工程经济学［M］．13版．邵颖红，等译．北京：清华大学出版社，2007.
［2］刘秋华．技术经济学［M］．3版．北京：机械工业出版社，2016.
［3］李南．工程经济学［M］．4版．北京：科学出版社，2013.
［4］郭献芳．工程经济分析［M］．北京：化学工业出版社，2007.
［5］阿尔夫丁．技术经济学［M］．北京：物资出版社，1992.
［6］唐元虎．技术经济学原理与方法［M］．上海：上海交通大学出版社，1995.
［7］傅家骥，仝允桓．工业技术经济学［M］．3版．北京：清华大学出版社，1996.
［8］林晓岩，王红梅．技术经济学教程［M］．北京：经济管理出版社，2005.
［9］陈新元．高等工程技术经济学［M］．北京：中国电力出版社，2004.
［10］石兴国，毛良虎，丁云伟．技术经济学［M］．北京：中国电力出版社，2004.
［11］吴添祖．技术经济学概论［M］．北京：高等教育出版社，2004.
［12］胡珑瑛．技术经济学［M］．哈尔滨：哈尔滨工业大学出版社，2004.
［13］卢明银．技术经济学［M］．北京：中国矿业大学出版社，2005.
［14］（美）亨利·马尔科姆·斯坦纳．工程经济学原理［M］．2版．北京：经济科学出版社，2000.

第5章 基于热力学定律的能源有效利用的分析方法

从人类角度出发，去衡量和评价能量的有效利用是行业的关注焦点。在传统广义的能源经济学中，常用能源有效利用的分析方法有基于热力学第一定律的能量分析法和基于热力学第二定律的工业过程㶲分析法，以及在此基础上结合经济学方法延伸出的技术经济性分析方法和热经济学分析方法。这些方法一般用来分析能源的开发、加工、传输、使用、回收等对人类社会系统的有效性和经济可行性，为能源政策的制定提供科学参考。然而，随着环境污染问题的日益突出，而传统能源经济学缺乏能源经济系统对环境的影响考虑，环境经济学应运而生。环境经济学，在传统经济学范式下，兼顾环境污染问题，以环境与经济之间的相互关系为特定的研究对象，将环境问题作为系统的外部性并且将其内部化，借鉴其法在进行能源有效利用的分析过程中也可以将环境因素造成的能量流和物质流纳入核算和评价的框架范围内，将能量分析法进行扩展。而随着对环境以及生态系统复杂性的进一步认识，仅仅将环境问题作为系统的外部性问题有时并不能有效分析目前生态系统与经济系统的复杂复合系统，在此背景下生态经济学理论发展起来。生态经济学理论存在两种分歧：即是否把生态作为人类社会的资源来对待。如果回答是，那么该理论方法则是从人类中心角度出发；如果否，那该理论则站在生态中心主义的高度，但也受到伦理方面的质疑。通常来讲，生态经济学与传统的经济学范畴有所区别，主要研究的是生态系统与经济系统的复合系统，在整个生态系统中考虑能源的有效利用问题，常用的分析方法有能值分析法，扩展的热经济学分析法（区别于基于工业过程㶲分析的热经济学方法），生态足迹法和㶲值分析法等等。

关于能源有效利用的分析方法众多，且一般建立在热力学定律的基础之上。本章主要讲述能源经济学范畴内的能源有效利用的传统分析方法，主要有基于热力学第一定律的能量分析法和基于热力学第二定律的工业过程㶲分析法等，同时也初步涉及环境经济学以及生态经济学范畴下的部分内容。

5.1 基于热力学第一定律的能源有效利用分析方法

5.1.1 能量分析法

能量分析法（energy analysis）是指对某一指定的能源系统中能量的转换、传递和终端利用中的任一环节或者整体的能量投入产出进行分析的方法。在能量分析法中，不仅计算如石油、电力、天然气等直接用于生产的能量，还需要分析诸如资本、相关服务与非能源产品等体现的间接能量投入,反映能源系统中能量流和物质流的细节,对系统整体或局部的能源效率进行确定。通过能量分析法,可以评价考察对象的用能完善水平,判断能量损失程度和原因以及估计出能量系统节能潜力以及影响因素。本节着重介绍净能量分析法(net energy analysis,NEA)与能量平衡(energy balance)的概念及应用方法。

5.1.1.1 基本概念

在能源系统中,除了直接投入的能源外,间接投入的能源对整个能源系统来说也是至关重要的,并且有时候间接能源投入要比直接能源更多。通过分析能源系统中具体的能量流动,可以对系统有更为清晰的认识。图 5.1 所示为一般社会能源系统的主要能量流动。在具体分析时,图中某些能量流动的值可能为零。图中 E_i 表示从自然资源 S 中主要的输入能量;E_s 表示表示提取资源 S 中无法得到有效利用的部分,E_i 与 E_s 之和等于资源 S 蕴含的能量;E_w 表示能量提取过程中人类社会暂时无法利用的废料蕴含的能量;E_h 表示能量提取过程中废热中蕴含的能量;E_r 表示能量提取后返还回系统内 E_{rin} 或系统外部 E_{rout} 的能量,如蒸汽回热的部分能量;E_o 表示能源供应端最终输出能被社会利用的有效能量;N 表示能源需求端得到的净能量输出;E_f 表示从净输出能量 N 中最终利用的能量;I 表示来自社会其他系统的外部能量输入的总和,其中包含 I_e 和 I_m;I_e 表示作为直接的燃料和电力输入的能量;I_m 表示作为非能量输入的物料与服务中体现的能量,I_m 与 I_e 之和等于能源反馈 I。

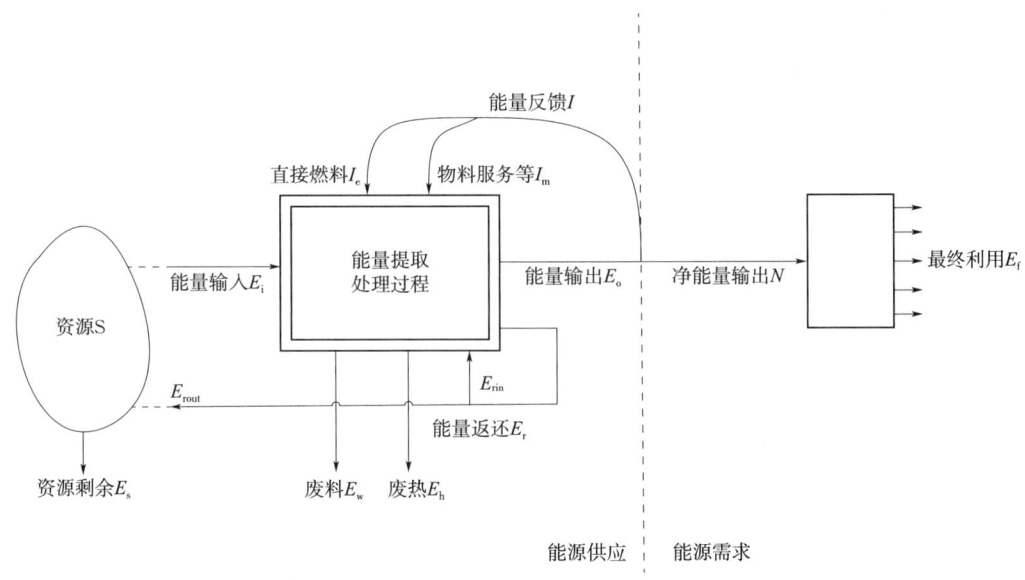

图 5.1 某给定能源系统的主要能流分析

一般尺度下分析的能源系统满足热力学第一定律,即能量守恒定律。它存在于能源系统的所有过程,可以借此对能源系统中能量的转换、传递、终端处置和回收等过程进行详细的分析。

热力学第一定律的基本思想就是能量的转换与守恒,在输入指定系统的能量中,一部分被人类社会有效利用,或对外作有用功,或引起工质的能量变化;而另一部分则暂时无法被人类系统有效利用,我们称那部分损失掉了。根据热力学第一定律,各种形态的能量

在传递与转换的过程中其总量是守恒的,即

$$输入能量 = 有效利用能量 + 损失能量 \tag{5.1}$$

对于图 5.1 来说,则有

$$E_i + I = E_0 + E_w + E_h + E_{rout} \tag{5.2}$$

通过对能源系统的能量流动关系进行详尽的分析,能量分析法可以对系统的用能与耗能水平以及节能部位与潜力进行评价,从而为能源政策的制定提供科学参考。

5.1.1.2 能量分析指标

在传统能量分析的过程中常常会借助各种指标来帮助了解该系统对能量有效利用的性能参数,从而对所分析的能源系统有进一步的认识。对净能量分析有几组指标十分有用。

图 5.2 所示为净能量分析法中的能流简化图,从图中的能流关系,可以导出以下几个指标:

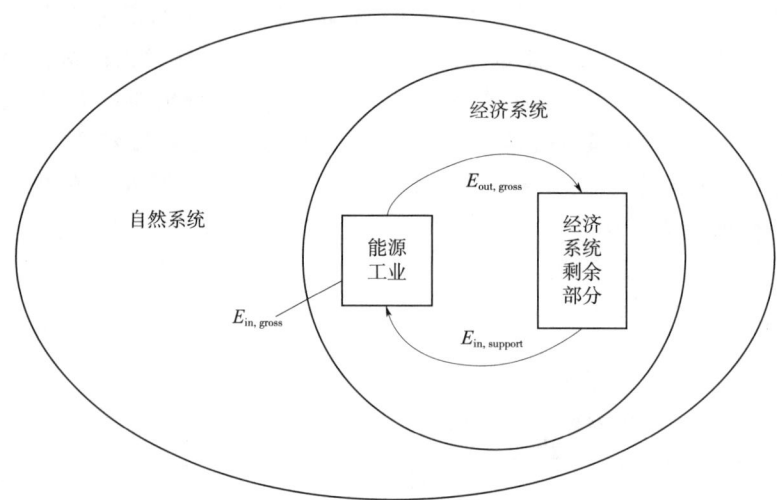

图 5.2 净能量分析法能流简化图

能量增量比率(incremental energy ratio,IER),表示能源工业产出的有效能量与除去从自然系统获得能量的能量需求部分的比值。它也被定义为能源投资回报率(energy return on investment,EROI),是净能量分析中十分有效的分析指标,表示能源产品的能量与在生产该产品的过程中直接或间接社会系统消耗的其他社会系统能量之比。例如,某个能源系统提供了 10J 的能量产品,但在这一过程中消耗了其他社会系统能量 2J,则这一过程的能源投资回报率 EROI 就是 5。

绝对能量比率(absolute energy ratio,AER),表示能源工业产出的有效能量与总能量需求的比值,IER 和 AER 的表达式分别为:

$$\text{IER} = \frac{E_{out,gross}}{E_{in,support}} \tag{5.3}$$

$$\text{AER} = \frac{E_{out,gross}}{(E_{in,support} + E_{in,gross})} \tag{5.4}$$

式中　　$E_{out,gross}$——能源工业的有效能量输出;

$E_{in,support}$——经济系统剩余部分对能源工业的能量输入;

$E_{\text{in,gross}}$——自然系统对能源工业的能量输入；

$E_{\text{in,support}}+E_{\text{in,gross}}$——总的能量需求量。

能量回报时间（energy payback time），是指产出的能量积累下来的总量与能量总投入相互平衡的时间，单位多以年计。

当从国家或区域尺度上考虑能源利用问题的时候，还有一些能源指标可以为更清晰地认识社会对能源的有效利用情况提供一定的便利，并为能源政策的制定提供参考。

能源的有效利用或利用效率是社会系统最关心的问题，通常用能源强度来表示，主要包括经济系统的单位产值能耗、单位国内生产总值（GDP）能耗、单位产品能耗、单位服务量能耗等指标。能耗的具体含义就是指所研究对象消耗的能量与某项实物量、服务量或者经济指标之比，以此来说明该社会系统的能源利用效率的高低。

能源消费系数，是指某一年或某一时期内为实现国民经济产值平均消耗的能源量，计算式为

$$能源消费系数 = \frac{E}{M} \tag{5.5}$$

式中　E——能源消费量，指的是消耗能源的数量，不过一般不直接使用能量单位进行表示，而是将其折算成标准燃料计算，单位为千克标准煤或千克标准油；

M——同期国民生产总值，单位一般为货币，如人民币元或美元。

能源消费系数能够对能源的利用状况进行对比分析，但需注意该系数的值与同期的国民生产总值可能会受到价格因素的影响。

能源弹性系数，表示能源消费量的年平均增长率与国民经济年平均增长率之比，该系数可以表示为

$$能源弹性系数 = \frac{\Delta E/E}{\Delta M/M} \tag{5.6}$$

式中　ΔE——能源消费的年平均增长量；

E——该年能源消费量；

ΔM——国民生产总值的平均增长率；

M——该年国民生产总值。

在可再生能源产业迅速发展的今天，严格意义上说，大部分能源系统都涉及可再生能源的投入和不可再生能源的投入。对某一能源系统进行能量分析时，辨别能量输入的可再生能源部分与不可再生能源部分，对从能源角度分析系统的可再生性和不可再生性是十分重要的。Malça J 和 Freire F 提出化石能源比率（fossil energy ratio，FER）指数，是指能源系统输出产品的能量与该系统能量输入中不可再生部分的比值，即

$$\text{FER} = \frac{\text{FEC}}{E_{\text{in,fossil,prim}}} \tag{5.7}$$

式中　FEC——能源系统对人类社会有用的能量输出，一般指产品所蕴含的能量；

$E_{\text{in,fossil,prim}}$——该系统能量输入中的不可再生部分。

与之相对应的，并为了把关注的重点放在不可再生能源消耗强度上，陈国谦教授和杨晴博士提出基于能量分析的不可再生指数（nonrenewable energy investment in energy delivered，NEIED），由此可从能源角度确定某一能源系统的不可再生性，表达式为

$$\text{NEIED} = \frac{\text{NE}}{E_p} \tag{5.8}$$

式中　NE——在某能源系统直接或间接使用的不可再生能源总量；

E_p——该系统输出产品包含的能量。

当 NEIED>1 时，表示该系统是不可再生能源系统；反之，当 NEIED<1 时，表示该系统是部分可再生能源系统。

5.1.1.3　能量分析方法

经济活动的能量消耗一般都可以用以下两种方法进行分析：过程分析（process analysis，PA）与投入产出分析（input-output analysis，I—O analysis）。现在流行的生命周期能耗分析方法本质上是过程分析法。从理论来说，只要数据够精细和全面，当基于相同的对象和系统进行分析时，两种方法会得到同样的结论。在实际应用中，面对不同的情况时通常会采用不同的方法来进行分析。在面对聚合型、大范围的能源系统分析时，通常采用投入产出法进行分析，一般用于分析国民经济体系中某行业的能源有效利用情况，行业的划分受限于国民经济体系中投入产出表的编制；对于特定的过程、方法或者产品这类物理流动易于追溯的情况，采用过程分析法来进行分析。

1. 过程分析

过程分析法的基本出发点就是过程分析，通过对每一步的细化，从而得到研究对象的基本输入输出数据，而这整个过程则包括了目标产品的原材料准备、产品制造、运输包装与最终利用等这一系列过程。

进行过程分析时，首先需要明确研究对象，所研究的对象既可以是某个商品，也可以是某项服务。在分析目标产品的能量输入时，不仅要包括所使用的直接能源，如使用的燃料等，还需要将从其他行业得到的非能量商品或者服务计算在内。通过对直接能耗的统计与间接能耗的核查，从而明确此过程所研究对象的全部能量输入。以此类推，通过追溯目标产品的生产过程，仔细分析每一个阶段的能量流动，从而完成目标产品的全过程能量分析。例如，如图 5.3 所示，通过对每一步能量输入的识别，最终所有能量输入的总和就是目标产品的总能源投入。一般情况下，图 5.3 中所示的第一个能量输入称为直接能源需求，剩下的部分则称为间接能源需求。也常常会出现某个产品同时出现在产品树几个能量输入与能量输出部分的情况，这表现了经济活动中的网络化现象。但为了便于计算，传统

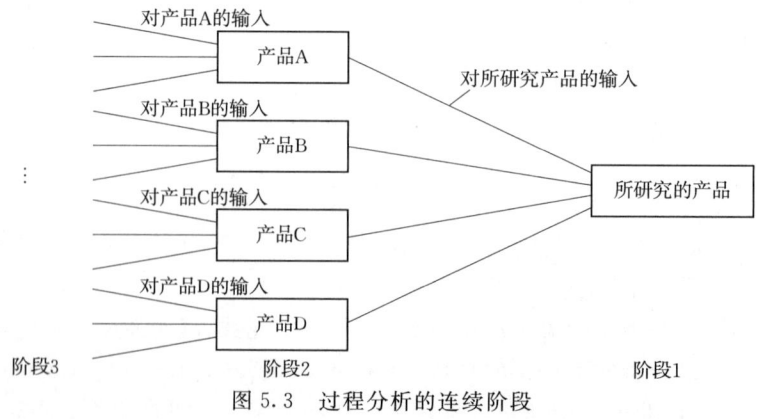

图 5.3　过程分析的连续阶段

过程分析一般对这种网络现象进行线性化处理。

如图 5.3 所示,在阶段 2 以及以后的过程中,通过分析识别,可以计算出总间接能源输入。这个不断追溯的过程一般是非常耗时且需要大量的数据支持,为了简化计算过程,常常将过程进行截断,由此产生不可避免的截断误差,且该误差难以估算。

使用过程分析法可以进行产品的比较,既可以是某一阶段过程的不同产品的比较,也可以是某一产品的不同阶段的比较。过程分析法最重要的部分就是对目标产品的各个子过程尽可能地追溯,尽量考虑产品的整个生命周期,从而来全面细致地对研究对象进行能量分析。

2. 投入产出分析

投入产出分析在 20 世纪的 30 年代中期由美籍俄国经济学家 Wassily Leontief 最先提出,发展至今,已经成为了国民经济中分析能源利用方面的一个重要工具。在投入产出分析中,投入是指产品生产经营中消耗的原材料、燃料、办公用品、机械设备以及劳动力等;产出是指将产品生产出来以后的使用方向以及数量等。

投入产出分析理论的核心在于投入产出表的编制,编制投入产出表,可以采用纯部门分解法,主要依据产品的部门分类,直接对基层企业的数据进行分解,从而编制出该行业或部门的投入产出表。

一般情况下,投入产出表可以从实物流与资金流这两个方面进行编制,因此投入产出表有实物型投入产出表与价值型投入产出表这两种类型。表 5.1 为简化的实物型投入产出表,表中数据均为假设的数据,钢铁部门的单位为万吨,煤炭部门的单位为万吨,电力部门的单位为亿度,每一行表示了所在经济部门对于其他部门的实物产出/投入,每一列表现为该经济部门从其他部门购买的实物产出/投入。

表 5.1　　　　　　　　　　　简化实物型投入产出表

项目	钢铁	煤炭	电力	产出
钢铁	25	30	45	100
煤炭	15	5	40	60
电力	70	180	50	300

表 5.2 是一份简化的价值型投入产出表,表中数据为假设的数据,各部门的单位均为亿元,每一行表示了所在经济部门从其他部门获得的资金流入/投入,每一列表示了该经济部门对其他部门的资金流出/产出。

表 5.2　　　　　　　　　　　简化价值型投入产出表　　　　　　　　　　　单位:亿元

项目	钢铁	煤炭	电力	产出
钢铁	50	50	100	200
煤炭	80	40	160	280
电力	70	160	40	270
投入	200	250	300	750

如果用 x_{ij} 表示投入产出表里面的经济部门投入产出的数据,其中 i 表示该数据所在的行,j 表示该数据所在的列,例如在表 2 中,$x_{23}=160$,依据该表格可推导出一些有用的系数。

直接消耗系数 a_{ij} 表示经济部门 j 的总产出所消耗经济部门 i 的投入数量，表达式为

$$a_{ij} = \frac{x_{ij}}{X_j} \quad (i,j=1,2,3,\cdots,n) \tag{5.9}$$

直接消耗系数能够反映出国民经济中各部门之间的生产关系，是投入产出模型中基本的系数。

完全消耗系数 b_{ij} 表示某部门中每单位产品对于其他部门的消耗量，包括直接消耗与间接消耗。一般用 B 来表示完全消耗系数矩阵，即

$$B = \begin{pmatrix} b_{11} & b_{12} & \cdots & b_{1n} \\ b_{21} & b_{22} & \cdots & b_{2n} \\ & & \vdots & \\ b_{n1} & b_{n2} & \cdots & b_{nn} \end{pmatrix} \tag{5.10}$$

完全消耗系数能够全面地反映出经济部门内部以及各部门之间的直接与间接的经济技术联系，从而对于国民经济以及产业结构的分析具有非常重要的作用。

在投入产出分析中，通过编制投入产出表，分析这些得出的系数，可以对国民经济中某个部门或者行业进行分析。但是投入产出分析依然存在着一定的局限性。一方面在分析过程中，主要通过较为简单的线性方程来描述该部门或者行业的运行过程，并不能很好地反映出客观的实际情况；利用纯部门的假设，仅仅考虑到了生产结构为一元化的情况，而实际的国民经济结构是多元化的，如何进行更加有效的修正使其更加符合客观实际也是一个非常重要的问题。另一方面，为了便于统计，国家尺度的投入产出表一般将不同工业过程按照一定原则合并为一个产业，利用该表仅能分析某行业的能耗强度，而较难分析某产品的能耗强度。

5.1.2 能值分析法

能值分析法是由美国著名生态学家、系统能量分析先驱 H. T. Odum 于 20 世纪 80 年代在热力学、系统论与系统生态学的基础上提出来的，它以太阳能值作为衡量不同质别能量的统一尺度，从而构建了一种从能量角度将生态与经济相结合的评价方法，为定量分析生态系统与经济结构之间的联系提供了可能，对于资源的合理利用、经济发展政策的制定以及实现可持续发展都具有指导意义。

5.1.2.1 基本概念

能值（emergy）的定义为某种流动或者存储的能量中包含的其他形式能量的数量，其本质是该产品或者劳务中直接或间接的能源消耗量之和。能值理论假设人们所利用的各种形式能量均来自于太阳，所以用太阳能作为各种能量的能值衡量基准，即太阳能值（solar emergy），能值的单位是太阳焦耳（solar emergy joules，SEJ）。

能值分析（emergy analysis）将生态系统中不同形式的能量转换为可以统一比较的标准能值，从而反映生态系统中各种能量的蕴含价值，并将自然生态系统和人类经济系统有机结合来综合评价不同能量所具有的生态经济效益。一般情况下，依据能量资源所具有的性质，可以将其分为两类，即可更新资源（renewable resource，R）与不可更新资源（nonrenewable resource，N）。

5.1.2.2 能值分析指标

在分析某指定系统的时候，可以通过综合分析系统中的各种生态流（如能量流、货币流、人口流和信息流等），从而导出很多有用的指标来满足不同目的的研究需要。H. T. Odum，创立能值指标体系，目前各系统能值分析中通用的能值指标及其计算方法见表5.3。图5.4 所示为一个简化的生态系统能值分析图解，其中 R 表示可更新资源，N 表示不可更新资源，F 表示人类其他经济社会对所研究系统的反馈输入，Y 表示最终产生输出。

表5.3　　　　　　　　　　　主要能值指标及含义

	能值指标名称	计算方法		指标的实际应用意义
	净能值产出率 （net energy yield ratio, NEYR）	产出能值/投入能值		判断该资源的使用是否具有效益
	能值投入率 （energy investment ratio, EIR）	投入能值/可更新资源		测定自然环境对经济活动的承受力，以及经济活动是否经济
能值使用集约度指标	能值使用集约度比 （concentrated to rural ratio, CRR）	集约使用能值/粗放使用能值	显示能值使用的密度及方式	国家或区域本身不可更新资源的使用情况
	能值密度 （energy density, ED）	总能值使用量/总面积		判断能值使用的集约情况
	平均每人能值使用量 （energy per capita, EPC）	总能值使用量/总人口		判断生活水平高低
能值来源指标	国（区）内自产能值用量比 （energy used from home-sources, EFHS）	取自区内的资源能值量所占比例	显示资源使用的结构	判断未来的发展潜力
	付费购买能值用量比 （fraction of purchased energy used, PEU）	付费能值使用量/总能值使用量		判断对外界资源的依赖程度
	进口劳务能值用量比 （ratio of energy used from imported service, EFIS）	进口劳务能值/总能值使用量		判断能值使用结构
能值交易指标	国（区）内不可更新资源能值使用量 （fraction from locally non-renew-able source, FLNR）	不可更新资源能值/总能值使用量	显示自给自足情况	系统内部资源的蕴藏及利用状况
	输出输入能值比 （export to import ratio, ETIR）	出口能值/进口能值		系统与外界能值交流情况
自然系统承受力指标	电力能值使用量比 （fraction of energy used from electricity, FEE）	电力能值使用量/总能值使用量	显示自然体系的承受力	反映相对开发程度
	能值承载力 （carrying capacity, CC）	可利用能值/每人平均能值使用量		反映相对生活水平
	废弃物能值比 （waste to renewable ratio, WRR）	废弃物能值量/可更新资源能值		废弃物对自然环境所产生的压力

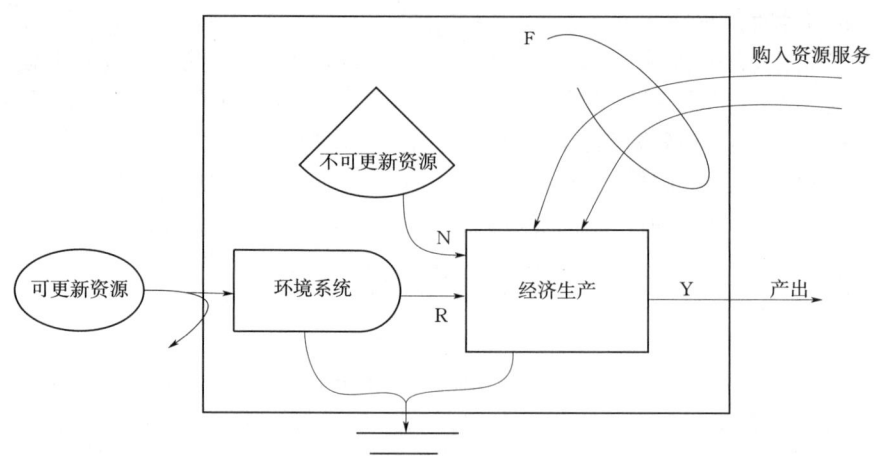

图5.4 生态系统能值简化图

5.1.2.3 对能值分析法的相关质疑

（1）能值转换率。能值分析可以将不同的物流、能流以及信息流转化为能够统一客观衡量的能值，在这一过程中能值转换率十分关键。目前的能值转换率的计算存在一定的假定和误差，同时在能值的转换过程中，自然产出的产品与服务会受到环境的影响，而人类的经济产品也会因为产品产地、生产方式和生产过程中的技术与管理等因素而产生差异，故而在具体的能值分析中，应依据实际的研究对象来确定更合理的能值转换率。

（2）能值的热力学基础。能值理论建立在热力学第一定律的基础上，在对多产品或复合产品系统进行能值计算时，需要进行能值合并，但是由于对其中中间产品的来源追溯存在一定困难，从而不可避免地会出现重复计算的问题。

（3）能值与经济的关系。货币仅仅反映了人类劳动的价值，而无法正确表现该产品或者所包含的能值大小；能值分析包括了自然环境以及人类劳动所具有的能值价值，但是由于其能量本身的客观性，即不以人类为中心，从而无法有效地反映经济社会发展的偏好需求。

5.2 基于热力学第二定律的㶲分析法

5.2.1 工业过程㶲分析法

在工业生产过程中，由于热力学第一定律的本质是能量的转换与守恒，只能反映出能量系统的各股物流与能流的能量数值，但并不能揭示能量转换和利用过程的不可逆损失，即只能反映能量在量方面的守恒，而不能反映其在质方面的贬值，故不足以分析系统节能、优化的潜力。建立在热力学第二定律基础上的工业过程㶲分析法，则是可以从能的"质"和"量"两方面来综合评价人类社会系统对能量的有效利用。

5.2.1.1 㶲的基本概念

㶲指的是以环境状态为基准的情况下，理论上所定义的系统某状态下能够完全转换为功的那部分能量，代表系统相对于基准态（平衡态）的偏离程度，本章用E_x表示㶲，用

e_x 表示比㶲。㶲是依据系统做功能力对能量品质进行评价的指标。当能源系统处在不同的环境基准时,㶲的表达式也都有所变化。

1. 热量㶲

热量㶲是指从恒温热源可逆地取出热量 Q 的㶲量,其表达式为

$$E_x = W_{max} = Q\left(1 - \frac{T_0}{T}\right) \tag{5.11}$$

式中 T_0——环境温度;
T——热源温度。

2. 闭口体系的㶲

闭口体系从给定状态以可逆方式变化到与环境平衡的状态,所能作出的最大有用功,称为该闭口体系的㶲。其中常用的状态参数有压力 P、温度 T、体积 V、热力学能 U、焓 H 和熵 S。初始状态为 p、V、T、U、H、s,如闭口体系处于状态 p_0、T_0 的外界环境中,并且除环境以外没有其他热源,则此时闭口系统的㶲为

$$E_x = W_{max} = H - H_0 - T_0(s - s_0) - \nabla(p - p_0) \tag{5.12}$$

3. 开口体系(稳定流动)的㶲

$$E_x = W_{max} = H - H_0 - T_0(s - s_0) \tag{5.13}$$

单位质量的开口体系的㶲(比㶲)

$$e_x = h - h_0 - T_0(s - s_0) \tag{5.14}$$

4. 理想气体的㶲

$$\begin{aligned} e_x(p, T) &= \int_{T_0}^{T} c_p\left(1 - \frac{T_0}{T}\right) dT + RT_0 \ln \frac{p}{p_0} \\ &= e_x(p_0, T) + e_x(p, T_0) \end{aligned} \tag{5.15}$$

常压气体的比㶲为

$$e_x = h - h_0 - T_0 \int_{T_0}^{T} c_p \frac{dT}{T} \tag{5.16}$$

气体的压力㶲为

$$E_x = W_{max} = -nRT_0 \int_{p}^{p_0} \frac{dp}{p} = nRT_0 \ln \frac{p}{p_0} \tag{5.17}$$

低温物质的㶲为

$$e_x = \int_{T_0}^{T} \left(\frac{T_0 - T}{T}\right) dh = \int_{T}^{T_0} c_p \left(\frac{T_0 - T}{T}\right) dT \tag{5.18}$$

式中 c_p——该气体的比定压热容;
n——该气体的物质的量;
R——摩尔气体常数。

5. 潜热㶲

当物质发生相变(例如融化或汽化),相变温度 T 保持不变,但需要吸收潜热 r,潜热㶲实际上是指吸收热量 q 后产生的㶲的变化

$$\Delta e_x = q\left(1 - \frac{T_0}{T}\right) \tag{5.19}$$

6. 非压缩性流体的压力㶲

$$e_x = \frac{p - p_0}{\rho} \tag{5.20}$$

式中 ρ——流体的密度。

7. 燃料㶲

燃料㶲是指在燃料进行可逆氧化反应后与周围环境（T_0，P_0）达到平衡时所能提供的最大有用功。

5.2.1.2 㶲平衡和㶲效率

1. 㶲平衡

在稳定状态下，系统的收入㶲与支出㶲和㶲损失应当平衡，系统的㶲平衡方程为

$$E_{xin} = E_{xout} + I \tag{5.21}$$

式中 E_{xin}——该系统的收入㶲；

E_{xout}——该系统的支出㶲；

I——该系统的㶲损失。

2. 㶲效率

工业㶲效率可以全面衡量工业设备或者工业过程中在能量转换方面的完善程度。在进行㶲分析时，通常有正平衡法和反平衡法这两种方法，其中当使用正平衡法时，则有

$$㶲效率 = \frac{（净）收益的㶲}{消耗的㶲} \tag{5.22}$$

对于反平衡法有

$$㶲效率 = 1 - \frac{各项㶲损耗之和}{消耗的㶲} \tag{5.23}$$

在㶲分析法中常采用㶲效率指标有两种，即㶲的传递效率和㶲的目的效率。

对于节流阀、齿轮箱、换热器等装置常采用㶲的传递效率，其定义为

$$㶲的传递效率 = \frac{出口㶲总和}{入口㶲总和} \tag{5.24}$$

由于某些工业设备的采用或某一工业过程的进行，往往具有某一特定的目的，此时多采用㶲的目的效率来进行计算，其定义为

$$㶲的目的效率 = \frac{工质㶲的增加 + 输出功}{消耗的总㶲} \tag{5.25}$$

在实际的应用中，针对不同的目的，相应的㶲的目的效率也有所不同，通常有将其他形式的能量转换为机械能来获取功、将机械能变成焓来增加工质的㶲以及通过改变工质的物态来增加工质的㶲这三种情况。

5.2.1.3 工业过程㶲分析法的相关讨论

用工业过程㶲分析法对能量系统进行评价时，如果仅仅从㶲的角度来分析问题，在实际中可能经济效益并不是最佳的，因此在对能源系统的分析过程中，工业过程㶲分析法需要结合一些经济性因素来更加合理地进行分析与评价。另外，工业过程㶲分析法一般侧重分析某一工业过程，对较大尺度的能源系统或复合系统的分析则力不从心，例如，分析某产品全生命周期过程中所有的㶲消耗，分析某国家社会各个行业之间的㶲传递效率等。

5.2.2 社会㶲理论

将㶲分析方法应用于国家社会经济系统㶲源消耗的核算和评估之中,来分析社会经济系统是㶲分析方法的社会经济学扩展。通过对生态系统进行物质㶲量平衡分析,可以对整个生态系统有更加清晰明了的认识,目前在生态和社会系统中的应用越来越广泛。在这里主要介绍其中的积累㶲与扩展㶲的相关概念。

5.2.2.1 积累㶲

积累㶲消耗(cumulative exergy consumption,CExC)指的是累积消耗的㶲量,最早由波兰学者 J. T. Szargut,提出,他认为人类活动能够进行并得以维系的前提是那些物理属性和化学成分跟环境形成梯度或差异的自然资源的存在。

积累㶲是一个基于地矿尺度的概念,对于一项产品或服务而言,其生产或形成过程会涉及很多直接或间接的环节,积累㶲指的是所有这些环节中消耗的自然资源㶲的总和。

积累㶲方法考虑了整个生产过程中的自然物理投入,进而指导资源开发利用。同时还可以通过比较不同方法生产同一产品所需要累积消耗的增加工质的㶲量来优化工业过程设计,如确定新的生产路径是否较优,将某一废物加以利用是否合算等。然而,由于积累㶲的概念以地矿尺度为基准,主要核算资源消耗所带来的㶲消耗,具有一定的局限性。

5.2.2.2 扩展㶲

扩展㶲(extended exergy,EE),即对积累㶲概念进行了扩展,最早由意大利的 E. Sciubba,提出来的。扩展㶲除了考虑物质流与能量流外,它还包括了劳动力、资本和环境成本等这些"外部性"的因素。

扩展㶲计算公式为

$$EE = CExC + E_{Captial}(E_C) + E_{Labor}(E_W) + E_R \quad (5.26)$$

式中　　EE——扩展㶲;

CExC——整个物质流与能量流中的积累㶲消耗;

$E_{Captial}(E_C)$——资金流中的㶲量;

$E_{Labor}(E_W)$——劳动力中的㶲量;

E_R——环境成本中的㶲量。

5.2.3 㶲值分析法

㶲值分析法和能值分析法一样具有非人类中心主义的哲学高度,但其基于热力学第二定律的本质,将能值分析提高到新的高度,克服和解决了能值分析固有的内部问题。

㶲值分析法认为地球生态系统赖以生存的动力是宇宙㶲(cosmic exergy)而不是狭隘的太阳能值,㶲值是形成某项产品或服务直接和间接投入的宇宙㶲总量。宇宙㶲可以定义为作为辐射热机的地球系统在以太阳辐射为高温热源和以宇宙微波背景辐射为低温热源之间达到平衡过程所能达到的最大的功。

地球热力系统受宇宙㶲流的驱动,宇宙㶲产生于太阳与宇宙背景温度差异,全球宇宙㶲消耗可以通过宇宙背景微波(CBM)辐射温度与地球系统不可逆过程引起的全球熵增的乘积求得。基于对地球热力系统的研究确证了宇宙㶲为推动地球上一切生命和非生命运动

（大气运动、水文循环、生物物质代谢、人类社会起落、文明更替）的根本资源，并通过地球㶲消耗的系统核算揭示了宇宙㶲的稀缺性。

思 考 题

1. 简述能量分析指标有哪些及这些指标的含义。
2. 简单分析和评价能量的"质"和"量"。
3. 请从多种角度论述热力学第二定律的涵义。
4. 简述同一般的能量分析相比，能值分析具有的特点。
5. 简述在工业过程㶲分析中，㶲效率的计算方法。

参 考 文 献

[1] Herendeen Robert, Jerry T. Energy cost of living [J]. Energy, 1975, 1 (2): 165-178.

[2] Leach G. Net Energy Analysis—Is It Any Use [J]. Energy Policy, 1975, 3 (4), 332-344.

[3] Cleveland C J, Saundry P. Ten Fundamental Principles of Net Energy [EB/OL]. The Encyclopedia of Earth. (2008-09-23) [2011-09-01]. http://editors.eol.org/eoearth/wiki/Ten_fundamental_principles_of_net_energy.

[4] Bullard C W, Penner PS, Pilati DA. Net Energy Analysis—Handbook for Combining Process and Input-output Analysis [J]. Resource Energy, 1978, 1: 267-313.

[5] Pulselli R M, Rustici M, Ma rchettini N. An Integrated Framework for Regional Studied: Emergy Based Spatial Analysis of the Province of Cagliari [J]. Environmental Monito ring and Assessment, 2007, 133: 1-13.

[6] 魏胜文, 陈先江, 等. 能值方法与存在问题分析 [J]. 草业学报, 2011, 20 (2): 270-277.

[7] 傅国华, 许能锐. 生态经济学 [M]. 北京: 中国农业出版社, 2008.

[8] Siracusa G, La Rosa A D, Palma P, et al. New Frontiers for Sustainability: Emergy Evaluation of an Eco-village [J]. Environment, Development and Sustainability, 2008, 10: 845-855.

[9] 蓝盛芳, 钦佩. 生态系统的能值分析 [J]. 应用生态学报, 2001, 12 (1): 129-131.

[10] Odum H T. Environmental Accounting: Emergy and Decision Making [M]. New York: John wiley & sons Inc., 1996.

[11] Brown M T, Ulgiati S. Emergy Analysis and Environmental Accounting [J]. Encyclopedia of Energy, 2004, 2: 329-353.

[12] 胡宝清, 严志强, 廖赤眉. 区域生态经济学理论、方法与实践 [M]. 北京: 中国环境科学出版社, 2005.

[13] Brown M T, Ulgiati S. Emergy-based and Rations to Evaluate Sustain Ability: Monitoring Economies and Technology Tow and Environmentally Sound Innovation [J]. Ecological Engineering, 1997, (9): 51-69.

[14] Odum H T. Self-organization, Transformity, and Information [J]. Science, 1988, 242: 1132-1139.

[15] Cleveland C J, Kaufmann R K, Stern D I. Aggregation and the Role of Energy in the Economy [J]. Ecological Economics, 2000, 32: 301-317.

[16] 黄素逸, 闫金定, 关欣. 能源检测与评价 [M]. 北京: 中国电力出版社, 2013.

[17] 沈维道, 蒋智敏, 童钧耕. 工程热力学 [M]. 3版. 北京: 高等教育出版社, 2002.

［18］ 李崇祥. 节能原理与技术［M］. 西安：西安交通大学出版社，2004.

［19］ Moran MJ，Sciubba E (1994) Exergy Analysis：Principles and Practice［J］. Journal of Engineering for Gas Turbines and Power 116 (2)：285-290.

［20］ 黄素逸，龙妍. 能源经济学［M］. 北京：中国电力出版社，2010.

［21］ Szargut J T. Application of Exergy for the Determination of Ecological Costs［J］. Bull Polish Acad Sci，Ser Technol，1986，34：475-480.

［22］ Szargut J. Analysis of Cumulative Exergy Consumption［J］. International Journal of Energy Research，1987，11 (4)：541-547.

［23］ Sciubba E. Extended Exergy Accounting Applied to Energy Recovery from Waste：The Concept of Total Recycling［J］. Energy，2003，28：1315-1334.

［24］ Milia D，Sciubba E. Exergy-based Lumped Simulation of Complex Systems：Aninteractive Analysis Tool［J］. Energy，2006，31：100-111.

［25］ Chen G Q. Exergy Consumption of the Earth［J］. Ecological Modelling，2005，184：363-380.

［26］ 姜昧茗. 城市系统演化的生态热力学㶲值分析［D］. 北京：北京大学，2007.

［27］ Herendeen R A，Cleveland C J. Net Energy Analysis：Concepts and Methods［J］. Encyclopedia of Energy，2004，4：283-289.

［28］ Malça J，Freire F. Renewability and Life-cycle Energy Efficiency of Bioethanol and Bio-ethyl Tertiary Butyl Ether (BioETBE)：Assessing the Implications of Allocation［J］. Energy，2006，31 (15)：3362-3380.

［29］ Yang Q，Chen G Q. Nonrenewable Energy Cost of Corn-ethanol in China［J］. Energy Policy，2012，41：340-347.

［30］ Chen G Q，Yang Q，Zhao Y H. Renewability of Wind Power in China：a Case Study of Nonrenewable Energy Cost and Greenhouse Gas Emission by a Plant in Guangxi［J］. Renewable and Sustainable Energy Reviews，2011，15 (5)：2322-2329.

［31］ 何练. 传统投入产出分析法改进研究［D］. 长春：吉林大学，2010.

［32］ 单波，宋国涛. 浅谈能源标准化和能源立法的重要作用及关系［J］. 技术监督纵横，1998，S1：15-16.

［33］ Shao L，Chen G Q. Water Footprint Assessment for Wastewater Treatment：Method，Indicator，and Application［J］. Environmental Science & Technology，2013，47 (14)：7787-7794.

［34］ 向蓉美. 投入产出法［M］. 成都：西南财经大学出版社，2013.

［35］ 季曦. 生态经济的热力学（㶲）值理论及其在城市系统模拟和调控中的应用［D］. 北京：北京大学，2008.

［36］ Tsatsaronis G. Definitions and Nomenclature in Exergy Analysis and Exergoeconomics［J］. Energy，2007，32 (4)：249-253.

［37］ Berthiaume R，Bouchard C，Rosen M A. Exergetic Evaluation of the renewability of a biofuel［J］. Exergy，An International Journal，2001，1 (4)：256-268.

［38］ Lems S，Van Der Kooi H J，de Swaan Arons J. Quantifying Technological Aspects of Process Sustainability：a Thermodynamic Approach［J］. Clean Technologies and Environmental Policy，2003，5 (3-4)：248-253.

［39］ Yang Q，Chen B，Ji X，et al. Exergetic Evaluation of Corn-ethanol Production in China［J］. Communications in Nonlinear Science and Numerical Simulation，2009，14 (5)：2450-2461.

第6章 新能源建设项目可行性研究

可行性研究工作是在制定某一建设或科研项目之前，针对该项目实施的可能性、有效性、技术方案及技术政策所进行的具体、深入、细致的技术论证和经济评价，进而确定一个在技术上合理、经济上合算的最优方案。新能源建设项目可行性研究的主要内容是以全面、系统的分析为主要方法，围绕影响项目的各种因素，包括新能源行业的市场环境、市场规模、盈利情况、市场竞争情况、进入壁垒和前景预测，新能源建设项目技术、设备、工程、节能、环境保护、劳动安全与消防和融资方案等，运用大量的数据资料论证拟建设项目是否可行，同时对新能源项目的经济、社会、生态效益进行综合分析与预测。

6.1 项目可行性研究概述

6.1.1 项目可行性研究的含义

可行性（feasibility）可理解为"做得到或实现的可能性"。项目可行性研究是一种运用多种学科知识，对拟建项目的必要性、可能性以及经济、社会有利性进行全面分析、系统论证、多方案比较和综合评价，以便进行正确决策的研究活动，是一种综合的经济分析技术。项目可行性研究的任务是以市场为前提，以技术为手段，以经济效果为最终目标，对拟建的项目在投资前期全面、系统地论证分析，对项目做出可行或不可行的评价。

新能源建设项目的可行性研究则是结合新能源建设项目的特点，将可行性研究的理论、方法在新能源建设项目中的综合应用，是通过对新能源项目的主要建设内容和配套条件，如市场需求、资源供应、建设规模、工艺路线、设备选型、环境影响、投资融资等，从技术、经济、工程等方面进行调查研究和分析比较，并对新能源项目建成以后可能取得的经济、社会、生态效益影响进行预测，从而提出项目投资是否具有价值及如何进行合理建设的评价意见。它是项目投资前期的一项重要工作，是投资建设项目决策的重要依据。

因此，做好可行性研究，需要进行必要的前期准备工作，如水文地质勘察、地形测量、工艺技术试验、市场分析调查、技术装备选择以及地震、气象、环境资料的收集等。

6.1.2 项目可行性研究的发展过程

现代意义上的工程项目的可行性研究始于20世纪30年代，作为一种组织管理方法对工程项目进行评价，在美国田纳西河流域开发项目中首次获得成功之后，可行性研究在大型工程项目的开发中得到广泛的应用，并逐渐成为工程建设项目开发程序的一个重要环节。从 20 世纪初到 20 世纪 50 年代中期，项目可行性研究主要采用财务和效益分析法，从企业角度分析项目费用和收益的优劣和可执行程度。从 20 世纪 50 年代后期到 70 年代，可行性研究的研究内容不断拓展和完善，初步形成了具有应用价值的项目评估理论。1978 年，联合国工业发展组织（UNIDO）出版了《工业项目可行性研究手册》，系统地说明了工业项目可行性研究的主要内容和方法，并传至世界各国作为订立可行性分析标准的基础。从 20 世纪 80 年代至今，可行性研究的理论及应用都得到了快速的发展，可行性研究作为一门学科逐步形成自己的理论体系，其应用也从工业项目逐步拓展到能源、交通、农业、金融投资等各种行业。我国的项目可行性研究始于 20 世纪 50 年代，主要参考苏联计划经济体制下各种项目的论证方法。改革开放以后，我国在研究了西方国家运用可行性研究的经验后，逐步将可行性研究纳入项目的建设程序。1983 年，国家计划委员会制定颁布了《建设项目进行可行性研究的试行管理办法》，对我国基本建设项目可行性研究的编制程序、内容、审批等进行了规定。2001 年，国家计划委员会委托中国国际工程咨询公司编写了《投资项目可行性研究指南》，该指南是一本指导可行性研究工作方法及内容的纲领性文件，为我国投资项目评估在中国的实际操作和应用提供了方法依据。

6.1.3 可行性研究的作用

可行性研究作为投资前期的重要工作，在投资决策中具有重要的地位和作用。实践表明，凡是可行性研究做得好的投资项目，一般能取得良好的经济、社会、生态的效益，不能轻视可行性研究，也不能在缺少深入调查研究、缺乏全面规划的情况下，盲目投资上项。目前，我国政府已明确规定，凡投资额度较大的工程项目，都必须事先进行可行性研究。在具体审批立项过程中，可行性研究将发挥以下非常重要的作用：

（1）可作为建设项目投资决策和编制可行性研究报告的依据。

（2）可作为筹集资金向银行申请贷款的依据。

（3）可作为项目主管部门商谈合同、签订协议的依据。

（4）可作为项目进行工程设计、设备订货、施工准备等基本建设前期工作的依据。

（5）可作为项目拟采用的新技术、新设备的研制和进行地形、地质勘探及工业性试验工作的依据。

（6）可作为环保部门进行项目环境影响审查的依据，也可作为项目建设单位申请施工许可证的依据。

（7）可作为施工组织管理、工程进度安排及竣工检验的依据。

（8）可作为建设项目进一步补充完善基础性资料和项目组织管理的依据。

（9）可作为企业组织管理、机构设置、劳动定员定编、员工职业培训等工作安排的依据。

6.1.4 项目可行性研究的工作阶段

1. 《工业项目可行性研究手册》中的工作阶段

按照 UNIDO 编写的《工业项目可行性研究手册》，通常把项目投资前期的可行性研究工作分为机会研究、初步可行性研究、可行性研究和项目评估决策四个阶段。由于不同阶段基础资料的占有程度、研究深度和可靠程度的要求不同，可行性研究各阶段的工作内容、工作性质、投资成本估算的准确程度、工作时间与费用各不相同。

（1）机会研究主要是为项目投资者寻求具有良好发展前景、对经济发展有较大贡献且具有较大成功可能性的投资发展机会，并形成项目设想，为初步选择投资项目提供依据。机会研究的一般方法是从经济、技术、社会及自然情况等大的方面发生的变化中发掘潜在的发展机会，通过创造性的思维提出项目设想。

（2）初步可行性研究又称预可行性研究，是对项目的可能性作进一步的分析和细化、从产品的市场需求、经济政策、法律、资源、能源、交通运输、技术、工艺及设备等方面对项目的可行性进行系统的分析、对项目作初步评价；进行专题辅助研究，广泛分析，筛选方案，确定项目的初步可行性；判定是否有必要进行下一步详细可行性研究；进一步判明建设项目的生命力。

（3）可行性研究又称详细可行性研究，是以技术经济为主要内容对项目进行深入系统的分析论证阶段，是项目决策研究的关键环节。可行性研究主要是深入研究各种可能选择的建设方案，对项目总体建设方案进行企业财务效益、国民经济效益和社会及环境效益的分析与评价，对各个投资方案进行比较选择，最终确定一个能使项目投资和生产成本最低，并取得最佳经济效益和社会与环境效果的建设方案，提出项目是否可行的结论性意见，编制出可行性研究报告，是建设项目投资决策的基础和重要依据。

（4）项目评估决策主要是综合分析各种效益，对可行性研究报告进行全面审核和评估，分析判断可行性研究的可靠性和真实性，提出项目评估报告，为投资决策者提供最后决策依据，决定项目取舍和选择最佳投资方案。

2. 我国项目可行性研究的工作阶段

在实际工作中，项目可行性研究的前三个阶段是根据项目的规模和繁简程度常将前两个阶段省略或合二为一，但详细的可行性研究则不可缺少。我国项目可行性研究工作主要分以下两个阶段进行：

（1）项目建议书阶段，相当于国家的初步可行性研究阶段，需要说明的是属于使用国有资金投资的项目，必须编制项目建议书，而且重要项目只能在项目建议书批准后，才可以进行初步可行性研究；对非国有资金投资的项目，可根据项目实际情况，确定是否进行初步可行性研究。

（2）可行性研究报告阶段，即详细可行性研究阶段。项目建议书和项目可行性研究是项目建设程序中两项不同的工作和步骤。因为它们的要求和工作条件的不同，两者在研究重点、服务功能、结构内容和深度要求等方面都有所不同。

6.1.5 项目可行性研究的主要内容

项目可行性研究从内容上应能满足作为投资决策的基础和重要依据的基本要求。按照我国的有关规定，一般工业建设项目的可行性研究主要包括总论，产品的市场需求和拟建规模，资源、原材料、燃料及公用设施情况，建厂条件和厂址方案，项目工程技术方案，环境保护、劳动安全和社会效益与环境现状调查，生产组织、劳动定员和人员培训，项目实施计划和进度要求，经济效果的分析与评价，评价结论与建议等内容。

1. 总论

总论是可行性研究报告的前言，综合论述项目概况、可行性研究的主要结论概要和存在的问题与建议。总论中应阐明推荐方案在论证过程中曾有的重要争论问题和不同的意见和观点，并对建设项目的主要技术经济指标列表说明，说明建设项目提出的背景、投资环境、项目建设投资的必要性和经济意义，项目投资对国民经济的作用和重要性；说明项目调查研究的主要依据、工作范围和要求；说明项目的历史发展概况、项目建议书及有关审批文件。

2. 产品的市场需求和拟建规模

在市场调查的基础上，对项目的产品的国内外市场需求情况、现有工厂生产状况、销售预测、价格分析、产品竞争能力以及市场风险进行分析预测，研究确定项目的合理经济规模。

3. 资源、原材料、燃料及公用设施情况

主要是对拟开发项目资源开发的合理性、资源可利用量、资源自然品质、资源赋存条件和资源开发价值等进行评价，保证项目所需原材料、燃料及其他资源供应上有可靠保障，质量稳定，数量充足，经济上合理，技术上安全可行。

4. 建厂条件和厂址方案

根据建设项目的生产技术要求，在初步可行性研究规划确定的建设地区内，对建厂的地理位置、气象、水文、地质、地形条件和社会经济与环境现状进行调查研究，进行工程条件和经济性条件分析比较，确定具体坐落位置。

5. 项目工程技术方案

技术方案主要指生产方法和工艺流程等，技术方案选择要体现技术上的先进性、适用性、安全性和经济合理性。在研究确定技术方案的基础上，对所需的主要设备参数、来源、价格等进行研究比选，对项目主要建筑物的建造方案进行研究论证。

6. 环境保护、劳动安全和社会效益与环境现状调查

对拟建项目"三废"情况进行预测，识别和分析拟建项目影响环境的因素，提出治理和保护环境的措施。对劳动保护和安全卫生要求及相应措施方案，对涉及拟建项目所在地社会和环境影响效果进行初步预测和评估分析。

7. 生产组织、劳动定员和人员培训

对项目生产管理体制、机构设置、人员素质和数量要求等进行选择论证。

8. 项目实施计划和进度要求

按照项目设计、施工、安装调试所需的时间和进度要求，选择整个项目实施方案和制订总进度。

9. 经济效果的分析与评价

按财务分析和国民经济评价方法对项目总投资估算、资金来源、筹措方式、生产成本估算等进行分析论证。

10. 评价结论与建议

运用各项数据，从技术、经济、社会与环境、财务等各方面论述建设项目的可行性，

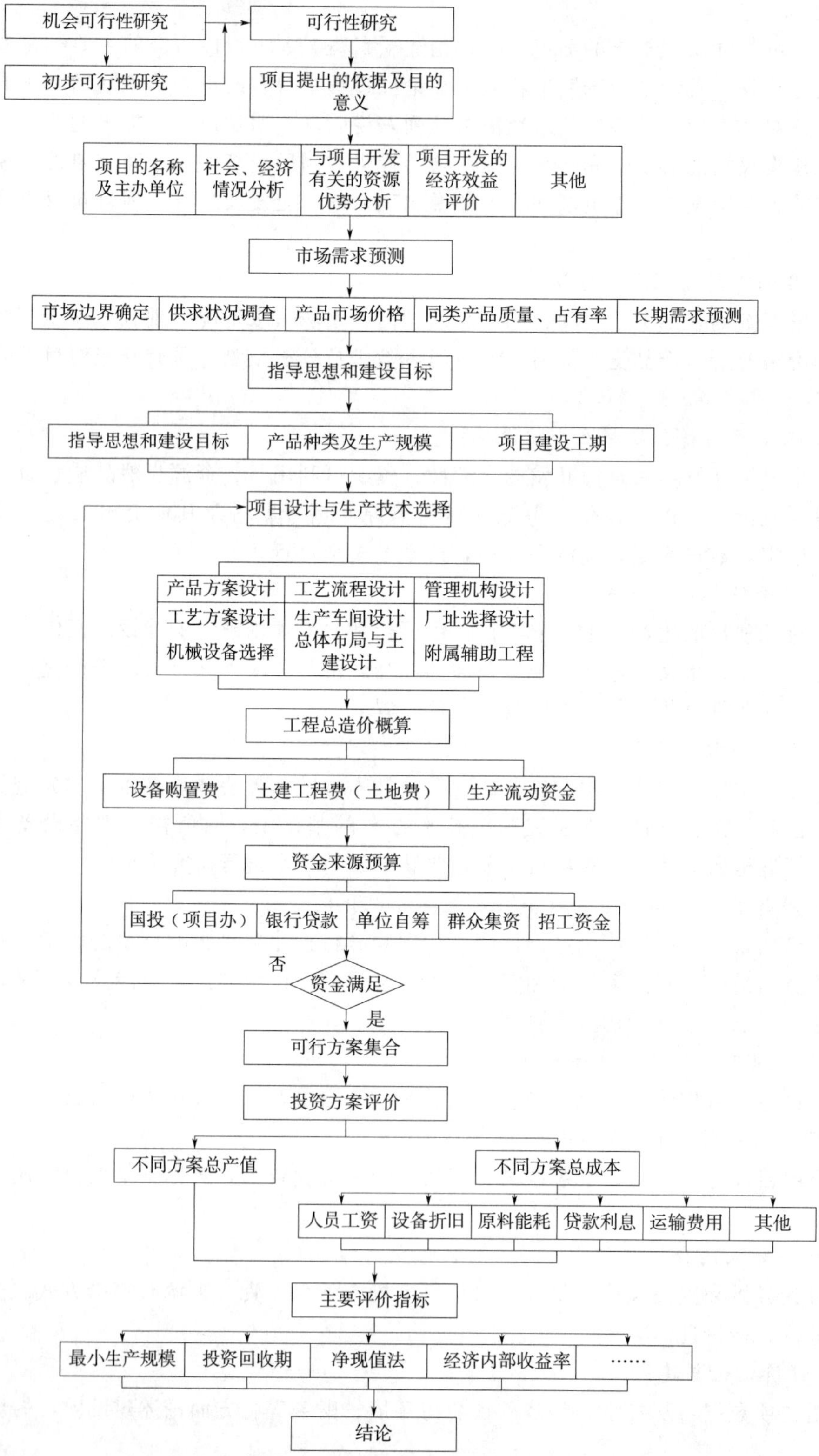

图 6.1 可行性研究的一般程序

对建设方案作综合分析评价与方案选择，最终得出结论性意见和改进的建议。

总之，项目可行性研究的基本内容可概括为以下方面：

(1) 产品的市场评价，包括市场调查和预测分析研究，这是可行性研究的先决条件和前提，是项目能否成立的最重要的依据。

(2) 技术方案和建设条件，从资源供应、环境条件、技术、设备等问题入手，解决实现方式的过渡，这是可行性研究的技术基础，决定了建设项目的技术可行性。

(3) 对经济效益的分析评价，说明项目的经济合理性，是决定项目能否投资的关键环节，也是项目可行性研究的核心部分。

(4) 项目的社会和环境影响效果分析，这是保证项目能否长期有效运营必须考虑的因素。

可行性研究就是从以上四个方面对拟投资建设项目进行分析研究，为项目的投资决策提供科学依据。

6.1.6 项目可行性研究的一般程序

初步可行性研究的内容与最终可行性研究主要是粗细程度上的差别。如果项目机会研究有足够的数据，也可以跳过初步可行性研究，直接进入最终可行性研究阶段。由于可行性研究与编制可行性研究报告不能皆然分开，所以把这两部分内容放在一起，并就其研究的步骤、内容用框图的形式加以说明，详细过程如图 6.1 所示。

由图 6.1 可知，可行性研究大致可细分为以下步骤：

(1) 项目提出的依据及目的意义。
(2) 市场需求预测。
(3) 指导思想和建设目标。
(4) 项目设计与生产技术选择。
(5) 工程总造价概算。
(6) 资金来源测算。
(7) 投资效益分析。
(8) 结论。

在每一步骤下面的内容都是这一步骤的主要研究问题。所以，图 6.1 可以用来实际指导可行性研究与编制可行性研究报告的工作。

6.2 市场预测与项目建设规模

6.2.1 市场预测

所谓市场，可理解为现有的和可能有的一批消费者。消费者越多，市场就越多，反之亦然。所谓需求，则是在一定市场条件下，以一定的价格购买某种产品的总量。

判断投资项目是否具有生命力，主要看市场需求情况。因此，市场预测在可行性研究中占有重要作用。但是，市场预测是一项非常复杂的工作，也是一项专门的技术。由于市场预测涉及的影响因素很多，并且产品不同、预测的方法也不同。就一般情况而言，市场预测可从以下两个方面进行：

1. 定性预测

定性预测主要根据有关专家对市场信息的了解情况进行分析预测。主要内容有：

(1) 分析产品销售的地域范围、主要部门及出口外销的可能性。

(2) 同类产品性能指标，分析产品市场竞争能力。

(3) 分析同类产品的市场占有量及产品的销售情况，进而估测市场潜力及新产品在市场的占有率。

(4) 根据需求的发展和市场的供需变化，来预测产品的价格变化。

2. 定量预测

定量预测主要根据市场抽样调查结果，建立相应的数学模型，对产品未来可能的需求进行定量分析预测。

然而，目前新能源产品的生产成本相对较高，其市场占有率很低，产品的市场预测需要根据国家（或地区）能源的供需状况，并结合国家的新能源扶持政策来进行合理的预测。

6.2.2 项目建设规模

项目的建设规模，即项目的生产能力，是指建设项目的设计生产能力。任何一个建设项目都必须对其建设规模进行研究与分析，进而选择合理的生产规模。同时，合理的生产规模是项目取得经济效益的关键因素。

6.2.2.1 建设规模的影响因素

1. 市场容量

市场容量反映一定时期内整个社会或一定区域的社会购买力。市场容量大，可以确定企业或项目的生产规模大，反之则小。市场容量是制约生产规模的重要因素，它是决定建设项目能否生存的前提和发展空间。因此，建设项目生产规模的确定必须通过详细的产品市场调查和预测，在正确估计市场容量的基础上，然后据此确定生产规模。一些新能源项目的生产，如生物燃气、生物油、燃料乙醇，是以农作物及其秸秆、畜禽粪便、生活垃圾等有机废弃物为原料的，其生产的产品也主要为项目周边的居民和企业所利用。因此，新能源项目的建设项目必须衡量生产原料的获得量和运输成本，以及产品的输送量和输送成本。

2. 环境容量

环境容量是自然环境或环境组成要素（如水、空气、土壤、生物、植物等）对污染物质的承受能力或负荷量。在一般情况下，环境容量越大，则可接受的污染物质就越多，反之则越少。因此，环境容量是对环境质量的控制，是项目规划的依据。

自然环境是人类生活和生产的基础，是实现社会再生产的必要物资条件。自然环境条件的优劣，或自然环境提供的资源能力，可影响项目生产规模的确定。因此，确定生产规模需要考虑项目对周围环境的影响，包括对地区的水文、地质、气象、气候、大气、土壤、植物、生物、噪声等的影响。虽然新能源项目的建设是以替代不可再生的化石能源，充分利用太阳能、风能、生物质能等实现自然生态环境的净化等为目标的,然而在其实际规模生产过程中仍需要消耗一定量的一次、二次能源,并排放破坏环境的污染物,引起二次污染。因此,新能源建设项目需要平衡分析环境的容量。

3. 投资环境

投资环境所包含的内容十分广泛,其包括自然条件、资源、市场、社会等诸多方面。由于我国幅员辽阔,地区间的经济发展也及不平衡,区域的投资环境各有较大的差异。因此,同一个项目规模建设在不同地区,投资成本和效益水平将会有较大的差异。投资环境是影响项目生产规模的重要因素,其甚至可以决定项目的取舍。

6.2.2.2 确定建设规模应考虑的因素

1. 建设项目的性质

不同建设项目的经济规模不同,即使相同的建设项目在不同的地区,其建设规模也可能不同。

2. 建设项目的产品市场

产品市场是项目生产规模所确定的因素。对大部分需要出口的产品项目,要求其经济规模必须达到国际竞争的规模;对以国内销售为主的产品项目,则可根据国家的经济政策、资源分布和地区消费等情况选择合适的生产规模。而新能源建设项目的职能通常是满足特定区域内的生产或生活的需求,其建设规模需要根据区域内生产原料的供给和产品的需求等情况来综合选择。

3. 资金、原材料、劳动力

建设项目的投资额是项目规模的另外一种表示形式。一般情况下,建设项目的规模越大则需要的资金就越多,因此,建设项目的规模有时会受到投资额的制约。

原材料、能源供应对生产规模也起到很大的制约作用。如果原材料、能源供应不足或不稳定,或存在运输困难、运输成本高,则使生产成本大大提高,这些都将会影响项目的生产规模。

劳动力是项目生产的人力资源,特别是劳动力密集型的项目,若劳动力数量不足或不稳定,或存在运输困难,运输成本高,则使生产成本也大大提高,这些都将会影响项目的生产规模。

4. 经济合理性

无论多大的生产规模,都要满足经济合理可行的要求。

6.2.2.3 经济规模的确定

建设项目在满足经济可行的基础上,应通过多方案的比较确定合理的经济生产规模。所谓项目的经济规模,是指项目生产所获得的净效益最大,或指生产成本最低、盈利最大的生产规模。经济规模也即最优生产规模,确定的方法一般有长期成本曲线,统计估计法等。

我国能源建设项目的兴建都直接受国家能源规划宏观调控。"十五"期间,在"十五"能源规划政策的指导下,大力发展水电和天然气工程使得三峡水电站及"西气东输"工程得到较快的发展;优化发展火电使得小火电机组关停,煤炭在一次能源消费中比重下降3.88%,新建燃煤电厂单机容量需在30万kW及以上。

由此可见，新能源建设项目在国家整体建设规模中占有的比重很小，表 6.1 为我国目前新能源的发电量占总发电量的比重。

表 6.1　　　　　　　　　　我国新能源的发电量情况

年份	风能发电量占比/%	生物质能发电量占比/%	太阳能发电量占比/%
2008	0.04	0.07	0.28
2009	0.16	0.23	1.28
2010	0.30	0.53	2.40
2011	0.75	0.61	6.00
2012	1.18	0.53	9.44
2013	1.69	0.42	13.52
2014	2.03	0.42	16.24
2015	2.67	0.67	21.36

6.3　原材料、能源及公用设施分析

众所周知，任何一种产品的生产，都需要有相应的原料供给，都需要消耗煤、电、油等中间产品，并且这些原材料都需要运到生产地才能从事生产活动。我国目前的能源消耗是以煤炭为主。所以，原材料、煤、电、运输四大要素便是投资项目重点考虑的问题。

6.3.1　原材料分析

不同类别的生产项目，所需要的原材料、半成品及备品、备件在品种、规格等方面的要求千差万别，而且任何一个建设项目的原材料的需求都是多种多样的。要将一个项目所需要的全部原材料都进行分析研究是不现实的。在可行性研究中，只要选择其中主要的或关键性的原材料进行分析评价就可以了。通常是根据项目产品的类型、性质，从原材料的质量、可供量、价格以及运输等方面加以综合评价。

1. 原材料质量研究

原材料质量研究主要评价原材料的质量是否理想。要对所需要的主要原材料的名称、品种、规格、化学和物理特性以及其他一些质量上的要求加以了解和分析。对于符合质量要求的原材料，应有长期的供应保证，比如有批准的供应计划或供应合同等。

2. 原材料可供量研究

原材料可供量研究主要评价目前原材料的可供量是否满足生产的要求。当前，原材料供应紧张的矛盾相当突出。对于由国家计划安排供应的原材料，应该加以落实，并要了解这些原材料今后供应的发展趋势，做到心中有数。对于从市场采购的原材料，则可通过市场研究对其的供需情况做出预测。对于依靠进口的原材料，要了解其国际市场的变化动向，并调查有无国内产品可以替代。

3. 原材料价格研究

原材料价格研究主要评价原材料价格是否合适。不同质量、不同来源的原材料，其价

格差异很大。如果是从市场购进原材料或进口原材料,则必须认真分析其对生产成本的影响,特别要注意它们的供需变化,把握其价格涨落。对于进口的原材料更需要注意今后国家的汇率、关税率的变化,它们不但影响直接进口原材料的价格,而且影响到国内同类材料的价格。

4. 原材料运输研究

原材料运输研究内容与资源运输研究内容相同。

6.3.2 能源分析

燃料、动力是项目建设和生产过程中的基本要素和重要的物质保障。较大项目的能源供应就是一个非常重大的问题,往往影响一个地区的能源供需平衡。

生产建设中所需要的燃料通常有煤炭、石油和天然气等;生产建设中所需要的动力主要是电力和蒸汽。供电和供气都需要消耗大量的能源。供水和供风也是重要的动力供应形式,比如冷却通风、提供温水等,都是实际生产中必需的。

在项目的可行性研究中,对能源的选择、利用及平衡落实,都要加以充分阐明。项目投产后采用哪种燃料,应该从实际条件出发,密切结合我国的能源结构状况,因地制宜地加以合理选择。另外,在选择过程中应注重燃料、动力的平衡落实问题。同时,拟建项目必须采用节能的新技术、新工艺、新设备,以利于提高能源的直接利用率。

6.3.3 公用设施分析

公用设施主要包括交通、通信、供水、废水处理等多项内容。在选择原料、燃料供应时,应该结合公用设施条件加以综合研究,较准确地估算出项目对公用设施的需求量,以便和现有设施可能供应的情况进行综合分析对比,如必须自己建设公用设施时,对由此所增加的投资费用,应在可行性研究中予以论证。

6.4 厂址选择

在对拟建项目的产品方案和资源条件进行研究后,可行性研究工作就进入到项目厂址选择研究阶段。项目厂址选择的好坏直接影响项目经济效益的大小。如厂址选择不合理,运输困难,距离水源、电源远,土建工程量大,气候条件恶劣,协作条件差等,必然会增加项目投资及生产的成本。因此,厂址条件是尤其重要的生产建设条件。

一般情况下,确定某个建设项目的具体地址(或厂址),需要经过建设地区选择和建设地点选择(厂址选择)这样两个不同层次的、相互联系又相互区别的工作阶段。这两个阶段是一种递进关系。其中,建设地区选择是指在几个不同地区之间对拟建项目适宜配置在哪个区域范围的选择;建设地点选择是指对项目具体坐落位置的选择。

6.4.1 建设地区的选择

建设地区选择得合理与否,在很大程度上决定着拟建项目的命运,影响着工程造价的高低、建设工期的长短。建设质量的好坏,还影响到项目建成后的经营状况。因此,建设地区的选择要充分考虑各种因素的制约。

1. 影响建设地区选择的主要因素

(1) 国民经济发展的战略规划、国家工业布局的总体规划和地区的经济发展规划。

(2) 原材料条件、能源条件、水源条件、各地区对项目产品的需求及运输条件等。

(3) 气象、地质、水文等建厂的自然条件。

(4) 劳动力来源、生活环境、协作、施工力量、风俗文化等社会环境因素。

2. 建设地区选择应遵循的基本原则

(1) 服从国家经济布局及城镇建设规则。厂址选择实际上是落实布局经济的重要一环。项目如果选址不当，违背了国家经济布局或地区开发规则的安排，就会损害布局经济利益。

(2) 避免过于集中在大城市，注意发展中、小城市。贯彻执行"控制大城市规模，合理发展中等城市，积极发展小城市"的方针，避免项目过度集中的倾向。凡是新建的工程项目，没有特殊理由，就不应当非挤进大城市不可。有的可安排到其他地区，有的可安排在这些大城市的微型镇或周围地区。

(3) 节约用地，尽量避免占用耕地。在选择项目的厂址时，要注意节约用地，尽量不占耕地，充分利用荒地、山地、空地。若必须占用耕地，也应精打细算，尽可能少占。在考虑预留发展用地时，必须根据正式规划，结合其他条件，适当预留。在土地特别紧张的地区，就不应当安排大量侵占土地的项目。对于那些开发前景好的地段的土地，要有长期的统一使用规划。

(4) 有利于节约投资，降低成本。一般工程项目所选择的地址，应当是投资相对较少、成本相对较低，以达到经济效益好的目的。能否节约投资要从各个方面综合考虑，尽量做到所选厂址具有位置适中、工程量小、交通运输方便、拆迁工作量小、厂外公用设施工程量低等特点。

(5) 有利于生产，方便生活。所选厂址必须有利于生产，有利于项目各种功能的充分发挥。在可能的情况下，厂址和生活区应尽可能靠近现有城镇，或在具有发展城镇的基本条件的地方，以便于职工生活和长期定居。

(6) 注意环境保护和生态平衡，保护风景名胜和古迹。选择项目厂址的时候，要考虑项目对周围环境的影响，要考虑为保护环境所附代价的大小，要避免对生态平衡和风景、名胜、古迹的破坏。

6.4.2 建设地点的选择

建设地点的选择是一项极为复杂的技术经济，且综合性很强的系统工程，它不仅涉及项目建设条件、产品生产要素、生态环境和未来产品销售等重要问题，受社会、政治、经济、国防等诸多因素的制约，而且还直接影响到项目的建设投资、建设速度和施工条件，以及未来企业的经营管理及所在地点的城乡建设规划与发展。因此，必须从国民经济和社会发展的全局出发，运用系统的观点和方法进行分析决策。

1. 选择建设地点的要求

(1) 项目的建设应尽可能地节约土地，尽量把厂址放在荒地和不可耕种的地点，避免大量占用耕地，节省土地的补偿费用。

（2）应尽量选在工程地质、水文地质条件较好的地段。土壤耐压力应满足拟建厂的要求，严防选在断层、熔岩、流沙层与可利用矿床上，以及洪水淹没区、滑坡区。厂址的地下水位应尽可能低于地下建筑物的基准面。

能源的生产首先受地质条件制约，建设项目之前需要地质勘探先行，只有在资源丰富的地方才能获得较高的经济效益。除对原料的需求外，技术经济、安全、环境和社会经济都直接制约了建设项目的选址。例如，水电站的选址除对水能的要求外，还要考虑到河流分段、水文数据、地形地质、淹没损失等因素。核电站的选址则要求临近水源且水运便利，这主要是因为核电所需的大型设备一般在 $300\sim500t$，只能通过水路运输；此外，反应堆冷却也要求大量的工业用水。因此，即使现在内陆多个省份确定兴建核电站，其选址也是在大江大河旁。太阳能发电站的选址则严格要求地面高差小，地质条件避开地震条件，设备输入、电力输出便利等。

（3）厂区土地面积与外形能满足厂房与各种构筑物的需要，并适合按科学的工艺流程布置厂房与构筑物。

（4）厂区地形力求平坦而有坡度（一般以 $5\%\sim10\%$ 为宜），以减少平整土地的土地工程量，节约投资，又便于地面排水。

（5）应靠近铁路、公路、水路，以缩短运输距离，减少建设投资。

（6）应便于供电、供热和其他协作条件的取得。

（7）应尽量减少对环境的污染。对于排放有害气体和烟尘的项目，不能建在城市的上风口，以避免对整个城市造成污染；对于噪声大的项目，厂址应选在距离居民集中地区较远的地方，同时，要设置一定宽度的绿带，以减弱噪声的干扰。

上述条件是否满足，不仅关系到建设工程造价的高低和建设期限，对项目投产后的运营情况也有很大的影响。因此，选择厂址时，也应进行方案的技术经济分析、比较，选择最佳的厂址。

2. 选择建设地点的方法

（1）最小费用法。在进行厂址多方案技术经济分析时，可以通过对项目不同选址的投资费用与经营费用的对比来进行厂址的选择。如果某个方案的投资费用和经营费用均较低，则为最优方案。如果投资费用高，但经营费用低；或投资少，但经营费用高，则可以通过投资回收期和年度等值费用等指标进行分析比较，然后合理选择。

（2）评分优选法。当若干个方案在满足建厂条件方面各有特色、优劣相当，而这些优劣难以折算成费用时，就不能用最小费用法进行优选，这时可以采用评分优选法。其具体步骤为：

1）列出厂址方案比较的主要评价指标。

2）将各指标按其重要程度给予一定的权重，同时根据实际条件，结合定性、定量方法，分别确定各方案在各评价指标下的评价值。

3）将各方案的所有评价值乘以对应的权重，得出指标的综合评价得分，综合得分最高的方案即为最优的厂址方案。

6.5 工艺设备和技术的选择

6.5.1 工艺设备的选择

设备的种类很多,按其性质和作用可分为生产工艺设备、辅助生产设备、研究设备、服务设备。选用什么设备一般取决于生产工艺流程、生产规模以及对设备在技术、供应、经济等方面的要求。具体考察以下方面:

(1) 所选设备是否符合工艺流程要求。
(2) 所选设备是否满足生产规模的需要。
(3) 所选设备能否相互配套,相互衔接。
(4) 所选设备的备品、备件是否有保证。

考察设备时应具体到设备的型号、性能、安装尺寸、操作人员的配置等,以使评价准确、翔实。

6.5.2 技术的选择

技术方案的选择主要包括生产方法的选择和工艺流程方案的选择。

1. 生产方法的选择

生产方法对项目产品的生产起着决定性的作用。因此,要分析国内外有关项目产品的各种生产方法的先进程度及发展趋势,优先选用先进适用的生产方法。同时,要分析所选用的生产方法是否与所采用的原材料相符合,考虑生产工艺对原料的规格、型号、成分等的要求;要分析生产方法的技术来源是否能够得到;分析对比各种生产方法的先进性、可靠性、经济性;分析所选用的生产方法是否符合清洁生产的要求,保证低消耗、低排放,充分利用各种资源。

2. 工艺流程方案的选择

工艺流程方案是项目产品质量的保证。所选方案应能保证采用指定的原材料,按时生产出符合质量要求的产品。因此,应分析工艺流程各工序之间的合理衔接,做到工艺流程简洁、通畅;分析工艺流程方案的物料消耗定额、生产效率,选择消耗少、成本低、经济效益好的流程;分析工艺流程的主要工艺参数,如压力、温度、真空度、速度、纯度等,使之符合设计要求;分析工艺流程的布置与安排,如占地、空间、对环境的要求等。

最适合的技术方案并不一定是最先进的技术方案,而是指该技术方案既先进,又适合项目自身的具体情况。所以,在进行项目技术选择时,必须遵循以下基本原则:

(1) 采用的技术必须是先进的。
(2) 采用的技术必须是适用的。
(3) 采用的技术必须是成熟的、过关的。
(4) 采用的技术在经济上必须是合理的。

综上所述,要对不同的技术方案进行分析、比较和评价,从中选择投资少、耗能低、质量高、成本低、经济合理的技术方案。

6.6 环境影响评价

6.6.1 环境影响评价的内涵

环境影响评价（environmental impact assessment，EIA）是指对拟议中的建设项目、区域开发计划和国家政策实施后可能对环境产生的影响进行的系统性识别、预测和评估。环境影响评价的根本目的是鼓励在规划和决策中考虑环境因素，最终达到更具环境相容性的建设活动。

6.6.2 项目环境影响评价的原则

（1）符合国家环境保护法律、法规和环境功能规划的要求。
（2）坚持环境治理设施与项目的主体工程"同时设计、同时施工、同时投产使用"的原则。
（3）坚持污染物排放总量控制和达标排放的要求。
（4）环境效益与经济效益相统一的原则。在分析论证环境保护治理措施时，要求尽可能做到环境效益与经济效益相统一，以保证环境保护治理方案的经济合理性和技术可行性。
（5）重视资源的整合利用，对于环境治理过程中项目产生的三废，即废水、废气、废渣，要制订方案进行回收处理利用。

6.6.3 环境影响评价重要性

（1）为开发建设活动的决策提供科学依据。
（2）为经济建设的合理布局提供科学依据。
（3）为确定某一地区的经济发展方向和规模、制定区域经济发展规划及相应的环保规划提供科学依据。
（4）为制定环境保护对策和进行科学的环境管理提供依据。
（5）促进相关环境科学技术的发展。

通过分析环境影响因素及其造成的影响，并依据国家相关法律法规，分析、研究并制定出治理措施及方案。编制环境治理方案，对于不同的污染源，应采取不同的治理措施，并应在方案中明确需要的资金、设备、人员，进行方案的可行性分析，做出综合评价。

6.7 投资估算与资金筹措

6.7.1 投资估算

投资估算是确定投资项目过程中非常重要的一个环节，投资估算的深度影响着效益测算的准确性。投资估算就是对拟建项目的全部资金的总投入，包括土地投入、工程建设成本、技术投入、设备采购、人员成本等进行测算，并计算投资回收期、编制建设期现金流量表。投资估算是确定融资办法、进行经济评价以及编制初步设计概算的基础。

为了提高投资估算的精度，必须要做好以下工作：

（1）要重视积累经济分析资料。因为估算方法大多与已建工程项目有关，所以各种经济指标、投资分析资料等均是对估算投资有重要价值的参考资料。

（2）要重视对已完工工程的资料管理。已完工工程的投资费用是指在某一段时间，完成相应的工作内容、建设任务、建设规模所投入的资金。对于已完工工程数据的归纳和整理，可以帮助找出完成相同工程所需要的各类费用，确定相应的投资数额。

（3）要分析和掌握工程资料的内容。如对工厂要分析装置组成、各辅助生产过程、公用工程、生产及生活服务性工程和厂外工程规模的规划与内容，对生产装置要分析其工艺流程及生产过程和自动化水平等。在估算投资时，对不同组成的工艺或工艺流程、不同内容和规模的工程，都需要修正或补充投资额；对不同的自然条件、技术标准、环境要求等，在估算投资时均要注意做出反应。

（4）对引进国外设备或技术的项目，要考虑每年的通货膨胀与外汇汇率的变化；要及时了解现行的设计标准和施工验收规范等。由于现行标准与规范均比已建项目的要求有所提高，采用的新技术与新材料较多，故应考虑增加投资。

（5）对环境保护的要求、"三废"处理方法、排放标准等影响投资的因素，估算投资时要加以考虑。

（6）投资估算要留有余地，既要防止漏项少算，又要防止高估。要在优化、可行的设计方案的基础上，进行深入细致的调查研究，合理确定经济指标，保证投资估算的质量。

（7）要注意提高投资估算人员的素质，加强他们的经济观念，要求他们在工作中切实贯彻实事求是的原则，保证投资估算的真实性和经济性。

6.7.2 资金筹措

资金筹措是工程项目顺利开展的重要保障。然而，由于工程项目耗资较大，单纯依赖公司的自有资金往往难以满足项目的资金需求。因此，建设方经常需要向外部的利益相关者主体融资。

对于投资项目，国际上通行的融资方式有两类，即公司融资和项目融资。这两类方式所形成的项目，在投资者与项目的关系、投资决策与信贷决策的关系、风险约束机制、各种财务比率约束等方面都有着显著的区别。在可行性研究中，特别是在做融资分析和经济评价时，应该以融资方式作为分析和评价的脉络。

1. 公司融资

公司融资又称企业融资，是指由现有企业筹集资金并完成项目的投资建设；无论在项目建成之前还是之后，都不会出现新的独立法人。

以公司融资的方式进行项目建设，一般情况下有两类参与方：一是公司作为投资者，要做出投资决策；二是当需要债务资金支持时，银行（及其他债务资金提供者）要做出信贷决策。当项目规模较大，或者投资对公司发展有重大影响，或者要改变股权结构来筹集权益资本时，公司的股东会作为第三参与方，对项目的融资提出意见。

2. 项目融资

项目融资是指为建设和经营项目而成立新的项目公司（独立法人），由项目公司完成项目的投资建设和经营还贷。国内的许多新建项目、房产公司开发某一房地产项目、外商投资的三资企业等，一般都以项目融资方式进行。

新建项目不一定都以项目融资方式进行。例如，新建一个电厂，可以由出资各方筹集资本，按独立电厂的模式投资建设，这时属于项目融资；也可以由某电力公司独家投资，项目为分公司或车间，其建设和运行都纳入某公司统一经营，这时属于公司融资。所以，项目融资与公司融资的区别，不在于项目的物理形态，而在于其经济内涵。

以项目融资方式进行项目建设，一般情况下有三类参与者：一是项目发起方，可能是企业也可能是政府，可能是一家也可能是多家，他们是项目实际的投资决策者，通常也是项目公司的股份持有者；二是项目公司，它是投资决策产生的结果，因而无法对投资决策负责，只负责项目投资、建设、运营、偿贷；三是当需要债务资金支持时，银行（及其他债务资金提供方）要做出信贷决策。

常见的筹集项目资金的渠道有自有资金、银行及非银行金融机构、国家财政机构、个体公众及其他企业。

6.8 建设项目财务评价

项目财务评价是根据国家现行财税制度和现行价格，分析、测算项目的效益和费用，考察项目获利能力、清偿能力以及外汇效果等财务状况，以此评价和判断项目财务可行性的一种经济评价方法。

6.8.1 财务评价的内容

工程项目财务评价主要是考察项目的盈利能力、偿债能力和财务生存能力。其中：
（1）盈利能力是指项目建成投产后产生利润的能力。
（2）偿债能力是指项目偿还建设投资借款和清偿债务的能力。
（3）财务生存能力是指项目计算期内净现金流量用以维持正常运营、实现财务可持续性的能力。

6.8.2 财务评价的目的

财务评价是从投资项目或企业角度对项目进行的经济分析。主要有以下目的：
（1）分析投资效果，判明企业投资所获得的实际利益。
（2）为企业制定资金规划。
（3）为协调企业利益和国家利益提供依据。财务评价可以通过考察有关经济参数（如价格、税收、利率，补贴等）变动对分析结果的影响，寻找经济调节的方式和幅度，使企业利益和国家利益趋于一致。

6.8.3 财务评价的指标

根据财务评价主要内容的需要，财务评价指标主要包括财务盈利能力分析、偿债能力分析和财务生存能力分析。

1. 财务盈利能力分析

(1) 财务内部收益率（FIRR）。财务内部收益率是指能使项目计算期内净现金流量现值累计等于 0 时的折现率。

(2) 财务净现值（FNPV）。财务净现值是指按设定的折现率（一般采用基准收益率 $i=10\%$）计算的项目计算期内净现金流量的现值之和。

一般情况下，财务盈利能力分析只计算项目投资的财务净现值，包括所得税前净现值或所得税后净现值。若在设定的折现率下计算的财务净现值大于或等于 0，项目方案在财务上可以考虑接受。

(3) 项目投资回收期（p）。项目投资回收期是指以项目的净收益回收项目投资所需要的时间，一般以年为单位。项目投资回收期应从项目建设开始年算起，若从项目投产开始年计算，应予以特别注明。对于一般项目，若投资回收期短，则表明项目的盈利能力强，投资回收快，抗风险能力强。

(4) 总投资收益率（ROI）。总投资收益率表示总投资的盈利水平，是指项目达到设计能力后正常年份的年息税前利润或运营期内年平均息税前利润（EBIT）与项目总投资（TI）的比率。

(5) 项目资本金净利润率（ROE）。项目资本金净利润率表示项目资本金的盈利水平，是指项目达到设计能力后正常年份的年净利润或运营期内年平均净利润（NP）与项目资本金（EC）的比率。

2. 偿债能力分析

(1) 利息备付率。利息备付率是指在借款偿还期内的息税前利润（EBIT）与应付利息（PI）的比值，它从付息资金来源的充裕性角度反映项目偿付债务利息的保障程度和支付能力。

(2) 偿债备付率。偿债备付率又称偿债覆盖率，是指在借款偿还期内，可用于还本付息的资金与应还本付息金额（PD）的比值。

(3) 资产负债率。资产负债率是指年末负债总额（TL）同资产总额（TA）的比率。

3. 财务生存能力分析

财务生存能力分析主要是分析项目在整个寿命期内每年是否有足够的净现金流量维持正常运营，以实现财务可持续性。

财务可持续性首先体现为有足够大的经营活动净现金流量；其次体现为各年累计盈余资金不应出现负值，若出现负值，则应进行短期借款，同时分析短期借款的年份长短和数额大小，判断财务可持续性是否受到影响。

财务生存能力分析的主要指标是净现金流量和累计盈余资金。

6.8.4 财务评价的阶段划分

(1) 资料收集与汇总阶段。

(2) 投入产出估算阶段。

(3) 测算分析阶段。

(4) 决策选择阶段。

6.8.5 财务评价的基本报表

财务评价报表主要包括各类财务现金流量表、利润与利润分配表、财务计划现金流量表、资产负债表和借款还本付息计划表。

1. 财务现金流量表

财务现金流量表是用来反映计算期内的现金流入和流出，用于计算财务内部收益率及财务净现值等指标的一张报表。财务现金流量表可分为以下报表：

（1）项目投资财务现金流量表。项目投资财务现金流量表主要用于融资前项目投资现金流量分析，是从项目投资总获利能力的角度，通过计算项目投资财务内部收益率及净现值等财务分析指标，考察项目全部投资的盈利能力以及项目设计合理性的一张报表。

（2）项目资本金现金流量表。项目资本金现金流量表是从项目收益权益投资者整体的角度，考察项目权益投资者（项目发起人）带来收益水平的报表。它是在拟定的融资方案基础上进行的息税后分析。该表主要用于计算项目资本金财务内部收益率。

（3）投资各方财务现金流量表。投资各方财务现金流量表用于计算投资各方的财务内部收益率。

2. 利润与利润分配表

利润与利润分配表是反映项目计算期内各年营业收入、总成本费用、利润总额等情况，以及所得税后利润的分配，用于计算总投资收益率、项目资本金净利润等指标的一张报表。

3. 财务计划现金流量表

财务计划现金流量表是反映项目计算期各年的投资、融资及经营活动的现金流入和流出，用于计算净现金流量和累计盈余资金，分析项目是否有足够的净现金流量维持正常运营，实现财务可持续性的一张报表。

4. 借款还本付息计划表

借款还本付息计划表反映项目计算期内各年借款本金偿还和利息支付情况，用于计算偿债备付率和利息备付率指标。

6.9 国民经济评价

6.9.1 国民经济评价的概念与作用

国家规定，对于涉及国民经济多个部门的重大项目和严重影响国计民生的重要项目，有关稀缺资源的开发和利用项目，涉及产品或原料、燃料进出口或替代进口的项目，中外合资项目，以及产品和原料价格明显不合理的项目，除了进行财务评价外，必须进行国民经济评价。

国民经济评价是项目经济分析评价的核心部分，是从国家整体角度来考察项目的效益和费用，用影子价格、影子工资、影子汇率和社会折现率等参数，分析计算项目给国民经济带来的净效益,以评价项目经济上的合理性,并依此来决定项目的取舍。

项目的国民经济评价是把项目放到整个国民经济体系中来研究考察,从国民经济的角度来分析、计算和比较国民经济为项目所要付出的全部成本和国民经济从项目所能获得的全部效益,并据此评价项目的经济合理性,从而选择对国民经济最有利的方案。国民经济评价是针对项目所进行的宏观效益分析,其主要目的是实现国家资源的优化配置和有效利用,以保证国民经济能够可持续地稳定发展。国民经济评价的作用主要体现在以下方面:

(1) 从宏观上优化配置国家的有限资源。
(2) 真实反映工程项目对国民经济的净贡献。
(3) 使投资决策科学化。

6.9.2 国民经济评价与财务评价的关系

1. 相同之处

企业财务评价和国民经济评价构成一个完整的投资项目的经济评价,两者之间有以下共同之处:

(1) 评价目的相同。两者都是寻求以最小的投入获得最大的产出。
(2) 评价的基础工作相同。两者都是在完成产品需求预测、厂址选择、工艺技术路线和工程技术方案论证、投资估算和资金筹措基础上进行的。
(3) 基本分析方法和主要指标的计算方法类同,两者都采用现金流量分析方法,通过基本报表计算净现值、内部收益率等指标。

2. 区别

企业财务评价与国民经济评价具有以下不同之处:

(1) 研究的经济系统的边界不同。财务评价从项目自身利益出发,分析项目的盈利能力和贷款偿还能力等内部经济的效果,系统分析的边界就是项目自身;国民经济分析从国民经济对这个项目付出的代价(成本),以至这个项目建成之后可能对国民经济做出的贡献(效益)。国民经济分析不仅需要识别项目自身的内部经济效果,而且需要识别项目对国民经济其他部门和单位产生的外部效果,既要识别可用货币计量的有形效果,而且应当识别难以用货币计量的无形效果,其系统分析的边界是整个国家。

(2) 追踪的对象不同。财务分析追踪的对象是货币的流动。凡是由项目之外流入项目之内的货币就是财务收益;凡是由项目之内流出项目之外的货币就是财务费用。国民经济分析追踪的对象是资源的流动,实现资源的最优配置,保证国民收入的最大增长。对一个投资项目来说,项目资源的投入减少了这些资源在国民经济其他方面的可用量,从而减少了国民经济其他方面的最终产品的产出量,即该项目对资源的使用产生了国民经济费用。同理,项目的产出品能够增加社会资源,即项目的产出是国民经济效益。由此不难理解,凡是减少社会资源的项目投入都将产生国民经济费用;凡是增加社会资源的项目产出都将产生国民经济效益。

(3) 财务评价的基本指标是项目的"利润"。国民经济评价的基本指标是项目的"净产值"(即国民收入)或"纯收入"(即税金和利润)。

(4) 采用的价格体系不同。财务评价对投入物和产出物都采用财务价格。财务价格是以现行价格（即市场交易价格）体系为基础的预测价格。国民经济评价采用影子价格体系来替代不合理的国内市场价格。这种影子价格反映资源（货物）的价值及稀缺程度，可以使有限的资源得到最佳的分配，从而带来最大的经济增长，或者说实现最高的经济效益。

（5）采用的主要参数不同。财务评价采用官方汇率和行业基准收益率。国民经济评价采用国家统一测定的影子汇率和社会折现率。

6.9.3 国民经济评价费用和效益的识别

1. 基本原则

费用和效益都是相对于目标而言的。效益是对目标的贡献；费用是对目标的负贡献。国民经济分析是以社会资源的最优配置，从而使国民收入实现最大化为目标的，凡是增加国民收入的就是国民经济收益；凡是减少国民收入的就是国民经济费用。

2. 直接效益与直接费用

（1）直接效益。项目的直接效益是指由项目本身产生，由其产出物提供，并用影子价格计算的产出物的经济价值。

（2）直接费用。项目的直接费用是指国家为满足项目投入（包括固定资产投资、流动资金及经常性投入）的需要而付出的代价。这些投入物用影子价格计算的经济价值即为项目的直接费用。

（3）间接费用与间接效益。项目的费用和效益不仅体现在它的直接投入物和产出物中，还会在国民经济相邻部门及社会中反映出来。这就是项目的间接费用（外部费用）和间接效益（外部效益），也可统称为外部效果。

（4）转移支付。在识别费用与效益范围的过程中，将会遇到税金、国内借款利息和补贴的处理问题。这些都是企业经济评价中的实际收入或支出，但是从国民经济的角度看，企业向国家缴纳税金，向国内银行支付利息，或企业从国家得到某种形式的补贴，都未造成资源的实际耗费和增加，它们只是国民经济各部门之间的转移支付，因此不能作为项目的费用或效益。常见的转移支付有税金、补贴和利息。

6.9.4 国民经济评价参数

国民经济评价参数是指运算、衡量项目经济效益的各类计算参数和判定项目合理性的判断参数。主要包括社会折现率、影子汇率、影子工资和土地影子价格等。在各类项目的国民经济评价中必须采用国家行政主管部门统一测定并发布的社会折现率和影子汇率换算系数等。影子工资换算系数和土地影子价格等在各类项目的国民经济评价中可参考选用。

1. 社会折现率

社会折现率是指项目国民经济评价中衡量经济内部收益率的基准值，也是计算项目经济净现值的折现率，是项目经济可行性和方案比较选择的主要判据。

2. 影子汇率

影子汇率是指能正确反映国家外汇经济价值的汇率。在项目国民经济评价中，项目的进口投入物和出口产出物应采用影子汇率换算系数调整计算进出口外汇收支的价值。

3. 影子工资

影子工资是指项目使用劳动力资源而使社会付出的代价。项目国民经济评价中，以影

子工资计算劳动力费用。影子工资的计算式为

$$影子工资 = 劳动力机会成本 + 新增资源消耗$$

4. 土地影子价格

土地影子价格指项目使用土地资源而使社会付出的代价。在项目国民经济评价中,以土地影子价格计算土地费用。土地影子价格的计算式为

$$土地影子价格 = 土地机会成本 + 新增资源消耗$$

6.9.5 国民经济评价报表

国民经济评价通常采用的基本报表包括项目投资经济费用效益流量表和五种辅助报表,即经济费用效益分析投资费用估算调整表、经济费用效益分析经营费用估算调整表、项目直接效益估算调整表、项目间接费用估算表、项目间接效益估算表。

6.10 新能源工程项目可行性研究案例

6.10.1 案例一:大型沼气工程建设的可行性研究

1 项目摘要

项目拟建设一个池容 1000m³ 的沼气池,为日产沼气 1500m³ 的大型沼气工程。该工程年生产沼气 54 万 m³,所产沼气不但能维持沼气工程本身的正常运转,而且可以为周边的农户提供清洁的燃气,所产沼液可作为农田的液体肥料,生产无公害的绿色产品,所产沼渣可用于生产有机肥。

1.1 投资估算

项目建设投资为 910 万元,其中上级主管投资 900 万元,建设单位自筹 10 万元。

1.2 效益分析

项目属于社会公益性环境保护设施,它创造的效益以环境效益和社会效益为主。项目建成后具有年处理畜禽粪便 1.44 万 t、年产沼气 54 万 m³ 的能力,既可以有效地解决养殖业对周边环境的影响,又可以生产优质有机肥料,实现生态与生产的良性循环。这对于减轻当地水质污染,改良土壤环境,改善生态环境,保护人民的身心健康,大力发展有机农业,推进农业良种工程、生态农业、设施农业,提高农副产品的市场竞争力,促进农业生产的全面发展,走可持续发展的道路,具有十分重要的意义。

1.3 主要技术经济指标

该项目的主要技术经济指标见表 A.1。

表 A.1 主要技术经济指标表

序号	名称	单位	指标值
1	产品品种与年均产量		
	沼气	万 m³/年	54
	有机肥	吨/年	3600
2	建设内容		

续表

序号	名称	单位	指标值
	大型沼气工程	m³	1000
3	投资		
	基本建设投资	万元	897
	建设期利息	万元	0
	流动资金	万元	13
	总投资	万元	910
4	建设投资资金筹措		
	国家拨款	万元	900
	地方配套	万元	10
	自有资金	万元	
5	财务效益		
	年均销售收入（达产年）	万元/年	390.1
	年均总成本（达产年）	万元/年	242.15
	年均利润（达产年）	万元/年	147.95
	年均所得税（达产年）	万元/年	48.82
	投资利润率		14.8%
	投资利税率		24.41%
	项目财务内部收益率		13.44%
	财务净现值（$i_c=10\%$）	万元	243.07
	投资回收期	年	7.85

2 项目建设的必要性和可行性

2.1 项目建设的必要性

随着农业产业结构调整进程的加快，畜牧业结构也随之不断完善。农业走可持续发展的道路已成为当今世界农业发展的新趋势，资源化利用、减量化处置、容量化控制成为养殖业污染防治的基本原则。

项目所建地包括三个自然屯，2800 口人，占地面积 $1200hm^2$。其畜禽养殖业发展迅速。据初步统计，该地区奶牛和蛋鸡的饲养量分别达到 2100 多头和 50000 多只，养殖收入效益可观。畜牧业的发展促进了农业增效、农民增收，但同时也带来了畜禽粪便及污水大量排放问题，对周围环境造成了极其严重的影响，制约了农业生产的可持续发展。畜禽粪尿对环境所造成的危害主要有污染水质、产生恶臭污染空气、污染土壤等三种。

1. 污染水质

粪便中的某些有害物质，如蛋白质、脂肪酸腐败的产物（也是粪便恶臭的构成物质）能溶解于水，使水具有臭味，从而恶化了水质，使之不适于人畜的饮用。这些腐败性有机物质进入水体，经微生物分解后，会释放氮、磷等富营养成分，促使水中藻类等水生生物大量繁殖，引起水质的富营养化。另外，粪便中的病原微生物（或寄生虫等）进入河道后，能够通过水体或水生动植物进行快速地扩散和传播，直接或间接地传染各种疾病。

畜禽粪污的有害物质中，猪粪尿混合排出物的 COD 浓度达 81000mg/L，笼养蛋鸡场冲洗废水的COD浓度为43000~77000mg/L，BOD浓度为17000~32000mg/L，NH_3-N浓度为2500~4000mg/L。据环保部门对养殖场排出粪水的检测结果，COD超标50~70倍，BOD超标70~80倍，SS超标12~20倍。其中，以猪、牛场粪污的污染最为严重，大多数集约化养殖场的畜禽污水未经处理，随意排放。

随着地下水位的逐年下降，水资源危机日趋明显。如果畜禽场的粪污不加以治理，而是随意排放，将导致水体不堪重负，造成严重污染。长此以往，将直接危害到人们的健康，也会影响整个地区的农产品生产水平，导致农业增收缓慢，在市场中失去竞争优势。畜禽粪便造成水质污染的同时，还造成了杂草丛生、河床淤积，甚至堵塞了河道，妨碍了防洪和排涝，威胁着饮用水水源的安全。

2. 产生恶臭污染空气

蛋白质和脂类分解为氨、硫化氢、甲硫醇和粪臭素等有恶臭的含氮和硫的化合物。这些臭气严重恶化了畜禽场内外的大气环境质量，对畜禽业工作人员产生危害，还会影响畜禽的生产性能、降低其生产力水平。

3. 污染土壤

进入土壤的畜禽粪便，其中的有机物质本来可以通过微生物的作用完全分解，非但不会污染环境，而且可以向土壤提供植物生长所需要的营养物质，维持土壤的自净肥力。但是由于粪便堆积不施入土壤，堆积养殖场附近，超过堆积土壤消化的能力，就会造成污染。另外，畜禽粪便含有各种病原菌，这些病原体往往可以在土壤中寄生或以芽施等形式在土壤中存活许多年，如炭疽和破伤风等，许多寄生虫也可以经土壤或土壤中生活的动物（如蚯蚓、甲虫等）广为传播，形成巨大的潜在危害。

由于该地区是以农业为主的地区，有很大一部分人口从事农业劳动，种植面积分布较为广阔，其土壤质量直接影响农作物以及各种林木的生长情况。而大部分养殖业基地或企业都分布在各个村镇，其所排放的污染物对周边村镇的土质造成很大的隐患，既影响了当地农作物的生长，导致农民减收，又威胁着广大农民的身心健康。这给该地区整体的农业环境造成一定程度上的损害，阻碍了该地区农业产业化的进程，背离了可持续发展的战略原则。

2.2 项目建设的可行性

1. 符合国家的产业政策

近年来，党中央国务院进一步加大了农村沼气投入力度，加快了农村沼气建设。从2004年开始，中央连续4年的一号文件都对加快农村沼气建设提出了明确要求，大幅度增加了对沼气的扶持力度。特别是自2003年以后，中央每年投入10亿元国债资金用于发展农村沼气建设，2006年这一支持力度高达25亿元，有力地推动了我国沼气产业的快速发展。

国家可再生能源中长期发展规划和"十一五"发展目标，到2010年要建成规模化畜禽场大中型沼气工程4700座；工业有机废水沼气工程1600座，大中型沼气工程年产沼气40亿m^3，沼气发电装机容量100万kW。到2020年计划建成畜禽场大型沼气工程10000座；工业沼气工程6000座，年产沼气140亿m^3，发电装机容量300万kW，每年可节省标煤800万t，相当于每年温室气体减排1亿t二氧化碳当量。同时，国家出台了生物质能源发电上网电价补贴、税收优惠等激励政策支持，为沼气工程的发展营造了良好的市场环境。

2. 社会效益和经济效益显著

该项目是利用厌氧发酵技术对畜禽粪便进行综合处理，在净化环境的同时获得沼气和有机肥，具有很好的社会效益和经济效益。

（1）通过该项目的实施可以解决养殖的环境污染问题。环境污染严重制约了畜牧业的发展进程，利用厌氧发酵技术对畜禽粪便进行综合处理使畜禽粪便减量化、资源化，污染物得到彻底的净化，保证养殖场周边大气、水体和土壤免受污染。

（2）提供清洁的能源，厌氧发酵的终端产物沼气的主成分是甲烷，这对解决能源短缺问题开辟了途径。

（3）节约水资源，多数规模化养殖场用水冲洗来清理动物粪便，不循环利用，水被大量浪费，采用厌氧发酵技术对畜禽粪便进行综合处理可以实现水的循环利用。

（4）改善农业土壤的生态条件，由于大量施用化肥，农业土壤日趋贫瘠，厌氧发酵技术对畜禽粪便进行综合处理后的剩余物制成的肥料具有很好的微生物生存环境，含有植物生长所需的氮、磷、钾，为实现可持续农业提供支持。

3. 有可靠的技术支撑

项目建设依托高校研究中心提供技术支撑，在国家、省和学校的支持下，进行了大量的基础实验，现在已经掌握了厌氧消化反应器各控制参数的变化规律，沼气工业化生产流程以及反应器结构参数已经确定。该工艺采用高浓度酸化两段发酵的处理工艺，吸收了有机废水处理先进技术，确保反应器内甲烷菌高密度保持，减少甲烷菌的流失，可大幅度提高反应器的产气量和发酵速度。

3 市场供求分析及预测

3.1 沼气市场分析预测

沼气是一种优质能源，主要成分是甲烷，含量60％左右，其余主要为二氧化碳。本项目生产的沼气可为该地区农户提供炊事用能、发酵系统的供热和发电。

随着该地区近年来的发展，这里的人均收入不断提高，村民生活不断改善，改变以柴草和秸秆为主的能源利用方式已经成为村民的强烈愿望。本项目生产的沼气一方面为农户提供炊事用能，使农民生活城市化，改善村容村貌，另一方面用于发电，在一定程度上解决农村电网网架薄弱，布局不合理，供电半径长、供电质量差，电力不足等问题。因此，沼气的市场前景广阔，并且还将为畜禽废弃物的处理利用树立一个典范，起到一定的示范、辐射作用。

3.2 有机肥市场分析预测

沼液、沼渣是良好的有机肥。通过中温厌氧发酵，可以杀灭粪便中绝大多数病原菌，发酵后的沼液、沼渣富含植物生长的营养物质，它可改善土壤的生态条件和理化指标，同时由于沼液、沼渣富含氨态氮和有机酸，可以抑制病虫害。近年来，由于农产品农药残留及亚硝酸盐含量的超标，我国农产品出口遭受严重挫折，农产品的质量安全问题已引起各级政府的高度重视。随着经济不断发展，生活水平不断提高，人们的消费观念、饮食习惯发生了巨大变化，追求健康，融入自然渐成时尚，绿色食品、无公害蔬菜在国内外市场倍受青睐。

由于有机肥的肥效和其特有的性质，使用有机肥料生产有机食品、优质农产品和无公害绿色食品，可以改善瓜果蔬菜等农产品的口感品质，提高产品档次，这也日益得到大众的认可。据估算，全国有机肥每年需求量在1.8亿t左右，而现有有机肥生产量在17万t，仅占种植绿色食品和蔬菜需求有机肥料的0.85%，市场需求很大，有机肥料生产具有广阔的发展空间和前景。

有机肥料的目前销售价格分为两种：粉状有机肥料在350～500元/t左右，颗粒状有机肥料在850元/t左右，而化肥的价格一般约为600元/t。

由此可见，合理发展沼气综合利用工程，是一项造福于民的工程，项目的推广与普及直接关系着农村和城市人民的生活状况，也是一项具有长远利益的科技工程，既提高了人民的生活质量，又大大缓解了资源紧缺这一全球性问题，符合我国的基本国情，对于推动我国的农业发展以及国民经济发展有着不可忽视的作用。

4 项目承担单位的基本情况

项目承担单位为该地区人民政府，具有负责制定全村能源建设规划，农村能源管理、技术推广、培训、农村能源建设工程项目的审核及监督实施和农村能源行业管理等职能。

5 项目地点选择分析

项目建设所在地是周围行政村中奶牛存栏最多的一个村，存栏奶牛有2100头，禽类养殖也较多，全村蛋鸡5万只以上，养殖收入效益可观。所以该村准备大力发展畜禽业，实现养殖的集约化，集约化养殖已成为畜牧业生产稳定发展的主力军，且朝着标准化生产、产业化经营、规模化管理方向迈进。规模化集中饲养方式，有利于提高畜禽饲养技术、防疫能力和管理水平，从而降低成本，增加经济效益。

6 生产工艺技术方案分析

6.1 建设目标与指导思想

本项目的设计指导思想是：

（1）以减量化、无害化、资源化、生态化、综合利用为原则。由于该村养殖业、种植业配套好，大型沼气工程以综合利用为目的，即以沼气技术为纽带，将沼气、养殖和种植技术进行优化组合，做到能量多级利用、物质良性循环，形成没有污染的可持续发展的农业生态系统。

（2）处理工艺简单合理，操作方便可靠，生产效率高。

（3）沼气用于为本村农户提供炊事用能、发酵系统供热和发电。沼液作有机肥用于农田，沼渣用于生产有机肥，进行出售。

6.2 项目建设方案比选

工艺选择是大型沼气工程建设的关键。处理工艺是否合理直接关系到工程的处理效果、运转稳定性、投资、运转成本和管理操作水平等。因此，必须结合实际情况，综合考虑各方面因素，慎重选择适宜的处理工艺，以达到最佳的处理效果和经济效益。

沼气工程主要有两种类型，即生态型和环保型。生态型要求周围有足够的农田消纳沼液（沼液、沼渣是优良的有机肥），能形成养殖业与种植业的良性循环，由于能生产较多的沼气和运行费用低，经济效益会更好一点。环保型要求出水达到一定的排放标准，不需要配套农田,只是运行费用较高(与标准严格程度和位置气候条件等相关)。项目绝对不能产生对地表水和地下水的污染。由于该项目有大量农田配套消纳沼液,具备建设生态型沼气的条件。建设目的是沼气用于温室、猪舍、发酵系统的供热和为本村农户提供炊事用能,沼渣、沼液综合利用,实现养殖业与种植业的良性循环。沼气池是工程的核心建筑,这里沼气池的形式有两种:一种是立式沼气池,即升流式固体床;另一种是卧式池,即推流式反应器。两种沼气池池型的比较见表 A.2。

表 A.2　　　　　　　　　　　　立式池与卧式沼气池比较

项目	立式池	卧式池
发酵温度	中温	中温
底物浓度(TS)	2%～5%	6%～9%
加温用热量	多	少
操作	简单方便	稍差
运行稳定性	稳定	稳定,较立式池稍差,主要是要防止酸化
发酵速率	由于底物直接与最浓的发酵微生物接触,速率较快	底物与微生物接触较差,发酵速度较立式池慢
配套农田	多	少
投资	基本相同	

综合考虑两种沼气池池型的特点和物料特点等综合因素,立式池由于具有操作简单方便、发酵速率快和池容产气率高等优点,更适合本项目。

项目区规划的养殖情况是年出栏10000头猪,人工清粪,每天需清理大量污水。养殖场污水属高浓度、高悬浮固体有机废水,总的设计思想是以沼气、沼渣、沼液综合利用为主,沼气主要用于为温室、猪舍、发酵系统供热和为本村农户提供炊事用能,沼液用于灌溉农田,沼渣干化后生产固态生物有机肥。根据上述综合分析,其工艺流程如图 A.1 所示。

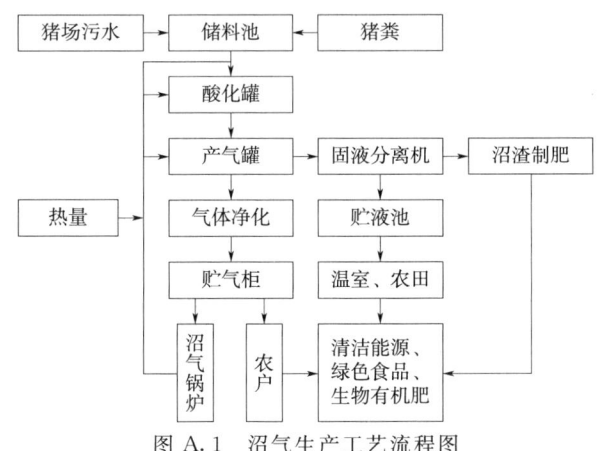

图 A.1　沼气生产工艺流程图

工艺流程说明如下:

(1)猪场污水通过排水沟自流到集水池,集水池前设置两道格栅,以清除污水中较大的杂物,集水池容积40m³,可储存半天的进水量,集水池内设一潜污泵和搅拌泵,定时、定量地输送到储料池。人工清出的猪粪亦运至储料池中，与污水搅拌后送到酸化罐内进行水解酸化，之后将水解酸化后的物料输送到产气罐内进行发酵产气。为保持酸化罐和产气罐内的温度恒定，通过沼气锅炉燃烧沼气后提供热量，之后用这些热量对刚进入沼气池的发酵物料进行加热和将发酵罐内的物料维持在35℃，进行恒定中温发酵。每日的污水量55m³，粪污进行厌氧消化，日产沼气约1900m³，产生的沼气经脱硫、脱水、脱杂净化后进贮气柜，之后沼气用于为温室、猪舍、发酵系统供热和为本村农户提供炊事用能。发酵后的物料经固液分离机固液分离后，沼渣用于制取有机肥，沼液流入贮存池，作为附近农田和温室的液体有机肥，全部利用。

(2) 发酵罐采用全混式厌氧消化器，沼气池有效容积为1000m³，发酵温度为中温(35 ± 2)℃，总固体含量（TS）约9%，去除率70%～80%，负荷4.0kg/(m³·d)，滞留期10d。产气率1.8～2.3m³/(m³·d)。产气量1000×(1.8～2.3)=(1800～2300)m³/d，贮气柜为1000m³。

7 项目建设目标

项目将建设沼气池池容为1000m³的大型沼气工程，年生产沼气68.4万m³，所产沼气主要用于为温室、猪舍、发酵系统供热和为本村农户提供炊事用能，配套建设沼液综合利用设施等，年生产有机肥3500t。使猪场、整套沼气系统及其附属设施实现良性循环，无污染物排放。

充分利用地区养殖、种植的独特优势，以大型沼气工程为纽带，集中对养殖场的粪便、污水进行治理和综合利用，达到减量化、无害化、资源化的目的。消除养殖场对周边农业生态环境的污染，通过沼气综合利用示范工程建设，实现示范区域内养殖业、种植业、能源、环境的协调发展。

8 项目建设内容

8.1 土建工程

沼气池、集水池均为钢筋混凝土结构，其余为砖混结构。沼气池、储液池等总容积3600m³，其中沼气池1000m³，储液池2000m³，储料池200m³，预处理池400m³。发酵车间、沼气净化车间、锅炉房、沼渣沼液处理车间等建筑物面积为1340m²。该沼气工程属新建工程，建筑设计要求美观大方。建筑物均为地上式单层建筑，建筑物内墙根据功能进行初级装修。建筑物地上部分外墙均采用外墙涂料装饰，涂料颜色应与整个养殖场建筑相协调。建筑物、构筑物保温参照当地建筑做法，沼气池采用外墙保温，保温材料为苯板。具体投资项目见表A.3。

表A.3　　　　　　　投 资 项 目 表

序号	投资项目	单位	数量	单价/万元	金额/万元
一	建筑工程				178.0
1	储料池	m³	200	0.08	16.0
2	预热处理池	m³	400	0.08	32.0
3	发酵车间	m²	400	0.10	40.0
4	沼气净化车间	m²	80	0.10	8.0

续表

序号	投资项目	单位	数量	单价/万元	金额/万元
5	锅炉房	m²	100	0.08	8.0
6	沼渣、沼液处理制肥车间	m²	600	0.08	48.0
7	控制车间及办公室	m²	160	0.10	16.0
8	贮液池	m²	2000	0.005	10.0
	合计				29.0
二	厂区建设				
1	厂区绿化	m²			5
2	道路	m²	800	0.02	16
3	围墙、大门	m	400	0.02	8
	合计				690.0
三	设备购置				
1	输料泵	台	6	5.0	30.0
2	沼气锅炉	台	1	18.0	18.0
3	酸化罐 400 m³	个	1	45.0	45.0
4	产气罐 600 m³	个	1	70.0	70.0
5	污水泵	台	2	0.5	1.0
6	气泵	台	1	1.00	1.0
7	沼气净化、存储设备	套	1	80.00	80.0
8	渣液分离机	台	1	20.00	20.0
9	发酵干燥机	套	1	20.0	20.0
10	粉碎、封装设备	套	1	15.0	15.0
11	专用混合机	台	1	8.0	8.0
12	电子计量秤	台	2	2.0	4.0
13	输气管网	套	1	120.0	120.0
14	生物肥制剂	套	1	10.0	10.0
15	电器控制系统	套	1	25.0	25.0
16	沼气用具及仪表	套	600	0.05	30
17	换热系统	套	1	40	40
18	除尘器	套	2	1	2
19	沼气流量计	个	4	0.25	1.0
20	运输车	台	3	5.0	15.0
21	发电机组	套	2	15	30
22	发电并网设备	套	1	20	20

续表

序号	投资项目	单位	数量	单价/万元	金额/万元
23	太阳能增温系统	套	1	60	60
24	设计费、指导调试费				25
	合计				897.0

主要建、构筑物内容及结构形式如下。

1. 储料池

储料池为钢筋混凝土结构，容积 $200m^3$，池底呈坡形，池深5m，地下池。

2. 沼气池

沼气池池容为 $1000m^3$，由容积为 $400m^3$ 的酸化罐和容积为 $600m^3$ 的产气罐组成。采用现浇钢筋混凝土结构，在池外设置保温层。

3. 贮液池

贮液池池容 $2000m^3$，地下式，修筑堤坝和进行防渗处理，砖混结构。

4. 贮气柜

沼气贮气柜容积为 $1000m^3$，贮气柜为干式贮气柜。

8.2　总图与运输

布置尽量按照工艺流程进行，以保证工艺流程顺畅，缩短管线和运输距离。高程布置上尽量采用自重流，厂区内主体道路宽6m，辅路宽4m。

8.3　公用工程

整个工程的设计运行应满足节能、节水和环保的要求。

1. 消防

沼气是可燃气体，与空气混合，遇明火便会发生爆炸。因此，沼气池、贮气柜、沼气净化间等场所严禁明火，该工程配有消防水路及消防栓各一个，以供消防配用。同时备齐二氧化碳灭火器和干粉灭火器材，并专人负责，定时检查，确保安全。

2. 沼气净化

沼气的成分中甲烷含量为60％左右，还含有一定量的硫化氢，硫化氢对设备有较强的腐蚀作用，同时沼气中的杂质也应去除。项目中设计了脱硫、脱水、脱杂装置。

3. 避雷

贮气柜、沼气池均设有避雷装置，需每年测试一次，保证接地良好。

4. 防冻

每年冬季前必须做好防冻检修保养工作，冬季经常检查防冻设施是否完好，确保冬季安全运行。

5. 规范

整个项目按照建筑规范、防护规范进行设计。电器设备设短路保护、过载保护及接零保护措施，电器设备与电网电源采取换接连锁结构，并严格按照电器安装规范设计。

6. 其他

建立安全生产及机械保养制度，参照"设备说明书""操作规程及注意事项"等执行。

9 投资估算和资金筹措

9.1 投资估算

该项目的投资估算依据是:《农业基本建设项目管理办法》和《投资项目可行性研究指南》,国内设备生产厂家的近期报价(适当考虑运输费用和物价上涨因素),当地建筑及安装费用定额,项目建设总体规划及《工业企业财务制度》等。

估算范围包括工程项目所需建设投资、流动资金,固定资产投资包括建筑工程费、设备购置费、设计安装费、配套辅助设施等费用。

该项目投入总资金1000万元,流动资金13万元。

1. 建设投资

建设投资包括固定资产和预备费等。固定资产投资包括土建投资、设备、设计安装费。

2. 流动资金

本项目的建设资金来源为自有资金和财政拨款,无银行贷款,故建设期利息为0。按照分项估算法估算流动资金,铺底流动资金为13万元。

3. 投资结构

按项目建设内容分,项目主要投资于土建、设备等方面,项目在土建和设备方面投资较多。

9.2 资金筹措

项目建设投资1000万元,其中国家财政拨款900万元,建设单位自筹100万。

9.3 资本金

项目建设投资1000万元,全部为财政拨款和自有资金,符合国家关于建设项目的资本金制度。

10 建设期限和实施进度安排

10.1 项目建设期限

项目建设期为一年。

10.2 项目实施进度

1—3月作为设计阶段和项目前期准备阶段;3—5月作为设备选择、订购阶段;4月开始施工,包括土建施工和安装,8月开始试运行,12月正式运行并完全达产。项目实施进度见表A.4。

表A.4　　　　　　　　　项目实施进度

序号	项目实施内容	1—12月			
		第一季度	第二季度	第三季度	第四季度
1	初步设计、施工图设计	▬▬▬▬			
2	设备购置		▬▬▬		
3	土建工程、设备安装		▬▬▬▬▬▬▬		

续表

序号	项目实施内容	1—12月			
		第一季度	第二季度	第三季度	第四季度
4	项目调试与人员培训			━━━━━━	━━━
5	项目验收				━━━

11 环境保护

11.1 施工期环境影响分析

施工期间会产生少量建筑废物和噪声、扬尘，运送材料的汽车产生间断性噪声，但由于工程量较小、施工期短、离居民区较远，产生的影响较小，而且是可恢复的，应采取一定的防护措施，如及时清运垃圾废物、施工现场洒水、减少夜间作业等，使施工期间的环境影响减到最小。

11.2 运行期环境影响分析

通过沼气工程建设，用沼气替代煤炭等能源，减轻了大气污染，还降低了温室气体二氧化碳的排放，同时沼气工程建设可以有效地改善当地水环境质量，污水经无害化处理，产生的沼液用于农田、温室和果园的灌溉施肥，可以减少化肥、农药的施用量，改善土壤质量，增加土壤肥力，可以减轻农业面源污染，促进项目区水土资源的合理利用和生态环境的良性循环，有利于发展无公害食品和绿色食品。另外，治理污染应从源头抓起，实行清洁生产，降低污水量和保持场区卫生环境。

12 项目组织管理与运行

当地市政府负责具体项目实施，成立专门的项目领导小组，负责项目组织管理和实施工作。按照基本建设程序，在项目建设过程中实行公开招标和监管，同时加强安全管理，保证工程质量。工程经验收投入使用后，由经过培训并取得国家职业技能鉴定证书的技工操作，确保工程运行。

12.1 项目组织管理

项目建设将严格按中华人民共和国农业部令第39号《农业基本建设项目管理办法》执行。由当地市政府制订切实可行的实施计划，建立乡、村两级负责的领导责任人制度。当地市政府为项目承担单位，负责项目的计划落实、项目协调、资金管理等工作，由承担公司负责配套资金落实，项目建设实施，负责建成后的运行管理。

在项目施工方面，项目建设按照相关国家或行业标准，项目施工采用招投标制，严格按照要求，由有资质的单位施工，并且具备较好的施工经验；建成后的运行管理，由当地能源办公室选择文化素质高、业务好、经验丰富的技术人员，进行定点培训，严格考核合格后，发放证书。

在项目资金管理方面，所有项目资金支出都要经法人代表审查签字。项目财务人员必须按照制度认真审查凭证，如实、及时登记账簿，填送财务报表，妥善保管财务档案。项目资金管理要接受审计部门和上级主管部门的审计监督。地方配套资金必须按规定及时、足额划拨到位。国家下拨的资金和地方配套资金必须专账管理，专款专用，纳入项目统一管理、使用和核算。任何组织和个人不得截留、挤占和挪用项目资金。

12.2 项目运行

项目完成后,将建立专门的运行管理机构,由经过专业培训的持证人员,进行操作管理。为了加强管理、减少费用,整个项目管理及操作人员统一安排。实行每天两班运转管理,需要管理人员1人,操作人员5人。沼液灌溉由村委会统一协调,养殖场与相关单位和农户签订协议,按照市场机制进行操作和管理。

13 效益分析与风险评价

13.1 经济效益分析

该项目经济评价采用《建设项目经济评价方法和参数》(第二版)(国家发展改革委员会、建设部,中国计划出版社,1993年)所规定的原则和方法进行。

报告对总项目进行财务盈利能力分析、债务清偿能力分析以及敏感性分析,并对分项目进行财务评价。

1. 财务估算依据

(1) 价格预测。财务评价中的所有投入物、产出物价格皆采用当地的市场价格为基准。

(2) 建设投资。应用《建设项目经济评价方法和参数》(第二版)第8部分的建设投资资料计算。

(3) 流动资金估算。根据《建设项目经济评价方法和参数》(第二版)第8部分流动资金估算。

(4) 成本估算。

1) 为了与产品价格相适应,项目的辅助材料及燃料动力价格均以近几年的市场价格为基础,并参照近几年的变动趋势来进行预测,所有价格都是建设期末的价格。燃料动力费为1.2万元。

2) 固定资产折旧摊销计算。固定资产折旧按直线法平均计算,计算时先扣除残值(取原值的5%)。建筑物按20年进行折旧,设备按20年进行折旧。

3) 修理费。包括所有固定资产的大、中、小修理费,按固定资产原值的1%计算,正常年份为9.87万元。

4) 工资及福利费估算。全厂定员为6人,根据当地平均标准,全年工资及福利费为8.4万元(包括临时工人工资等)。

5) 其他费用。是指从制造费用、管理费用和销售费用中分别扣除折旧费、摊销费、工资福利费和财务费用等后的费用,年费用0.8万元。

(5) 销售收入和税务。项目产品价格是以当地的市场价格为依据,参照近几年市场价格的变动趋势进行预测,所有价格都是以项目建设期末价格来进行计算。项目正常生产年的销售收入估计为390.1万元。

根据国家有关税务条例,该项目属于资源再利用和环保处理部分,仅征收所得税,所得税率为利润的33%。

(6) 计算年限。计算期21年,项目建设期1年,生产期20年。

2. 财务评价

(1) 利润。项目达产期内年均销售收入 390.1 万元，年均总成本 242.15 万元，利润 147.95 万元。项目投资利润率和利税率分别为 14.8% 和 24.41%。

(2) 盈利能力分析。按基期价格计算的项目现金流量表见附表 A.10。根据该表的计算，项目的主要财务评价指标为：项目财务内部收益率（FIRR）为 13.44%，项目财务净现值（$i_c=10\%$ 时）为 243.07 万元；内部收益率均大于社会折现率，财务净现值均大于零，该项目在财务上是可以接受的，但项目的盈利能力较差，需要国家给予大力支持；项目的投资回收期为 7.85 年（含建设期），小于行业基准投资回收期，表明项目投资能按时收回。

根据损益和利润分配表（附表 A.7）和项目投入总资金估算汇总表（附表 A.1）计算投资利润率为 14.8%。

3. 清偿能力分析

该项目投资没有借款，无偿债能力分析。

4. 项目风险分析

(1) 敏感性分析。考虑项目实施过程中的一些不确定因素的变化，分别对固定资产投资、经营成本和销售收入作了增加 10% 和减少 10% 的单因素变化对财务净现值和内部收益率影响的敏感性分析。

从表 A.5 中可以看出，各因素的变化都不同程度的影响财务内部收益率，其中销售收入的变化对 FIRR 的影响最大，其次是固定资产投资，经营成本的影响最小。

表 A.5　　　　　　　　　敏 感 性 分 析 表　　　　　　　　　单位：万元

项目	原方案	固定资产投资		经营成本		销售收入	
		10%	−10%	10%	−10%	10%	−10%
净现值（$i_c=10\%$）	243.07	157.48	328.57	131.62	354.42	465.52	20.52
内部收益率（%）	13.44%	12.02%	15.06%	11.90%	14.93%	16.40%	10.31%

(2) 盈亏平衡分析。以生产能力利用率表示的盈亏平衡点（BEP）为 59.86%。计算结果表明，该项目只需达到设计生产能力的 59.86%，可以保本，由此可见，该项目的投资风险较小。

13.2　社会效益和生态效益

(1) 为解决养殖场普遍存在的粪尿流失、污染河道等问题找到了一条科学的出路，畜禽场周围的环境卫生也将因此得到很大程度的提高。将原来的污染物变成了有机肥，解决了牛场的环境污染问题。

(2) 由于使用粪尿还田和有机畜禽粪便的肥料化利用，可大大改善土壤的颗粒结构，从而增加土壤的肥力，增加农作物的产量，符合可持续发展战略的需要，同时农作物的产品质量也大大提高，口感较好，且化学污染少。

(3) 沼液的施用，形成良性生态循环系统，本项目实施后，畜禽污水经过厌氧发酵变成有机液肥还田生产农作物，可少施或不施农药和化肥，形成养殖与种植的良性生态循环系统，是一种可持续发展的良好模式。

(4) 沼渣是优质的固体有机肥料，深受城市园林部门和花卉养殖企业的欢迎，这样可以促进城市绿化和花卉生产的发展，美化城市环境，为创建文明卫生城市作出贡献。

(5) 切断有毒有害病菌的生长周期,畜禽粪污经过治理后,能杀灭大量有毒害病菌,切断其生长周期,有利于人畜身体健康。

(6) 畜禽粪便经过治理,变废为宝,使有害粪污变为生产绿色无公害的有机农副产品,能为我国农副产品的出口创汇提供有利条件。

(7) 为农业提供增产增收、提高作物品质的肥源。尿污水经过厌氧发酵后,形成氮、磷、钾兼备的有机液肥,喷施于水果上,可防虫、增产、提高品质;用于蔬菜喷施上,可促进植物生长、抗旱、增产增收;沼液用于喂牛、喂鸭、喂鱼,可节省7%左右饲料,增产18%左右。

(8) 一方面,沼气用于解决猪场、温室和发酵系统的供热;另一方面,在冬季沼气供应大棚转换为二氧化碳气肥,可提高产量30%,解决大棚辣椒不辣、番茄无味等问题,因此该工程是变废为宝、利国利民的实事工程。

(9) 随着生态牧业工程的实施,不仅能改善畜牧场周围的环境,同时也能给附近的种植农户带来良好的经济效益。

14 结论与建议

项目建设将进一步带动周边养殖场环境治理,减少畜禽粪尿向环境的排放总量,对推进农业产业结构调整,提高农产品的国际竞争能力,创造一个良好的生态环境,具有十分迫切的现实意义。

从项目的财务评价结果来看,本项目的财务状况良好。项目内部收益率达13.44%,投资利润率达14.8%,财务净现值为243.07万元,投资回收期为7.85年,表明企业具有一定的获利能力和清偿能力。

综上所述,本项目实施后社会、经济效益显著,生态效益良好,方案切实可行,希望国家有关部门给予大力支持,建议尽快实施。

附表 A.1　　　　　　　　　　项目投入总资金估算汇总表

序号	项目	投资额/万元		占项目投入总资金的比例/%	估算说明
		合计	其中外汇		
1	建设投资	987		98.7	
1.1	建设投资静态	987		98.7	
1.1.1	建筑工程费	327		32.7	
1.1.2	设备及工器具购置费	635		63.5	
1.1.3	设计费、指导调试费	25		2.5	
1.1.4	工程建设其他费用				
1.1.5	基本预备费				
1.2	建设投资动态部分	0		0	
1.2.1	涨价预备费	0		0	
1.2.2	建设期利息	0		0	
2	流动资金	13		1.3	
3	项目投入总资金	1000		100	

附表 A.2 外购燃料和动力费估算表

单位：万元

序号	项目	计算期/年																				
		1	2	3	4	5	6	7	8	9	10	11	12	13	14	15	16	17	18	19	20	21
1	燃料费	0	0	0	0	0	0	0	0	0	0	0	0	0	0	0	0	0	0	0	0	0
1.1	煤																					
	单价（含税）/（元/t）	400	400	400	400	400	400	400	400	400	400	400	400	400	400	400	400	400	400	400	400	400
	数量/万t	0	0	0	0	0	0	0	0	0	0	0	0	0	0	0	0	0	0	0	0	0
	进项税额	0	0	0	0	0	0	0	0	0	0	0	0	0	0	0	0	0	0	0	0	0
1.2	油																					
	单价（含税）/（万元/t）	0.34	0.34	0.34	0.34	0.34	0.34	0.34	0.34	0.34	0.34	0.34	0.34	0.34	0.34	0.34	0.34	0.34	0.34	0.34	0.34	0.34
	数量/t	0	0	0	0	0	0	0	0	0	0	0	0	0	0	0	0	0	0	0	0	0
	进项税额	0	0	0	0	0	0	0	0	0	0	0	0	0	0	0	0	0	0	0	0	0
2	动力费	0	1.2	1.2	1.2	1.2	1.2	1.2	1.2	1.2	1.2	1.2	1.2	1.2	1.2	1.2	1.2	1.2	1.2	1.2	1.2	1.2
2.1	电力																					
	单价（含税）/[元/（kW·h）]	1.2	1.2	1.2	1.2	1.2	1.2	1.2	1.2	1.2	1.2	1.2	1.2	1.2	1.2	1.2	1.2	1.2	1.2	1.2	1.2	1.2
	数量/（万kW·h）	0.6	0.6	0.6	0.6	0.6	0.6	0.6	0.6	0.6	0.6	0.6	0.6	0.6	0.6	0.6	0.6	0.6	0.6	0.6	0.6	0.6
	进项税额	0	2.0	2.0	2.0	2.0	2.0	2.0	2.0	2.0	2.0	2.0	2.0	2.0	2.0	2.0	2.0	2.0	2.0	2.0	2.0	2.0
3	外购燃料及动力费合计	0	1.2	1.2	1.2	1.2	1.2	1.2	1.2	1.2	1.2	1.2	1.2	1.2	1.2	1.2	1.2	1.2	1.2	1.2	1.2	1.2
4	外购燃料及动力费进项税额合计	0	0	0	0	0	0	0	0	0	0	0	0	0	0	0	0	0	0	0	0	0

6.10 新能源工程项目可行性研究案例

附表 A.3 工资及福利费估算表

单位：万元

序号	项目		计算期/年																			
			1	2	3	4	5	6	7	8	9	10	11	12	13	14	15	16	17	18	19	20	21
1	工资总额		0	7.5	7.5	7.5	7.5	7.5	7.5	7.5	7.5	7.5	7.5	7.5	7.5	7.5	7.5	7.5	7.5	7.5	7.5	7.5	7.5
1.1	工人	人数	0	5	5	5	5	5	5	5	5	5	5	5	5	5	5	5	5	5	5	5	5
		人均年工资	1.2	1.2	1.2	1.2	1.2	1.2	1.2	1.2	1.2	1.2	1.2	1.2	1.2	1.2	1.2	1.2	1.2	1.2	1.2	1.2	1.2
		工资额	0	6	6	6	6	6	6	6	6	6	6	6	6	6	6	6	6	6	6	6	6
1.2	管理人员	人数	0	1	1	1	1	1	1	1	1	1	1	1	1	1	1	1	1	1	1	1	1
		人均年工资	1.5	1.5	1.5	1.5	1.5	1.5	1.5	1.5	1.5	1.5	1.5	1.5	1.5	1.5	1.5	1.5	1.5	1.5	1.5	1.5	1.5
		工资额	0	1.5	1.5	1.5	1.5	1.5	1.5	1.5	1.5	1.5	1.5	1.5	1.5	1.5	1.5	1.5	1.5	1.5	1.5	1.5	1.5
2	福利费		0	0.9	0.9	0.9	0.9	0.9	0.9	0.9	0.9	0.9	0.9	0.9	0.9	0.9	0.9	0.9	0.9	0.9	0.9	0.9	0.9
3	合计		0	8.4	8.4	8.4	8.4	8.4	8.4	8.4	8.4	8.4	8.4	8.4	8.4	8.4	8.4	8.4	8.4	8.4	8.4	8.4	8.4

附表 A.4 固定资产折旧估算表

单位：万元

序号	项目	1	2	3	4	5	6	7	8	9	10	11	12	13	14	15	16	17	18	19	20	21
1	房屋及建筑物																					
	原值	327																				
	本年折旧费	0	15.53	15.53	15.53	15.53	15.53	15.53	15.53	15.53	15.53	15.53	15.53	15.53	15.53	15.53	15.53	15.53	15.53	15.53	15.53	15.53
	净值		14.12	12.83	11.67	10.61	9.64	8.78	7.97	7.24	6.59	5.99	5.44	4.95	4.50	4.09	3.72	3.38	3.07	2.79	2.54	2.31
2	机器设备																					
	原值	660																				
	本年折旧费	0	31.35	31.35	31.35	31.35	31.35	31.35	31.35	31.35	31.35	31.35	31.35	31.35	31.35	31.35	31.35	31.35	31.35	31.35	31.35	31.35
	净值		28.50	25.91	23.55	21.41	19.47	17.73	16.09	14.62	13.30	12.09	10.99	9.99	9.08	8.25	7.51	6.82	6.20	5.64	5.13	4.66

续表

		计算期/年																				
序号	项目	1	2	3	4	5	6	7	8	9	10	11	12	13	14	15	16	17	18	19	20	21
3	合计	987																				
	原值	0	46.88	46.88	46.88	46.88	46.88	46.88	46.88	46.88	46.88	46.88	46.88	46.88	46.88	46.88	46.88	46.88	46.88	46.88	46.88	46.88
	本年折旧费	987	940.12	893.24	846.36	799.48	752.6	705.72	658.84	611.96	565.08	518.2	471.32	424.44	377.56	330.68	283.8	236.92	190.04	143.16	96.28	49.4
	累计净值																						

附表 A.5 总成本费用估算表

单位：万元

序号	项目	计算期/年																				
		1	2	3	4	5	6	7	8	9	10	11	12	13	14	15	16	17	18	19	20	21
1	外购燃料及动力费	0	1.2	1.2	1.2	1.2	1.2	1.2	1.2	1.2	1.2	1.2	1.2	1.2	1.2	1.2	1.2	1.2	1.2	1.2	1.2	1.2
2	工资及福利费	0	8.4	8.4	8.4	8.4	8.4	8.4	8.4	8.4	8.4	8.4	8.4	8.4	8.4	8.4	8.4	8.4	8.4	8.4	8.4	8.4
3	修理费	0	9.87	9.87	9.87	9.87	9.87	9.87	9.87	9.87	9.87	9.87	9.87	9.87	9.87	9.87	9.87	9.87	9.87	9.87	9.87	9.87
4	折旧费	0	46.88	46.88	46.88	46.88	46.88	46.88	46.88	46.88	46.88	46.88	46.88	46.88	46.88	46.88	46.88	46.88	46.88	46.88	46.88	46.88
5	固体有机肥生产成本	0	175	175	175	175	175	175	175	175	175	175	175	175	175	175	175	175	175	175	175	175
6	其他费用	0	0.8	0.8	0.8	0.8	0.8	0.8	0.8	0.8	0.8	0.8	0.8	0.8	0.8	0.8	0.8	0.8	0.8	0.8	0.8	0.8
7	总成本费用	0	242.15	242.15	242.15	242.15	242.15	242.15	242.15	242.15	242.15	242.15	242.15	242.15	242.15	242.15	242.15	242.15	242.15	242.15	242.15	242.15

附表 A.6 产品销售收入估算表

单位：万元

序号	项目	合计	计算期/年																				
			1	2	3	4	5	6	7	8	9	10	11	12	13	14	15	16	17	18	19	20	21
1	销售收入	7802	0	390.1	390.1	390.1	390.1	390.1	390.1	390.1	390.1	390.1	390.1	390.1	390.1	390.1	390.1	390.1	390.1	390.1	390.1	390.1
1.1	有机肥	5600	0	280	280	280	280	280	280	280	280	280	280	280	280	280	280	280	280	280	280	280

续表

序号	项目	合计	计算期/年																			
			1	2	3	4	5	6	7	8	9	10	11	12	13	14	15	16	17	18	19	20	21
	单价/(元/t)	800	800	800	800	800	800	800	800	800	800	800	800	800	800	800	800	800	800	800	800	800	800
	销售量/t	70000	0	3500	3500	3500	3500	3500	3500	3500	3500	3500	3500	3500	3500	3500	3500	3500	3500	3500	3500	3500	3500
1.2	沼气	1602	0	80.1	80.1	80.1	80.1	80.1	80.1	80.1	80.1	80.1	80.1	80.1	80.1	80.1	80.1	80.1	80.1	80.1	80.1	80.1	80.1
	单价/(元/m³)	1.5	1.5	1.5	1.5	1.5	1.5	1.5	1.5	1.5	1.5	1.5	1.5	1.5	1.5	1.5	1.5	1.5	1.5	1.5	1.5	1.5	1.5
	销售量/万m³	1068	0	53.4	53.4	53.4	53.4	53.4	53.4	53.4	53.4	53.4	53.4	53.4	53.4	53.4	53.4	53.4	53.4	53.4	53.4	53.4	53.4
1.3	温室	600	0	30	30	30	30	30	30	30	30	30	30	30	30	30	30	30	30	30	30	30	30
	单价/(万元/亩)	3	3	3	3	3	3	3	3	3	3	3	3	3	3	3	3	3	3	3	3	3	3
	年种植面积/亩		0	10	10	10	10	10	10	10	10	10	10	10	10	10	10	10	10	10	10	10	10

附表A.7 损益和利润分配表

单位：万元

序号	项目	计算期/年																				
		1	2	3	4	5	6	7	8	9	10	11	12	13	14	15	16	17	18	19	20	21
1	产品销售收入	0	390.1	390.1	390.1	390.1	390.1	390.1	390.1	390.1	390.1	390.1	390.1	390.1	390.1	390.1	390.1	390.1	390.1	390.1	390.1	390.1
2	总成本费用	0	242.15	242.15	242.15	242.15	242.15	242.15	242.15	242.15	242.15	242.15	242.15	242.15	242.15	242.15	242.15	242.15	242.15	242.15	242.15	242.15
3	利润总额（1～2）	0	147.95	147.95	147.95	147.95	147.95	147.95	147.95	147.95	147.95	147.95	147.95	147.95	147.95	147.95	147.95	147.95	147.95	147.95	147.95	147.95
4	应纳税所得额	0	147.95	147.95	147.95	147.95	147.95	147.95	147.95	147.95	147.95	147.95	147.95	147.95	147.95	147.95	147.95	147.95	147.95	147.95	147.95	147.95
5	所得税	0	48.82	48.82	48.82	48.82	48.82	48.82	48.82	48.82	48.82	48.82	48.82	48.82	48.82	48.82	48.82	48.82	48.82	48.82	48.82	48.82
6	税后利润（4～5）	0	99.13	99.13	99.13	99.13	99.13	99.13	99.13	99.13	99.13	99.13	99.13	99.13	99.13	99.13	99.13	99.13	99.13	99.13	99.13	99.13
7	提取公益金	0	4.96	4.96	4.96	4.96	4.96	4.96	4.96	4.96	4.96	4.96	4.96	4.96	4.96	4.96	4.96	4.96	4.96	4.96	4.96	4.96
8	提取法定盈余公积金	0	9.91	9.91	9.91	9.91	9.91	9.91	9.91	9.91	9.91	9.91	9.91	9.91	9.91	9.91	9.91	9.91	9.91	9.91	9.91	9.91

续表

计算期/年 单位：万元

序号	项目	合计	1	2	3	4	5	6	7	8	9	10	11	12	13	14	15	16	17	18	19	20	21
9	可供分配利润（6−7−8）	8802	0	84.26	84.26	84.26	84.26	84.26	84.26	84.26	84.26	84.26	84.26	84.26	84.26	84.26	84.26	84.26	84.26	84.26	84.26	84.26	84.26
10	未分配利润	7802	0	84.26	84.26	84.26	84.26	84.26	84.26	84.26	84.26	84.26	84.26	84.26	84.26	84.26	84.26	84.26	84.26	84.26	84.26	84.26	84.26

附表 A.8　资金来源与运用表

计算期/年 单位：万元

序号	项目	合计	1	2	3	4	5	6	7	8	9	10	11	12	13	14	15	16	17	18	19	20	21
1	资金流入	8802	1000	390.1	390.1	390.1	390.1	390.1	390.1	390.1	390.1	390.1	390.1	390.1	390.1	390.1	390.1	390.1	390.1	390.1	390.1	390.1	390.1
1.1	销售（营业）收入	7802	0	390.1	390.1	390.1	390.1	390.1	390.1	390.1	390.1	390.1	390.1	390.1	390.1	390.1	390.1	390.1	390.1	390.1	390.1	390.1	390.1
1.2	长期借款	0	0	0	0	0	0	0	0	0	0	0	0	0	0	0	0	0	0	0	0	0	0
1.3	流动资金	13	13	0	0	0	0	0	0	0	0	0	0	0	0	0	0	0	0	0	0	0	0
1.4	短期借款	0	0	0	0	0	0	0	0	0	0	0	0	0	0	0	0	0	0	0	0	0	0
1.5	发行债券	0	0	0	0	0	0	0	0	0	0	0	0	0	0	0	0	0	0	0	0	0	0
1.6	项目资本金	987	987	0	0	0	0	0	0	0	0	0	0	0	0	0	0	0	0	0	0	0	0
1.7	其他	0	0	0	0	0	0	0	0	0	0	0	0	0	0	0	0	0	0	0	0	0	0
2	资金流出	5881.8	1000	244.09	244.09	244.09	244.09	244.09	244.09	244.09	244.09	244.09	244.09	244.09	244.09	244.09	244.09	244.09	244.09	244.09	244.09	244.09	244.09
2.1	经营成本	3905.4	0	195.27	195.27	195.27	195.27	195.27	195.27	195.27	195.27	195.27	195.27	195.27	195.27	195.27	195.27	195.27	195.27	195.27	195.27	195.27	195.27
2.2	销售税金及附加	0	0	0	0	0	0	0	0	0	0	0	0	0	0	0	0	0	0	0	0	0	0
2.3	增值税	0	0	0	0	0	0	0	0	0	0	0	0	0	0	0	0	0	0	0	0	0	0
2.4	所得税	894.60	0	48.82	48.82	48.82	48.82	48.82	48.82	48.82	48.82	48.82	48.82	48.82	48.82	48.82	48.82	48.82	48.82	48.82	48.82	48.82	48.82
2.5	建设投资（不含建设期利息）	987	987	0	0	0	0	0	0	0	0	0	0	0	0	0	0	0	0	0	0	0	0

续表

序号	项目	合计	1	2	3	4	5	6	7	8	9	10	11	12	13	14	15	16	17	18	19	20	21
									计算期/年														
2.6	流动资金	13	13	0	0	0	0	0	0	0	0	0	0	0	0	0	0	0	0	0	0	0	0
2.7	偿还债务本金	0	0	0	0	0	0	0	0	0	0	0	0	0	0	0	0	0	0	0	0	0	0
3	盈余资金(1~2)	2920.20	0	146.01	146.01	146.01	146.01	146.01	146.01	146.01	146.01	146.01	146.01	146.01	146.01	146.01	146.01	146.01	146.01	146.01	146.01	146.01	146.01
4	累计盈余资金			146.01	292.02	438.03	584.04	730.05	876.06	1022.07	1168.08	1314.09	1460.10	1606.11	1752.12	1898.13	2044.14	2190.15	2336.16	2482.17	2628.18	2774.19	2920.20

表 A.9 资产负债表

单位：万元

序号	项目	1	2	3	4	5	6	7	8	9	10	11	12	13	14	15	16	17	18	19	20	21
										计算期/年												
1	资产	1000	1086.13	1185.26	1284.39	1383.52	1482.65	1581.78	1680.91	1780.04	1879.17	1978.3	2077.43	2176.56	2275.69	2374.82	2473.95	2573.08	2672.21	2771.34	2870.47	2969.6
1.1	流动资产	13	146.01	292.02	438.03	584.04	730.05	876.06	1022.07	1168.08	1314.09	1460.10	1606.11	1752.12	1898.13	2044.14	2190.15	2336.16	2482.17	2628.18	2774.19	2920.20
1.1.1	累计盈余资金	0	146.01	292.02	438.03	584.04	730.05	876.06	1022.07	1168.08	1314.09	1460.10	1606.11	1752.12	1898.13	2044.14	2190.15	2336.16	2482.17	2628.18	2774.19	2920.20
1.2	在建工程	987	0	0	0	0	0	0	0	0	0	0	0	0	0	0	0	0	0	0	0	0
1.3	固定资产净值		987	940.12	893.24	846.36	799.48	752.60	705.72	658.84	611.96	565.08	518.20	471.32	424.44	377.56	330.68	283.80	236.92	190.04	143.16	96.28
2	负债及所有者权益	1000	1086.13	1185.26	1284.39	1383.52	1482.65	1581.78	1680.91	1780.04	1879.17	1978.30	2077.43	2176.56	2275.69	2374.82	2473.95	2573.08	2672.21	2771.34	2870.47	2969.60
	负债小计																					
2.1	所有者权益	1000	1086.13	1185.26	1284.39	1383.52	1482.65	1581.78	1680.91	1780.04	1879.17	1978.30	2077.43	2176.56	2275.69	2374.82	2473.95	2573.08	2672.21	2771.34	2870.47	2969.60
2.1.1	项目资本金	1000	987	987	987	987	987	987	987	987	987	987	987	987	987	987	987	987	987	987	987	987
2.1.2	累计盈余公积金和公益金	0	14.87	29.74	44.61	59.48	74.35	89.22	104.09	118.96	133.83	148.70	163.57	178.44	193.31	208.18	223.05	237.92	252.79	267.66	282.53	297.40
2.1.3	累计未分配利润	0	84.26	168.52	252.78	337.04	421.30	505.56	589.82	674.08	758.34	842.6	926.86	1011.12	1095.38	1179.64	1263.90	1348.16	1432.42	1516.68	1600.94	1685.20

附表 A.10 项目财务现金流量表

单位：万元

序号	项目	计算期/年																				
		1	2	3	4	5	6	7	8	9	10	11	12	13	14	15	16	17	18	19	20	21
1	现金流入	1000	390.1	390.1	390.1	390.1	390.1	390.1	390.1	390.1	390.1	390.1	390.1	390.1	390.1	390.1	390.1	390.1	390.1	390.1	390.1	390.1
1.1	销售（营业）收入	0	390.1	390.1	390.1	390.1	390.1	390.1	390.1	390.1	390.1	390.1	390.1	390.1	390.1	390.1	390.1	390.1	390.1	390.1	390.1	390.1
1.2	回收固定资产余值																					
1.3	回收流动资金																					
1.4	其他现金流入																					
2	现金流出	1000	244.09	244.09	244.09	244.09	244.09	244.09	244.09	244.09	244.09	244.09	244.09	244.09	244.09	244.09	244.09	244.09	244.09	244.09	244.09	244.09
2.1	建设投资（不含建设期利息）	987																					
2.2	流动资金	13																					
2.3	经营成本	0	195.27	195.27	195.27	195.27	195.27	195.27	195.27	195.27	195.27	195.27	195.27	195.27	195.27	195.27	195.27	195.27	195.27	195.27	195.27	195.27
2.4	所得税	0	48.82	48.82	48.82	48.82	48.82	48.82	48.82	48.82	48.82	48.82	48.82	48.82	48.82	48.82	48.82	48.82	48.82	48.82	48.82	48.82
3	净现金流量	−1000	146.01	146.01	146.01	146.01	146.01	146.01	146.01	146.01	146.01	146.01	146.01	146.01	146.01	146.01	146.01	146.01	146.01	146.01	146.01	146.01
4	累计净现金流量	−1000	−853.99	−707.98	−561.97	−415.96	−269.95	−123.94	22.07	168.08	314.09	460.10	606.11	752.12	898.13	1044.14	1190.15	1336.16	1482.17	1628.18	1774.19	1920.20
	计算指标																					
	财务内部收益率（FIRR）	13.44%																					
	财务净现值（FNPV）（$i_c=10\%$）	243.0654 万元																					
	投资回收期（含建设费）	7.85 年																					

6.10.2 案例二：木薯燃料乙醇项目可行性研究

1 木薯燃料乙醇项目的市场分析

1.1 燃料乙醇产品市场预测分析

1. 燃料乙醇产品性质与用途

乙醇俗称酒精，分子式 CH_3CH_2OH，分子量为 46.07，密度为 789.34 kg/m³，外观是一种无色透明、易流动和易挥发的液体，具有特殊的芳香和刺激气味，极易燃烧，同时放出大量热量。纯酒精的燃点为 12℃，在空气中的爆炸极限为 3.3%～19.0%（V/V），属易燃易爆物。酒精和水可以任何比例相互溶，并产生热量，同时体积收缩。酒精是具有一个羟基的饱和一元醇。酒精经过氧化作用，依其氧化方式和氧化强弱程度而逐步变化为乙醛、乙酸，最后变成 CO_2 和水。酒精和碱金属反应生成醇盐，并放出氢气，醇盐遇水生成乙醇和碱。酒精与无机酸反应生成无机酸酯，酒精与有机酸反应生成有机酸酯。乙醇在催化剂作用下，加热时乙醇发生脱水反应，按分子内脱水生成乙烯和分子间脱水生成乙醚两种方式进行。酒精是一种重要的基础工业原料，广泛应用于化学工业、食品工业、日用化工和医药卫生等领域，一度成为合成橡胶、聚氯乙烯、乙二醇、冰醋酸、苯胺、乙醚、氯乙醇、氯乙烷和乙基苯等的主要原料，还可作为酒基、浸出剂、洗涤剂、溶剂、表面活性剂等。

将发酵法乙醇进一步脱水再加上适量变性剂（通常为常规汽油）后形成变性燃料乙醇。变性燃料乙醇与汽油按一定比例混合，就是车用乙醇汽油。它是一种新型汽车燃料（国际上称汽油醇，商品名 GASOHOL）。在保持原动力性能的基础上，乙醇比例在 10% 以下，几乎不用对汽车发动机进行任何改造；如果要提高乙醇比例，就需要对汽车发动机进行适当改造。

燃料乙醇是 20 世纪初面市的传统产品，后因石油的大规模、低成本开发，其经济性较差而被淘汰。20 世纪 70 年代中期以来发生的四次较大的"石油危机"，又推动了燃料乙醇工业在世界许多国家得以迅速发展。由于其极优越的物理、化学特性，燃料乙醇已经不仅是一种优良燃料，还已经成为一种优良的燃料品质改善剂被广泛使用，其最重要的特性是燃料乙醇是太阳能的一种表现形式，在整个自然界这个大系统中，燃料乙醇的整个生产和消费过程可形成无污染和非常清洁的闭路循环过程，永恒再生，永不枯竭。

2. 燃料乙醇国际市场预测分析

随着世界经济的持续增长，全球能源消费能力持续高涨，与此同时，世界乙醇行业也获得前所未有的发展机遇，燃料乙醇作为一种绿色可再生能源，发展势头强劲。生物质可再生能源产业得到了日益广泛的关注，产业技术不断完善，能源原料得到了深入开发与利用。全球可再生燃料联盟（GRFA）报告显示，2010 年全球乙醇产量为 858 亿 L，国际乙醇产量一直处在持续增长之中，具体如图 B.1 所示（资料来源：国际能源网数据整理）。美国、巴西、中国是全球前三大燃料乙醇生产国。

美国是世界上最大的乙醇生产国家，其中 80% 为燃料乙醇。美国 2010 年乙醇生产量为 132.3 亿 US gal（US 1gal＝3.7854L），而目前美国现有乙醇生产厂 160 多家，2010 年美国乙醇生产能力已达 152 亿 US gal（US 1gal＝3.7854L）。大力发展燃料乙醇工业给美

第6章 新能源建设项目可行性研究

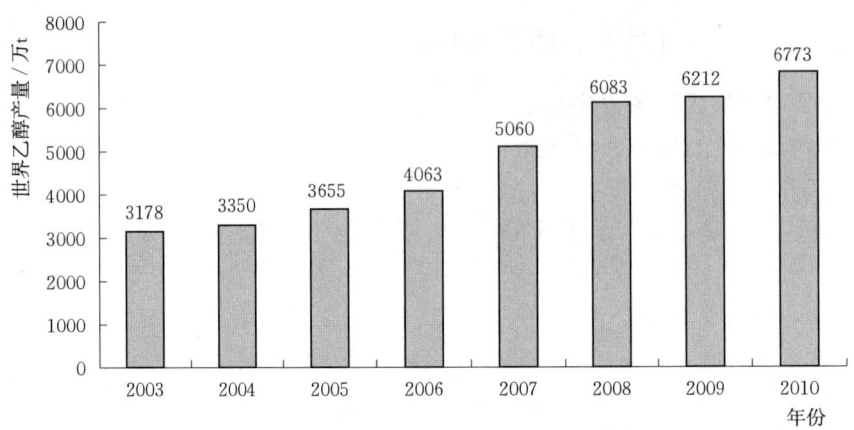

图 B.1 2003—2010 年世界乙醇产量情况

国带来诸多有利影响，首先是提高了国家能源安全性。美国只拥有世界 3%的石油储量，而原油使用量却占世界原油总消耗量的 25%，而且对进口原油的依赖程度逐年攀升。2010 年 10 月，美国环保局（EPA）宣布汽油中燃料乙醇调和比例从 10%提高到 15%。其次是刺激了农业发展。生产乙醇的工厂 90%以上以玉米为原料。第三是对城市的环保做出了重要贡献。2003 年美国由于使用清洁燃料而减少温室气体排放 570 多万 t，相当于 85.3 万辆汽车一年的排放总量。2003 年统计结果显示，燃料乙醇工业已经为美国新增 21.4 万个工作岗位。ADM 公司是全美最大的燃料乙醇生产企业，有 5 个乙醇生产厂，年生产能力 240 万 t，由于 ADM 公司规模大，其主产品可影响美国燃料乙醇的市场行情。

巴西自 1975 年实施乙醇代替汽油计划，多年来的发展糖业和乙醇产业的积极举措，使巴西形成了独立的经济能源运行体系；发展了农业（甘蔗）、乙醇生产及相关行业，增加就业人数 1.52 倍，收益 270 亿美元；大气和生态环境显著改善，二氧化碳含量降低 50%。巴西在燃料乙醇作为汽油代用品方面走在了世界前列，现在已成为世界上唯一不供应纯汽油的国家。巴西供应的机车燃料共四种：纯乙醇（燃料乙醇）、乙醇汽油（22%燃料乙醇+78%汽油 V/V）、MEG 燃料（60%燃料乙醇+33%甲醇+7%汽油 V/V）和柴油。现在巴西每年有至少 250 万辆车由燃料乙醇驱动，1550 万辆车由含 22%V/V 乙醇的燃料驱动，全国共有 25000 家出售含燃料乙醇的加油站，2000 年巴西燃料乙醇总产量达 793 万 t，超过了全国汽油消耗总量的 1/3。2008 年巴西燃料乙醇的生产量约为 647 亿 US gal（US 1gal=3.7854L），占巴西可替代能源总量的 35%，成为仅次于美国的第二大乙醇生产国。截至 2010 年 3 月，巴西已生产 1000 万辆灵活燃料汽车，可以同时使用乙醇和汽油燃料，燃料乙醇需求持续增长。美国和巴西 2007—2011 年燃料乙醇产量变化情况如图 B.2 所示（资料来源：中国天然气工业网数据整理）。

欧盟国家在 20 世纪 90 年代初开始汽油醇的生产和应用，近些年来欧盟各国生物乙醇产量大幅度提高。欧盟乙醇生产量 2008 年 28 亿 L，2009 年 37 亿 L，同比增长 31%，前三大生产国分别是法国、德国和西班牙。欧盟的乙醇消费量也在持续上升，欧盟 2009 年消费量约 43 亿 L，与 2008 年 35 亿 L 相比有大幅度增长。2007 年 3 月，欧盟新的共同能源政策计划到 2020 年实现生物燃料乙醇使用量占车用燃料的 10%。

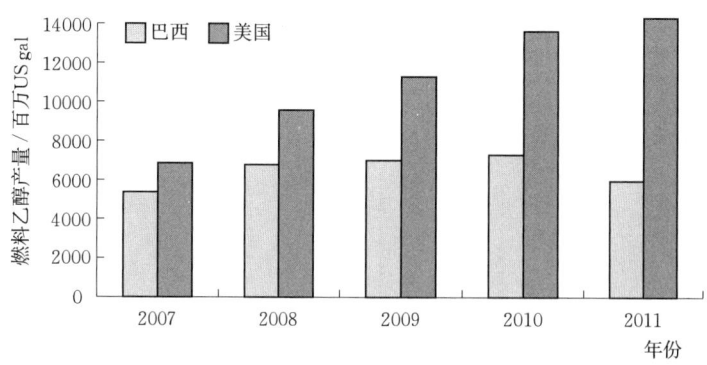

图 B.2 2007—2011 年美国和巴西燃料乙醇产量

日本 1986 年开始实施燃料乙醇发展计划，着重开发利用农林废物等资源直接生产发酵乙醇的技术。日本现在乙醇年生产能力约 28 万 t，其中发酵乙醇年生产能力 16.5 万 t，合成乙醇年生产能力 11.5 万 t，日本的合成乙醇主要用于汽油醇。日本除积极发展本国燃料乙醇外，还积极进口乙醇，每年约进口 3.2 万 t。

此外，韩国年进口 1.6 万 t 燃料乙醇，应用于制作酒类和汽车燃料。加拿大 2003 年宣布实施乙醇推广计划。根据 2004 年加拿大自然资源部的一份报告，大约由分布在六个省的 1400 个加油站销售乙醇混合汽油。其他如印度、菲律宾、泰国、乌干达等国家都已开始实施乙醇燃料计划。

在世界范围内使用燃料乙醇有规模、有经济效益和社会效益的巴西示范了 30 多年，这足以证明各国发展占自己本国总能源 10%~20% 的绿色可再生能源时代已经开始。国际上燃料乙醇市场前景广阔，市场需求潜力巨大。

3. 燃料乙醇国内市场预测分析

我国燃料乙醇产业起步较晚，但发展迅速。自 2001 年我国开始推行车用汽油中添加燃料乙醇之后，国家实行定点生产，试点推广政策，对燃料乙醇的生产及使用实行优惠和补贴的财政及价格政策。2004 年经国务院批准的扩大试点车用乙醇汽油所需燃料乙醇总量为 102 万 t，包括经国务院批准的吉林燃料乙醇有限公司 30 万 t/年（一期）、河南天冠集团 30 万 t/年、安徽丰原生物化学股份有限公司 32 万 t/年和黑龙江华润酒精有限公司 10 万 t/年燃料乙醇。2005 年 9 月底，国家发展和改革委员会正式明确逐步扩大和推广使用燃料乙醇的政策。此后 10 年乙醇汽油的发展目标是按 10% 比例掺烧，燃料乙醇总产量控制在 500 万 t/年到 700 万 t/年。2005 年底全国已有河南、吉林、黑龙江、安徽等 9 个省份实现了车用乙醇汽油替代汽油。我国市场对燃料乙醇的需求取决于车用汽油的消费量。我国汽油的消费对象以小汽车和摩托车为主，占汽油消费总量的 99% 以上；其余则用于游艇和小型汽油机具。随着我国汽车工业的飞速发展，汽油的消耗量也在迅速增长。从行业统计数据看，2003—2011 年我国汽油表观消费量年均增长率达到 5% 以上。2011 年我国汽油表观消费量达到 7738 万 t，同比增长 8.1%。我国 2003—2011 年汽油表观消费量情况如图 B.3 所示（资料来源：国家统计局《中国统计年鉴》数据整理）。石油输出国组织（欧佩克）预计 2010—2020 年，中国石油消费需求将增加 50 万桶/天，即每年增加 2500 万 t。

我国《可再生能源中长期发展规划》中明确提出，我国近期将重点发展以薯类、甜高

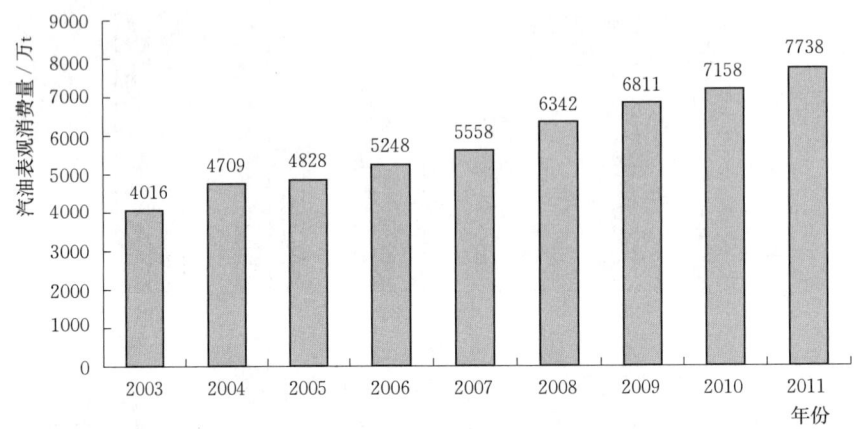

图 B.3 2003—2011 年中国汽油表观消费量

梁等为原料的非粮燃料乙醇，远期将积极发展以纤维素生物质为原料的生物燃料乙醇，预计到 2020 年生物燃料乙醇年利用量达到 1000 万 t。我国车用燃油占石油消费总量的 35%，并以每年 10% 以上速度增长，满足国内车用燃油的需要必须发展燃料乙醇。从图 B.4（资料来源：中国产业研究网、中国酿酒工业协会酒精分会数据整理）可以看出，我国燃料乙醇行业经过多年的发展，年度总产量在不断增长，但国内燃料乙醇仍存在较大缺口。

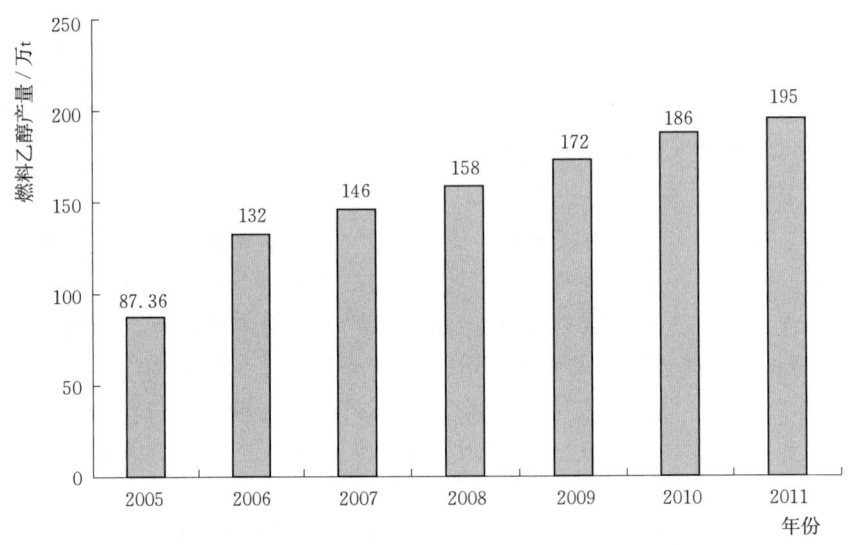

图 B.4 2005—2011 年中国燃料乙醇产量变化情况

从图 B.5（资料来源：中国产业研究网、中国酿酒工业协会酒精分会数据整理）可以看出，我国燃料乙醇的市场需求量增长率一直维持在 10% 以上。国家发展非粮原料燃料乙醇和推广车用乙醇汽油的相关优惠政策，为燃料乙醇发展提供了广阔的市场空间，因此建设燃料乙醇项目市场前景广阔。

1.2 燃料乙醇产品市场价格分析

石油作为当前人类社会发展的重要物质基础与能源要素，其全球总量却十分有限。虽然 1970—2008 年全球原油探明储量已由 6134 亿桶增加至 12580 亿桶，但全球原油消费也

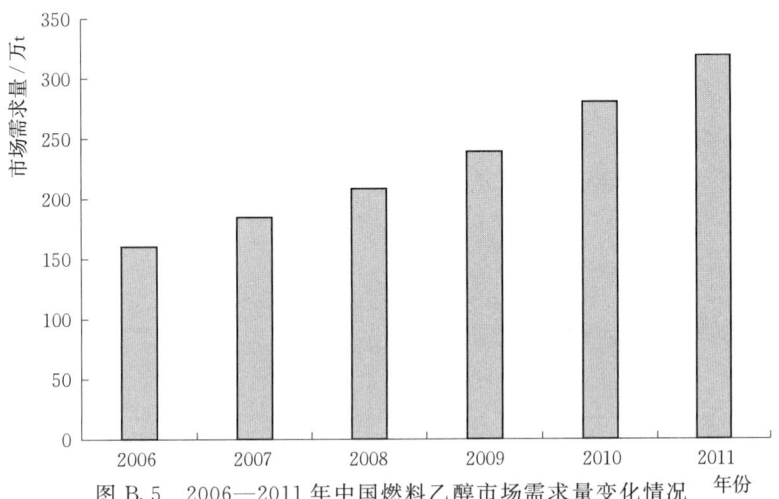

图 B.5　2006—2011 年中国燃料乙醇市场需求量变化情况

由 1970 年的 167 亿桶增加至 308 亿桶，累积消费达 9466 亿桶。尽管原油探明储量的年均增量略高于全球原油消费，但从历年增长率数据看，全球原油探明储量在经历了 1974 年、1987 年和 2002 年的迅猛增长后渐趋平缓，2008 年探明储量为 9 年来首次负增长，而全球原油消费却持续稳定增加。石油输出国组织（欧佩克）发布《世界石油展望 2012》，报告预测到 2035 年全球石油消费将达到 10730 万桶/天。阿拉伯石油输出国组织预测 2020 年之前世界石油需求年增长率在 1.7%～2%。从长远的角度看，全球原油需求持续上涨的长期趋势仍难以扭转。

随着世界经济复苏过程逐步好转，全球石油需求将持续保持增长，虽然世界石油供给总体上平衡，但仍然呈现趋紧态势，基本总体上支撑油价上涨。从政治经济环境看，2010 年以来美元总体呈贬值趋势，这在一定程度上支撑油价高位运行。局部地区地缘政治紧张局势和突发事件，以及石油金融属性的加强，都可能引起油价阶段性波动。从图 B.6（资料来源：中国天然气工业网数据整理）可以看出，2000 年以来国际原油价格总体呈上升趋势，2008 年油价突破 100 美元/桶，2009 年经短暂回落以后，2010 年国际原油价格整体大幅上涨，维持在 70～90 美元/桶区间震荡。2011 年布伦特原油年均价为 111.26 美元/桶，同比涨幅达 38%；迪拜原油现货年均价格为 106.18 美元/桶，同比涨幅 36%。2011 年 1 月 31 日，伦敦布伦特原油率先突破每桶 100 美元，这是自 2008 年 9 月底以来首次破百。综合分析未来世界经济增长情况，以后几年国际油价将保持上升趋势。国际原油价格上涨给燃料乙醇的价格带来了一定的升值空间。

我国燃料乙醇市场实行定向销售，价格实行政府定价，以同期市场 93 号汽油零售中准价格的 0.9111 倍计算，同时对生产企业实行弹性价格财政补贴政策，因此国际原油价格的上涨将不断推高燃料乙醇市场销售价格。目前燃料乙醇产品国内外市场需求巨大，价格的上涨势头将使燃料乙醇生产企业利润增加，因此具有较大的发展空间。

2　TG 公司木薯燃料乙醇项目技术可行性分析

2.1　工艺技术路线及选择原则

1. 工艺技术路线简述

TG 公司木薯燃料乙醇项目工艺技术路线如图 B.7 所示。项目总的生产路线为：原料

第6章　新能源建设项目可行性研究

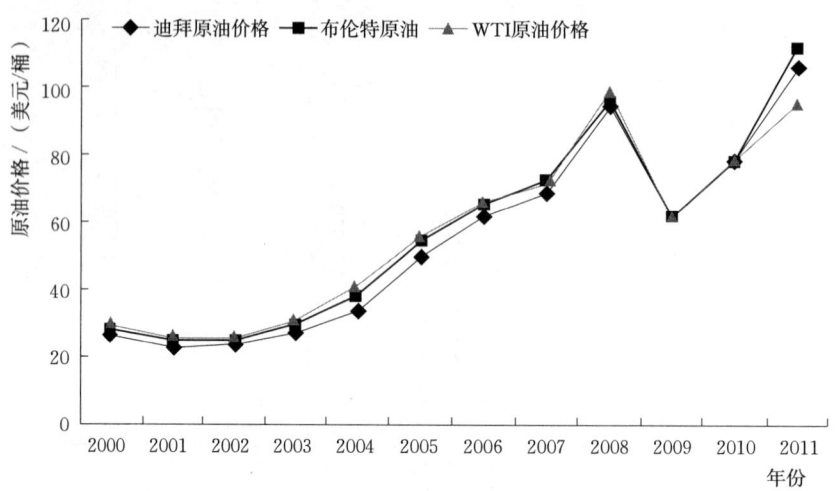

图 B.6　2000—2011 年国际市场原油价格变化图

木薯干清理去除杂质、粉碎、磨粉、制浆后，进行液化、糖化、发酵、蒸馏，再脱水生产燃料乙醇；蒸馏后酒精糟液固液分离，糟渣干燥后作为饲料，液体部分去沼气装置生产沼气，进行沼气发电；木薯粉碎工段采用干法粉碎方法；液化、糖化工段采用"双酶法"两段液化、糖化，通过喷射液化加强液化程度，糖化后的醪液降温采用传热效率较高的螺旋板换热器；发酵工段采用全封闭方式连续发酵工艺，发酵时间为 50~55h，成熟醪酒度为 12%~14%（V），回收的淡酒与成熟醪一并泵送入蒸馏工段。蒸馏采用四塔差压蒸馏工艺。脱水采用 TG 集团和 ZZ 大学联合研制的专有淀粉吸附剂吸附工艺。糟液采用 TG 公司沼气专利技术生产沼气，湿酒精糟采用 TG 公司成熟蛋白饲料工艺生产蛋白饲料。

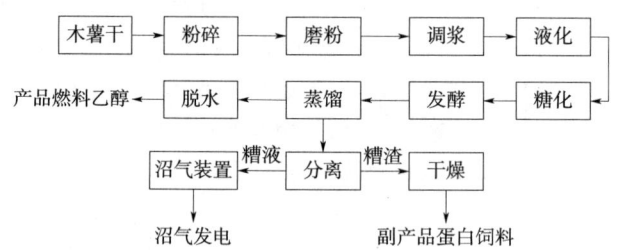

图 B.7　TG 公司木薯燃料乙醇项目工艺流程

2. 工艺技术方案选择原则

（1）优先利用 TG 公司在燃料乙醇生产领域国内领先的工艺技术，发挥其技术优势。TG 公司在淀粉质原料生产燃料乙醇工程中大胆采用了高浓度发酵、差压蒸馏、淀粉质吸附脱水、自动化控制技术等国内领先技术，经实践证明已取得成功，这些可为本项目提供技术支持，并可降低生产成本，有效提高企业的经济效益。

（2）工艺技术方案应符合国家有关方针政策和法规要求，符合行业发展规划，符合节能、安全、消防要求，资源利用实现最大化。

（3）在生产方法的选择上，要采用国内外先进成熟的工艺技术及装备，清洁生产、循环经济水平达国内先进水平,保证项目产品质量水平高,经济社会效益良好。

2.2 工艺技术方案

1. 粉碎工段

粉碎有干法粉碎和湿法粉碎两种。本项目采用干法粉碎工艺,选择先进的干法粉碎机。本项目以木薯干为原料,木薯干由输送设备清理除杂后送入粉碎机粉碎。原料细粉由抽风机负压气流输送到旋风分离器,经旋风分离后从分离器底部经关风机排出进入螺旋槽,与工艺热水和尾风吸收塔排出的含原料粉末的洗涤液初步混合进入拌料锅,拌料锅加入耐高温α-淀粉酶混合均匀。高温α-淀粉酶用量为7u/g左右原料,拌料加水比为1∶2.6。原料锅的料浆温度为55~60℃。料浆经料浆泵送至液化、糖化工段。

2. 液化、糖化工段

目前工业化生产中酵母可利用葡萄糖等糖类而不能直接利用淀粉,所以木薯等淀粉质原料需粉碎后加水调成料浆,再在催化剂的作用下水解成为酵母可利用的糖。目前一般采用酶法水解,酶法水解糖化方法主要有生料法(无蒸煮糖化法)、高温蒸煮法、双酶法。本项目采用喷射液化双酶工艺。料浆用泵送入喷射液化器,与蒸汽混合,升温至(105±5)℃,进入液化维持罐,液化醪在维持罐内停留时间为90~100min,从末维持罐出来的液化醪进入闪蒸罐,在-0.07~-0.08MPa的负压下,排出二次蒸汽(在冷却塔内冷却并排出),降温至63~65℃后,利用位差流入糖化锅内糖化。糖化温度控制在60~62℃,糖化酶用量为120~130u/g原料,糖化时间为(70±5)min。糖化醪用泵经宽通道板式换热器冷却后送至酒母工段和发酵工段。

3. 酒母工段

酒母工序采用高纯培养方法,通过工艺控制使其依次扩大培养,从少量的酵母繁殖出大量无杂菌、形态整齐、健壮的酵母细胞,以供发酵使用。菌种室阶段酒母扩大培养,使用经过纯种分离的优良酵母菌种为原菌,经固体斜面试管、液体试管、液体三角瓶逐代扩大培养。由菌种室扩大培养的卡氏罐酵母菌种与培养液一起投入小酒母罐中通风培养,然后采用分割法入中酒母罐通风培养,根据培养情况,分别加入一定量的营养液和经过补糖罐二次糖化的糖化醪液,保持中酒母罐糖液浓度基本不变,酵母数量迅速扩大。当酵母数量达到一定数量后,全部移种到大酒母罐中与经冷却后的合格糖化醪一起继续扩大培养,得到细胞健壮、没有杂菌的酵母种子。成熟酒母质量标准为酵母数不小于5亿/mL,出芽率不小于30%,死亡率不大于2%。培养成熟的大酒母醪进入预发酵罐,与糖化工段进入的糖化醪混合后进入预发酵期。

4. 发酵工段

本项目采用连续发酵法。发酵主流程由一个预发酵罐、四个主发酵罐串联,四个后发酵罐(兼作计量罐)并联组成。发酵启动时,预发酵罐和1号发酵罐先流加由糖化工段进入的糖化醪,再将培养好的大酒母分别按量送入,混合后进入预发酵期。预发酵罐充满有效容积后打开该罐与1号罐的串罐阀门;1号发酵罐充满后,打开1号罐和2号罐的串罐阀。从1号罐流过2号的醪约有20m³后,2号罐开始流加,三个流加罐的流加流量为125~130m³/h。2号罐充满后,打开2号罐和3号罐的串罐阀门;发酵生产运行启动完成。3号罐充满后,打开3号和4号罐的串罐阀门;4号罐充满后打开罐底出来进入后发酵并联进罐阀门。此时,醪液可分别进入任一个后发酵罐。打开5号罐进醪阀,充满后关闭;依次将6号、7号、8号各罐充满。7号罐即将充满时,5号罐即可向蒸馏工段供发酵成熟醪,打开5号罐底阀由成熟醪泵向蒸馏供醪;先进醪者先向蒸馏供醪并轮回操作。由于在后发酵罐内不断有发酵成熟醪被抽走蒸馏,所以在主发酵期内糖化醪将被不断补进发酵罐,使发酵过程达到连续化。整个发酵周期为54h左右,发酵成熟醪质量标准为含酒量不小于13%(V/V),外观浓度不大于0.5Bx,总酸不大于6mL,残总糖不大于1.6%,残还原糖不大于0.4%,挥发酸不大于0.3mL,酵母形态整齐无明显杆菌。

5. 蒸馏工段

本项目采用四塔差压蒸馏工艺,该系统有两个粗塔和两个精塔组成,粗塔一个为常压一个为负压,精塔一个为常压一个为加压,精塔的酒气作为热源。由发酵工段通过两条线路进来的发酵成熟醪分别经过多级预热,达到两粗塔饱和点后进塔。由常压粗塔出来的乙醇蒸气直接进入常压精塔顶排出合格乙醇蒸气送至脱水工段。由负压粗塔出来的乙醇蒸气经冷凝系统转变为液态,用泵加压,经两级预热送至加压精塔。加压精塔塔顶乙醇蒸气做为常压精塔的全部热源使用。加压精塔和常压粗塔热源来自锅炉饱和蒸汽。

6. 脱水工段

用普通蒸馏方法得到的酒精浓度不可能超过97.2%(V/V),而作为燃料乙醇的酒精这个浓度还不能满足要求。因此必须采用其他方法将蒸馏酒精继续提高浓度。目前应用于工业化生产的无水酒精制备方法主要是有共沸脱水法,膜分离脱水法,3A分子筛吸附脱水法,淀粉吸附脱水法。

本项目采用TG集团和ZZ大学联合开发的专有复合淀粉吸附剂脱水法工艺。从蒸馏过来的95%~96%(V)乙醇蒸气进入装有淀粉吸附剂的脱水塔中,乙醇蒸气中水在吸附单元被吸附,从塔内吸附单元排出的、经脱水的乙醇气体冷凝后即为燃料乙醇,当吸附剂饱和后,即转入再生。再生时解吸操作排出的湿气体冷凝成低浓度乙醇(低度酒)再返回精馏塔内,重新蒸馏成95%~96%(V)乙醇,再供脱水生产合格的无水燃料乙醇。解吸再生后的吸附单元重新投入使用。无水燃料乙醇加入1%~3%变性剂后即得变性燃料乙醇,变性燃料乙醇成品质量标准为 GB 18350—2001《变性燃料乙醇》。具体理化指标见表 B.1。

表 B.1 变形燃料乙醇质量标准

序号	项目	指标
1	外观	清澈透明,无肉眼可见悬浮物和沉淀物
2	乙醇/%(V/V)	≥92.1
3	甲醇/%/[g/(100mL)]	≤0.5
4	水分/%(V/V)	≤0.8
5	实质胶纸/[mg/(100mL)]	≤5.0
6	无机氯(以Cl计)/mg/L	≤32
7	酸度(以乙酸计)/mg/L	≤56

续表

序号	项 目	指 标
8	铜/(mg/L)	≤0.08
9	pH值	6.5~9.0

7. 蛋白饲料装置和沼气装置

在酒精生产过程中，发酵成熟醪蒸出酒精之后剩下酒精糟液，酒精糟液是一种富含蛋白质、维生素B等丰富营养成分的有价值营养源，如果直接排放不仅浪费了资源，而且对环境造成严重污染。酒精糟液的处理方法有甲烷发酵法、活性污泥法、酵母培养法、燃烧法、浓缩干燥法等。根据国内外实际生产经验，对于淀粉质原料的乙醇生产企业的酒精糟液处理采用干燥法制得蛋白饲料具有较高的经济价值，酒糟清液根据需要进行处理。

本项目将酒精糟液进行固液分离，将糟渣干燥生产蛋白饲料，酒糟清液经厌氧处理，回收沼气后再经污水处理达标排放。蛋白饲料装置主要由酒糟固液分离和糟渣干燥两个部分组成。从蒸馏工段来的酒精糟液进酒糟罐后，送入卧式螺旋离心机分离，分离出糟渣和酒糟清液。糟渣经螺旋输送机送到滚筒干机干燥，糟渣干燥后，制成粉状蛋白饲料成品。酒糟清液流入酒糟清液罐，由泵送至沼气生产装置的厌氧池进行二级厌氧发酵，生产沼气用来发电。厌氧发酵出来的污水进入二级好氧污水处理系统处理，达标后排放。

2.3 设备方案

根据本项目所需设备的性能要求，所有设备及相应的工艺控制系统、辅助设施均由国内配套解决，以提高装置国产化水平，节约建设投资。木薯燃料乙醇项目主要设备见表B.2。

表B.2　　　　　　　　　　木薯燃料乙醇项目主要设备

序号	设备名称	规格型号	单位	数量	备注
1	提升机	TS500	台	1	组合
2	风机	4-72-4.5A	台	1	组合
3	绞龙		台	10	组合
4	粉碎机	120-63型	台	4	组合
5	永磁筒	TCXT型	台	2	组合
6	旋风分离器	DN1600	台	2	Q235-A
7	除尘器	LNGM45	台	3	组合
8	预热塔	$\phi 2000 \times 9130$	台	1	组合
9	液化罐	$\phi 3600 \times 9600$	台	4	Q235-A
10	糖化槽	$\phi 4000 \times 9600$	台	4	Q235-A
11	小酒母罐	$\phi 1000 \times 1200$	台	2	Q235-A
12	大酒母罐	$\phi 5000 \times 10000$	台	3	Q235-A
13	主发酵罐	DN12000×16000	台	4	Q235-A

续表

序号	设备名称	规格型号	单位	数量	备注
14	后发酵罐	DN10000×16000	台	4	Q235-A
15	过滤器		台	14	
16	循环泵		台	27	
17	再沸器		台	7	OCr18Ni9
18	高压精塔	HH09-T0503	台	2	OCr18Ni9
19	常压蒸馏塔	HH09-T0521	台	2	OCr18Ni9
20	负压蒸馏塔	HH09-0528	台	1	OCr18Ni9
21	脱醛塔	HH09-0534	台	1	OCr18Ni9
22	脱水塔	HH09-0528	台	4	OCr18Ni9
23	冷却器		台	9	OCr18Ni9
24	宽通道板式换热器	FN=500	台	4	Q235-A
25	成品计量罐		台	2	Q235-A
26	成品储罐	DN18800×18000	台	3	Q235-A
27	输送泵	PBA80-250-160-45屏蔽泵	台	2	
28	装车泵	PBA80-125-160-11屏蔽泵	台	2	
29	锅炉	35t/h循环流化床	台	2	
30	发电机组	3000kW背压式汽轮	台	2	
31	发电机组	沼气发电机组	台	5	4用1备

2.4 自控技术方案

燃料乙醇工艺生产过程中涉及温度、压力、流量、液位、浓度、成分分析等所有工艺参数的检测和控制，自动控制范围涉及生产过程中所有设备和电机，工作环境为甲级易燃易爆环境，因此在控制设备的选择上充分考虑其具备的先进性、稳定性、可靠性和安全性。考虑到生产装置特点、生产控制要求和投资情况等因素，本项目燃料乙醇装置采用现场仪表及集散控制系统（DCS）对生产全过程进行集中监控、控制和管理。沼气及污水处理和锅炉装置采用PLC系统分别对相应装置的运行过程进行集中监控。公用工程辅助装置可就地设操作控制室选用模拟仪表集中显示、报警、控制。PLC系统通过控制网络与DCS连接，在主控室可监控各生产装置的实时过程数据，查看整个生产操作状态。数据有报警级别设置，并可分类汇总及各种生产统计报表。

1. 主要仪表选型

仪表选型在满足工艺过程检测和控制功能的前提下，选用技术先进、质量可靠、经济实用、便于维修、系列化、标准化的仪表仪器。

（1）仪表的供电。本项目仪表和自动化设备的用电负荷，根据其对电源可靠性的要求，采用不间断电源（UPS）供电，规格指标见表B.3。

表 B.3 仪表和自动化设备电源参数指标

序号	参数指标	单位	数值
1	DCS 电源电压	V	AC×380×(1±10%)
2	PLC 电源电压	V	AC×220×(1±10%)
3	仪表设备受电电压	V	AC 220 或 DC24
4	频率	Hz	50±2
5	波形失真率	%	≤±5
6	UPS 蓄电池备用时间	min	30

(2) 仪表的供气。仪表气源主要用于气动执行机构和就地气动调节仪表等，气源质量应符合 HG/T 20510—2000《仪表供气设计规定》的有关要求，参数指标如表 B.4 所示。

表 B.4 仪表气源参数指标

序号	参数指标	单位	数值
1	压力	kPa	≥600
2	含油量	ppm	≤8
3	含尘微粒	μm	≤3
4	露点温度	℃	−35（工艺操作压力下）
5	备用时间	min	30

(3) 现场仪表。温度仪表一般根据测量范围选用热电阻或热电偶，就地指示选用万向型抽芯式双金属温度计，集中检测的一次仪表为铂热电阻、热电偶或一体化温度变送器。压力仪表集中检测采用压力变送器或法兰远传压力变送器，就地测点视工艺介质不同，分别选用全不锈钢压力表、膜盒压力表、隔膜压力表等。流量测量根据工艺介质及管道情况，分别选用一体化数显靶式流量计、标准孔板加差压变送器、电磁流量计、超声波流量计等。固体物料选用定量包装秤。燃料乙醇产品可选用质量流量计。液位仪表根据被测介质性质和工作条件，集中测量一般选用差压式变送器，对于腐蚀性、易结晶的介质选用智能隔膜密封型液位变送器。固体料位的测量选用电容式、超声波料位计。分析仪器按工艺生产要求选择溶解氧分析仪等在线分析仪器。控制阀根据介质的特性和工况，选择调节阀和切断阀的形式以及阀体、阀芯、填料材料。执行机构一般采用性能优良、易于维护的气动执行机构，并配套提供电气阀门定位器进行电气转换以及可靠定位。风量调节采用变频调速器，以达到节能降耗的目的。

2. 集散控制系统（DCS）。本项目选用的 DCS 以 PID 单参数控制为主，辅之以部分串级、比值、分程等复杂控制和逻辑控制，具有连续控制和离散控制、操作、显示记录、报警、制表打印、信息管理、可与上位机或其他计算机通信、系统组态以及自诊断等功能。DCS 系统的通信层次结构符合 OSI 参考模型，符合 TCP/IP 协议和 IEEE802 协议等有关协议，并采用 WINDOWS XP 操作系统，具有良好的人机界面，良好的控制和检测性能等，并提供多用途的实时数据库和历史数据库，硬件配置易于升级和扩展。DCS 系统主要由操作站、控制站、通信总线和接口组成。卡件配置选用模拟量 I/O 卡件通道，每个通道均有一个独立的 A/D、D/A 转换器，开关量 DI、DO 卡件通道隔离。为了提高系统的可靠性，DCS 的通信总线、电源系统、控制器、重要控制回路和连锁系统均采用 1:1 冗余配置。

2.5 公用工程及辅助设施方案

1. 总平面布置及运输

（1）总平布置方案。本项目位于 NY 市 LH 生态工业园区，厂区占地面积约为 508 亩，为新征地。本项目为新建项目，生产设施及其他辅助设施均需新建。按照工艺流程和配套设施情况，本项目厂内功能分区可划分为：原料成品储运区、燃料乙醇生产区、蛋白饲料生产区、罐区、热电设施区、污水处理站及厂前区等部分。整个厂区采用分区布置，厂前区布置在厂区东北部，紧靠园区公路的围墙内布置；燃料乙醇生产区布置在厂区中部；蛋白饲料生产区布置在主装置区的中南部；热电布置在厂区西侧；循环水、供水站、污水处理从北向南依次布置在厂区东部，南部货流入口处设置 100t 电子地磅；罐区、原料成品综合库布置在厂区西北部。主要建筑物包括燃料乙醇生产车间、蛋白饲料生产车间、原料库、主控楼、变电站、供水站、污水处理站、冷冻空压站、办公综合楼等配套设施，建、构筑物占地面积约 9.17 万 m^2，道路及停车场面积约 6.7 万 m^2，绿地面积 6.4 万 m^2，场地利用系数为 52.2%，绿地率为 21%。这样布置功能分区明确，工艺流程通顺，厂内运输方便，管线短捷，可节约生产成本。

（2）工厂运输及储运。项目全年货物运输量为 50.90 万 t，其中运入量为 35.49 万 t，运出量为 15.41 万 t。主要货物运输为汽车运输，运输设备主要由社会力量承担。

新厂区道路系统采用郊区型道路，路面结构为水泥混凝土，用灰土作垫层。公用广场采用彩色连锁砌块。界区主次道路形成环形，以满足生产、消防需求；主干道宽 9m，次干道宽 6m，车间引道宽 4m，道路转弯半径分别为 12m、9m、6m。

设置成品罐区用来调节产品生产与销售之间的不平衡，主要功能是接受贮存燃料乙醇产品，并通过泵将成品送至汽车槽车，送往各用户。考虑燃料乙醇产品属易燃易爆物质的特性，设三个立式燃料乙醇贮罐，有效容积为 15000m^3，约可贮存 30 天的产量。燃料乙醇产品考虑装汽车出售，设置 5 组 DN100 汽车装车鹤管，5 车位通过汽车装车平台。设置 5 台 100m^3/h 的汽车装车泵，产品装车能力留有一定的富余量。

2. 给排水

（1）给水。本项目地处 NY 市 LH 生态工业园，该园区供水管网已敷设完成，供水有保证，水质符合国家生活饮用水卫生标准。本项目所用水量分为生产用水、生活用水和循环水补充水。根据全厂给水量表 B.5 可以计算出，本项目所需一次水最大量为 334.8m^3/h，供水压力≥0.30MPa，其中生产用水量 304.8m^3/h，生活用水量 15m^3/h，循环水补充水量 15m^3/h。本项目消防水量为 76 L/s。循环水量为 4706m^3/h。

表 B.5　　　　　　　　　　　　全　厂　给　水　量

序号	装置名称	用水量/(m^3/h)		压力/MPa		备注
		一次水	循环水	一次水	循环水	连续
1	燃料乙醇装置	277.8	2237	0.3	0.4	间断

续表

序号	装置名称	用水量/(m³/h) 一次水	用水量/(m³/h) 循环水	压力/MPa 一次水	压力/MPa 循环水	备注
2	蛋白饲料装置		47			连续
3	液化二氧化碳装置	1	800	0.3	0.4	连续
4	空压、冷冻站	0.7	1000	0.3	0.4	间断
5	维修	3				间断
6	各种办公设施	2				间断
7	罐区		72		0.3	连续
8	热电站	43.3	240	0.3	0.4	连续
9	沼气发电		300			连续
10	循环水系统	15				连续
11	污水处理		10		0.3	间断
12	生活用水	15				间断
13	其他用水	10		0.3		间断
	合计	334.8	4706	0.3	0.4	

（2）排水。本项目排水量约为 272.3m³/h，其中生产洁净废水 158m³/h，生产排污水量 99.3m³/h，生活污水量 15m³/h。排水系统按照清污分流的原则分为生产污水系统、生活污水系统、清净废水系统。生产污水、生活污水排入污水处理站，经处理达标后的所有废水最终合流排放。本装置根据污水水质和排放要求，热电站酸碱污水采用中和池中和方式处理达标后排放。对高中浓度、易生化污水采用二级 UASB 厌氧加二级氧化沟好氧生化处理工艺，对低浓度污水进行二级好氧生化处理，达到（GB 8978—1996）《污水综合排放标准》一级标准水质要求后排放。雨水排水系统收集排放清净雨水、清净废水，排入市政总排水管道。

（3）供电。本项目位于国家新能源产业基地 NYLH 工业园区内，有完善的外部供电系统，电源由上一级区域变电站 35kV 供电，二路电源由 35kV 架空线引至厂区边再采用 35kV 电缆引至总变电站，电源充足且可靠性高。根据项目用电负荷表 B.6，计算出本项目用电负荷有功功率 8234kW，无功功率 3866kW。因此全厂设两台 35/10kV 主变，变压器容量为 6300kVA；设 10 台 10/0.4kV 变压器，变压器容量为 6×1600kVA＋4×800kVA。在厂区各装置附设变电站，装置配电室采用放射方式给用电设备配电。

表 B.6　　　　　　　　　　　木薯燃料乙醇项目用电负荷

序号	用电设备	安装容量/kW 总容量	安装容量/kW 常用容量	计算容量/kW 有功功率	计算容量/kW 无功功率
1	燃料乙醇装置	6451.5	4614.5	3783.5	2496.6
2	蛋白饲料装置	478.8	264	216.5	141

续表

序号	用电设备	安装容量/kW		计算容量/kW	
		总容量	常用容量	有功功率	无功功率
3	空压、冷冻站	1095	952.5	781.5	508.5
4	循环水	705.6	547.2	448.8	291.6
5	污水处理站	877.7	603.7	495	321.8
6	热电站	3074.7	2682.6	2200.5	1431
7	供水站	450	292.5	240	156
8	成品罐区	90	60	60	50
9	辅助及其他	898.5	1115.5	843.1	264.1
10	小计	14121.8	11132.5	9068.9	5660.6
11	乘同时系数			8162	5378
12	电容器补偿				−1800
13	变压器损耗			72	288
	合计			8234	3866

本项目按照热能综合利用的原则设置自备热电站，装设3000kW背压式汽轮发电机组两台，正常生产时可发电6000kW，5台1000kW·h四开一备0.4kV的沼气发电机组，可供4000kW。其发电量除供本项目电力负荷用电外，多余部分送上网，发电系统故障或开车时由电网供电。自备电站的发电机组在变电所10kV侧与电力系统并网运行，沼气发电机组与附近区域变电所在0.4kV侧并网运行。

（4）供热。根据各装置用热负荷表B.7计算，本项目生产热负荷蒸汽用汽量为63.8t/h，用汽压力为0.49MPa。本项目按照"以热定电，热电联产"的原则，采用两台35t/h循环流化床锅炉，两台3000kW背压（0.49MPa）式汽轮发电机组。正常运行时，锅炉产生的蒸汽进入汽轮机汽轮发电，发电后的背压蒸汽作为生产用低压蒸汽供各用汽工段使用。汽轮机停运时，通过一台减温减压装置调节蒸汽参数，保证所有工艺装置正常运行。锅炉出汽额定参数为3.82MPa，450℃，汽轮机进汽额定参数为3.43MPa，435℃。

表 B.7　　　　　　　　　　　　木薯燃料乙醇项目热负荷表

序号	用汽工段	用汽量/(t/h)	蒸汽参数		使用情况
			蒸汽压力/MPa	蒸汽温度/℃	
1	燃料乙醇装置	50.1	0.49	饱和	连续
2	蛋白饲料装置	4.6	0.49	饱和	连续
3	锅炉自用汽	7	0.49	饱和	连续
4	小计	61.7	0.49	饱和	连续
5	管损	2.1			
	合计	63.8	0.49	饱和	连续

(5) 消防。本工程为生产规模年产10万t的燃料乙醇,连续性生产,产品燃料乙醇属易燃易爆品,火灾危险性为甲类。易燃易爆场所除在生产过程中及储罐区外,还有运输罐车及运输管道。消防方案本着"以防为主,防消并举"的原则,严格按照国家有关消防法规、规定,配置可靠的消防设施。

1) 在厂区设1000m³消防水池及消防水泵房,根据规范要求设地上式消火栓,移动式灭火器具,室外消火栓保护半径为120m,厂房内除设有室内消火栓外,再配置一定数量的灭火器。消防水要求24h不间断供水,消防水量为76L/s,厂区消防供水系统采用环形布置,为独立管网系统,保证消防系统不受生产生活供水的影响。

2) 在易发生火灾的厂房内、设备区、配电室、控制室等不同部位,根据各部位的火灾危险等级和火灾扑救难度配置手提式和移动式灭火器。

3) 消防系统有专供消火栓使用的稳压供水设备,供水系统采用环形布置,系统主管直径为DN250,压力为0.4MPa。

4) 在消防控制室或者调度室设火灾报警控制装置,在综合楼、控制室设火灾报警重复显示器,控制楼内装感烟定温探测器,同时,在爆炸危险场所安装防爆手动报警按钮,重复显示将信号送到全厂消防控制室或者综合楼内调度室。

5) 整个燃料乙醇生产过程采用模块化计算机控制,采用DCS控制系统自动安全连锁措施,保证在生产过程中的安全。

2.6 TG公司木薯燃料乙醇项目技术特点及优势

1. 本项目的技术特点

(1) 本项目采用喷射液化双酶工艺,液化、糖化效果好,冷热冲击小,减少噪音和震动,节能,便于连续操作。

(2) 本项目采用高转化率酿酒酵母菌株应用技术和连续发酵法生产工艺,酵母菌株耐温水平高,主发酵温度达38℃,拌料加水比为1:2.6,发酵周期50~60h,出酒率达13%~15%。

(3) 本项目采用四塔差压蒸馏和专有复合淀粉吸附剂脱水法工艺,吨乙醇蒸馏耗蒸汽2.2t左右,吨乙醇耗电28kW·h,吨乙醇耗冷却水10t左右。

2. 本项目的技术优势

(1) 创新性强。本项目采用高转化率酿酒酵母菌株应用技术,可使传统燃料乙醇生产菌株保持正常转化率的耐温水平从35℃提高到38℃,出酒率与国内现有最优良菌株比较稳定提高1%~2%,使燃料乙醇生产基本消除了夏季高温低效益现象,是乙醇行业生产技术的一大创新。

(2) 先进性强。TG公司拥有专有复合淀粉吸附剂脱水工艺技术国家专利,专有复合淀粉吸附剂具有国际先进水平,与美国ADM公司所采用的脱水剂性能相当。该工艺为气相脱水,解吸操作温度低,分离效率高,从吸附、脱水、切换再生、淡酒回收均为自动化控制,自动化程度高,产品含水量低,质量稳定。TG公司的原料多元化乙醇清洁生产工艺在国际上也是独有的,是乙醇生产工艺的行业典范。

(3) 节能效果明显。本项目采用连续发酵法生产,可以使首罐能产生更多、更健壮的酵母,缩短发酵迟缓期,避免杂菌繁殖;主发酵温度高,可使发酵过程节约大量的冷却用水和电耗；采用循环罐外冷却，使醪液温度更利于控制，减少了罐内挂料，有利于发酵罐清洗杀菌，减少染菌；采用连续生产流程，可减少洗刷、杀菌等非生产性时间，提高了设备利用率，便于实现自动化控制。采用差压蒸馏工艺，可以多次重复利用蒸汽的热量，冷却冷凝不需要全部使用冷却水，大大减少了蒸汽消耗和冷却水排放量；降低了燃料乙醇生产的粮耗、水耗和能耗，有效降低燃料乙醇生产成本，具有显著的经济与社会效益。

2.7 分析结论

通过分析TG公司木薯燃料乙醇项目技术路线方案和技术特点，并与现有技术比较分析本项目的技术优势，得出结论：本项目技术创新性强，先进性强，在节能、效率方面有一定优势，关键技术对燃料乙醇行业具有重大的现实意义，项目的实施具有显著的示范功能，TG公司木薯燃料乙醇项目在技术上是可行性的。

3 TG公司木薯燃料乙醇项目经济可行性分析

3.1 TG公司木薯燃料乙醇项目投资估算

1. 投资估算范围和依据

TG公司木薯燃料乙醇项目投资估算范围包括主要生产项目燃料乙醇装置；辅助生产项目冷冻及空压站、原料库、成品库、备品备件库、分析化验及综合楼和维修车间等；公用工程项目供配电、供排水、供热及发电、污水处理及沼气发电、总图运输和工艺外管等；消防工程、环境保护工程、生产性服务设施和项目的固定资产其他费用。

投资估算依据《建设项目经济评价方法与参数》（第三版）（国家发展和改革委员会、建设部，中国计划出版社，2006年）、《投资项目可行性研究投资估算编制办法》的有关规定及建设单位提供的数据；设备购置费参照市场价及生产厂家报价；安装工程费参照设计提供的条件及现材料的使用价格，估算各项安装费用；建筑工程费按照工程设计的建筑面积、按当地同类型建、构筑物单方造价进行估算；工程建设其他费用参照当前使用的各种指标进行估算。

2. 投资估算及资金使用方案

根据以上原则和上文项目方案，本项目建设投资为32536.71万元（表B.8）。其中：设备购置费14329.30万元，占投资44.04%；安装工程费4761.33万元，占投资14.63%；建筑工程费6483.18万元，占投资19.93%；其他工程费6962.90万元，占投资21.40%。

表 B.8   木薯燃料乙醇项目投资估算

序号	项　　目	估算价值/万元
1	设备购置费	14329.30
2	安装工程费	4761.33
3	建筑工程费	6483.18
4	其他工程费	6962.90
5	建设投资	32536.71
6	建设期贷款利息	1402.31
7	流动资金	4890.16

6.10 新能源工程项目可行性研究案例

续表

序号	项 目	估算价值/万元
8	其中铺底流动资金	1467.05
9	项目总投资	38829.18

建设期利息：项目建设投资的70%申请银行贷款，银行的贷款利率按7.38%计算，建设期贷款利息1402.31万元。

流动资金估算采用详细估算法，项目投产期流动资金估算4090.17万元，正常生产年流动资金估算值4890.16万元。

TG公司木薯燃料乙醇项目总投资由建设投资（含利息）加流动资金组成。总投资合计为38829.18万元，详见表B.9。

3. 资金筹措方案

项目建设投资及利息的33939.02万元中，企业自筹30%的建设资金10187.22万元为项目资本金，申请银行贷款70%的建设资金为23751.80万元；项目流动资金4890.16万元中，企业自筹30%的流动资金1467.05万元为项目的铺底流动资金，申请银行贷款70%的流动资金为3423.11万元；项目共计自筹11654.27万元。申请银行贷款27174.91万元。项目建设工期为两年，在项目建设的第一年投入40%建设资金，建设的第二年投入60%建设资金，分别用于设备订货、安装工程、工程材料购置、土建施工、投料试车等。项目建成后的投产期按生产负荷投入所需的80%流动资金、从第二年开始为正常生产年按生产负荷投入所需的100%流动资金，详见表B.9。

表 B.9　　　　　　　　木薯燃料乙醇项目资金筹措与使用计划

序号	项目	合计	建设期		生产期		投资比例
			1	2	3	4	
	生产负荷				80%	100%	
1	项目总投资/万元	38829.18	12189.97	20749.05	4090.17	799.99	1
1.1	建设投资/万元	32536.71	13014.68	19522.03			0.84
1.2	建设期利息/万元	1402.31	175.29	1227.02			0.04
1.3	流动资金/万元	4890.16			4090.17	799.99	0.12
2	资金筹措/万元	38829.18	13189.97	20749.05	4090.17	799.99	
2.1	项目资本金/万元	11654.27	3689.25	6497.97	1227.05	240.00	0.30
2.1.1	用于建设投资/万元	8784.91	3513.96	5270.95			0.23
2.1.2	建设期利息/万元	1402.31	175.29	1227.02			0.04
2.1.3	用于流动资金/万元	1467.05			1227.05	240.00	0.04
2.2	债务资金/万元	27174.91	9500.72	14251.08	2863.12	559.99	0.70
2.2.1	用于建设投资/万元	23751.80	9500.72	14251.08			0.61
2.2.2	用于流动资金/万元	3423.11			2863.12	559.99	0.09

续表

序号	项目	合计	建设期		生产期		投资比例
			1	2	3	4	
3	资金使用计划/万元						
3.1	建设资金/万元	33939.02	13189.97	20749.05			
	自有资金/万元	10187.22	3689.25	6497.97			
	借款资金/万元	23751.80	9500.72	14251.08			
3.2	流动资金/万元	4890.16			4090.17	799.99	
	自有资金/万元	1467.05			1227.05	240.00	
	借款资金/万元	3423.11			2863.12	559.99	
	合计	38829.18	13189.97	20749.05	4090.17	799.99	

3.2 TG公司木薯燃料乙醇项目成本费用估算

产品成本费用由原辅料、燃料及动力、工资及福利费、固定资产折旧费、摊销费用、产品销售费用、财务费用等组成。固定资产年折旧额1978.48万元。产品销售费用按产品的5%计取。财务费用包括长期借款利息及流动资金利息。

从附表B.1总成本费用估算表可以计算出，项目年均总成本费用为63076.32万元，其中年均固定总成本8201.74万元，年均可变总成本54874.58万元。

3.3 TG公司木薯燃料乙醇项目销售收入及税收估算

1. 销售收入估算

项目产品的年销售规模同产品的生产规模，年生产燃料乙醇10万t，蛋白饲料3万t。产品的销售价格略低于现市场价。燃料乙醇销售价7215元/t，蛋白饲料销售价900元/t。销售第一年产量是正常生产年的80%，销售收入59880.00万元，销售第二年及以后生产年为正常生产年，年产量达100%的生产能力，销售收入74850.00万元。

2. 税金估算

本项目产品为化工产品，增值税按17%，城市维护建设税和教育费附加分别为增值税的7%、3%。项目的年均增值税2158.69万元，年均城市维护建设税和教育费附加215.87万元。项目中的燃料乙醇产品享受财政补贴优惠政策，视同产品的利润。项目年均利润总额8329.84万元，所得税税率25%，按企业2013年后投产考虑，在项目有收益的生产期中，项目所得税年均2082.46万元。详细估算结果见附表B.2销售收入及税收估算表。

3.4 TG公司木薯燃料乙醇项目盈利能力和偿债能力分析

项目盈利能力分析主要是考察项目投资的盈利水平，它直接关系到项目投产后能否生存和发展，是评价项目在财务上可行性程度的基本标志。盈利能力的大小是企业进行投资活动的原动力，也是企业进行投资决策时考虑的首要因素，主要通过计算财务内部收益率、财务净现值、投资回收期及投资利润率等静态和动态指标，分析项目在整个计算期内的盈利能力及投资回收能力，判别项目投资的可行性。项目偿债能力分析主要是考察项目的财务状况和按期偿还债务的能力，它关系到企业面临的财务风险和企业的财务信用程度。主要通过计算贷款偿还期等指标，分析项目的还贷能力。

参照本项目行业财务分析评价参数，基准收益率 $i_c=10\%$，基准投资回收期为10年，平均投资利润率为 12%。根据附表 B.3 利润与利润分配表、附表 B.4 借款偿还计算表和附表 B.5 项目投资现金流量表通过 Excel 函数计算，可以得出本项目财务分析指标结果。

1. 财务内部收益率

财务内部收益率（FIRR）是指项目在计算期内各年净现金流量值累计等于零时的折现率。由于其大小完全取决于投资方案本身的初始投资规模和计算期内各年的净收益的多少，没有考虑其他外部影响，因而称作内部收益率，它可以直接和基准收益率 i_c 进行比较，当 FIRR $\geqslant i_c$ 时，投资方案财务上盈利能力可以接受，当 FIRR $< i_c$ 时，投资方案财务上是不可行的。本项目税后财务内部收益率（FIRR）$=20.86\%$，大于行业基准收益率 10%，项目具有一定的盈利能力。

2. 财务净现值

财务净现值（FNPV）是指投资方案各期所发生的净现金流量按既定的折现率统一折算为现值的代数和。净现值法就是按净现值大小来评价投资方案优劣的一种方法。当 FNPV $\geqslant 0$ 时，项目财务上盈利能力可以接受，且净现值越大，方案越优，投资效益越好。当 FNPV < 0 时，项目财务上不可行。本项目财务净现值（$i_c=10\%$）为 23856.10 万元，表明项目在企业财务收益上是可以满足要求的。

3. 静态投资回收期

静态投资回收期是指项目在不考虑资金时间价值的情况下，从投产后用所获得的净收益抵偿全部投资所需要的时间，是反映项目财务上投资回收能力的重要指标。投资回收期一般从建设年开始算起。

静态投资回收期＝累计净现金流量开始出现正值年份－1＋上年累计净现金流量的绝对值/当年净现金流量＝6.35（年），小于行业基准投资回收期，表明项目可行。

4. 投资利润率

投资利润率是指项目达到设计生产能力后的正常生产年份的利润总额或项目生产期内的年平均利润总额与项目总资金的比率。

项目息税前年均利润总额 8329.84 万元，息税后年均净利润 6247.37 万元。投资利润率＝（年均息税前利润÷总资金）×100%＝21.45%，大于行业平均投资利润率，表明项目在财务上是可行的。

5. 贷款偿还期

贷款偿还期是指在国家财政规定及项目具体财务条件下，项目自投产后用可作还款的项目收益偿还贷款投资本金所需要的时间。一般以年为单位表示，计算出的数据越小，说明偿债能力越强。

贷款偿还期＝贷款偿还后开始出现盈余年份数－开始贷款年份＋当年应偿还贷款额/当年可用于还款的资金额＝5.38（年），满足 TG 公司贷款要求的期限，表明项目具有一定的还贷能力。

本项目各项财务分析指标结果体现出项目具有很好的经济效益。

3.5 TG 公司木薯燃料乙醇项目盈亏平衡和敏感性分析

项目经济分析所采用的数据大多数来自预测和估算，具有一定程度的不确定性，通常投资项目的未来与目前的预测不可能完全一致，为分析不确定性因素变化对项目经济评价指标带来的影响，需要进行项目盈亏平衡和敏感性分析。项目盈亏平衡和敏感性分析是项目决策分析中常用的方法，是在财务和经济效益分析评价的基础上，通过估计可能出现的不确定因素，来调整预测数据，在容许误差的幅度内进行再分析和再评价。这样可以尽量弄清和减少不确定性因素对经济效益评估的影响，预测项目投资对某些不可预见的政治与经济风险的抗冲击能力，避免项目建成投产后不能获得预期的利润和收益，提高项目投资决策的科学性和可靠性。

1. 盈亏平衡分析

盈亏平衡分析又称量本利分析，它是研究产品产量、生产成本、销售收入等因素的变化对项目经营过程中盈亏程度的影响，实质是分析产量、成本和盈利三者之间的平衡关系。它是在项目达到设计生产能力的前提下，通过计算项目的盈亏平衡点，分析项目成本和收益的平衡关系，同时就项目对市场需求变化的适应能力作出反应、进行研究的一种分析方法。盈亏平衡点是项目盈利与亏损的分界点，在平衡点上的总成本与总收入相等，若生产的产量或销量超过平衡点产量，项目就盈利，反之若低于此点，项目就亏损。在一定的项目许可范围内，盈亏平衡点的值越小，项目的生命力就越强，项目的盈利机会越大，造成亏损的可能性越小，当外部环境变化时，项目的抗风险能力也越强。

盈亏平衡点产量为

$$Q^* = \frac{C_r}{P - T - C_v}$$

盈亏平衡生产能力利用率为

$$E^* = \frac{Q^*}{Q_d} \times 100\%$$

式中　C_r——总固定成本；

　　　C_v——单位变动成本；

　　　P——单位产品价格；

　　　T——单位产品销售税金及附加；

　　　Q_d——设计生产能力。

该项目的年均固定总成本为 8201.74 万元，年均可变总成本为 54874.58 万元，根据盈亏平衡计算公式计算该项目建成后，在正常生产情况下，BEP 产量＝年均固定总成本÷（单位产品价格－单位产品销售税金及附加－单位可变成本）＝8201.74 万元÷（7215－237.46－5487.46）万元＝5.505 万吨

BEP 生产能力利用率＝BEP 产量÷设计生产能力×100％＝55.05％

计算结果如图 B.8 所示，即产量达到设计生产能力的 55.05％时，项目即可保本。

2. 敏感性分析

敏感性分析是投资建设项目经济评价中应用十分广泛的一种技术，就是通过考察项目涉及的各种不确定因素对项目基本方案经济评价指标的影响，找出敏感因素，分析并测定各个因素的变化对指标的影响程度，即研究和分析项目的投资、成本、价格、产量和工期

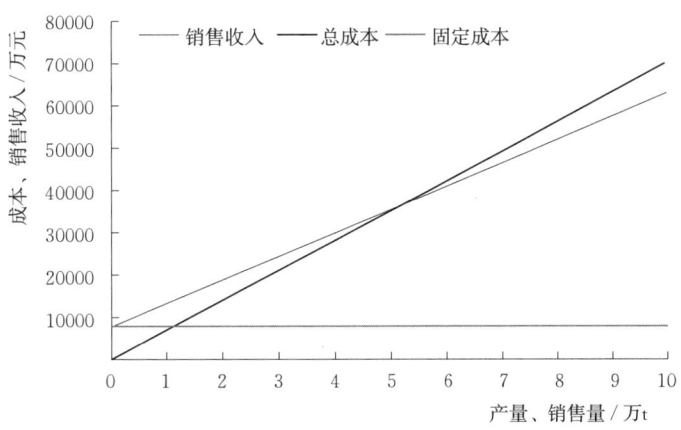

图 B.8 木薯燃料乙醇项目盈亏平衡分析图

等主要变量发生变化时,对评估项目经济效益的主要指标发生变动的敏感程度,用来判断相对于某个项目的指标在其外部条件发生不利变化时的承受能力。敏感性分析侧重于对最敏感的关键因素的分析检查。

表 B.10　　　　　　　　　木薯燃料乙醇项目敏感性分析

项目		基准	销售收入增加 5%	销售收入减少 5%	经营成本增加 5%	经营成本降低 5%
内部收益率		20.86%	26.74%	14.70%	14.85%	26.35%
	变化情况		5.61%	−6.16%	−6.01%	5.26%
投资回收期		6.35	5.49	7.86	7.81	5.51
	变化情况		−0.86	1.51	1.46	−0.84
净现值/万元		23856.10	37798.88	9792.67	10117.82	37473.74
	变化情况		13942.78	−14063.43	−13738.28	13617.64

在项目计算期内,对项目财务指标影响较大的主要因素有:销售收入、经营成本。从表 B.10 可以看到销售收入减少 5%,项目税后财务内部收益率为 14.70%,投资回收期 7.86 年;经营成本增加 5%,项目税后财务内部收益率为 14.85%,投资回收期 7.81 年。财务内部收益率均高于行业基准收益率 10%,投资回收期均小于行业基准投资回收期 10 年,这表明项目具有一定的盈利效益能力。从对所得税后财务内部收益率和投资回收期的影响幅度方面分析,影响最大的因素是产品销售收入,其次是经营成本。

3.6 分析小结

经测算,项目主要经济数据与评价指标汇总见表 B.11。

表 B.11　　　　　　　　　项目主要经济数据与评价指标

序号	项目名称	单位	数量
1	项目总投资	万元	38829.18
1.1	固定资产投资	万元	33939.02

续表

序号	项目名称	单位	数量	
1.1.1	建设投资	万元	32536.71	
1.1.2	建设期利息	万元	1402.31	
1.2	流动资金	万元	4890.16	
	其中铺底流动资金	万元	1467.05	流动资金的30%
2	报批项目总投资	万元	35406.07	
3	年均总成本费用	万元	63076.32	
3.1	固定成本	万元	8201.74	
3.2	可变成本	万元	54874.58	
4	资本金	万元	11654.27	
5	正常年销售收入	万元	74850	
6	年均销售税金及附加	万元	2334.56	
7	年均利润总额	万元	8329.84	
8	投资利润率	%	21.45	平均年
9	资本金利润率	%	53.61	平均年
10	全投资财务内部收益率	%	25.47	所得税前
11	全投资财务内部收益率	%	20.86	所得税后
12	全投资财务净现值	万元	35913.16	$I=10\%$,税前
13	全投资财务净现值	万元	23856.10	$I=10\%$,税后
14	全投资静态投资回收期	年	5.67	税前,含建设期
15	全投资静态投资回收期	年	6.35	税后,含建设期
16	长期借款偿还期	年	5.38	含建设期
17	盈亏平衡点	%	55.05	

项目从财务分析的角度来看,该项目核心工艺技术为企业自主知识产权专有技术,其技术水平达到国内领先水平,具有显著的技术优势;对本项目在整个生产期中的各项经济指标分析,并与行业基准指标进行对比,本项目各项经济指标均优于行业的基准评价指标,具有较好的经济效益,因此项目经济上是可行的。

4 TG公司木薯燃料乙醇项目社会效益和风险分析

4.1 TG公司木薯燃料乙醇项目社会效益分析

1. 本项目的实施符合国家产业政策,可以有效缓解石油紧缺局面

TG公司木薯燃料乙醇项目符合国家的产业政策、行业规划和地区规划,符合企业和行业的发展需要。乙醇汽油中由于加入了10%左右的燃料乙醇,可有效替代等量的汽油,

弥补石油供应缺口。同时响应国家发展非粮燃料乙醇政策，在 NY 市新能源产业集聚区投资建设年产 10 万 t 木薯燃料乙醇生产装置，可提升 TG 集团燃料乙醇市场保证能力，缓解我国能源紧张问题，拓宽能源多元化道路。

2. 本项目的实施有助于缓解我国粮食价格危机，稳定我国粮食安全

当前的粮食价格危机主要是由于工业用粮和饲料用粮的需求增加所致，采用合适的粮食替代品，将为我国解决粮食危机提供新的途径。木薯誉称"淀粉之王"，是我国热带和部分亚热带地区重要的工业原料之一，在酒精加工、淀粉加工中具有重要地位。用木薯做原料生产燃料乙醇，具有化石能量消耗低，单位原料生物燃料产出高，循环经济效率高，是小麦、玉米、陈化粮原料生产燃料乙醇的重要替代作物。本项目用木薯为原料生产燃料乙醇，可缓解粮食作物供应压力，对稳定粮食市场价格具有重要意义。

3. 本项目的实施可以降低汽车尾气污染，改善环境和空气质量

燃料乙醇被称为"清洁燃料"，它几乎能够完全燃烧，不会产生对人体有害的物质，乙醇的含氧量高达 35%，比常用的汽油增氧剂 MTBE（甲基叔丁基醚）高出近一倍。据清洁发展机制 CDM 项目咨询机构测算，每吨燃料乙醇能够产生 2t 的二氧化碳减排量。与汽油燃烧相比，乙醇燃烧过程中所排放的一氧化碳和含硫气体均较低，所产生的二氧化碳和作为原料的农作物生长所需的二氧化碳量基本持平。中国汽车研究中心对添加 10% 燃料乙醇的汽油和普通汽油进行的对比试验也表明，由于增加了含氧量，汽车尾气中一氧化碳和碳氢化合物的排放量分别下降了 30.8% 和 13.4%。同时，使用车用乙醇汽油所产生的温室气体（二氧化碳）要比使用普通汽油减少 3.9%，这对减少大气污染及抑制"温室效应"具有明显的作用，特别是 NY 市作为"南水北调"中线工程的源头地，更具有很重要的意义。

4. 本项目的实施可以带动地方经济发展，提供就业机会

本项目投产后平均年销售收入 73780.71 万元，各年平均利润总额为 8329.84 万元，平均每年上缴所得税 2082.46 万元，增加地方政府财政收入。本项目是以木薯为原料，每年消耗量 30.9 万 t，为木薯产区农产品销售提供了新的出路，增加了农民的经济收入。项目投产后，将提供一大批就业机会，使地方第三产业能得到较快的发展，促进地方社会的稳定和发展。

4.2 TG 公司木薯燃料乙醇项目环境保护分析

1. TG 公司木薯燃料乙醇项目的主要污染源及污染物

木薯燃料乙醇项目生产工艺为清洁生产工艺，对燃料乙醇生产时产生的酒糟先进行固液分离生产蛋白饲料，清液送沼气发酵制沼气用来发电，项目循环水利用率达到 95% 以上，整个工艺产生的"三废"较少，主要有来源于热电站和发酵工段的废气，来源于原料粉碎工段和蛋白饲料装置的粉尘，来源于发酵、蒸馏、脱水、蛋白饲料、热电站等工艺废水和生活污水，来源于热电站的锅炉废渣和污水处理的活性污泥。来源于热电站的鼓、引风机、汽轮机；粉碎机以及其他的各种风机和泵类的噪声。

主要污染物类型、排放量、所含有害有毒物质的成分和排放浓度见表 B.12。

表 B.12　　　　　项目主要污染源、污染物及排放情况一览表

污染源名称	排放量	主要污染物排放情况		备注
		污染物名称	排放浓度	
一、废气				
锅炉烟气	108400 N·m³/h	SO_2	微量	由80m高，DN2000上口径烟囱排放
		烟尘	60mg/(N·m³)	
发酵尾气	3861 N·m³/h	CO_2	1.96×10^6 mg/(N·m³)	由20m高排气筒排放
		醇类	1.4×10^3 mg/(N·m³)	
		醛类	12.93 mg/(N·m³)	
		酯类	500～1000 mg/(N·m³)	
		有机类	<500 mg/(N·m³)	
厌氧处理产沼气	2800 N·m³/h	甲烷	62.6 mg/(N·m³)	去发电
蛋白饲料烘干尾气	8000 N·m³/h	蒸汽、蛋白饲料微尘		由20m高排气筒排放
二、废水				
热电站酸碱污水	10 m³/h	NaOH	3%～5% mg/L	中和处理后，循环利用
		HCl	3%～5% mg/L	
发酵、蒸馏工艺污水	97 m³/h	COD_{Cr}	40000 mg/L	先发酵，后入污水处理
		BOD_5	20000 mg/L	
		悬浮物	3098 mg/L	
		BOD_5	1800 mg/L	
		悬浮物	1600 mg/L	
蛋白饲料装置工艺污水	1 m³/h	COD_{Cr}	1500 mg/L	污水温度：42℃ 污水处理
		BOD_5	1000 mg/L	
		悬浮物	600 mg/L	
生活污水	15 m³/h	COD_{Cr}	200 mg/L	污水温度：常温如温水处理
		BOD_5	100 mg/L	
		悬浮物	220 mg/L	
		BOD_5	2000～4000 mg/L	
		悬浮物	350～1000 mg/L	
三、废渣				
锅炉废渣	2.63 t/h	碳、硅		外运作原料
污水处理污泥	0.72 t/h	活性污泥		外运作原料
四、噪声				
噪声主要来自项目机电设备、管道内气体流动的振动声，其噪声峰值约为95dB，其噪声大约为100～60dB				

2. TG 公司木薯燃料乙醇项目污染物处理措施

(1) 废气。锅炉烟气中含有二氧化硫、粉尘等污染物。烟气处理先采用布袋除尘（除尘效率 99.8%）。处理后烟气中污染物排放量及排放浓度均符合国家标准。发酵尾气中二氧化碳 3861（Nm^3/h）送 30m 排气筒排放，尾气中污染物排放量及排放浓度均符合国家标准。原料粉碎工段的粉尘、蛋白饲料装置生产时的粉尘在工艺设备选型时，均选用了带吸尘设施的设备，故各装置的粉尘污染能符合国家标准。污水处理产生的沼气具有较高的燃料热值，设计将它燃烧发电，发电尾气用来烘干饲料。

(2) 废水。根据污水水质和排放要求，热电站酸碱污水采用中和池中和方式处理达标后排放。对高中浓度、易生化污水采用二级 UASB 厌氧加二级氧化沟好氧生化处理工艺，对低浓度污水进行二级好氧生化处理，达到 GB 8978—1996《污水综合排放标准》一级标准水质要求后排放。

(3) 固体废弃物。热电站废灰渣可综合利用，干灰渣活性好，是很好的水泥掺合料，也可用于制砖、铺路等。酒糟固形物生产蛋白饲料。污水处理活性污泥经脱水后外运作肥料。

(4) 噪声。本项目在设备选型时采用先进的低噪声设备，并在设计中对风机、压缩机等产生噪声较大的机器设备，采取了有效的减震、隔震、消声、隔音等措施，使车间内噪声达到要求，防止噪声对工人造成危害，设置绿化屏障，阻碍降低噪声对外环境的传播。

4.3 TG 公司木薯燃料乙醇项目节能措施

节约能源是我国一项长期的战略任务，是提高生产企业经济效益的一个重要方面。能源消耗于生产过程的每道工序，它涉及加工工艺、生产设备及配用的变压器、电机锅炉、热交换装置、水泵、空压机和通风机等所有设备的运行效率，在工程设计中制定各专业设计方案时，都把节约能源结合进去，积极采用新工艺、新技术、选用高效节能装备。本项目采用了粉碎、液化、糖化、发酵、蒸馏、脱水和采用换热设备等 6 种节能措施。

1. 粉碎

薯干粉碎采用干法，其电耗低、效率高，建设投资和运行成本明显低于湿法。

2. 液化、糖化

采用一次加酶二级喷射液化工艺，与其他工艺相比，在成熟工艺中，该工艺蒸汽用量小。

3. 发酵

采用加耐高温酒精干酵母连续发酵法。由于主发酵温度可达 40~42℃，可使发酵过程节约大量的冷却用水和电耗。

4. 蒸馏

该工段采用四塔双效差压蒸馏系统，差压蒸馏由于采用了物料间的相互换热，部分冷却冷凝由需加热的物料来实现，因此可大节约冷却水的用量。

5. 脱水

淀粉吸附剂脱水法与 3A 分子筛吸附脱水法相比，其吸附剂解吸时乙醇浓度比 3A 分子筛高 10% 左右，气相中带出的乙醇量比 3A 分子筛明显减少 15% 左右，且反应温度明显低于3A分子筛吸附脱水法,因此减少了蒸汽用量,生产成本更低。乙醇气体直接进入吸附单元,减少了水的用量。

6. 采用换热设备

采用新型宽通道板式换热器,其特点是物料侧无触点,无滞留,无死区不易堵塞,利于机械冲洗,换热通道可达5～10个,板片间介质流动通道周边为焊接式结构,承温承压能力强,传热系数 $K=1200\sim2000$,大大提高热能综合利用效率,降低了能耗。本项目按照循环经济理念,利用沼气进行发电,发电产生的尾气作为烘干饲料的热源,相应节约了化工类能源。在总图布置上各生产装置按物料流向布置,缩短了供物及供能距离,减少了管网长度,并从工艺流程设计上考虑使物流、能源供应便捷合理、设备利用率高。定型设备如机泵、换热器、空压机等均选用国产优质设备,性能高,能耗低。工程管件、阀门选用国产优质产品,安装时应把好质量关,尽量避免"跑、冒、滴、漏"现象。

4.4 TG公司木薯燃料乙醇项目风险分析

1. TG公司木薯燃料乙醇项目主要风险因素识别

项目风险就是为实现项目目标的活动或事件的不确定性和可能发生的危险。项目的一次性、动态性、复杂性,使其不确定性要比其他一些社会经济活动大许多。随着项目和项目环境的变化,在一个项目中存在着许多不同种类的风险,而且这些风险之间存在着交错复杂的内在联系,它们相互影响,交互作用。项目风险识别是项目风险管理的基础和重要组成部分,或不确定因素,按其产生的背景、表现特征和预期后果进行界定和识别,对项目风险因素进行科学分类。通过风险识别可以将那些可能给项目带来危害和机遇的风险因素识别出来。风险分析要求对未来市场某些重大不确定因素发生的可能性,及其可能对项目造成的损失程度进行分析。对TG公司木薯燃料乙醇项目来说,影响项目实施效果的风险因素很多,归纳起来大体可分为8种主要风险因素:①市场方面的风险因素;②技术方面的风险因素;③资源方面的风险因素;④工程方面的风险因素;⑤投资方面的风险因素;⑥融资方面的风险因素;⑦配套条件方面的风险因素;⑧政策方面的风险因素。

2. TG公司木薯燃料乙醇项目风险程度分析

(1) 市场风险程度分析。本项目所生产的燃料乙醇产品是替代化石能源的可再生能源之一,其社会需求量随着我国经济发展水平的提高和汽车产业的快速发展而不断增长,因此市场需求是稳定和有所增加的,综合分析认为其市场风险属一般性风险。

(2) 技术风险程度分析。本项目采用技术先进成熟可靠的生产工艺和设备,企业具有自主知识产权,故本项目的技术风险几乎是不存在的。

(3) 资源方面的风险程度分析。本项目所需主要原料木薯来自于TG集团老挝木薯种植基地和国内市场供应,主要辅助材料淀粉酶和糖化酶来自于TG集团控股酶制剂公司,从目前看完全可满足本项目对其原辅料的需用量,原辅料无竞争风险。

(4) 工程方面的风险程度分析。工程地质情况对项目的建设十分重要。如果对工程地质或水文地质情况探测不清,将会致使项目在生产运营甚至施工中就出现问题,造成经济损失。因此在地质情况复杂的地区,应慎重对待这方面的风险因素。

(5) 投资方面的风险程度分析。投资项目的经济效益与投资大小密切相关。因此投资方面的风险因素对项目至关重要，这方面的风险因素往往是由于工程量预计不足、设备材料价格上升、计划不周或外部因素导致建设工期拖延导致投资增加等。本项目投资估算中已按规定考虑了预备费，只要项目建设组织管理有力，责任落实，计划合理，投资方面的风险是完全可以化解的。

(6) 融资方面的风险程度分析。投资项目的经济效益与融资成本有关，本项目经济效益的测算是以目前拟定的融资方案、融资成本进行分析的，如遇融资方案变化、贷款利率提高等情况都将使项目的经济效益随之变化，融资风险是必须认真对待的风险因素。

(7) 配套条件方面的风险程度分析。国家发改委于2008年2月批准NY市建设新能源国家高技术产业基地。NY市根据城市建设规划要求，综合考虑城市功能拓展、水源保护、生态安全保障和未来发展等因素建立生态工业园区，是该基地的核心区域和新能源高技术产业的载体，园区基础条件完备，配套设施齐全。本项目处于园区核心区域内，配套条件方面的风险不需考虑。

(8) 政策方面的风险程度分析。按照我国2007年《可再生能源中期发展规划》，木薯燃料乙醇项目属于国家鼓励扶持类项目。从我国调整能源结构，保障能源安全战略来看，国家这一产业政策在相当长一段时期内不会发生变化。因此，本项目并无政策风险。

3. TG公司木薯燃料乙醇项目风险应对措施

项目风险应对是根据项目风险识别、估计和评价的基本结果，在对项目风险综合权衡的基础上，提出项目风险的管理措施和处置办法，以有效地消除或控制项目风险。规避风险可从改变项目风险后果的性质、风险发生的概率或风险后果大小等方面提出多种应对措施，主要有减轻风险、预防风险、转移风险、回避风险、接受风险和储备风险等措施。风险应对的根本目的是尽可能避免人、财、物、设备等有可能的损失。对TG公司木薯燃料乙醇项目来说，主要有以下风险应对措施：

(1) 树立市场风险意识，做好燃料乙醇市场推广。TG公司将充分发挥燃料乙醇生产推广的技术和市场优势，充分利用与当地政府燃料乙醇推广部门的良好关系，积极做好所辖市场区域内的燃料乙醇推广应用工作，占有和扩大市场份额，防范市场风险。

(2) 抓紧项目建设进度，控制项目建设投资。TG公司将充分利用以往项目建设经验，分析当前基本建设特点，抓好项目拟定融资方案的落实，减少和降低融资风险。做好项目各个控制环节的上下衔接，确保项目建设进度。项目从投产到实现稳定生产需要分步骤进行有序投资，严格把握好项目资金的来源及投入，保证项目投资的有效控制。

(3) 加强内部管理，提高企业自身竞争力。深入加强企业全面预算管理和计划管理，狠抓企业内部标准化管理，严格控制燃料乙醇生产工艺操作条件，节能降耗，最大限度降低成本，提高产品质量，增强企业自身竞争力，规避项目风险。

附表 B.1 总成本费用估算表

单位：万元

序号	项目	投产期	生产期/年												
		1	2	3	4	5	6	7	8	9	10	11	12	13	14
	生产负荷	80%	100%												
1	原辅材料	40875.68	51094.6	51094.6	51094.6	51094.6	51094.6	51094.6	51094.6	51094.6	51094.6	51094.6	51094.6	51094.6	51094.6
2	动力燃料费	3812.19	4765.24	4765.24	4765.24	4765.24	4765.24	4765.24	4765.24	4765.24	4765.24	4765.24	4765.24	4765.24	4765.24
3	工资及福利费	1270.8	1270.8	1270.8	1270.8	1270.8	1270.8	1270.8	1270.8	1270.8	1270.8	1270.8	1270.8	1270.8	1270.8
4	修理费用	989.24	989.24	989.24	989.24	989.24	989.24	989.24	989.24	989.24	989.24	989.24	989.24	989.24	989.24
5	其他费用	2759.9	3226.98	3226.98	3226.98	3226.98	3226.98	3226.98	3226.98	3226.98	3226.98	3226.98	3226.98	3226.98	3226.98
6	经营成本	49707.81	61346.86	61346.86	61346.86	61346.86	61346.86	61346.86	61346.86	61346.86	61346.86	61346.86	61346.86	61346.86	61346.86
7	折旧费	1978.48	1978.48	1978.48	1978.48	1978.48	1978.48	1978.48	1978.48	1978.48	1978.48	1978.48	1978.48	1978.48	1978.48
8	其他资产摊销费	94.71	94.71	94.71	94.71	94.71		40	40	40	40	0			
9	财务费用	1974.66	1628.95	1067.62	479.64										
10	年总成本费用合计	53755.66	65049	64487.67	63899.69	63652.88	63598.17	63598.17	63598.17	63598.17	63598.17	63598.17	63598.17	63598.17	63598.17
10.1	其中：固定成本	9688.77	9343.06	8781.83	8193.75	7946.94	7892.23	7892.23	7892.23	7892.23	7892.23	7892.23	7892.23	7892.23	7892.23
10.2	可变成本	44066.89	55705.94	55705.94	55705.94	55705.94	55705.94	55705.94	55705.94	55705.94	55705.94	55705.94	55705.94	55705.94	55705.94

附表 B.2 销售收入及税金估算表

单位：万元

序号	项目	投产期	生产期/年												
		1	2	3	4	5	6	7	8	9	10	11	12	13	14
	生产负荷	80%	100%	100%	100%	100%	100%	100%	100%	100%	100%	100%	100%	100%	100%
一	产品销售收入														
1	总产品	59880	74850	74850	74850	74850	74850	74850	74850	74850	74850	74850	74850	74850	74850
二	销售税金														
1	增值税	2220.99	2153.9	2153.9	2153.9	2153.9	2153.9	2153.9	2153.9	2153.9	2153.9	2153.9	2153.9	2153.9	2153.9

续表

序号	项目	投产期		生产期/年											
		1	2	3	4	5	6	7	8	9	10	11	12	13	14
	生产负荷	80%	100%	100%	100%	100%	100%	100%	100%	100%	100%	100%	100%	100%	100%
1.1	销项税	8700.51	10875.64	10875.64	10875.64	10875.64	10875.64	10875.64	10875.64	10875.64	10875.64	10875.64	10875.64	10875.64	10875.64
1.2	进项税	6479.52	8721.74	8721.74	8721.74	8721.74	8721.74	8721.74	8721.74	8721.74	8721.74	8721.74	8721.74	8721.74	8721.74
2	城市维护建设税 7%	155.47	150.77	150.77	150.77	150.77	150.77	150.77	150.77	150.77	150.77	150.77	150.77	150.77	150.77
3	教育费附加 3%	66.63	64.62	64.62	64.62	64.62	64.62	64.62	64.62	64.62	64.62	64.62	64.62	64.62	64.62
4	税金附加合计	222.1	215.39	215.39	215.39	215.39	215.39	215.39	215.39	215.39	215.39	215.39	215.39	215.39	215.39
5	销售税金及附加合计	2443.09	2369.29	2369.29	2369.29	2369.29	2369.29	2369.29	2369.29	2369.29	2369.29	2369.29	2369.29	2369.29	2369.29

附表 B.3 　利润与利润分配表

单位：万元

序号	项目	投产期		生产期/年											
		1	2	3	4	5	6	7	8	9	10	11	12	13	14
	生产负荷	80%	100%	100%	100%	100%	100%	100%	100%	100%	100%	100%	100%	100%	100%
1	营业收入	59980	74850	74850	74850	74850	74850	74850	74850	74850	74850	74850	74850	74850	74850
2	总成本费用	53755.66	65049	64487.67	63899.69	63652.88	63598.17	63598.17	63598.17	63598.17	63598.17	63598.17	63598.17	63598.17	63598.17
3	营业税金附加	222.1	215.39	215.39	215.39	215.39	215.39	215.39	215.39	215.39	215.39	215.39	215.39	215.39	215.39
4	增值税	2220.99	2153.9	2153.9	2153.9	2153.9	2153.9	2153.9	2153.9	2153.9	2153.9	2153.9	2153.9	2153.9	2153.9
5	利润总额	3681.25	7431.71	7993.04	8581.02	8827.83	8882.54	8882.54	8882.54	8882.54	8882.54	8922.54	8922.54	8922.54	8922.54
6	弥补以前年度亏损	0	0	0	0	0	0	0	0	0	0	0	0	0	0
7	应交税所得额	3681.25	7431.71	7993.04	8581.02	8827.83	8882.54	8882.54	8882.54	8882.54	8882.54	8922.54	8922.54	8922.54	8922.54
8	所得税	920.32	1857.93	1998.26	2145.25	2206.96	2220.64	2220.64	2220.64	2220.64	2220.64	2230.64	2230.64	2230.64	2230.64
9	净利润	2760.93	5573.78	5994.78	6435.77	6620.87	6661.90	6661.90	6661.90	6661.90	6661.90	6691.90	6661.90	6661.90	6661.90
10	期初未分配利润														

续表

单位：万元

序号	项目	投产期		生产期/年											
		1	2	3	4	5	6	7	8	9	10	11	12	13	14
	生产负荷	80%	100%	100%	100%	100%	100%	100%	100%	100%	100%	100%	100%	100%	100%
11	可供分配利润	2760.93	5573.78	5994.78	6435.77	6620.87	6661.90	6661.90	6661.90	6661.90	6661.90	6691.90	6691.90	6691.90	6691.90
12	提取法定盈余公积金	0	0	0	0	0	0	0	0	0	669.19	669.19	669.19	669.19	669.19
13	可供投资者分配利润	2760.93	5573.78	5994.78	6435.77	6620.87	6661.90	6661.90	6661.90	6661.90	5995.71	6022.71	6022.71	6022.71	6022.71
14	未分配利润	2760.93	5573.78	5994.78	6435.77	6620.87	6661.90	6661.90	6661.90	6661.90	5995.71	6022.71	6022.71	6022.71	6022.71
15	累计未分配利润	2760.94	8334.72	14329.50	20765.27	27386.14	34048.04	40709.94	47371.84	54033.74	60029.45	66052.16	72074.87	78097.58	84120.29

附表 B.4　　借款偿还计算表

单位：万元

序号	项目	建设期		生产期/年											
		1	2	1	2	3	4	5	6	7	8	9	10	11	12	13	14
1	借款及还本付息															
	年初借款本金		9500.72	23751.80	18917.67	11270.70	3202.73	0	0	0	0	0	0	0	0	0
	上年借款本金	0														
	当年借款本金	9500.72	14251.08													
	本年应计利息	175.29	1227.02	1752.88	1396.12	834.79	246.81	0	0	0	0	0	0	0	0
	本年还本			2760.94	5573.78	5994.78	6435.77	6620.87	6661.90	6661.90	6661.90	6661.90	5995.71	6022.71	6022.71	6022.71
	本年还息			1978.48	1978.48	1978.48	1978.48	1978.48	1978.48	1978.48	1978.48	1978.48	1978.48	1978.48	1978.48	1978.48
	偿还本金来源															
	利润			94.71	94.71	94.71	94.71	94.71								
2	折旧			4834.13	7646.97	8067.97	8508.96	8694.06	8680.38	8680.38	8680.38	8680.38	8014.19	8014.19	8014.19	8014.19
	摊销								40	40	40	40	40				
	偿还本金来源合计			4834.13	7646.97	8067.97	8508.96	8694.06	8680.38	8680.38	8680.38	8680.38	8014.19	8014.19	8014.19	8014.19
3	偿还本金后余额			0	0	0	5306.23	8694.06	8680.38	8680.38	8680.38	8680.38	8014.19	8014.19	8014.19	8014.19
4	贷款偿还期						5.38										

6.10 新能源工程项目可行性研究案例

附表 B.5 项目投资现金流量表

单位：万元

序号	项目	建设期 1	建设期 2	生产期/年 1	2	3	4	5	6	7	8	9	10	11	12	13	14
	生产负荷			80%	100%												
1	现金流入			59880	74850	74850	74850	74850	74850	74850	74850	74850	74850	74850	74850	74850	74850
1.1	营业收入			59880	74850	74850	74850	74850	74850	74850	74850	74850	74850	74850	74850	74850	74850
1.2	回收固定资产余值																5566.76
1.3	回收流动资金																4862.68
	小计	0	0	59880	74850	74850	74850	74850	74850	74850	74850	74850	74850	74850	74850	74850	74850
2	现金流出																	
2.1	建设投资	13014.68	19522.03															
2.2	经营成本			49707.81	61346.86	61346.86	61346.86	61346.86	61346.86	61346.86	61346.86	61346.86	61346.86	61346.86	61346.86	61346.86	61346.86
2.3	销售税金及附加			2443.09	2369.29	2369.29	2369.29	2369.29	2369.29	2369.29	2369.29	2369.29	2369.29	2369.29	2369.29	2369.29	2369.29
2.4	流动资金			4068.18	821.98	1964.70	2091.77	2206.96	2220.64	2220.64	2220.64	2220.64	2220.64	2230.64	2230.64	2230.64	2230.64
2.5	所得税			930.32	1844.30													
	小计	13014.68	19522.03	57139.39	66382.43	65680.85	65807.92	65923.11	65936.79	65936.79	65936.79	65936.79	65936.79	65946.79	65946.79	65946.79	65946.79
3	所得税后净现金流量	-13014.68	-19522.03	2740.61	8467.57	9169.15	9042.08	8926.89	8913.21	8913.21	8913.21	8913.21	8913.21	8903.21	8903.21	8903.21	19332.65
3.1	所得税后累计净现金流量	-13014.68	-32536.71	-29796.10	-21328.53	-12159.38	-3117.30	5809.59	14722.80	23636.01	32549.22	41462.43	50375.64	59278.85	68182.06	77085.27	96417.92
3.2	所得税后投资回收期							6.35										
4	所得税前净现金流量	-13014.68	-19522.03	3660.93	10311.87	11133.85	11133.85	11133.85	11133.85	11133.85	11133.85	11133.85	11133.85	11133.85	11133.85	11133.85	21563.29
4.1	所得税前净现金流量累计	-13014.68	-32536.71	-28875.78	-18563.91	-7430.06	3703.79	14837.64	25971.49	37105.34	48239.19	59373.04	70506.89	81640.74	92774.59	103908.44	125471.73
4.2	所得税前投资回收期						5.69											
5	内部收益率 所得税后	20.86%	净现值	23856.10													
6	内部收益率 所得税前	25.47%	净现值	35913.16													

思 考 题

1. 为了做好可行性研究，以下（　　）是不需要进行的前期准备工作。
   A. 市场分析调查　　B. 与同类项目对比分析　　C. 地形测量　　D. 工艺技术试验
2. 项目建设规模的影响因素不包括（　　）。
   A. 市场容量　　B. 环境容量　　C. 生产能力　　D. 投资环境
3. 关于环境影响评价，以下错误的是（　　）。
   A. 环境影响评价是指对拟议中的建设项目、区域开发计划和国家政策实施后可能对环境产生的影响进行的系统性识别、预测和评估
   B. 在分析论证环境保护治理措施时，应当在保证经济效益的前提下，兼顾环境效益
   C. 坚持环境治理设施与项目的主体工程"同时设计、同时施工、同时投产使用"的原则
   D. 可以为确定某一地区的经济发展方向和规模、制定区域经济发展规划及相应的环保规划提供科学依据
4. 请简要阐述项目可行性研究基本内容包括的四个方面。
5. 项目可行性研究的程序包括哪几步？
6. 请以光热发电项目为例，简述其环境影响评价。
7. 表 6.2 为三种制氢方法的对比，若要在国内推广制氢技术，试对表中三种不同制氢方法进行原材料分析。

表 6.2　　　　三种制氢方法

方法名称	煤制氢	生物质制氢	水电解制氢
原材料	煤、水蒸气、空气	植物、微生物材料	碱性水溶液电池
效率	≤75%	30%~90%	75%~85%
发展程度	已商业化	实验阶段	已商业化
氢气纯度	高	低	高

8. 风力发电项目的建设选址与当地风能资源是否丰富有着密切的关系，请结合我国地理环境，谈一谈你认为比较合适的风电建设地点有哪些。
9. 光伏发电中的关键技术为太阳能电池的生产，目前主要包括单晶硅、多晶硅、多元化合物薄膜电池等技术，请从技术选择的角度对比分析以上几种太阳能光伏发电技术。
10. 2015 年，全球共销售电动汽车 45.01 万辆，较 2014 年增长近 56%。其中，纯电动汽车 26.376 万辆，插电式混合动力汽车 18.634 万辆，比 2014 年分别增长 37% 和 31%。请结合现实情况，定性预测电动汽车市场前景。
11. 某生物质电厂计划新建一台 30MW 的发电机组，预计总投资 2.7 亿元，年发电量为 1.6 亿 kW·h，按照 0.53 元/kW·h 的上网电价，试计算该项目的投资回收期和总投资收益率。
12. 请解释资产负债率和财务现金流量表的具体含义。
13. 请简要叙述对新能源项目进行财务评价的主要指标和含义。

14. 在项目可行性分析中，国民经济评价与财务评价的共同点有哪些？

15. 某新能源项目拟占用农业用地 150 亩，该地现行用途为种植水稻。经调查，该地的各种可行替代用途中最大净收益为 800 元（采用影子价格计算的当地某年每亩地年净效益）。在项目计算期 30 年内，估计该最佳可行替代用途的年净效益按平均递增 3% 的速度上升（$g=3\%$），项目预计一年后开始建设，社会折现率取 8%。计算该土地的机会成本。

参 考 文 献

[1] 杨新亭. TG 公司木薯燃料乙醇项目可行性研究 [D]. 南京：南京理工大学，2013.

[2] 勒晓明. 中国新能源发展报告 [M]. 武汉：华中科技大学出版社，2001.

[3] 赵国杰. 投资项目可行性研究 [M]. 天津：天津大学出版社，2003.

[4] 杨万涛，陈涛，姜萍. 投资项目可行性研究指南 [M]. 北京：中国电力出版社，2002.

[5] 颜丽. 沼气发电产业化可行性分析 [J]. 太阳能，2004（5）：12-15.

[6] 陈柳钦. 国内外新能源产业发展动态 [J]. 河北经贸大学学报，2011，32（5）：5-13.

[7] 龙江英. 政府投资工程项目可行性研究阶段的管理 [J]. 煤炭工程，2007，(7)：116-119.

[8] 刘玉明. 工程经济学 [M]. 北京：清华大学出版社，2006.

第7章 新能源系统全生命周期分析方法

随着石油价格的不断上涨和低碳经济的要求，新能源产业成为能源发展的重要方向。然而，在我国以煤电为主的能源结构背景下，推广使用新能源能否实现真正的节能减排效益，是我国政府和民众共同关心的焦点。核电、风电、太阳能光伏发电等往往被认为是"零排放"的电力能源，但从生命周期的角度分析，各类新能源的开发、建设、运行过程中，包括原材料开采、设备生产、运输、销售、设施废弃等环节同样会消耗一次能源和排放温室气体，同样也有可能给环境带来影响和危害。因此，采用全生命周期分析方法全面认识和比较新能源系统各个环节的环境负荷和资源、能源消耗具有十分重要的意义，从而在生命周期内节约资源、改进技术、保护环境，使新能源系统对环境的影响降低到最低水平。

7.1 全生命周期分析方法概述

7.1.1 生命周期评价的发展与定义

生命周期评价（life cycle assessment，LCA）概念起源于20世纪60年代末，主要是从保护原材料和能源的角度出发，以各种方法计算资源和能源的供应和消耗状况，如美国能源署开展的诸如"燃料循环"等的研究。将LCA思想首先用于资源、能源和环境影响的综合评价是在1969年由美国中西部资源研究所（Mid West Research Institute，MRI）开展的可口可乐公司的饮料包装瓶的评价研究。该研究对饮料的一次性塑料包装的可行性进行考虑，并比较了复用式的玻璃瓶包装与一次性塑料包装的整体环境影响，并最终确定了塑料包装的环境友好性。在此之后，美国和欧洲各国其他公司也开展了多项以包装纸、包装盒等包装材料和容器为中心的产品评价，从此揭开了LCA发展的序幕。

20世纪70年代初期，英国、德国、瑞典等一些国家相继开展了有关生命周期评价的研究，其中大多是关于包装材料和容器的研究；70年代中期能源危机爆发之后，环境问题的热点是能源消耗问题，美国、英国等国政府进行了大量关于工业生产能量分析的研究，这些研究促进了当今LCA方法中能源消耗部分的进展。70年代末石油危机平息之后，LCA的研究就不只局限于能流的分析，到了80年代中期，LCA的发展进入了一个高潮，在这一时期环境影响的评估方法有了实质性的进展，如"临界值法"分别在瑞士和荷兰独立形成，环境优先级方法在瑞士发展起来。

80年代末90年代初，随着人们对产品和包装系统复杂关系认识的深入，发现每个系统都能够在资源与环境效益上有所改善,人们对资源与环境效益认识的加深,使生命周期清单分析方法得到了快速的发展。

进入 90 年代,生命周期评价的发展进入了一个空前发展的时期,在这一阶段,生命周期评价中的很多问题都得到了统一与认可。1990 年 8 月在美国召开的国际环境毒理学与化学学会(Society of Environment Toxicology and Chemistry,SETAC)研讨会上,与会者对 LCA 的概念和理论框架进行了详细的讨论与研究,并最终确定了"生命周期评价"的概念,从而统一了国际上的 LCA 研究,使 LCA 研究进入了规范化、稳定化发展的阶段。这一时期 LCA 研究在许多国家开始生根发芽,日本在 1995 年开始对一些典型材料进行生命周期评价,1998 年,日本经济、贸易和工业部门联合提出一个发展产品的生命周期影响评价的五年计划,通常被称为 LCA 工程;同样是在 1998 年,西班牙出版了第一本有关 LCA 的图书,介绍了 LCA 的思想及概念,将国际上通行的 ISO 及 SETAC 标准翻译成为西班牙语;在意大利,从 1993 年就有大学开始研究 LCA,1998 年其国内的几家大公司,如 ABB、FIAT 开始运用 LCA 对其产品进行生命周期评价。

尽管 LCA 的概念得到了统一,但是由于不同的团体进行 LCA 研究的目的不同,因此对 LCA 的概念和方法也有着不同的理解。

1993 年,SETAC 对 LCA 做了如下定义:通过确定和量化与评估对象相关的能源消耗、物质消耗和废弃物排放,来评估某一产品、过程或事件的环境负荷;定量评价由于这些能源、物质消耗和废弃物排放所造成的环境影响;辨别和评估改善环境的机会。评价过程应包括该产品、过程或事件的寿命全过程,包括原材料的提取与加工、制造、运输和销售、使用、再使用、维持、循环回收,直到最终的废弃。

1997 年 ISO 修订的 ISO14040(生命周期评价—原则与框架)标准规定:LCA 是对一个产品系统的生命周期中输入、输出及其潜在环境影响的汇编和评价。这里的产品系统是通过物质和能量联系起来的,具有一种或多种特定功能单元过程的集合。在 LCA 标准中,产品既可以指(一般制造业的)产品系统,也可以指(服务业提供的)服务系统。生命周期是指产品系统中前后衔接的一系列阶段,从原材料的获取或自然资源的生成,直至最终处置。在 ISO14040 中对生命周期评价的框架做了描述,具体如图 7.1 所示。从图 7.1 中可以看到,生命周期评价框架主要包括目标和范围设定、清单分析、影响评价和结果解释四个步骤。

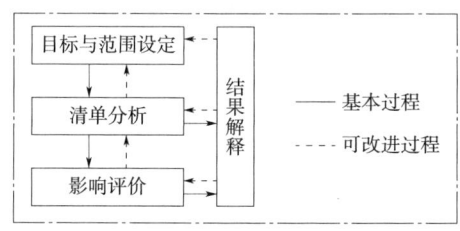

图 7.1 LCA 的评价框架

从 LCA 的相关阐述可以看出,LCA 的定义在其发展过程中不断地得到完善和充实,但基本的思想与方法并没有改变。

新能源系统的 LCA 评价则是针对某一新能源产品系统或服务,从原材料获取直至最终废弃处理的整个生命周期的输入、输出进行编制及对其潜在的环境影响进行评价的技术，其目的在于通过对新能源产品生产与消费中可能伴随的环境影响进行量化和汇编，以对其进行更好的理解和说明，从而为改进设计提供建议和理论支持，使其成为真正的节能、减排，实现传统能源的替代。该LCA研究强调贯穿于从原材料获取、生产、使用，直至产品生命末期的回收与处理的新能源产品生命周期的环境因素和潜在的环境影响，即试图捕获所评估产品从"摇篮"与"坟墓"两个端点之间所产生的环境影响。例如，当审视市场上引入的新能源汽车的影响时，不仅需要评估动力电池的消耗和报废电池的环境负荷，而且需要评价原材料获取、车辆生产、动力电池生产、输配、车辆使用以及在车辆生命末端的报废处理等环节的环境影响。

7.1.2 新能源系统生命周期评价的特点

生命周期评价旨在使人类各个领域将环境治理加入到其发展计划中。就该方面而言，LCA缺少强制与暴力性。然而LCA的发展已经不可阻挡，不仅是因为其对人类社会的重要性，而且也是社会进步的体现。基于生命周期管理的概念、数据编目和LCA的环境评估，可以系统地全面阐述新能源生产体系的各个环节对环境的影响，因此，它可以找到机会和途径来识别和改善生产技术。LCA是基于不同新能源评价对象的特殊性进行的综合影响评价，具有以下特点：

（1）生命周期针对的是某一新能源产品及其"由生到死"的完整过程，具体包括了从产品设计、生产制造、运输装备、运行维护、废物处置等多个阶段，体现了每种产品及其各生产阶段的特点。

（2）生命周期评价是一种系统性的、定量化的评价方法，是以全局为目标对全生命周期内各个阶段的能耗情况进行统计，并分析其对环境的影响，结果完全以数据化呈现。

（3）生命周期评价具有其独特的开放性，包含的内容从数理化到各种分析测量技术都有涉及，使用时应根据具体某一新能源产品的特征及其制造的技术过程进行选取。

（4）目前，新能源生产技术仍是在不断探索和完善中的，部分产品并未实现规模化生产及商品化应用，且新能源替代传统能源的长远生态效益也很难纳入到LCA的评价体系中，其LCA评价工作也更困难。

7.1.3 新能源系统生命周期评价的意义

生命周期评价克服传统的能耗评价的片面性，有助于在新能源产品开发过程的技术改造中选择更有利于可持续发展的"绿色技术"以及更高效环保的节能技术；同时生命周期评价利于新能源领域的长远绿色发展；可以帮助企业循序渐进、有计划地实施清洁生产；为各地区之间的相同环境行为的影响，新能源项目的开展，以及环境政策的发展提供理论支持，为"绿色营销"及"绿色消费"提供了方向。

生命周期的评价可以使新能源生产各阶段的能耗情况完全明确清晰，让人们明白能源的稀缺性，绿色新能源的意义以及实施绿色新能源评估的紧迫性，正确认识新能源生产及其消费过程中的能源消耗情况，加深对"绿色新能源"概念的理解，从而推进绿色新能源的健康发展，真正实现传统石化能源的良性替代。同时，该评价方法也可以与我国的可持续发展战略相结合,使每个环节的资源消耗更加清晰透明,从而利于相关优化措施的实施。其对人们的生活产生了长远的影响。能够让人们更加深入地认识到新能源整个生命过程中的发展变化,眼光全面着眼于整体,而不局限于某一细节。为人们的判断与选择提供了一个理论依据,对于新能源生产相关附属设备的选择也有了明确的依据,根据用户的需要,以各个环节的量化结果为参考决定需求。

7.1.4 新能源系统生命周期评价的局限性

LCA仅考虑生态环境、人类健康的环境问题和资源消耗,不涉及技术、经济或社会的影响因素,如质量、性能、成本、利润、公众形象。LCA评价方法包括客观和主观的因素,所以它不是一个科学问题。LCA的应用需要进行理性的推论,把问题细化,再进行科学的分析进而发现问题,解决问题。

LCA方法应用过程中会有诸多主观方面的问题,如系统边界、数据源的选择,以及在评估方法和环境影响的过程中破坏环境的选择计算等。这些LCA评估过程中的诸多主观因素对结果产生了不合理的影响,需要加以说明,从而和各个客观因素加以区别,使结论更为完整。LCA的各个阶段也都受到时间和空间的影响,使其结果有所变化,结果的适用性受到限制。产生这种结果的原因源自系统的时效性与地区性。因此,LCA方法仍需全世界各国研究机构加以推论,扩大其应用范围,使LCA方法得到更好的发展,从而更好地服务于各行各业。就中国当前的研究情况分析,仍有以下问题:

(1) LCA评价体系中需要各个环节中的详细实际数据。由于我国的LCA评价研究起步较晚,所以对这方面的数据没有很好地进行系统的收集、统计和整理,相关数据库的建设十分匮乏。

(2) LCA往往需要根据不同的评价产品、不同的地域、不同的生产技术等基本条件,明确系统边界和进行不同的生命周期评价体系的假设。范围上的差异和假设的局限性,一个统一的、标准化的模型必然不足,各个结果之间缺乏可比性。该情况同样是数据缺失造成的,应该得到政府部门及各个研究机构的重视,及时加以收集统计。

(3) 进行LCA分析的新能源类型和数量都非常少,原因同样是我国新能源产业起步晚,是新兴产业,在新能源发展的初期往往会忽视对环境造成的影响,对"绿色新能源"的评估也是近几年来才出现的,而且对已经评价为绿色的新能源产业基本没有进行LCA的评价,同时受到新能源发展规模的局限,所以缺少各种新能源生产的相关能耗和排放的数据,对新能源系统LCA的发展和完善也就难以进行。这些问题都是我国LCA研究过程中出现的标志性问题,要解决这些问题,需要政府部门对新能源环境评估过程加强监管,各个研究部门和企业应注重对各领域相关数据的采集和统计,并且要加快LCA方法的研究,使之能适应各个生产生活领域,为我国的可持续发展战略做出贡献。

7.2 评价目标和评价范围的确定

任何LCA研究的首要步骤都要明确评价目标与评价范围。明确研究目标,即是要明确进行生命周期评价所需回答的问题,主要包括预期的应用意图和开展研究的原因、目标。定义研究范围,即是要阐述如何执行该研究以及如何建立该产品系统的模型,包括功能、功能单位和基准流、初始系统边界、数据质量要求、报告和鉴定性评审。研究评价目标与评价范围设定的步骤在ISO14041中得到了详述。该标准要求评价目标与评价范围需要与LCA预期的应用相一致。LCA也是一个迭代的过程,即评价目标与评价范围可以在后续的研究中基于对结果的解释进行重新定义。鉴于这种反复迭代的特性,研究范围可能需要不断完善。更具体地说,在评价目标与评价范围的确定环节应涵盖以下内容。

7.2.1 功能单位

功能单位为输入和输出提供一个统一的计量基准,它是系统中其他模拟流的基准流,功能单位的定义应该明确可测量,且与输入输出数据相关。该步骤将决定如何组织数据和展示结果。谨慎选择功能单位和展示结果可以提高计算精度和结果的可信度。为了使研究新能源产品系统的所有输入和输出具有可比性,需要把它们与该新能源产品的指定功能单位关联起来。

7.2.2 系统边界

定义系统边界,即定义要纳入所研究新能源产品系统模型的单元的过程,是目的与范围的确定阶段中最重要的内容之一。无论做何种类型的产品系统研究,有三点是必须要确定和限定的。

1. 自然边界

确定自然边界是为了定义哪些环节或阶段属于新能源产品系统。技术体系与自然体系之间的边界也就是清单分析与影响评价之间的边界。"摇篮(起点)"是每个零部件的原材料获取,"坟墓(终点)"是新能源产品生命周期结束的报废处理。目前,新能源产品商品化率较低,大部分都是处在研制和适用推广阶段,其后续报废处理的相关研究甚少。

2. 地域边界

地域边界主要考虑三个问题:①产品的不同零部件来自世界的不同地点;②产品生命周期的组成部分,如发电和运输,因地域而异;③不同地域环境的敏感性物质不同。

3. 时间范围

时间边界主要受研究目的和类型影响。一般而言,基于变化型的是回顾性的(时间向后方向),而会计型的是前瞻性的(时间前进方向)。

7.3 生命周期清单分析

生命周期清单分析是对所研究新能源产品系统生命周期的输入、输出进行收集、汇编和量化的阶段,建立在所研究系统的物质流和能量流的平衡的基础之上。清单分析就是确定和量化原材料和能量的输入、气体排放、水污染、固体废弃物和产品生命周期其他阶段的输入输出。在目标设定完成后,就可以进行清单分析,即对一个产品从生产、使用到废弃整个生命周期过程所投入的原材料和能源作为输入逐一列出,而且在这个过程中排出的所有影响环境的物质(包括副产品)作为输出也要逐一列出,做出输入输出平衡表。在分析过程中应该对要分析产品的生命周期的每一阶段进行细化,用量化的数据来标识系统范围内的所有过程对资源(原材料和能源)的消耗及其环境的排放物(液体、固体废弃物,CO_2、SO_2、NO_x 等气体排放物)。

为了使清单分析中的数据方便引用和处理,可以应用物流分析法对各新能源产品生产过程中的物质和能量的输入输出进行计算,形成量化数据,得出能源消耗和污染物排放的清单数据列表。系统最终输入输出量的计算公式为

$$SUM_i = \sum End_{i,j} + \frac{\sum Start_{i,j}}{L} \tag{7.1}$$

式中 i——新能源产品生产生命周期过程中的某种消耗或排放的物质;

j——新能源产品生产的某个单元阶段;

SUM_i——以功能单位为基础的第 i 种物质输入或输出的总量;

$End_{i,j}$——第 j 个单元阶段的第 i 种物质的输入输出量;

$Start_{i,j}$——新能源产品生产中第 j 个单元阶段在开始生产时第 i 种物质的输入输出量,以后不再叠加;

L——新能源产品生产的寿命期。

ISO 14041 清单分析的过程包括数据收集准备、搜集系统中所有活动的相关数据收集、环境影响计算和分配等四个步骤。

1. 数据收集准备

在一个真实的 LCA 研究中,数据收集对结果的效用是最为重要的,并且数据收集是研究中时间和精力消耗最大的部分。所以为了能有效地利用资源,准备工作必须仔细进行。数据收集的准备工作主要包括确定收集数据的单元过程(unit process)、定义数据文件的要求及格式、确定从哪个数据源收集数据等。

2. 搜集系统中所有活动的相关数据

数据收集必须在准备工作结束之后马上进行,因为收集数据非常耗时。建议在收集过程中不断记录数据。这种方法能提高质量,保证数据的透明度和可更改性,且可以减少时间和精力,毕竟这些信息在记忆中都是很新的。这也使得收集来的数据可以应用于新的 LCA 研究以及其他的应用,这样每个单元过程可以避免重复计算或空白。

3. 环境影响计算

数据的审定需要不断地进行,以确定收集的数据是否具有代表性以及是否适用于实际描述的过程系统。该步骤是基于质量和能量的守恒定律,将相似的数据进行对比,找到处理丢失数据和空白数据的方法。数据需要关联至一个单元过程,为每个单元过程分配一个基准流;数据也应关联至功能单位,可以使从每个单元过程到功能单位的数据归一化。数据合并就是从清单中得到结果。来自相同数据类型(比如空气排放)、相同物质(如 CO_2、CH_4)、不同单元过程的数据被合并以得到整个系统的价值总和。但数据合并时要避免重复计算和汇总。此外,该阶段数据的敏感性分析过程可以揭示是否需要调整和改进一些数据或研究范围,因此系统边界可以改变。

4. 分配

分配就是将公共流划分到不同部分的过程。很少有工业过程只有一个单一的输出,因

此，应找出与其他产品系统共享的过程。材料、能量流以及相关环境排放应分配到不同产品输出中。

如果存在产品的再利用或再循环，则会出现更多的问题。输入与输出将会被其他产品系统共享，并且要密切注意再生材料的物理性质是否改变。产品系统可以是闭环的或者是开环的，如果再生材料可应用于其再生之前相同的应用程序系统则称为闭环系统，否则为开环系统。

7.4 生命周期影响评价

生命周期影响评价的目的是根据生命周期清单分析的结果对潜在环境影响的程度进行综合评价。一般来说，该过程是将清单数据和具体的环境影响相联系，将评价新能源产品的整个系统的各种排放物对现实环境的影响进行定性、定量的评价，这是 LCA 最重要的阶段，也是最困难的环节。评价哪些环境影响、评价的详尽程度和采用的具体方法都是由研究目标和范围决定的。ISO 14042 规定了生命周期影响评价，所有调查的输入与输出数据均与它们的环境影响有关，其环境影响结果就是一份生命周期影响评价（life cycle impact assessment，LCIA）概要，可以选择性的进行归一化、分类或者权重处理，将 LCIA 结果分配至环境问题的影响类型。但 LCIA 绝不是完全客观的，在影响类型的提出及后续的归类处理均存在人的主观因素。目前，国际标准化组织（ISO）和国际环境毒理学及化学学会（SETAC）统一把 LCIA 分为三个步骤，如图 7.2 所示。

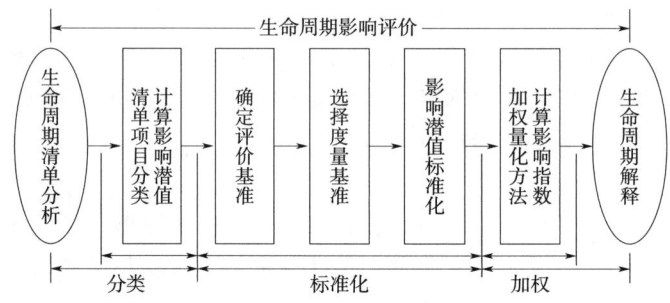

图 7.2　生命周期影响评价步骤

1. 分类

对环境影响类型进行分类，计算各种环境影响潜值。根据影响的范围可以将环境影响类型分为表 7.1 所列的三个范围中的 11 种类型。一种排放输出可能对一种影响类型有贡献，也可能涉及几种影响类型。所谓环境影响潜值是指整个新能源系统生产过程中所有同类环境排放影响的总和（包括资源消耗），其计算公式为

$$EP(m) = \sum EP(m)_n = \sum [Q(m)_n \cdot EF(m)_n] \tag{7.2}$$

式中　$EP(m)$ ——新能源产品生命周期中第 m 种环境影响潜值；

　　　$EP(m)_n$ ——第 n 种排放物的第 m 种环境影响潜值；

　　　$Q(m)_n$ ——第 n 种物质的排放量；

　　　$EF(m)_n$ ——第 n 种排放物的第 m 种环境影响的当量因子。

其中主要环境影响类型、污染物及当量因子见表 7.2。

7.4 生命周期影响评价

表 7.1　　　　　　　　　　　　　　　环境影响类型分类

范围	类型
全球性影响	一次能源消耗
	全球变暖
	臭氧层破坏
区域性影响	可再生资源消耗
	酸化
	光化学效应
	水体富营养化
局地性影响	人体毒性
	水生生态毒性
	固体废弃物
	烟尘及灰尘

表 7.2　　　　　　　　　　　　　　主要污染物及其当量因子

影响范围	影响类型	物质	单位	当量因子
全球性影响	一次能源消耗潜力	原煤	kgFe 当量/kg	0.031
		原油		1.33
	全球变暖潜力	CO_2	$kgCO_2/kg$	1
		NO_x		320
		CH_4		21
区域性影响	可再生资源消耗潜力	水	kgFe 当量/kg	0.00082
	酸化潜力	SO_2	$kgSO_2/kg$	1
		NO_x		0.7
	光化学臭氧形成潜力	甲醛	kgC_2H_4/kg	0.421
		甲苯		0.563
	水体富营养化潜力	NO_x	$kg\ NO_3^-/kg$	1.35
		COD		0.23
		NO_3^-		1
局地性影响	人体毒性潜力	CO	kg 人重/kg	0.012
		SO_2		1.2
		NO_x		0.78
		甲苯		3.9
	固体废弃物潜力	废渣	kg 固废/kg	1
	烟尘及灰尘潜力	烟粉尘	kg 烟尘/kg	1
		尘泥		1

2. 标准化

标准化是将各种类型的影响潜值进行无量纲化处理。标准化的环境影响潜值体现了相对于全球范围所造成的总的环境影响而言，产品生产过程的资源消耗、环境影响潜值大小。环境影响潜值的计算公式为

$$\text{NEP}(m) = \frac{\text{EP}(m)}{\text{ER}(m)} \tag{7.3}$$

式中　$\text{NEP}(m)$——第 m 种环境影响潜值标准化后的值；

$\text{EP}(m)$——生产过程中第 m 种环境影响潜值；

$\text{ER}(m)$——标准化基准，1990 年全球范围的第 m 种环境影响潜值。

3. 加权

对环境影响类型进行，加权评估，计算环境影响指数。标准化的数据可以反映出各个环境影响类型潜在环境影响量的大小，但不能比较不同环境影响类型的相对重要程度，因此，按照不同影响类型对环境影响程度的大小分别进行赋权，可以更加合理地评价产品生产过程的环境影响。这一过程称为加权评估，其权重因子的计算公式为

$$\text{WF}(m) = \frac{\text{ER}(m)_{\text{base}}}{\text{ER}(m)_{\text{aim}}} \tag{7.4}$$

式中　$\text{WF}(m)$——第 m 种环境影响类型的权重因子；

$\text{ER}(m)_{\text{base}}$——1990 年第 m 种环境影响潜值；

$\text{ER}(m)_{\text{aim}}$——2000 年第 m 种环境影响潜值。

当 $\text{WF}(m) = 1$ 时，说明目标年与基准年的排放和消耗水平一致；当 $\text{WF}(m) < 1$ 时，说明目标年的排放和消耗水平大于基准年；当 $\text{WF}(m) > 1$ 时，说明目标在 2000 年时的消耗和排放水平比 1990 年在绝对值上减少，说明该环境影响类型影响严重，需要严格控制。权重因子数值越大，该环境类型的影响越严重，加权后的第 m 种环境影响权值为

$$\text{WP}(m) = \text{WF}(m)\text{NEP}(m) \tag{7.5}$$

将加权后的各种环境影响潜值分类相加，最终可得到环境影响指数。

7.5　生命周期影响评价结果解释

生命周期影响评价结果解释即是根据 LCA 的前几个阶段或 LCI 的研究发现，以透明的方式对所采用的 LCA 方法进行解释，包括条件假设、方法说明、存在问题等，并在此基础上，根据清单分析过程中获得的有关产品的各类数据以及影响评价中所获得的影响信息就可以找出产品的薄弱环节，识别出产品生命周期中的重大问题，并对结果进行评估，包括完整性、敏感性和一致性检查，进而给出结论、局限和建议，有目的、有重点地进行改进创新，为生产更好的绿色产品提供依据和改进措施。

生命周期解释具有系统性、重复性的特点，该阶段包含三个要素，即识别、评估和报告。采用 ISO 14040/44 作为评估标准，量化到每一个细节，给予综合化的评价。

7.6 LCA 在新能源系统中的应用

新能源系统全生命周期评价,即是基于新能源的特点,将 LCA 方法在新能源生产系统中的应用。新能源是指传统能源之外的各种能源形式,是刚开始开发利用或正在积极研究、有待推广的能源,如太阳能、地热能、风能、海洋能、生物质能和核聚变能等。每种新能源的适用地域、生产技术、利用形式都有着很大的区别,其 LCA 分析也差异较大。本节通过四个新能源生产的全生命周期环境影响的评价来系统阐述 LCA 方法在新能源系统中的应用。

7.6.1 实例一:户用沼气池全生命周期评价研究

目前在我国农村地区,家庭能源的供应基本上是依赖于煤炭和当地的秸秆、薪柴,这种传统的用能模式对资源和生态环境产生了重大且长久的负面影响。农村户用沼气工程的建设是解决农村能源短缺,提高能源转化效率和利用效率的有效途径。截至 2008 年,我国已发展农村户用沼气池 3050 万户;截至 2015 年,全国户用沼气池约达 6000 万户,生产沼气 233 亿 m^3。

虽然沼气是清洁能源,但如果生产过程不清洁,发酵残余物使用不合理,也有可能给环境带来影响和危害,采用生命周期评价可以全面认识和比较沼气生产过程各个环节的环境负荷。因此,对户用沼气池全生命周期环境影响评价十分必要。国外已有学者对沼气生产进行了生命周期分析,然而这些分析主要侧重于沼气生产过程能量的平衡,大多未考虑沼气生产过程对环境造成的影响。且国外的沼气发酵技术水平、能源使用效率与我国的沼气发展现状存在较大的差异。国外的研究成果虽然有一定参考价值,但并不完全适用于我国的实际情况。国内已有关于沼气生态农业模式生命周期的研究报道。刘黎娜等对北方"四位一体"沼气生态农业系统进行了生命周期评价。

本例分别采用生命周期评价方法及生命周期成本对户用沼气池全生命周期的环境影响和经济效益进行了客观和定量的评价。

1 评价对象和生命周期系统边界

1.1 评价对象

评价对象是 $8m^3$ 的水压式沼气池,由进料口、出料口、水压间和发酵间组成。其构造简单,施工方便,造价较低,是中国农村普遍采用的一种人工制取沼气的厌氧发酵装置。沼气池为红砖混凝土结构,建设期为三天,使用寿命为 15 年。发酵原料为畜禽粪便,农作物秸秆和人粪尿的混合原料,年产沼气 $400m^3$。本例的功能单位为 $400m^3$ 沼气。

1.2 系统边界

本例将户用沼气池的生命周期分为六个阶段,并在建立评价模型时做了以下简化和假设:

(1) 沼气池建设阶段,即沼气池动工建设到正式投入使用的过程。本例未考虑沼气池报废拆除。

(2) 沼气发酵原料获取阶段,考虑到秸秆,畜禽粪便属于农业废弃物,本例计算中不记入秸秆种植和收割过程的能量消耗和环境排放。

（3）沼气发酵原料运输阶段，考虑到户用沼气池的发酵原料都是就近取材，因此本例在计算中不考虑发酵原料运输阶段的能量消耗和环境排放。

（4）发酵产气阶段，即投入发酵原料到产出沼气的过程。

（5）沼气输出和使用阶段，即沼气从发酵系统运送到农户家并投入使用的过程。

（6）沼液沼渣使用阶段。

沼气系统边界如图 C.1 所示。

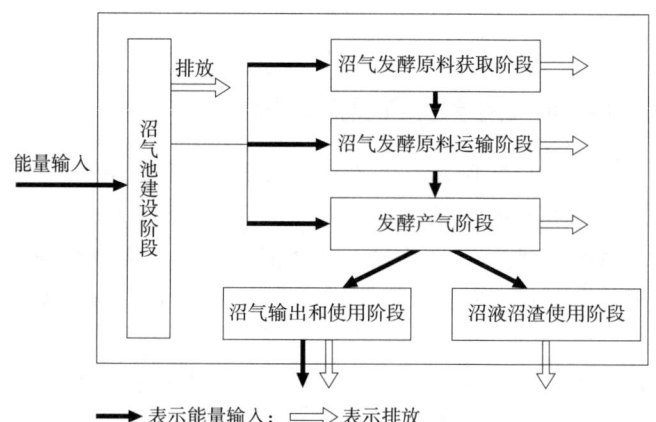

图 C.1　户用沼气池生命周期评价系统边界

2　清单分析

户用沼气全生命周期的环境排放主要包括以下三个部分：

（1）沼气发酵产气及沼气输出阶段沼气的泄漏（没有扣除发酵原料生长阶段吸收的二氧化碳）。

（2）沼气使用阶段环境污染气体的排放。

（3）沼液沼渣使用阶段有机物、氮、磷等营养物质的排放。

生产 $400m^3$ 沼气全生命周期的环境排放清单见表 C.1（数据资料来源于陕西省宝鸡市陇县能源站）。

表 C.1　　　　　　　　系统生命周期的环境排放清单

排放物	数值/（kg/a）	排放物	数值/（kg/a）
CH_4	15.95	H_2S	0.02
CO_2	678.89	COD	14.36
SO_2	0.31	N	9.07
NH_3	0.05	$PO_4^{3-}-P$	2.63

3　影响评价模型

目前影响评价有很多种不同的模型，本例采用中国科学院生态环境研究中心开发的评价模型对户用沼气全生命周期的环境影响潜值进行估算。影响评价模型包括以下步骤：

(1) 计算环境排放的潜在影响值。计算各种环境排放物对各种环境影响类型的潜在贡献,即环境排放影响潜值。

(2) 数据标准化。评价相对于整个社会活动所造成的总环境影响而言,产品系统环境污染潜值究竟有多大。本例采用每年全社会环境潜在的总影响作为标准化基准。

(3) 环境影响加权。根据各种环境影响的重要性级别,对标准化后的环境影响潜值进行赋权,从而评价其相对影响潜值大小。

(4) 计算环境影响负荷。经加权后的各种环境影响潜值具有可比性,反映了相对重要性,因此可以将其综合为一个简单的指标,即环境影响负荷(EIL),它反映所研究产品系统在其整个生命周期中对环境系统的压力。然后将清单分析结果按照环境的影响类型进行分类。

户用沼气池生命周期的环境影响类型包括全球变暖、酸化、富营养化三种类型。表 C.2 为各环境影响类型中所包含的主要污染排放物及污染排放物的换算当量因子。根据这三种环境影响类型对户用沼气全生命周期的环境影响负荷进行系统分析,评价结果见表 C.3,影响潜值基准为中国 1990 年平均标准人当量。

表 C.2　　　　　　　　　　　　环境影响类型和当量因子

影响类型	物质	当量因子
全球变暖潜值	CO_2	1
GWP(转化为 CO_2)	CH_4	25
酸化潜值	SO_2	1
AP(转化为 SO_2)	H_2S	1.88
	NH_3	1.88
富营养化潜值	NH_3	3.64
	COD	0.23
NP(转化为 NO_3^-)	N	4.43
	$PO_4^{3-}-P$	32

表 C.3　　　　　　　　　　　　环境影响潜值标准化和加权分析

影响类型	影响潜值	标准化基准	标准化后影响潜值	权重因子	加权后影响潜值
全球变暖	1077.64kg CO_2	8700kg CO_2	0.124	0.83	0.1029
酸化	0.4416kg SO_2	36kg SO_2	0.012	0.73	0.0088
富营养化	127.87kg NO_3^-	61kg NO_3^-	2.096	0.73	1.5301
环境影响负荷					1.6418

4 影响结果分析

根据上述分析,$8m^3$ 户用沼气池发酵过程(功能单元为 $400m^3$ 沼气)对环境的影响负荷为 1.6418 人当量,各种环境影响类型的相对贡献由大到小依次为富营养化、全球变暖、酸化。其中,富营养化加权后影响潜值占整个环境影响负荷的 93.2%,主要来自于沼液、沼渣使用阶段的有机物、氮、磷等营养物质的排放。这主要是由于我国现阶段农村户用沼气发酵残余物的直接使用,并未进行无害化处理,而且对其利用效率低造成的水体富营养化。全球变暖加权后影响潜值占整个环境影响负荷的 6.27%,主要来自于以下两部分:

(1) 发酵所产沼气燃烧时,甲烷气体燃烧所产生的二氧化碳气体和沼气中存在的二氧化碳气体。

(2) 沼气泄漏所存在的甲烷和二氧化碳气体(红砖混凝土所建沼气池存在池壁易腐蚀、脱落、沼气易泄漏的问题)。其中,前者是不可避免的,后者可以采取相应措施减少其对全球变暖的影响。本例的研究数据中,二氧化碳的取值没有扣除发酵原料生长阶段吸收的二氧化碳,可能导致全球变暖加权后影响潜值偏高。

该例的研究结果表明,沼气系统的整个生命周期排放污染物的总量仅占所替代的煤燃烧产生的污染物总量的 20%左右,沼气系统具有显著的生态环境效益。该研究取得了有益的结果,但重点在于突出沼气的生态效益且忽略了沼气发酵过程以及沼肥对环境污染物排放的分析。

目前,我国北方农村户用沼气的发展仍存在着环境效益与经济效益不平衡的问题。主要是因为北方冬季寒冷,最冷月份达到 $-30℃$ 左右,全年地下 2m 的地温不超过 $10℃$,厌氧发酵只有依靠加热才能维持中温发酵,极大地提高了运行成本。这对于本身是低效益的户用沼气来说,就更难得到推广。目前北方的沼气建设过分依赖政府补贴;能源服务公司技术和管理水平比较落后,经营过程中效率低,没有形成充分的市场竞争,自身的潜力没有得到充分开发;农民缺乏建沼气池的资金,限制了沼气市场的开发;银行对沼气行业也了解不够,没有开展对沼气建设的信贷业务。过多地重视环境效益忽略其经济效益,农民缺乏建设沼气池的积极性。因此,如何达到环境效益与经济效益的平衡,实现农村户用沼气在经济效益与环境保护上的双赢,值得深入探讨。

7.6.2 实例二:风力发电系统的全生命周期评价研究

当今社会能源紧张,我国能源消费总量大于生产总量,且石油和天然气主要依赖进口,新能源所占比重较低。表 D.1 和表 D.2 为我国 2011—2014 年能源的生产结构和消费结构。可见,化石燃料消耗占我国能源消耗总量的 90%。化石燃料是不可再生能源,价格持续走高且使用过程中会排放温室气体。可再生能源作为一种有效的可替代能源,以其可再生性和对环境的友好性正受到人们的广泛关注,多个国家正致力于研究、发展可再生能源。

表 D.1   2011—2014 年中国能源生产结构

年份	能源生产总量 /亿 t 标准煤	占能源生产总量的比重/%			
		原煤	原油	天然气	一次电力及其他能源
2011	34.02	77.8	8.5	4.1	9.6
2012	35.10	76.2	8.5	4.1	11.2
2013	35.88	75.4	8.4	4.4	11.8
2014	36.00	73.2	8.4	4.8	13.7

7.6 LCA在新能源系统中的应用

表 D.2　　　　　　　　　　　2011—2014年中国能源消费结构

年份	能源消费总量 /亿 t 标准煤	占能源消费总量的比重/%			
		原煤	原油	天然气	一次电力及其他能源
2011	38.70	70.2	16.8	4.6	8.4
2012	40.21	68.5	17.0	4.8	9.7
2013	41.69	67.4	17.1	5.3	10.2
2014	42.60	66.0	17.1	5.7	11.2

风能作为一种清洁的可再生能源，以其分布广、储能大，高"绿度"，风能技术较成熟等优势备受人们青睐。我国风电产业发展迅猛，据"2014年中国风电装机容量统计"数据，2014年，我国风力发电量达到9657万 kW·h，成为亚洲第一风能利用大国。我国的风电机组主要是三叶片、水平轴、上风向和双馈式变桨变速风电机组。在全球的风电产业中，1.5MW 机组是主流机组，占据了全球市场的绝大部分份额。尽管风能是一种清洁能源，但在风力发电的整个生命周期中，涉及多个开采生产过程，对环境造成一定的影响，所以有必要对风力发电的全生命周期进行分析评价。本例在对大量文献资料考究的基础上，对风力发电进行生命周期分析，研究贯穿风电系统的全过程，包括最初的原料开采阶段和最终的报废、回收阶段，并在能耗和对环境影响方面与煤电进行比较，探索风力发电技术、风电场管理制度等对于风电场节能环保的效用问题。

1　生命周期评价过程

1.1　评价对象

本例以内蒙古赤峰亿合公风电场为评价对象，原因是此风电场装有132台1.5MW 的风电机组。三叶片、上风向、双馈式变桨变速风电机组，为我国的主流机型。按风电场的设计标准，设定电厂寿命为20年，年上网电量为440GW·h，年上网发电时间为2222h。在此基础上取综合折减系数为0.73，则折算年上网电量为321.2GW·h，折算年满发电小时数为1622.06 h，以 1kW·h 为系统的功能单元对此风电场进行全生命周期分析。

1.2　系统边界

此系统边界包括风电场生命周期内的全部直接和间接的生产、运输、运营及处置环节，上游上溯至原材料的采矿，下游下沿至风电机组设备的回收与填埋，其中考虑各种主料和辅料，如图 D.1 所示。

1.3　生命周期评价方法

本例应用的生命周期评价方法为杨建新等人在工业生产的环境设计（Environmental Design of Industrial Product，EDIP）方法的基础上所提出的适合我国基础行业的生命周期评价方法，即建立了我国的权重因子和标准化基准，并定义我国的区域污染当量因子，对国内的水泥、煤炭、钢铁等基础产业进行全生命周期分析和评价。

第7章 新能源系统全生命周期分析方法

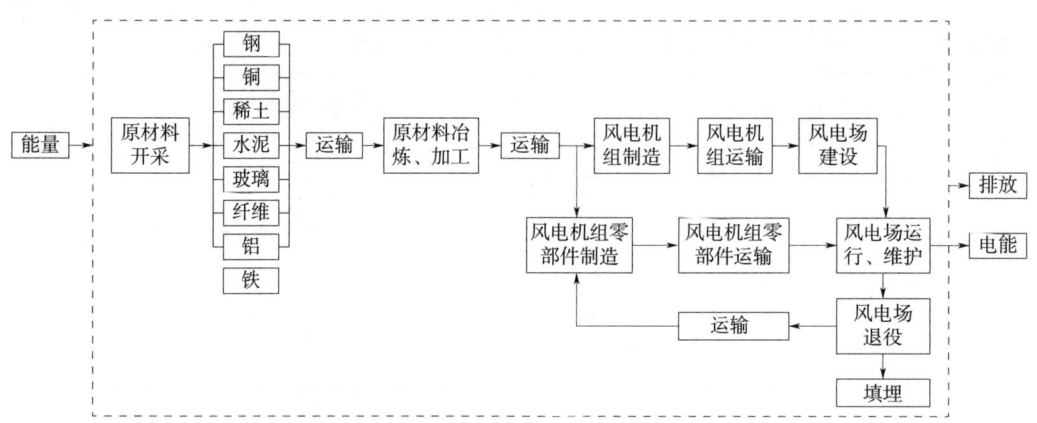

图 D.1 风力发电系统生命周期边界图

1.4 实例分析

（1）数据清单。表 D.3 为风电机组部件材料需求量清单和建厂耗材清单，其中风电机组部件耗材数据来源于东方汽轮机有限公司 FD82B-1500kW 机组部件的相关参数。建厂耗材根据文献中的风电场的耗材比来估算。表 D.4 为基础耗材的全生命周期能耗和排放清单，表 D.5 为运输能耗和排放清单。

表 D.3 风机部件和建厂耗材清单   单位：t

项目	钢	铜	水泥	玻璃纤维	钕铁硼	铝	铁
风电机组	194.65	9	667.69	20.6	1.2	0	0
建厂	2679.13	—	7162.44	0	0	20.878	31.156

表 D.4 基础耗材能耗和排放清单   单位：kg/t

耗材	能耗和排放数据										
	天然油	标煤	汽油	柴油	CO_2	CH_4	NO_x	SO_2	粉尘	CO	VOC	N_2O
铁	0	535.73	48.51	0	1535.86	0.01	5.24	4.03	32.72	0.81	0.18	0.004
钢	0	1523.62	48.51	0	2435.86	0.01	5.24	5.91	93.42	0.81	0.18	0.004
铝	0	4670.27	0	0	22480.27	19.29	140.76	219.61	52.63	25.64	2.13	0.49
铜	0	120.10	0	333.30	18381.80	—	54.10	1298.10	0	0	0	0
水泥	0.00337	191.61	0	8.25	689.36	0.90	1.38	0.81	1.03	0.13	0	0
玻璃纤维	0	1.76	0	0	4.40	0	0.02	0.04	0.22	0	0	0
钕铁硼	0	4552.25	0	0	30816.00	0	0	220.80	0	0	0	0

表 D.5 运输能耗和排放清单   单位：kg/(10^4 t·km)

车型	能耗和排放数据								
	柴油	VOC	CO	NO_x	PM10	SO_x	CH_4	N_2O	CO_2
重型货车	529.2	0.98	5.21	10.71	0.22	0.51	0.045	0.058	1617.67

续表

车型	能耗和排放数据								
	柴油	VOC	CO	NO_x	PM10	SO_x	CH_4	N_2O	CO_2
中型货车	529.2	0.94	3.4	8.71	0.23	0.51	0.045	0.085	1620.6

(2) 系统子过程能耗和排放。整个分析过程分为六个子工程：①原材料开采、运输、冶炼和加工、风机制造；②风电机组制造材料运输；③风电机组运输；④风电场建设；⑤风电场运行维护；⑥风电场报废。各个过程在单位电量下的能耗和排放见表 D.6。

表 D.6　　　　　　　　　　系统全生命周期能耗和排放清单

项目		①	②	③	④	⑤	⑥	总计/kg	单位电量值/[kg/(kW·h)]	煤电单位电量值/[kg/(kW·h)]
能耗/kg	天然气	3.07E+01	0.00E+00	0.00E+00	2.50E+00	4.61E+00	0.00E+00	3.78E+01	5.89E-09	—
	标煤	5.73E+07	0.00E+00	0.00E+00	5.57E+06	8.54E+06	0.00E+00	7.14E+07	1.11E-02	0.4
	汽油	1.26E+06	0.00E+00	0.00E+00	1.31E+05	1.87E+05	0.00E+00	1.58E+06	2.46E-04	—
	柴油	1.12E+06	3.13E+06	1.56E+07	1.53E+06	2.79E+06	1.45E+07	3.87E+07	6.03E-03	—
排放/kg	CO_2	1.51E+08	9.56E+06	4.78E+07	1.65E+07	3.05E+07	4.44E+07	3.00E+08	4.66E-02	1
	CH_4	7.92E+04	2.68E+02	1.34E+03	6.97E+03	1.21E+04	1.25E+03	1.01E+05	1.57E-05	—
	NO_x	3.22E+05	6.33E+04	3.16E+05	5.67E+04	9.12E+04	2.94E+05	1.14E+06	1.78E-04	0.5
	SO_2	1.80E+05	3.03E+03	1.52E+04	2.78E+04	2.70E+05	1.41E+05	2.13E+05	3.32E-05	0.8
	粉尘	2.52E+06	0.00E+00	0.00E+00	2.60E+05	3.74E+05	0.00E+00	3.15E+06	4.90E-04	0.05
	CO	3.21E+04	3.08E+04	1.54E+05	1.81E+04	2.17E+04	1.43E+05	4.00E+05	6.22E-05	—
	VOC	4.64E+03	5.80E+03	2.90E+04	3.25E+03	5.36E+03	2.70E+04	7.50E+04	1.77E-05	—
	N_2O	1.05E+02	3.45E+02	1.72E+03	1.83E+02	4.37E+02	1.60E+03	4.40E+03	6.84E-07	—

注　①～⑥表示六个子工程。

①过程中涉及风机的制造，烧结钕铁硼（Nd、Fe、B）永磁性材料是风力发电机中的重要材料，而钕铁硼的主要原料为钕、铁、硼，各自所占比重为：钕 28.56%、铁 70.47%、硼 0.97%，其余为镝、铽、钴、铌等，因为硼、镝、铽、钴、铌所占比例甚小，所以不予考虑。

②过程中考虑到风电机组制造商（东方汽轮机有限公司）位于成都平原西北部，从经济性方面考虑，假设风电机组制造材料都来源于四川本省，每种材料的运输半径为500km，运输工具为重型货车。

③过程中，假设运输半径为风电场和东方汽轮机有限公司之间的距离，估算为2500km，运输工具为重型货车。

④过程为风电场建设过程，耗材已经在表 7.8 中列出，运输距离为从四川到内蒙古赤峰亿合公风电场的距离，估算为 2800km，运输工具为重型货车。

⑤过程中的能耗和排放主要来源于风电机组零部件的更换,由 Brice Tremeac 的相关研究可知整个运行维护阶段的能耗和排放为子工程①中相应值的15%,加上运输15%风电机组质量的能耗和排放,估算运输半径为2800km,鉴于零部件质量较轻,且维修的间歇性,选用中型货车为运输工具。

⑥过程为风电场报废阶段,机舱和塔架的90%以及叶的98%得以回收,地基则留在风电场原处,故认为风电场报废能耗和排放为将93%(折中值)的风电机组质量运回风电机组制造地时的相应值,估算运输半径为2500km,选用重型货车为运输工具。

由表 D.6 可知,此系统全生命周期能耗中标煤的消耗量最大,占 63.92%,其次为柴油和汽油,消耗量分别占 34.67% 和 1.41%,天然气所占比重不足 1%。污染物排放中,CO_2 含量最高,所占比重为 97.71%,其次为粉尘,含量为 1.03%,SO_2、NO_x 和 CO 的含量分别为 0.70%、0.37% 和 0.13%,其他污染物含量极少,只占 0.06%。分析污染排放物含量差距如此大的原因,可能是与投入的能源形势密切相关,煤的消耗量极大,在煤的燃烧过程中,CO_2 为主要排放物,故系统全生命周期中,CO_2 在污染物排放中含量最高。与煤电相比,标煤耗量仅为煤电的 0.25%,CO_2 排放量仅为煤电的 0.21%,根据单位电量污染物的减排量和污染物环境价值标准(粉尘2.2元/kg,CO_2 0.23元/kg,NO_x 8元/kg,SO_2 6元/kg)可知,风电单位电量的环境价值为 9.1248 元。

(3)环境影响指数。

1)资源耗竭系数。风力发电的资源耗竭系数由一次性资源消耗来表征,过程中一次性资源消耗情况见表 D.7。为了使资源的绝对消耗量反映其相对大小,采用资源消耗基准进行标准化,得出煤、油、天然气等资源消耗潜值。该结果反映了风电系统所消耗资源占人均资源消耗量的百分比,标准化后的资源消耗中煤占主体,占 64.66%,油占 35.33%,而天然气占 0.01%。但标准化后的资源消耗也仅仅反映各种资源消耗的相对大小,为使其反映该资源的稀缺性,需进一步对其进行加权分析,考虑了资源的稀缺性后,煤的消耗比例为 31.58%,油为 68.42%,不消耗天然气,得到资源耗竭系数为 3.61×10^{-4} m PR_{90}。

表 D.7　　　　　标准化前后和加权前后系统的资源消耗情况

项目	SNG(以 1000N·m³ 干天然气计)	项目	SNG(以 1000N·m³ 干天然气计)
1990年煤炭/[kg/(a·人)]	574	天然气标准化后的资源消耗量/$mPEw_{90}$	1.54×10^{-8}
1990年油/[kg/(a·人)]	592	煤炭可供应期/a	170
1990年天然气/[kg/(a·人)]	382	油可供应期/a	43
标煤总消耗量/kg	1.11×10^{-2}	天然气可供应期/a	60
油总消耗量/kg	6.276×10^{-3}	煤炭加权后的资源消耗量/mPR_{90}	1.14×10^{-4}
天然气总消耗量/kg	5.89×10^{-9}	油加权后的资源消耗量/mPR_{90}	2.47×10^{-4}
煤炭标准化后的资源消耗量/$mPEw_{90}$	1.94×10^{-2}	天然气加权后的资源消耗量/mPR_{90}	2.57×10^{-10}
油标准化后的资源消耗量/$mPEw_{90}$	1.06×10^{-2}	总计/mPR_{90}	3.61×10^{-4}

2)环境影响潜值计算。本例选取五个环境影响量化指标,分别为全球变暖影响潜能

(GWP)、酸化影响潜能（AP）、富营养化影响潜能（EP）、粉尘和光化学臭氧潜能（POF），分别对以上数据进行无量纲化、标准化和加权处理，得到五种环境影响潜值，以此分析此风电系统全生命周期中的环境影响潜能。由表 D.8 可知，加权后的总环境影响负荷为 4.03×10^{-5} 人当量，其中影响最大的是粉尘，占总环境影响负荷的 41.24%，其次为酸化、光化学臭氧和全球变暖影响，分别占 22.97%，17.49% 和 11.16%，影响最小的是富营养化，只占 7.14%。分析其原因可能为在风电机组制造和风电场建设的过程中，需要消耗大量的水泥和钢，而水泥和钢铁都是高污染产业，在生产过程中产生和排放大量的粉尘，对环境造成严重的影响。与 300MW 煤电机组对比可知：全球变暖影响潜值（GWP）仅为煤电 $[2.6kg/(kW\cdot h)]$ 的 1.81%，酸化影响潜值（AP）仅为煤电 $[0.0115kg/(kW\cdot h)]$ 的 3.9%。

表 D.8　　　　　　　　　系统环境影响潜值

项目		参考物质	当量因子	影响潜值/kg	合计/kg	标准化基准	标准化值	权重因子	加权值
全球变暖	CO_2	CO_2	1	4.66×10^{-2}	4.71×10^{-2}	8700kg CO_2 当量/(person·a)	5.42×10^{-6}	0.83	450×10^{-6}
	CO		2	1.24×10^{-4}					
	CH_4		25	3.94×10^{-4}					
酸化	SO_2	SO_2	1	3.32×10^{-4}	4.57×10^{-4}	36kg SO_2 当量/(person·a)	1.27×10^{-5}	0.73	9.26×10^{-6}
	NO_x		0.7	1.25×10^{-4}					
富营养化	NO_x	PO_4	1.35	2.40×10^{-4}	2.40×10^{-4}	61kg PO_4 当量/(person·a)	3.94×10^{-6}	0.73	2.88×10^{-6}
粉尘	粉尘	PM10	1	4.90×10^{-4}	4.90×10^{-4}	61kgPM10 当量/(person·a)	2.72×10^{-5}	0.61	1.66×10^{-5}
光化学臭氧	CO	C_2H_4	0.03	1.87×10^{-6}	8.99×10^{-6}	0.65kgC_2H_4 当量/(person·a)	1.38×10^{-5}	0.51	7.05×10^{-6}
	VOC		0.6	7.01×10^{-6}					
	CH_4		0.007	1.10×10^{-7}					

1.5　系统生命周期敏感性分析

对系统进行敏感性分析有其必要性，它可以减小由于不确定因素带来的分析误差，从而为决策者对有可能发生的变化因素所带来的与预测相左的情况有的放矢，运筹帷幄。对风力发电系统进行敏感性分析时，发电量是最主要的变量。本例基于以下三种变量对研究系统进行敏感性分析（表 D.9）：

（1）改变风电机组运输距离（±20%）。

（2）改变综合折减系数，分别取 0.66 和 0.80，同时改变由于发电量变化而带来的建厂耗材的需求量，即改变物质投入，从而改变风电场装机容量的方法来改变发电量。

（3）取综合折减系数为 0.66 和 0.80，但不改变建厂耗材量，即研究不同的技术水平、风电场管理制度等所引起的不同发电量对系统资源耗竭系数和环境影响潜值的影响。由表 D.9 可知，改变运输距离（±20%）引起的资源耗竭系数和环境影响潜值的变化范围为

1.0%～5.6%，而改变发电量所引起的对应值的变化集中于1%～10%，可见，风电机组的运输距离相对于风电场的发电量来说，对于风电系统全生命周期的能耗和环境影响要小很多。另外，合理选择风电机组运输路线，缩短风电机组运输距离，提高风电场发电量都有利于节能减排，降低能源消耗，减轻对环境的负面影响；而通过增加物质投入（如增加风电机组数量，换装单机容量较高的风电机组）来提高风电场发电量，资源耗竭系数和环境影响潜值分别降低了8.31%和7.15%，在一定程度上可以收到较好成效；而完善风力发电技术，健全风电场管理制度，提高风力发电效率更能实现以上目标，相较之下，资源耗竭系数和环境影响潜值分别降低了8.86%和7.86%，大幅度减轻了能源消耗和对环境的影响。

表 D.9 系统生命周期敏感性分析清单

项目		原方案及影响潜值	改变风电机组运输距离		改变建材		不变建材	
			距离-20%	距离+20%	系数 0.66	系数 0.80	系数 0.66	系数 0.80
资源耗竭系数 /mPR_{90}	煤炭	$1.14×10^{-4}$	$1.14×10^{-4}$	$1.14×10^{-4}$	$1.25×10^{-4}$	$1.05×10^{-4}$	$1.26×10^{-4}$	$1.04×10^{-4}$
	油	$2.47×10^{-4}$	$2.27×10^{-4}$	$2.66×10^{-4}$	$2.72×10^{-4}$	$2.26×10^{-4}$	$2.73×10^{-4}$	$2.25×10^{-4}$
	天然气	$2.57×10^{-10}$	$2.57×10^{-10}$	$2.57×10^{-10}$	$2.82×10^{-10}$	$2.36×10^{-10}$	$2.84×10^{-10}$	$2.34×10^{-10}$
	合计	$3.61×10^{-4}$	$3.41×10^{-4}$	$3.80×10^{-4}$	$3.97×10^{-4}$	$3.31×10^{-4}$	$3.99×10^{-4}$	$3.29×10^{-4}$
	增值/%		-5.54	5.26	9.97	-8.31	1.05	-8.86
影响潜值/ PET_{2010}	全球变暖	$4.05×10^{-6}$	$4.36×10^{-6}$	$4.64×10^{-6}$	$4.95×10^{-6}$	$4.12×10^{-6}$	$4.98×10^{-6}$	$4.10×10^{-6}$
	酸化	$9.26×10^{-6}$	$9.11×10^{-6}$	$9.41×10^{-6}$	$1.02×10^{-5}$	$8.47×10^{-6}$	$1.02×10^{-5}$	$8.45×10^{-6}$
	富营养化	$2.88×10^{-6}$	$2.72×10^{-6}$	$3.04×10^{-6}$	$3.17×10^{-6}$	$2.64×10^{-6}$	$3.18×10^{-6}$	$2.63×10^{-6}$
	粉尘	$1.66×10^{-5}$	$1.66×10^{-5}$	$1.66×10^{-5}$	$1.82×10^{-5}$	$1.53×10^{-5}$	$1.84×10^{-5}$	$1.51×10^{-5}$
	光化学合成	$7.05×10^{-6}$	$6.51×10^{-6}$	$7.59×10^{-6}$	$7.77×10^{-6}$	$6.46×10^{-6}$	$7.80×10^{-6}$	$6.43×10^{-6}$
	合计	$3.98×10^{-5}$	$3.93×10^{-5}$	$4.13×10^{-5}$	$4.43×10^{-5}$	$3.70×10^{-5}$	$4.46×10^{-5}$	$3.67×10^{-5}$
	增值/%		-1.36	3.61	1.12	-7.15	1.18	-7.86

2 结果与讨论

（1）通过对风力发电系统进行生命周期分析发现，标煤消耗量最大，占能源消耗量的63.92%，CO_2占污染排放物的97.71%，其他污染物所占比例甚小。与煤电相比，其环境价值为9.1248元/(kW·h)。

（2）对资源消耗加权平均后得到的资源耗竭系数为$3.61×10^{-4}$ m PR_{90}，煤炭的资源消耗量为$1.14×10^{-4}$ m PR_{90}，占31.58%，油的资源消耗量为$2.47×10^{-4}$ m PR_{90}，占68.42%，即考虑资源的稀缺性后，此风电系统的油耗量大于煤耗量。

（3）通过分析系统的环境影响潜值可知，粉尘对环境的影响最大，占总影响负荷的41.24%，富营养化占总影响负荷的7.14%，在五个环境影响指标中所占比重最小。而GWP和AP仅为煤电相应值的1.81%和3.9%。

（4）对系统进行三种变量的敏感性分析，发现风电机组运输距离对此风电系统的资源耗竭系数和环境影响潜值的影响，小于发电量对相应值的影响，且健全风电场管理制度，完善风力发电技术，提高风力发电效率，是风电系统实现节能环保的主要途径。

7.6.3 实例三：光伏系统全生命周期评价研究

本例通过系统分析光伏发电系统生产流程的每一个环节，根据各自的特点详细划分了光伏发电系统的全生命周期过程，得到光伏发电系统全生命周期的四个阶段，分别为光伏生产、材料装配、运行发电和拆除处理，具体框架如图 E.1 所示。该框架与全生命周期理论的四个阶段一一对应，完全符合光伏发电系统的特性，进一步加以分析就可以得到光伏发电系统的全生命周期能耗数据，为光伏发电系统应用的合理性提供理论依据。

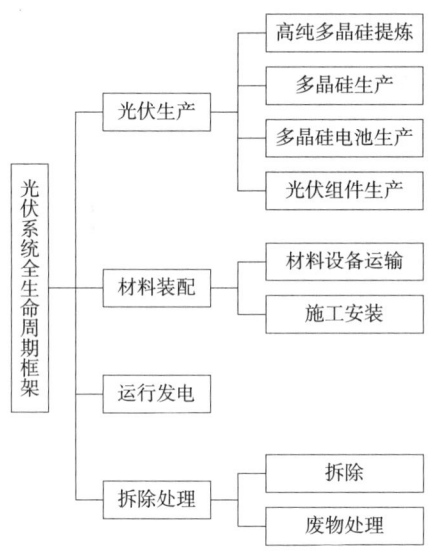

图 E.1　光伏系统全生命周期框架图

1　类球型办公建筑光伏系统的建筑基本信息

本例是以陕西省西咸空港综合保税区启动区的类球形办公建筑为模型，研究该建筑采用太阳能光伏玻璃幕墙的节能可行性。依据全生命周期理论，将太阳能光伏系统的生产、装配、运行和拆除四个阶段加以划分，然后再分析各个阶段的详细能耗分配数据。

该建筑位于西咸新区空港新城的第五大道上，其总建筑面积为 70203m²，地上部分的建筑面积为 48968m²，地下部分的建筑面积为 21235m²，其服务中心办公楼的建筑面积为 63081m²，而建筑基底的面积为 10633m²，该服务中心为钢筋混凝土墙框架结构，附属办公楼为钢筋混凝土框架结构。服务中心办公楼的地上共 7 层地下为 1 层，附属办公楼地上共 3 层而地下局部 1 层，地上部分用作办公，地下部分作为车库、员工餐厅和设备用房。该建筑设计使用年限为 50 年；外墙以光伏玻璃为主。该建筑外立面图和外立面剖面图如图 E.2 和图 E.3 所示。

2　生命周期内各阶段的能耗清单

2.1　光伏组件生产阶段

由图 E.4 可知，光伏系统生产流程复杂，技术繁多，主要包含高纯度多晶硅、多晶硅锭/硅片、多晶硅电池片三个流程，最终形成光伏组件产品。本例还考虑生产光伏组件原料的气体排放。

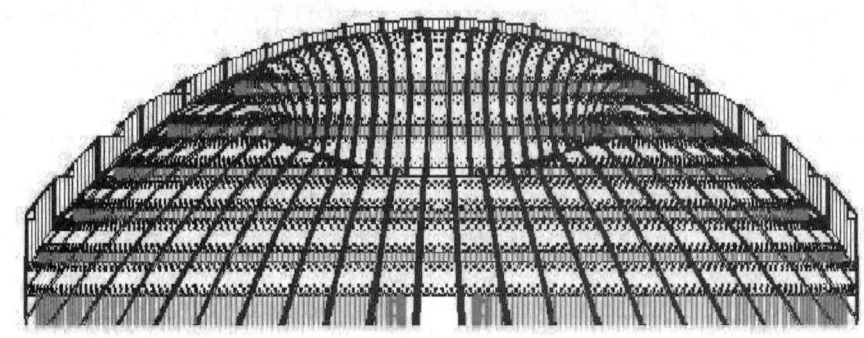

图 E.2　建筑外立面图

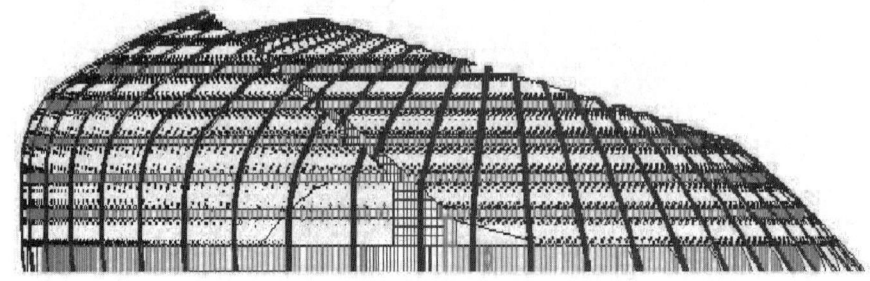

图 E.3　建筑外立面剖面图

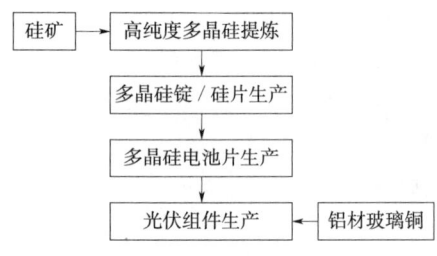

图 E.4　光伏系统生产流程图

（1）通过碳热还原法的工业硅生产工艺，关键是将石英砂在电弧炉中用碳，物质变化表达为

$$SiO_2 + 2C = Si + 2CO \uparrow$$

（2）将纯度在 99% 左右的冶金级硅提纯成 99.9999% 以上的高纯太阳能级多晶硅。当今高纯度多晶硅制造方法采用硅烷法、西门子法等。改良西门子法是一种化学方法，利用气体净化三氯氢硅合成生产冶金硅酸盐。然后将 TCS 精馏提纯，最后通过还原反应和化学气相沉积（CVD）将高纯度的 TCS 转化为高纯度的多晶硅。全球多晶硅工厂多数是制造电子级和太阳能级多晶硅。中国的多晶硅生产技术由于起步过晚，没有掌握多种核心技术，造成生产成本过高，缺乏国际市场的竞争力。

（3）硅锭是以高纯度多晶硅为原材料，通过切片、磨角等工艺手段加工成多晶硅片。

（4）将多晶硅片扩散制结即可得到多晶硅电池片。光伏发电在运行过程中，每生产 1kW·h 的电量所消耗的各种能源量见表 E.1 和表 E.2。

表 E.1　　　　　　　　　光伏系统能耗详单

项目	工业硅生产	高纯多晶硅生产	多晶硅锭/硅片生产	多晶硅电/池片生产	光伏组件生产	材料设备运输
标煤/kg	2.74×10^{-3}	4.06×10^{-2}	8.13×10^{-3}	2.11×10^{-3}	2.55×10^{-3}	3.26×10^{-4}
油/kg					5.55×10^{-4}	

续表

项目	工业硅生产	高纯多晶硅生产	多晶硅锭/硅片生产	多晶硅电/池片生产	光伏组件生产	材料设备运输
天然气/m^3					4.19×10^{-6}	3.26×10^{-4}
VOC/kg	6.38×10^{-8}	6.37×10^{-7}	2.57×10^{-7}	5.75×10^{-8}	8.00×10^{-7}	5.81×10^{-7}
CO/kg	1.22×10^{-5}	5.60×10^{-5}	3.57×10^{-4}	5.05×10^{-6}	1.60×10^{-5}	2.10×10^{-6}
NO_x/kg	9.30×10^{-2}	3.93×10^{-4}	1.59×10^{-4}	3.55×10^{-5}	6.88×10^{-5}	5.37×10^{-6}
PM10/kg	1.28×10^{-5}	1.27×10^{-4}	5.15×10^{-5}	1.15×10^{-5}	4.15×10^{-6}	1.43×10^{-7}
SO_2/kg	2.89×10^{-1}	4.59×10^{-4}	1.85×10^{-4}	4.13×10^{-5}	2.83×10^{-5}	3.16×10^{-6}
CH_4/kg	7.04×10^{-8}	6.72×10^{-7}	7.45×10^{-6}	6.06×10^{-8}	7.88×10^{-7}	2.78×10^{-8}
N_2O/kg	5.95×10^{-8}	5.93×10^{-7}	2.40×10^{-7}	5.35×10^{-8}	1.97×10^{-7}	5.25×10^{-8}
CO_2/kg	6.93×10^{-3}	4.94×10^{-2}	2.00×10^{-2}	4.46×10^{-3}	1.15×10^{-2}	9.98×10^{-4}
粉尘/kg	8.33×10^{-9}				6.63×10^{-6}	

表 E.2 光伏系统生产过程中的单位能耗清单（折为标准煤）

项目	工业硅生产	高纯多晶硅生产	多晶硅锭/硅片生产	多晶硅电/池片生产	光伏组件生产	汇总
标煤/kg	2.74×10^{-3}	4.06×10^{-2}	8.13×10^{-3}	2.11×10^{-3}	2.55×10^{-3}	5.61×10^{-2}
油/kg					8.08×10^{-4}	8.08×10^{-4}
天然气/m^3					5.08×10^{-6}	5.08×10^{-6}
合计/kg	2.74×10^{-3}	4.06×10^{-2}	8.13×10^{-3}	2.11×10^{-3}	3.36×10^{-3}	5.67×10^{-2}
能耗所占比例/%	4.41	71.6	14.34	3.72	5.93	100

本例主要研究的是能源部分，对其他气体的排放暂时不予考虑。将表 E.1 中各子过程的能耗折算为标准煤，得到表 E.2。该太阳能光伏发电系统的设计使用寿命周期为 25 年，在此期间总共可发电量为 5750684.36kW·h。则太阳能光伏玻璃幕墙在生产中的总能耗见表 E.3。

表 E.3 光伏系统生产过程中总能耗清单（折为标准煤）

项目	工业硅生产	高纯多晶硅生产	多晶硅锭/硅片生产	多晶硅电/池片生产	光伏组件生产	汇总
标煤/kg	15756.88	233477.79	46753.06	12133.94	14664.25	322613.39
油/kg					4646.55	4646.55
天然气/m^3					29.21	29.21
合计/kg	15756.88	233477.79	46753.06	12133.94	19322.30	326063.80
能耗所占比例/%	4.41	71.6	14.34	3.72	5.93	100

第7章 新能源系统全生命周期分析方法

根据表 E.3 可知，光伏系统生产过程中的能耗为 326.06 t 标准煤，再通过电折标准煤系数得到光伏系统在生产过程中消耗的能耗折算的电量，即为 265.31 万 kW·h，具体见表 E.4。

表 E.4 光伏组件生产总能耗（折为标煤）

项目	标准煤/t	电折标准煤系数/[t/（万 kW·h）]	总能耗/（万 kW·h）
生产能耗	326.06	1.229	265.31

2.2 光伏玻璃幕墙运输阶段

运输过程中的能耗是由施工材料的质量和体积，以及输送距离和燃料价格所决定的，该过程主要分为两个部分：一部分为光伏电池板的运送，距离总计 300km；另一部分为建筑材料、逆变器和升压变压器的运送，距离总计 100km。该项目采用公路运输，光伏组件为集装箱运输，而设备则为中型载货汽车。货车每百吨千米耗柴油量为 6.3L，柴油密度以 0.84kg/L 计算，故货车每万吨千米耗油量为 529.2kg。表 7.15 中每 1kW·h 发电量在运输过程中的耗油量为 3.26×10^{-4} kg，则总的运输油耗为 1874.72kg，折算为标准煤即为 2731.65kg，然后再折算为电量，即为 2.22 万 kW·h，见表 E.5。

表 E.5 材料运输过程中总能耗清单

项目	单位耗油量/[kg/(kW·h)]	总运输油耗/kg	总能耗/（万 kW·h）
生产能耗	3.26×10^{-4}	1874.72	2.22

2.3 光伏玻璃幕墙施工阶段

光伏玻璃幕墙在建筑过程中的能耗需要根据单位面积不同施工方式的能耗来计算出施工阶段的总能耗。由于近年来施工阶段人工费的提升，而且部分施工措施只能由人工来完成，所以相应的施工能耗也就越来越大。玻璃幕墙的总施工面积为 1616.75m²，通过调研得到施工过程中单位面积的能耗情况及施工能耗见表 E.6。

表 E.6 施工过程中的能耗清单

施工项目	单位能耗/（kJ/m²）	施工能耗/kJ
场地清扫	10000	32335000
材料堆放	5200	16814200
起重机运行	39750	128531625
现场材料运输	198740	642625790
人员运输	459930	1487183655
施工阶段总能耗		2307490270

通过计算得出，施工阶段的总能耗为 2307490270 kJ，即为 2.31×10^6 MJ，换算为电量即为 64.68 万 kW·h。

2.4 光伏玻璃幕墙运行阶段

根据光伏发电量的年逐时计算，建筑物南向玻璃幕墙的年发电量为 102961kW·h，西向为 149917kW·h，建筑物全年发电量为 252878kW·h，使用年限 25 年，20 年光电转换效率衰减不超过 20%，组件年衰减按照 0.8% 计算，经计算，系统运行 25 年发电量总计可达到 5750684.36kW·h，即为 575.07 万 kW·h，见表 E.7。该部分也就是光伏系统的总收益。

表 E.7　　　　　　　　　　　　光伏玻璃幕墙的发电量

项目	西向发电量/（万 kW·h）	南向发电量/（万 kW·h）	年发电量/（万 kW·h）	使用年限/年	年衰减系数	总发电量/（万 kW·h）
数据	14.99	10.3	25.29	25	0.008	575.07

2.5　光伏玻璃幕墙拆除及废物处理阶段

（1）光伏玻璃幕墙的拆除阶段。现代的建筑物在使用时间超过数十年之后，由于风吹雨打和时间的腐蚀，材料破损，地基松动，将不再适合长期的居住，在这种情况下已无法继续使用，此时就应该加以拆除。拆除的过程中需要利用多种机械设备和人力，该部分同样包含了人工费和燃油费等，并且其造成的粉尘污染，对周围环境的影响也是不可避免的，这方面应加以注意。在该阶段单位建筑面积的能耗为 15.12kW·h/m²，总面积为 3233.5m²，则总能耗即为 4.89 万 kW·h，见表 E.8。

表 E.8　　　　　　　　　　　　拆除阶段的能耗

项目	单位面积能耗/（kW·h/m²）	总能耗/（万 kW·h）
废旧建材拆除能耗	15.12	4.89

（2）光伏玻璃幕墙的废物处理阶段。在建筑拆除之后，会剩余大量的建筑垃圾，且多数不可回收，对这一部分的处理方法为直接予以抛弃，能耗部分则是将这部分垃圾直接运送到指定垃圾处理地点所要消耗的运输能耗。本工程采用公路运输（柴油车）。单位面积处理能耗为 1.68kW·h/m²，则总能耗为 0.54 万 kW·h，见表 E.9。

表 E.9　　　　　　　　　　　　建筑废旧建材处理的能耗

项目	单位面积能耗/（kW·h/m²）	总能耗/（万 kW·h）
废旧建材回收处置能耗	1.68	0.54

3　光伏系统生命周期评价的结果分析

光伏系统在全生命周期内的能耗大体上分为两个方面：一方面是纯粹的能源消耗，包括生产、运输、安装、维护、拆除和废物处理六个部分；另一方面则是使用光伏系统的收益能耗，即光伏运行阶段的总发电量收益。这两个方面囊括了整个光伏系统生命周期的各个能耗阶段。加以分析处理就能得到所需要的结果。

3.1　光伏系统全生命周期的耗能分析

根据光伏系统全生命周期的耗能情况可以看出，能耗最高的是光伏系统的生产、安装和维护三个部分，其中又以生产最高，产生这种结果的原因主要有以下方面：

（1）光伏组件的生产是传统的耗能巨头，这是由于太阳能电池对硅的纯度要求比较高,需要达到99.9999%。但是,我国的太阳能电池生产企业出现较晚,技术研究时间较短、投入较低,核心技术被西方大企业所垄断,也就造成了我国光伏企业的收益不足,制造技术也就迟迟无法满足需求,使光伏组件的生产依旧耗能巨大。直到近年来,也只解决了初级生产步骤。

(2) 光伏玻璃幕墙的安装与地区的人工费用相关,而人工费用则与社会经济水平相关。随着中国经济的腾飞,各地区的人力资源尤其是建筑工人较为紧缺,这也就造成了光伏系统在安装阶段的投入加大,该问题往往由于大环境的影响而人为地忽视掉。

(3) 在光伏玻璃幕墙的维护阶段,我国的相关规范正在起草,各个地方的执行标准差距较大。但是,同样由于人工费用的逐年升高,维护阶段的能耗所占比重将越来越大,这是光伏系统生命周期能耗中不可忽视的一部分。

表 E.10　　　　　　　　　光伏系统全生命周期内耗能详表

耗能过程	生产	运输	安装	拆除	废物处理	汇总
数值/(万 kW·h)	265.31	2.22	64.68	4.89	0.54	337.64
耗能所占比例/%	78.57	0.66	19.16	1.45	0.16	100

3.2　光伏系统全生命周期能耗与发电量的比较分析

光伏系统的生命周期包括生产、装配、运行和拆除处理四个大阶段。其中,装配能耗包括运输能耗和施工能耗两部分;运行能耗即为光伏发电量;处理部分的能耗包括拆除能耗和废物处置能耗。在具体的六个小项中,发电量是增益量,而其余五个皆是耗能减益量,具体数据见表 E.10,其中光伏系统的投资能耗(即减益能耗)为 337.64 万 kW·h。根据估算,该光伏系统需要 14 年即可收回投资成本。

由于

$$E_{收益量} = E_{发电量} - E_{减益量} \quad (E.1)$$

$$K_{收益率} = \frac{E_{净收益}}{E_{投资}} \times 100\% \quad (E.2)$$

根据式 (E.1) 计算,光伏系统能给建筑带来的净收益(即增益能耗)为 237.43 万 kW·h,见表 E.11。通过式 (E.2) 得收益率高达 70.32%。同时,通过电折标准煤系数,增益的能耗可以折算标准煤 291.80t,既减少了化石能源(即不可再生能源)的消耗,又减少了大量的有害气体排放。

表 E.11　　　　　　　　　光伏系统全生命周期内能耗详表

项目	生产	装配		运行	拆除处理		汇总
		运输	安装		拆除	处理	
能耗/(万 kW·h)	−265.31	−2.22	−64.68	575.07	−4.84	−0.54	237.43
		−66.90			−5.43		

由以上结论得出,该建筑使用光伏系统能有效地达到节能效果,并且能够大幅度地减少有害气体的排放以及不可再生能源的消耗,起到了保护环境的作用。

4　小结

本例依据全生命周期理论,通过数值计算的方法对西咸空港综合保税区启动区的类球形办公建筑使用光伏玻璃幕墙的可行性进行了研究。通过实际调研以及查阅相关数据文献，获取最新的光伏产业数据。计算时选取的光伏玻璃幕墙覆盖面为建筑的南向和西向外表面，通过光伏系统全生命周期各个阶段的能耗数据以及投资能耗和总能耗的详表加以分析评价。

通过上述内容的研究得到了以下三个结论：

(1) 类球形办公建筑的西向和南向使用光伏发电系统时，在光伏系统的生命周期（即使用期）内总的发电量为 575.07 万 kW·h，而在全生命周期内的能耗为 337.67 万 kW·h，净收益（即增益能耗）为 237.43 万 kW·h，收益率高达 70.32%，需要 14 年即可回收投入的能耗，说明该建筑使用光伏系统能够得到较高的收益率，并且减少了对环境的污染和对不可再生资源的浪费。

(2) 光伏发电提供的增益能耗可以折算为标煤 291.80t，既减少了化石能源（即不可再生能源）的消耗，又减少了大量有害气体的排放，为保护环境起到了重大的作用，是"绿色建筑"的典型性应用。

(3) 光伏系统全生命周期内，生产过程中的能耗占总能耗的比重高达 75.57%，对环境和资源的负担较重。因此，我国的多晶硅企业急需加速研究光伏组件生产的核心技术，以降低太阳能电池的生产能耗。

7.6.4 实例四：液体燃料玉米酒精系统不可再生能耗的评价研究

目前已有的生命周期评价方法，依然存在以下问题：

(1) 在确定生命周期的系统边界时，由于边界定义不统一而导致同一案例在不同核算过程中的结果不一致，甚至矛盾。

(2) 在计算过程中将网络化的物质流和能量流简化为单向线性流动，并将复杂系统截断为简单线性系统，截断误差难以确定。

(3) 不同研究学者由于截断边界的不一致导致计算结果不一致。

为了解决这些问题，陈国谦教授和杨晴博士提出，将投入产出法和生命周期方法相结合的系统方法，并基于热力学第一定律的不可再生性指标，对传统的生命周期方法从热力学和系统生态学的角度进行了扩展。生命周期和投入产出方法相结合的方法也被称作综合方法（hybrid method），国外最早由 Bullard 等人在 20 世纪 70 年代提出，目前已经能够成功应用于不同系统对环境影响的评估。综合方法旨在结合这两种方法的优点，截至目前已有分层综合分析、基于投入产出法的综合分析以及集成综合分析等综合分析模型。

不可再生能耗强度可以从能源角度确定某一能源系统的不可再生性，表达式为

$$NEIED = \frac{NE}{E_p} \tag{F.1}$$

$$NE = \sum NE_i = \sum (Input_i C_i) \tag{F.2}$$

式中　NE——在某能源系统直接或间接利用的不可再生能源总量；

　　　E_p——该系统输出产品包含的能量；

　　　NE_i——第 i 次输入产品中直接和间接利用的不可再生能源；

　　　$Input_i$——整个产品链中第 i 次输入；

C_i——第 i 次输入的不可再生能源消耗系数,可由扩展的社会投入产出方法计算得出。

当 NEIED>1 时,表示该系统是不可再生能源系统;反之,当 NEIED<1 时,表示该系统是部分可再生能源系统。

系统方法融合了自下而上的过程分析和自上而下的投入产出分析,避免了过程分析中固有的截断误差,同时也能将投入产出分析应用于尺度较小的系统研究,从而能够更客观地表现出所研究系统的特性。

下面以液体燃料玉米酒精系统的不可再生能耗的评价为例来说明综合方法的应用。

我国以燃料酒精为代表的生物质液体燃料产业于 20 世纪 90 年代开始起步,二十多年来,利用成熟的酒精生产技术和大规模的酒精生产能力,以定点生产、定向流通、封闭运行的原则,分别在河南、安徽,吉林和黑龙江建设了以陈化粮为原料的四家燃料酒精生产厂,年产能达 102 万 t,目前全国已有九个省开展车用酒精汽油销售。截至 2006 年 12 月底,全国 4 个生产企业共生产销售燃料酒精 243 万 t,2006 年全国共销售酒精汽油 1300 万 t,占全国汽油消费量的 23.3%,我国已经成为全球第三大燃料酒精生产国。由于国家发展改革委员会在"十一五"规划纲要中已经对中国生物燃料产业发展,做出三个阶段的统筹安排:"十一五"实现技术产业化,"十二五"实现产业规模化,2015 年以后大发展,预计到 2020 年,中国生物燃料消费量将占到全部交通燃料的 15%左右,建立起具有国际竞争力的生物燃料产业。

1 系统界定

玉米燃料酒精的制取是从玉米种植到燃料酒精在工厂中经发酵萃取出来,同时水被处理后又排入环境中为止的多个过程组成的系统,具体如图 F.1 所示。本例将系统研究范围界定为在全国平均生产水平下,平均每年 $1hm^2$ 玉米种植地所产出的玉米转化成生物质酒精,及其污水处理的过程。整个系统的建立和运行消耗了化肥、除草剂、杀虫剂、电、煤、柴油、天然气等。考虑到数据的统一性和可得性,选取 2002 年作为基准年,并做出假设:

(1) 由于数据的不可得,或者数据的准确度太低,对于系统所使用的机械设备,只计算其在使用过程中消耗的煤、石油等化石燃料,而忽视这些机械设备本身的生产过程中所消耗的化石能源和不可再生的资源。

(2) 由于社会平均劳动力平均每日所消耗的不可再生资源的量统计起来过于复杂,而且农业劳动力和工业劳动力的生活标准、工作时间等存在差异,本例暂时忽略劳动力的不可再生能耗。

(3) 考虑到中国农村灌溉方式的多样化和数据的不可得,灌溉所消耗的电力带来的化石燃料的消耗暂不计算在内。

(4) 运输过程包括收获后的玉米运输到加工厂,又从加工厂运输到酒精生产车间,以及酒精产品运输到配兑点,接下来运输至各级加油站的过程。整个过程可能有公路运输、水路运输和铁路运输三种方式,每种运输方式所占的比例和每种运输的平均运输路程目前还没有可靠的数据显示,所以本研究也暂不计算运输所带来的化石燃料的消耗。

综上所述,本例所做的分析和计算还是比较保守的。实际过程中,生物质燃料的生产过程肯定会消耗更多的不可再生资源。

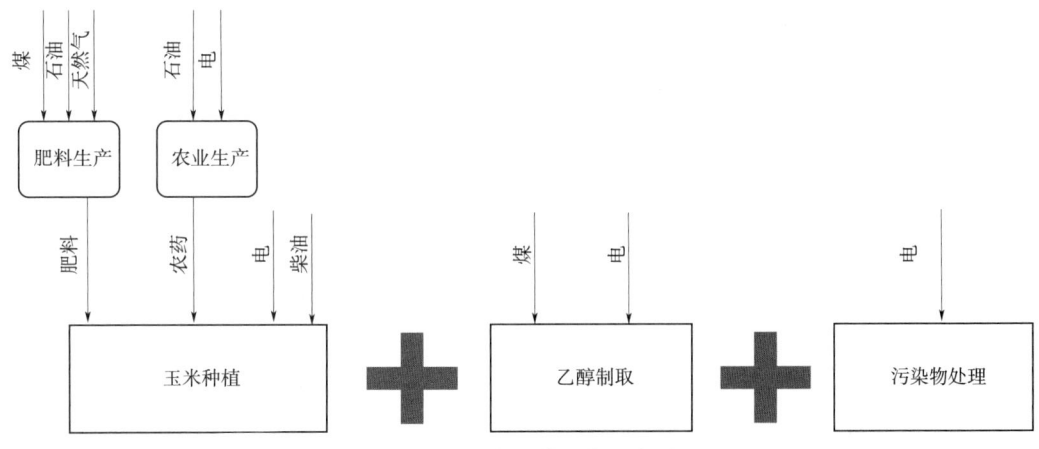

图 F.1　玉米酒精系统示意图

2　玉米酒精系统生命周期各阶段的能耗

1. 原料分布与种植

目前我国玉米种植面积和总产量仅次于美国，居世界第二位。玉米是高产作物，需肥量较大，据试验，生产 100kg 玉米籽实，需氮 2.5kg，需磷 1kg，需钾 2.1kg。若亩产500kg 玉米，亩需尿素 33kg 左右，或硝铵 50kg，过磷酸钙 31kg，硫酸钾 13kg。但是我国玉米种植地分布辽阔，各区域土壤的肥力水平不同，因此在玉米生长各个阶段所需肥料量也不尽相同，这给统计全国平均 1hm² 玉米地的施肥量带来了困难。本例采用农业部的统计数据，全国平均 1hm² 玉米地每年施肥量为 165kg 氮肥、60kg 磷肥和 31.5kg 钾肥。

现代农药主要包括杀虫剂、除草剂和除真菌剂。中国是农药出口大国，2004 年中国出口的农药占世界出口农药总量的 19.5%，居世界第一名。同时，中国还是农药生产大国，2006 年全国农药总产量达 1.3 百万 t，居世界第一名。华晓梅和单正军通过调查得出，2000 年中国杀虫剂的使用量为 4.5kg/hm²，并且以后每年的使用量会继续上涨。考虑到每种作物的农药使用量不尽相同，本例保守估计，平均玉米地的杀虫剂使用量为 4kg/hm²。而杀虫剂、除草剂和除菌剂的使用比例为 4∶1∶4，由此推算，玉米地的除草剂和除真菌剂的使用量分别为 1kg/hm² 和 4kg/hm²。

现代化的农业种植过程中会使用农用机械，必然要消耗柴油和电力。根据《农业技术经济手册》（《农业技术经济手册》编委会，农业出版社，1984 年）的相关数据，估算每年玉米地消耗的电力为 972MJ 和 15kg 柴油。又由于缺乏相关数据支持，灌溉和相关设施所消耗的不可再生资源在这里暂时忽略。

2. 酒精转换过程

根据《中国酿酒工业年鉴》记载，2002 年中国每生产一吨生物质酒精，平均消耗煤700kg，消耗电 200kW·h，而玉米酒精的转化率为 0.32。中国 2002 年玉米的平均产量为4925kg/hm²，因此玉米地平均产酒精 1576kg/hm²，而生产这些酒精将会耗煤 1103.20kg 和耗电 1134.72MJ。

3. 直接污染物排放处理

玉米酒精生产过程中产生的污染物分为直接污染物和间接污染物。直接排放的污染物主要为玉米种植过程中大量使用化肥和农药对水体和土壤造成的污染和酒精厂排出的大量有机废水；间接的污染物排放主要指玉米酒精整个生产链所使用的一些物质和能源输入其本身的生产制造过程所体现的污染物排放。

（1）玉米种植过程中直接的农业污染物排放。农业非点源污染是导致水体富营养化的最主要的因素。根据对中国主要夏玉米产区河北省的调查结果显示，在农业种植过程中使用的除草剂和杀虫剂有至少5%流失到河流中，而农药的流失率达到15%。而由于无法获知农村水体污染的具体浓度，本例根据市政污水的总氮、总磷的污染物浓度来估算农村水体的污染物浓度。据调查表明，市政污水的总氮、总磷浓度分别为13.50mg/L和3.40mg/L。而每处理1t的市政污水大约平均需要消耗3.6MJ的电力。对于农药污染的估算，由于没有国内确切的数据支持，本例采用了加拿大魁北克环境署的调查数据，即农药在水体中的浓度约为0.005mg/L，而每处理1L含有此浓度的农药的污水需要耗能1.40MJ。表F.1统计了处理农业水体污染中各种污染物所需要消耗的能量，为了避免重复计算，本例取其中的最大值。

表 F.1　　　　　农业水体污染处理过程中的不可再生能源消耗

污染物	使用量 /(kg/hm^2)	流失率 /%	流失量 /(kg/hm^2)	在水体中的浓度 /(mg/L)	被污染的水体的体积 /m^3	处理单位水体的电耗 /(MJ/m^3)	总电耗 /MJ
P$_2$O$_5$	120.00	15	18	3.40	5294	3.60	19058
N	315.50	15	47.32	13.50	3505	3.60	12620
除草剂	2.71	5	0.13	0.005	27100	1.40	37940
杀虫剂	0.99	5	0.05	0.005	9900	1.40	13860

（2）酒精厂排放的大量有机废水。根据《中国酿酒工业年鉴》统计，2002年中国总计生产20百万t生物质酒精，一共排放4.00E+07m^{3}污水，由此估算每生产1kg酒精将向环境排放18.80L污水。而经过文献调研和统计，酒精污水的平均物理需氧量（BOD）浓度为55g/L。基于对中国污水处理工艺水平的调研，污水处理厂每消除1kgBOD平均耗电1.30kW·h。因而，处理生产1567kg生物酒精所排放的污水将总计耗电7627.84MJ。

3　结果与讨论

各种输入的不可再生能耗强度可由扩展的投入产出计算得出。由表F.2，可得中国玉米地平均所产玉米转化而成的酒精总计消耗了1.65E+05MJ/(hm^2·a)不可再生能源。而根据Szargut等人的计算，酒精最大的可用能含量为29.52MJ/kg，故1576kg酒精中能利用的能量最大为46516MJ。因此，NEIED的值计算为3.55，这表明在作一个能量单位的功的前提下，相比较汽油而言，使用玉米酒精将消耗额外的2.55个能量单位的不可再生能源；这也说明了玉米酒精在这种历史能源背景下的不可再生性。

7.6 LCA在新能源系统中的应用

表 F.2　　　　　玉米酒精的不可再生能源消耗清单

过程		单位	数量	体现不可再生资源能耗强度 /（MJ/unit）	不可再生能耗 /（MJ/hm²/a）	占所有不可再生能耗比率/%
玉米种植	机械消耗燃料（柴油）	kg	15.00	46.18	693	0.42
	磷肥（P_2O_5）	kg	60.00	12.13	728	0.44
	氮肥（N）	kg	165.00	126.89	20900	12.68
	钾肥（K_2O）	kg	31.50	13.78	434	0.26
	除草剂	kg	4.00	238.00	952	0.58
	除真菌剂	kg	1.00	216.00	216	0.13
	杀虫剂	kg	4.00	101.20	405	0.25
	电	MJ	972.00	2.27	2210	1.34
	小计				26600	16.09
乙醇生产	煤	kg	1103.20	29.52	32600	19.72
	电	MJ	1134.72	2.27	2580	1.56
	小计				35100	21.28
污染物处理	酒精厂废水（电）	MJ	7627.84	2.27	17300	
	农业污水（电）	MJ	37940.00	2.27	86100	
	小计				103000	62.63
总计					165000	100.00

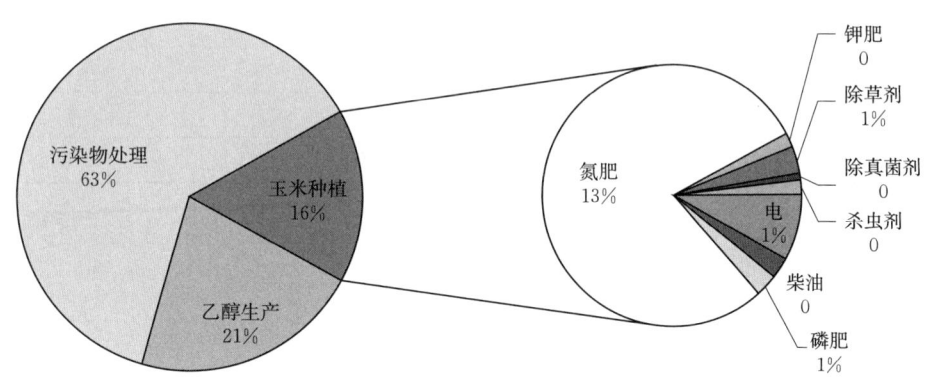

图 F.2　玉米酒精各个阶段的不可再生性

由表 F.2 和图 F.2 可以看出，玉米种植所消耗的不可再生能源占所有不可再生能源消耗的 34%，酒精转化过程所消耗的不可再生能源占 21%，处理污水所消耗的不可再生能源占 63%。而在农业原料的种植过程中，主要的不可再生能耗不是直接的机械设备所消耗的柴油和电，而是工业化农业种植过程中所使用的化肥和农药，其不可再生能耗占总不可再生能耗的 16%，其中氮肥所占的比重最大，高达 13%。同时，农业污水和工业废水处理所消耗的电力所带来的化石燃料的消耗也是不可忽视的，占总不可再生能耗的63%，这在很多相关研究中被忽略。本例表明了如果不将污水处理所消耗的不可再生能源计算在内，将直接对计算结果产生很大的影响，甚至得出与实际相反的论断。

思 考 题

1. 名词解释
(1) LCA。
(2) 功能单位。
(3) 生命周期清单。
(4) 系统边界。

2. 简述 ISO 14040 标准是如何定义生命周期评价的，其框架包括哪几个步骤。

3. 简述从生命周期分析的角度看，新能源系统的特点；LCA 分析方法对于新能源产品开发以及新能源其他领域发展的意义。

4. 我国新能源产业起步晚，属于新兴产业，简述对于 LCA 的研究会带来哪些问题；你认为有哪些比较可行的解决方案。

5. 请简要说明以下产品的 LCA 过程：
(1) 多晶硅太阳能电池。
(2) 生物质乙醇。
(3) 风力发电机叶片。

6. 以 $1m^2$ 的墙面面积作为功能单位，计算表 7.3 所列三种材料减缓温室效应的能力。

表 7.3　　　　　　　各种材料物理特性

材料种类	导电性 /(W·m/K)	密度 /(kg/m³)	GWP /(kgCO₂/kg)
矿物纤维	0.04	25	0.98
聚苯乙烯	0.037	15	1.41
多孔砖	0.22	782	0.25

7. 以木质颗粒燃料（wood pellet）用于生产热能这一过程为例，简要说明其 LCA 的评价目标、功能单位以及系统边界。

8. 以运输生物质燃料的过程为例，简要说明其输入和输出信息（input and output data）。

9. 大唐包头固阳县金山光伏电场一期 20MW 项目位于内蒙古包头市固阳县政府所在地金山镇西北侧约 5km 处。工程规划容量 100MW，本期容量为 20MW，光伏发电系统由 20 个 1MW 光伏并网发电分区组成，光伏组件全部采用多晶硅。请画出光伏发电系统的系统边界图。

10. 新能源常常被称作无污染的清洁能源，根据 LCA 的定义，新能源系统如风力机发电系统仍然是零污染的吗？请简要说明原因。

11. 根据 LCIA 概要，以生物质锅炉系统为例说明其对环境的影响。

12. 分别计算表 7.4 所列几种汽车的全球变暖潜值（GWP）。表 7.5 为三种污染物的当量因子。

表 7.4　　　　　　　　　　　污 染 物 排 放 量　　　　　　　　　　　单位：g

汽车类型	CO_2	NO_x	CH_4
传统汽油汽车	1.89×10^8	1.64×10^5	2.10×10^5
氢燃料电池汽车	1.09×10^8	9.11×10^4	1.84×10^5
乙醇汽油轿车	1.67×10^8	1.18×10^5	1.97×10^5

表 7.5　　　　　　　　　　　污 染 物 当 量 因 子

CO_2	NO_x	CH_4
1	320	21

13. 仔细阅读 7.6 节的几个 LCA 案例并比较风力发电系统和太阳能光伏发电系统 LCA 的异同，至少三点。

14. 简述从光伏发电系统全生命周期的四个阶段角度看，要减少其对环境的影响可以采取哪些措施。

15. 你还知道哪些新能源系统中的 LCA 应用案列，试举一例进行简要说明。

参 考 文 献

[1] Robert G Hunt, William E Franklin. LCA - how It Came About: Personal Reflection on the Original and the Development of LCA in the USA [J]. The International Journal of Life Cycle Assessment. 1996, 1 (1): 4 - 7.

[2] Psul Fink. The Roots of LCA in Switzerland - continuous Learning by Doing [J]. The International Journal of Life Cycle Assessment, 1997, 2 (3): 131 - 134.

[3] Allan Astrup Jensen, John Elkington, et al. Life Cycle Assessment (LCA): A Guide to Approaches, Experiences and Information Sources [R]. Report to the European Environment Agency, Copenhagen, 1997.

[4] Bonifaz Oberbacher, Hansjorg Nikodem, Walter Klopffer. LCA - how It Came about: an Early Systems Analysis of Packaging for Liquids [J]. The International Journal of Life Cycle Assessment. 1996, 1 (2): 62 - 65.

[5] Shibata K, Waseda Y. New Model for Assessment of Metal Production and Recycling System [J]. J. Jph, Inst. Metals, 1997, 61 (6): 494 - 501.

[6] Activities of the LCA - Society of Japan (JLCA) and Development Towards the Future [J]. The International Journal of Life Cycle Assessment, 1998, 3 (2): 69 - 70.

[7] Nobuhiko Narita etc. Current LCA Database Development in Japan - results of the LCA Project [J]. The International Journal of Life Cycle Assessment, 2004, 9 (6): 355 - 359.

[8] Pere Fullana, Rita Puig. Analisis del Ciclo de Vida—Life Cycle Assessment in Spanish [J]. The International Journal of Life Cycle Assessment, 1998, 3 (1): 56.

[9] Antonio Giacomucci, Gian Luca Baldo. LCA Activities in Italy [J]. The International Journal of Life Cycle Assessment, 1998, 3 (2): 68.

[10] 聂祚仁，王志宏. 生态环境材料学［M］. 北京：机械工业出版社，2004.
[11] ISO International Standard 14040. Wnvironmental Management – Life Cycle Assessment – principles and Framework［J］. International Organisation for Standardisational（ISO），Geneva，1997.
[12] 孟宪策. 聚碳酸酯和聚乳酸的生命周期评价［D］. 北京：北京工业大学，2010.
[13] Yang Q，Chen G Q. Nonrenewable Energy Cost of Corn – ethanol in China［J］. Energy Policy，2012，41：340 – 347.
[14] Chen G Q，Yang Q，Zhao Y H. Renewability of Wind Power in China：a Case Study of Nonrenewable Energy Cost and Greenhouse Gas Emission by a Plant in Guangxi［J］. Renewable and Sustainable Energy Reviews，2011，15（5）：2322 – 2329.
[15] Yang Q，Wu X，Yang H，et al. Nonrenewable Energy Cost and Greenhouse Gas Emissions of a "Pig – biogas – fish" System in China［J/OL］. The Scientific World Journal，2012. http：//dx. doi. org/10. 1100/2012/862021.
[16] Chen G Q，Yang Q，Zhao Y H，et al. Nonrenewable Energy Cost and Greenhouse Gas Emissions of a 1.5 MW Solar Power Tower Plant in China［J］. Renewable and Sustainable Energy Reviews，2011，15（4）：1961 – 1967.
[17] Shao L，Chen G Q. Water Footprint Assessment for Wastewater Treatment：Method，Indicator，and Application［J］. Environmental science & technology，2013，47（14）：7787 – 7794.
[18] 卢树昌，臧凤艳，刘惠芬，等. 北方潮土区肥料定位试验下最佳配方研究［J］. 天津：天津农学院学报，2003，10（1）：1 – 5.
[19] Fan Y. Present Status of China's Fertilizer Industry and Analysis on Market Demand of Fertilizer［J］. Phosphate & Compound Fertilizer，2004，2：1.
[20] 中国统计年鉴（2005）. 北京：中国统计出版社，2005.
[21] 华晓梅，单正军. 我国农药生产，使用状况及环境影响因子分析［J］. 安徽化工，1999，25（6）：6 – 10.
[22] 陈璥. 淀粉与酒精工业［J］. 淀粉与淀粉糖，1990（1）：12 – 19.
[23] 中国农业年鉴（2003）. 北京：中国农业年鉴出版社，2003.
[24] 吴凯. 河北南部地区资源、环境、发展初析［J］. 地理科学进展，2011，21（5）：477 – 483.
[25] Zhang，L Q，Wu G L. Pollution Prevention and Biological Restoration of Agricultural Ecological Environment［M］. Beijing：China Environmental Science Press，2005.
[26] Wang F K，Wang S G，Li X P. Economic Handbook for Technologies of Industrial Wastewater and Municipal Wastewater Treatment［M］. Beijing：Tsinghua University Press，1992.
[27] Berthiaume R，Bouchard C，Rosen M A. Exergetic Evaluation of the Renewability of A biofuel［J］. Exergy，An International Journal，2001，1（4）：256 – 268.
[28] Gangbazo G，Babin F. Pollution de l'Eau Des Rivières Dans Les Bassins Versants Agricoles［J］. Vecteur Environnement，2000，33（4）：47 – 57.
[29] Kruithof J C，Hofman J，Hopman R，et al. Rejection of Pesticides and Other Micropollutants by Reverse Osmosis［C］//Proceedings 1995 Membrane Technology Conference. Reno，NV. 1995.
[30] 贾晓凤，应一梅. 酒精废水处理工艺浅析［J］. 河南科技学院学报，2005，33（1）：78 – 80.
[31] Szargut J，Morris D R，Steward F R. Exergy Analysis of Thermal，Chemical，and Metallurgical Processes［M］. New York：Hemisphere Publishing，1988.
[32] 杨晴. 可再生能源的系统生态热力学核算［D］. 北京：北京大学，2011.
[33] 陈豫，胡伟，杨改河，冯永忠. 户用沼气池生命周期环境影响及经济效益评价［J］. 农机化研

究,2012,9:227-232.
- [34] 拜景彬.基于全生命周期理论的光伏系统能耗分析[D].西安:西安建筑科技大学,2015.
- [35] 刘黎娜,王效华.沼气生态农业模式的生命周期评价[J].中国沼气,2008,26(2):17-24.
- [36] 彭芳,何秉宇.基于全生命周期理念的新能源开发转换过程中的环境问题探讨[J].安徽农业科学,2013,41(26):10810-10813,10816.

第 8 章　能源可持续发展与项目后评价

能源可持续发展是指各种能源在当代得到有效的开发与利用，同时又能够为后代创造持续利用各种能源条件的一种发展过程，要求能源安全供给、经济竞争力和环境可持续性三者的统筹兼顾，其中能源安全供给是能源可持续发展的核心内容；经济竞争力为可持续能源提供有力的保障；环境可持续性是可持续能源的基本前提。能源项目的后评价是基于可持续发展的角度，根据确定的目的来测定项目对象系统的属性，并将这种属性变为客观定量的计值或者主观效用的过程，用以综合判断能源项目的优劣及长期的可持续发展的能力。项目后评价是能源项目可持续发展评价工作的一个重要组成部分。

8.1　可持续发展的内涵与项目可持续发展

8.1.1　可持续发展的提出

1972年，联合国在瑞典首都斯德哥尔摩召开的"人类环境会议"（Conference in Stockholm on the Human Environment）上首次提出可持续发展（sustainable development）一词，144个国家参加了此次会议，目的是号召全球各国要重视环境保护问题，会议发表的《人类环境宣言》初步明确了可持续发展的思想，指出："为了当代人和后代人的发展，保护和改善人类环境已成为人类迫在眉睫的目标，它必须跟世界经济与发展这个共同目标同步协调地实现。"目前世界上普遍认同这次会议是可持续发展的起点，从此，世界各国的专家学者对可持续发展的研究宣告开始。

1980年，国际自然与自然资源保护同盟联合会（IUCN）在《世界自然资源保护大纲》中提出："必须研究自然的、社会的、生态的、经济的以及利用自然资源过程中的基本关系，以确保全球的可持续发展。"同年，由联合国环境规划署（UNEP）、国际自然与自然资源保护同盟联合会（IUCN）和世界自然基金会（WWF）联合发表的《世界自然保护战略：为了可持续发展，保护生存的资源》（World Conservation Strategy: Living Resource Conservation for Sustainable Development）一书中，第一次将"可持续发展"一词作为术语提出来。该书指出："持续发展依赖于对地球的关心，除非地球上的土壤和生产力得到保护，否则人类的未来是危险的。"

1981年，美国布朗（Lester R. Brown）编写《建设一个可持续发展的社会》一书，提出从保护资源、开发再生能源和控制人口增长三个方面来实现可持续发展。

8.1.2 可持续发展的定义

1987年，由挪威首位女性首相布伦特兰夫人主持编写，联合国环境与发展世界委员会（The World Commission on Environment and Development）经长期研究后发表了《我们共同的未来》（Our Common Future）的报告。该报告对当前人类在发展和环境保护方面进行了全面系统的分析，第一次对可持续发展定义给出了科学论述："既能满足当代人所需，又不对后代人满足其需求能力构成危害的发展"这一明确的定义，对可持续发展的研究和实践起到了重要的推动作用，标志着可持续发展思想的成熟。

可持续发展是建立在社会、环境、经济、人口共同发展和相互协调的基础上的一种发展，其宗旨是既满足当代人的需求，又不对后代人满足其自身需求能力构成危害的发展。

8.1.3 可持续发展的内涵

1. 国际上关于可持续发展的内涵

在1989年5月举行的第15届联合国环境署理事会期间，经过反复磋商，通过了《关于可持续发展的声明》，强调了可持续发展包括以下三个方面的内涵。

（1）经济可持续发展。可持续发展的核心是经济可持续发展，这是人们普遍的共识。传统的发展只强调经济的增长，即人均国民生产总值的提高，而在可持续发展过程中，对经济属性的要求除经济数量增长之外，还包括生活水平、教育和医疗条件、机会均等性等经济质量的提高。单纯的使人均收入提高却未能使社会经济结构改善的发展都不能被认为是可持续发展。

（2）社会可持续发展。可持续发展的最终落脚点是全人类社会，即创造美好的生存环境，改善人类生活质量，提高健康水平。因而社会属性的可持续发展强调人类的生产活动方式和社会生活方式应当保障人们平等、自由、民主、无暴力的社会环境，促进人类社会的全面进步。

（3）生态可持续发展。可持续发展从自然属性上表现为生态和环境的可持续，即要寻求以一种最佳的生态运行系统，使自然资产的耗竭速度低于资源的再生速度，从而保护和加强环境系统的生产和更新能力。正如世界银行在1992年度的《世界银行发展报告》中认为，可持续发展是指："建立在成本效益比较和审核的经济分析基础上的发展和环境政策，加强环境保护，从而导致福利的增加和可持续水平的提高。"

2. 我国关于可持续发展的内涵

2002年，中国共产党第十六次全国代表大会把"不断增强可持续发展能力"作为全面建设小康社会的目标之一。可持续发展是以保护自然资源环境为基础，以激励经济发展为条件，以改善和提高人类生活质量为目标的发展理论和战略。它是一种新的道德观、文明观和发展观。其内涵如下：

（1）发展的可持续性，人类社会和经济的发展应该遵循合理的原则，不能超越环境和资源的承载能力。

（2）突出发展的主题，发展不等同于经济增长，发展是集社会、环境、教育、文化、科技等多项因素于一体的现象，是人类共同的权利，任何国家都应该享有这种权利。

(3) 人的公平性，当代人在发展的同时应努力做到不损害后代人享有发展的机会，在同一代人中，发展的人不应当损害其他人的利益。

(4) 人与自然的和谐，人类必须建立新的价值标准和道德观念，学会尊重自然、保护自然，与其和谐共生。中共中央提出的科学发展观指出要促进人与自然的和谐，实现经济和人口、环境、资源协调发展，必须坚持走生态良好的文明发展道路，保证一代接一代地持续发展。从因忽略环境保护而受到自然界的惩罚，到最终选择走可持续发展道路，是人类文明发展史上一次重大转折。

总之，可以认为可持续发展是一种新的发展思想和战略，目标是保证社会具有长期的持续发展能力，确保环境、生态的安全和稳定的资源基础，避免社会、经济大起大落的波动。可持续发展涉及人类社会的各个方面，要求社会进行全方位的变革。

8.1.4 我国能源的可持续发展

随着经济的快速发展和能源的不断增长，一方面，我国能源需求不断增加，而人均能源并不丰富，能源供需缺口日益增大；另一方面，能源利用产生的温室效应、环境污染等问题日益严重，直接威胁到人民的生活质量和生存环境。如果能源生产和消费方式不改变，中国未来的能源发展无论从供给、资金、运输还是环境方面都是无法承受的，坚持可持续发展战略是中国必须走的道路。

1992年6月在里约联合国环境与发展大会上通过的关于全球能源与发展的《21世纪议程》，反映了环境与发展领域国际合作的全球共识和最高级别的政治承诺。1994年3月，李鹏同志主持召开国务院第16次常务会议讨论通过了《中国21世纪议程——中国21世纪人口、环境与发展白皮书》。此外，中国是《联合国气候变化框架公约》的签约国，大力发展清洁能源，特别是发展少污染的清洁能源技术，控制甲烷和二氧化碳等温室气体的排放，保护大气层，是中国政府履行国际公约、承担相应国际义务的一个重要方面，也是促进中国以煤为主的能源系统向环境无害化的可持续发展模式转变的重要内容。

为了确保有限的自然资源能够满足经济可持续发展的要求，我国在发展能源方面必须本着"保护资源，节约和合理利用资源""开发利用与保护增值并重"的方针，充分运用市场机制和经济手段有效配置能源。一方面，针对我国煤炭、石油等非再生能源地域分布不均的特点，采取远距离输送的方式，向储量少但耗能多的工业地运输能源，如西电东送、北煤南运等；另一方面提高科技水平以逐步充分利用太阳能、风能、生物质能、核能等能源。

8.2 项目可持续发展评价

判断一个能源项目是否具备可持续发展能力，或者选择更优的发展方案和方法都依赖于评价。评价是选优和决策的基础。

8.2.1 系统评价的概念

所谓系统评价，是指根据预定的系统目的，在系统调查和可行性研究的基础上，对系统开发提供的各种可行方案,从技术、经济、环境、生态、社会等方面,予以综合考察,全面权衡利弊得失,从而为系统决策选择最优方案提供科学的依据。

理解系统评价的要点如下:

(1) 评价是决策的准备与基础,系统评价问题解决以后,系统决策便是顺理成章的事了。为了决策,先要评价。

(2) 评价是一项技术工作,是由系统分析者承担的;而决策则是领导者在系统分析者的辅助下完成的,当面临重大问题的决策时,往往还有"看不见的"因素在起作用,这些因素往往难以纳入评价工作之中。

(3) 系统评价的目的就是要对各种系统设计的方案需要满足的程度、消耗和占用的各种资源,以及产生的近期、中期和长期的环境生态影响进行评审,并选择出技术上先进、经济上合理、实施上可行的最优或满意方案。

8.2.2 系统评价的特点

系统评价的主要特点在于它的复杂性和困难性。必须借助于现代科学和技术发展的成果,采用科学的、系统的、综合的评价思想和方法才能对评价对象做出客观、公正、准确的评价。系统评价的复杂性和困难性主要具体体现在以下方面:

(1) 系统评价大多数为多指标评价。当系统为单指标时,其评价工作是容易进行的。但实际上,评价工作要复杂得多,往往是带有多目标、多指标的特征,而要做好多指标综合评价工作是很困难的。比如,在五个能源投资项目中(代表一组方案),选出一个经济效益最大的项目,由于这是单指标评价问题,只需经过核算每个项目资金的投入产出,最优方案是很容易找到的。但是,如果指标增加为经济效益最大和生态效益最大两个指标,要想选出一个优化方案就显得困难。这是因为多指标自身具有以下特点:

1) 拮抗性,即指标之间存在着对抗性或不同步性。如电力生产项目的评价工作中,经常以总发电量最高和运行成本最低为指标,这在客观上往往是不现实的,可能甲方案的总发电量高,运行成本也高,而乙方案的运行成本低,但发电量也低,这时就很难定夺。指标越多,方案越多,问题就越复杂。

2) 不可公度性,即各个目标的量纲不一样。量纲不同(如生物质能发电技术的发电效果和对生态环境的影响),自然不能进行简单的相加和综合,但方案间的比较往往是对综合效果的比较,必须先利用一定的方法,对各指标进行无量纲化处理,然后再进行方案的综合评价和比较。

3) 没有一致最优解,即不存在某一个方案使所有的指标都满意。

(2) 评价指标不仅有定量的指标,而且有定性的难以度量的指标。对定量指标,通过比较标准,能很容易地得出优劣的顺序;但对于定性的指标,如某项技术的先进性、某生产设备运行的可靠性等,由于没有明确的数量表示,往往只能凭人的主观感觉和经验,因此,对其评价就显得比较困难。

(3) 评价主体的价值观在评价中起很大作用。评价是由人来进行的,评价方案以及指标的选择都是由人来完成的,因此,人的价值观在评价中起很大作用。对具体问题的评价,一方面,由于评价人所处的立场、观点、环境、目的等的不同,对其价值评定会有不同，即使同一个评价人，对同一对象的评价也会随着时间的推移而有可能发生变化，因而形成了个人价值观；但另一方面，人类在价值观念上又会表现出某种程度的共同性和客观性，从而形成了所谓的社会价值观。如何将个人的价值观和社会的价值观合理地统一和协调起来，这也是系统评价的重要任务。

8.2.3 项目可持续发展评价的内容

对于投资项目而言，可持续发展包含两层含义：一是项目对企业具有持续发展的影响；二是项目对国家而言是可持续发展的。投资项目可持续性评价应该对这两方面所涉及的持续发展因素进行系统分析。从另一个角度考虑，持续性问题包括环境功能的持续性、经济增长的持续性和项目效果的持续性。从项目自身的持续性来考虑，项目持续性是指项目的建设资金投入完成之后，项目的既定目标是否还能持续，项目是否可以持续地发展下去，接受投资的项目业主是否愿意并尽可能依靠自己的力量继续实现既定目标，项目是否具有可重复性，即是否可在未来以同样的方式建设同类项目。项目的可持续发展评价主要包括以下方面的评价内容。

1. 技术效益评价

投资项目的技术效益越高，说明项目的科学技术本身是进步和发展的。

2. 生态效益评价

生态效益评价是以建立资源的可持续利用和良好的生态环境为目的，分析整个生命支撑系统和生态系统的完整性及生物的多样性，评价自然资源，尤其是可再生资源的可持续利用程度；对资源破坏和环境污染所产生的各种影响进行衡量或计量。如果某项技术的应用可能将带来严重的生态环境问题，即使经济效益和技术效益再好，也是不可取的。

3. 经济效益评价

经济效益评价是为了评价经济的可持续性，不仅经济效益要有量的增长，还要重视经济效益产生的质量、资源配置的优化状态，经济效益产生的效率，倡导改变传统的生产和消费模式，实施清洁生产和文明消费。投资项目具有好的经济效益，是市场经济条件下最直接的动力和最基本的要求。

4. 社会效益评价

社会效益评价是评价投资项目对人类社会发展的作用、意义和贡献，是指最大限度地利用有限的资源满足社会上人们日益增长的物质文化需求，也称外部间接经济效益，包括人的自由与公平、人类文化和卫生条件的改善等方面。对项目进行社会效益评价，其目的是为了分析项目在取得经济效益的过程中，社会目标的实现程度。

5. 环境效益评价

由于人类的生活和生产活动必然会引起环境发生各种各样的变化，这些变化对人类的继续生存和社会的持续发展的反作用是不相同的。因此，环境效益评价需要从自然、经济、人文等多种角度对人类活动可能导致的环境变化进行综合评估和衡量。环境效益有正效益、直接效益和间接效益之分，其货币计量值可按环境保护措施实行前、后环境的不利影响指标（或环境状况指标）的差值来计算，并将其值纳入社会经济发展的指标体系之中。

6. 综合评价

由于项目可持续发展是由技术、生态、环境、经济、社会等因素复合而成的综合系统，在进行技术、生态、环境、经济、社会可持续发展程度评价的基础上，还必须综合上述评价结果，对整个项目的可持续发展程度进行系统综合评价，从而判断出可持续发展的现状、潜力及未来发展趋势。

8.2.4 项目可持续发展评价的原则

为了做好项目可持续发展的系统评价工作，需要遵守以下一些基本原则。

1. 当前利益与长远利益相结合的原则

当前利益是指近期内就能获得或实现的效益。长远利益则是指将来才能获得的效益。当前利益和长远利益有机结合是项目可持续发展内涵的必然要求。在可持续发展工作中，比较突出的问题就是资源的合理利用和环境的保护，当代人不能因为自己的发展和需求，只顾当前利益而损害后代人满足其需求的条件——自然资源与环境，必须要重视长远利益；但也不能一味地追求长远利益而不顾当前利益，因为当前利益是长远利益的基础。在进行项目可持续发展评价工作中，应将当前利益与长远利益有机结合。

2. 经济与生态、环境效益相结合的原则

环境效益是对人类社会活动的环境后果的衡量。生态效益是自然生态环境系统获得物质和能量交换的效率，以保持生态平衡和改善生态环境。从根本上来说，环境效益是经济效益和社会效益的基础，经济效益是生态效益得以改善的重要社会环境及外部条件，而经济效益、社会效益也是环境效益的后果，三者互为条件，相互影响，是辩证统一的关系。生态效益良好，可以促进经济效益的提高；经济效益提高，又可以提供更好的条件来治理污染，不断改善生态环境。因此，在项目可持续发展评价过程中，必须高度重视经济效益和生态、环境效益的统一，正确处理三者之间的关系。

3. 静态评价与动态评价相结合的原则

静态评价是指现状评价，主要剖析目前系统的结构状况，衡量整个系统所能达到的功能及效益水平，能够反映系统的现实生产能力和水平。动态评价则是要提示系统的结构、功能及效益等诸多方面的演替规律，考察系统的发展趋势，分析系统结构的稳定性及缓冲能力和应变能力，从而掌握可持续发展系统的运行规律，实现系统的有效控制。静态评价和动态评价相结合，可以从纵横两方面来综合反映项目可持续发展系统的全貌。

4. 保证评价的客观性

项目可持续发展评价的目的往往是为了决策，而评价的好坏直接影响到决策的正确与否，因此，评价工作必须客观反映实际，为此需要保证：①保证评价资料的全面性和可靠性；②保证避免评价人员的倾向性；③保证评价人员的组成要有代表性、全面性；④保证评价人员能够自由发表观点；⑤保证专家人数在评价人员中占有一定的比例。

5. 保证评价方案的可比性

实现可持续发展目标的多个方案之间要有可比性和一致性，包括满足需要的可比性、成本的可比性、价格指标的可比性和效率的可比性等可比性原则。评价时不能以点概面，个别功能的突出或方案的新内容多，只能说明其单方面的优点，不能代替其他方面的好坏。可比性的另一方面内涵是指对于某个标准，必须能够对方案做出比较，不能比较的方案当然谈不上评价，但实际上有很多问题我们是不能做出比较或者不容易做出比较的，对这点必须有所认识。

8.2.5 项目可持续发展评价指标体系的构建

8.2.5.1 评价指标及评价指标体系

对能源项目进行可持续发展评价，必须首先要根据可持续发展评价的内容和原则，结合不同能源项目的特点来设立评价的指标。所谓指标，一般是指一个数量概念，即是用一定的数量概念来综合反映可持续评价的某一方面目标，这个数量概念可以是绝对数，也可以是相对数或平均数。不同的指标有它各自所反映的社会现象中的某一个特定的范围。能源项目系统可持续发展评价指标就是用来度量某一特定能源系统的某一可持续性方面的一种尺度，它是度量、分析能源系统优劣的一个重要工具。

一个能源项目所包含的内容是相当广泛的，而且这个系统处于一定的环境当中，受多种因素影响，因而无法用一个数值准确地反映项目的优劣。为了具体计算和全面度量项目开发方案的优劣，常常针对不同的项目设置和运用一系列的指标，从不同方面来综合反映项目可持续性的优劣，包括项目可持续发展目标所涉及的所有方面。由于系统目标通常是多元、多层次、多时序的，因此评价指标体系往往也具有多元、多层次、多时序的特点，但这些指标并不是杂乱无章的，而是一个有机的整体。即使对定性问题也应有恰当的评价指标或者规范化的描述，以保证评价不出现片面性。这些相互联系、相互补充，从各个不同的方面、不同范围、不同层次来全面衡量、评价能源项目可持续发展的一整套指标称为能源项目可持续发展评价指标体系。一个完整的指标体系一般包括总指标、分指标和具体指标三个层次，如图 8.1 所示，也可分为一、二、三、四级四个层次，具体需要根据评价的问题来构建相应的指标体系。总指标是系统开发的目的指向，既是核心，也是灵魂；分指标和具体指标是为系统评价而设置的评价体系。其中具体指标大都是可量化的，从而为下一步指标研究提供了依据。

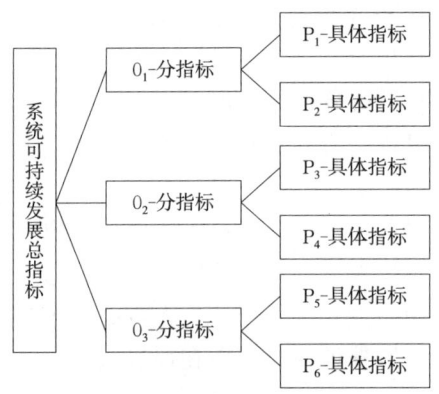

图 8.1 指标体系层次结构

8.2.5.2 评价指标体系建立的原则

构建评价指标体系是一项很复杂的工作，不同的能源系统有不同的评价指标，同一系统由于所处的环境条件不同往往也可以从不同的方面来考察。因而，能源系统评价指标体系的建立是一项主观性较强的工作，应着重从以下原则来把握。

（1）要保证指标的科学性。指标体系是建立在一定的科学理论基础之上的，每个指标的内涵和外延都应该明确，能够度量和反映评价对象的主体特征、发展趋势和主要问题。

（2）要有严密的逻辑性、层次性。指标体系的设置要能反映评价系统内各因素之间及各因素与系统目标之间的客观关系，为分析各种因素之间的影响，就要系统地设计一整套考察指标，为能反映这一系列的关系，就要有严密的逻辑性和层次性。

（3）要保证指标的独立性。系统的状态可以用多个指标来描述，但这些指标之间往往存在信息交叉，在构建指标体系过程中，应该在诸多交叉信息中通过科学的剔除，选择具有代表性和独立性较强的指标参与评价过程，提高评价的准确性和科学性。

（4）确保指标数量得当。指标数量越多，则方案之间的差异越明显，越有利于判断和评价，但指标类别的确定和指标重要程度的排序越困难，因而歪曲方案本质特性的可能性也越大，所以，在保证能反映系统的主要特征和功能的前提下，应尽可能地精简评价指标的数量。经验表明，指标大类最好不超过五个，总的评价指标数以不超过 20 个为宜。

（5）要有可操作性。指标体系的设计在实践中要有可操作性，能解决实际问题。能源系统的情况复杂多变，不同的时空条件导致差异较大，因而如何从实际出发，既能进行全面、准确的衡量，又可使指标的获取具有可能性，易于量化，便于操作，是十分重要的。

（6）要与特定的评价对象和评价要求相结合。各个生产部门有其不同的特点和评价要求。如考察沼气生产系统时要注意原料的转化率；评价太阳能和风能发电系统时就要分析发电机的发电效率等。

8.2.5.3 评价指标体系的构成

研究能源项目可持续发展评价指标体系的构成，就是要明确在不同的能源项目的评价指标体系中应包括哪些指标，各项指标的实质和内容是什么，以及它们的内在联系和在整个指标体系中分别占据什么样的地位等。然而，由于问题的复杂性，这里不可能对所有能源系统的评价指标体系做出论述。一般来说，能源系统可持续发展评价指标体系构建要根据可持续发展评价的主要内容来筛选指标，主要包括社会效益，经济效益、环境、生态效益、技术效益和管理效益五个方面的分指标。

1. 社会效益指标

社会效益指标可以分为项目对社会环境产生的效益、对区域发展产生的效益和对项目所在地人民产生的效益。具体见表 8.1。

表 8.1　　　　　　　　　　社　会　效　益　指　标

二级指标	三级指标
对社会环境产生的效益	对社会文化及教育产生的效益
	对政治及社会安全产生的效益
	对城市和地区形象产生的效益

续表

二级指标	三级指标
对区域发展产生的效益	对区域资源开发利用产生的效益
	对完善城市基础设施产生的效益
	对当地技术水平产生的效益
	对城市进程和服务设施产生的效益
对项目所在地域居民产生的效益	对社会人口产生的效益
	对生活质量产生的效益
	对居民收入就业产生的效益
	对弱势群体产生的效益
	对人际关系产生的效益

(1) 对社会环境产生的效益。对社会环境产生的效益主要是指项目对社会文化、社会政治、城市和地区形象产生的效益等。文化是社会的意识形态以及与其相适应的文化制度和组织机构，而每一社会都有和自己社会形态相适应的社会文化，并随着社会物质生产的发展变化而不断演变。优越的社会文化不仅可以提高人民群众的生活质量，满足广大人民群众的文化需求，还可以促进人的全面发展，在追求物质享受的同时，精神也得到相应的陶冶。社会安全是保证发展的前提，稳定才有发展。建设项目是一个城市、地区的标志。能源项目对社会文化的影响主要在于全民节能减排意识的提升，对可持续发展的认可，以及从自我做起建设美好家园的道德规范。因此，建设项目的可持续发展必然需要分析建设项目对社会文化、社会安全、城市和地区形象所产生的效益。

(2) 对区域发展产生的效益。当建设项目的生命周期较长，则对区域发展产生效益的时间也较长、影响也较大。因此，建设项目需要与区域发展的规划相一致，促进区域的健康协调发展。主要包括以下四个方面：

1) 对区域资源开发利用产生的效益。如土地占用及开发状况，项目建设对周边土地使用价值和价值提高所产生的效益、对周边地区开发建设的连带效益。

2) 对完善城市基础设施产生的效益。如生活资料供应、学校、医院、公园等基础设施。

3) 对当地技术水平产生的效益。如建设所使用的施工技术、运营过程中所使用的技术。

4) 对城市进程和服务设施产生的效益。

(3) 对项目所在地域居民产生的效益。能源项目的建设目标是为了能源的可持续发展，而可持续发展是为了人。而且，能源建设项目不仅仅服务于使用者，还应更多地考虑项目所在地的居民。因为，建设项目的实施不可避免地要对当地居民的生活产生一系列的影响。

1) 对人口产生的效益。如人口增长、人口分布、人口的迁移等。

2) 对生活质量产生的效益。如原有生活方式的改变、生活环境的变化等。

3) 对居民收入就业产生的效益。如重新就业、收入的变化等。

2. 经济效益指标

能源项目可持续发展的经济效益是指建设项目具备达到预期目标的盈利能力，充分考虑自然资源、社会资源的真实成本并优化资源配置，能够推动项目所在地区经济的发展，符合宏观经济发展的效率与效益，并倡导改变传统的生产和消费模式，实现经济的可持续发展。经济效益指标主要包括三个分目标，即项目内部经济效益的可持续性、宏观经济发展的效率与效益、推进行业及区域经济发展质量的效果。

（1）项目内部经济效益的可持续性。能源项目内部经济效益的可持续性是指建设项目在一定的风险系数下能够如期完成投资收益，具备预定的盈利能力、债务清偿能力、财务生存能力。具体见表8.2。

表8.2　　　　　　　　　　　　项目内部经济效益的可持续性

二级指标	三级指标
盈利能力	投资回收期
	投资利润率
	投资利税率
	资本金净利润率
	财务净现值
	财务内部收益率
清偿能力	固定资产偿还期
	资产负债率
	流动比率
	速动比率
	利息备付率
财务生存能力	累计盈余资金
	净现金流量
风险因素	自然风险
	市场风险
	财务风险
	人员和生产风险
	技术风险

1）盈利能力。建设项目能否盈利是项目能否可持续的关键因素，主要包括以下方面：

a. 投资回收期。投资回收期是指项目以净收益抵偿全部投资所需的时间，是反映投资回收力的重要指标。

b. 投资利润率。投资利润率是指项目达到设计生产能力后，一个正常年份的年利润总额与投资总额的比率。它是考察项目投资盈利能力的一个静态指标。计算公式为

$$投资利润率 = \frac{年利润总额}{投资总额} \times 100\%$$

c. 投资利税率。投资利税率是指项目达到设计生产能力后，一个正常生产年份的年利税总额与总投资的比率。一般投资利税率高于或等于行业基准投资利税率时，证明项目可以采纳。计算公式为

$$投资利税率 = \frac{年利税总额}{投资总额} \times 100\%$$

d. 资本金净利润率。资本金净利润率是指项目达到设计生产能力后的正常生产年份的净利润或项目生产经营期内年平均净利润与项目资本金的比率，它反映投入项目的资本金的盈利能力。计算公式为

$$资本金净利润率 = \frac{年净利润或年平均净利润}{项目资本金} \times 100\%$$

e. 财务净现值。财务净现值是用一个预定的收益率，将项目计算期间内各年净现金流量折现到建设期初的现值之和，反映项目在计算期内获利能力的指标。

f. 财务内部收益率。财务内部收益率是指项目在整个计算期内各年净现金流量现值累计等于零时的折现率。也就是说，在这个折现率时，项目的现金流入现值与现金流出现值相等。

2) 清偿能力。清偿能力是反映企业偿付到期债务的能力，主要包括以下方面：

a. 固定资产偿还期。固定资产偿还期是分析项目清偿能力的主要指标，是在国家财政规定及项目具体财务条件下，以项目投产后可用做还款的利润、折旧及其他收益额，偿还固定资产投资借款本金和利润所需要的时间。

b. 资产负债率。资产负债率是指企业一定时期负债总额同资产总额的比率。其计算公式为

$$资产负债率 = \frac{负债总额}{资产总额} \times 100\%$$

c. 流动比率。流动比率是指流动资产与流动负债的比率，它反映企业用流动资产偿还到期的流动负债的能力。其计算公式为

$$流动比率 = \frac{流动资产}{流动负债}$$

d. 速动比率。速动比率是指企业速动资产与流动负债的比率。其计算公式为

$$速动比率 = \frac{速动资产}{流动负债}$$

e. 利息备付率。利息备付率是指项目在借款偿还期内可用于支付利息的息税前利润与当期应付利息的比值，它从付息资金来源的充足性角度反映项目融资主体偿付债务利息的能力。其计算公式为

$$利息备付率 = \frac{息税前利润}{当期应付利息}$$

3) 财务生存能力。财务生存能力用来考察项目计算期内各年的投资活动、筹资活动和经营活动所产生的现金流入和流出，计算各年的累计盈余资金和净现金流量，分析项目

是否具有维持正常运营的净现金流量,以达到财务上的可持续性。财务的可持续性首先是项目具有足够的净现金流量;其次是各年累计盈余资金不应出现负值。因此,对项目财务的可持续能力分析,主要包括以下两个方面:

a. 在项目运营初期,考察项目是否拥有足够经营活动的净现金流量,这是财务可持续的基本条件。

b. 考察项目各年累计盈余资金是否为正值,这是财务可持续的必要条件。

4) 风险因素。一个可持续的能源建设项目,必须是在整个生命周期内能够充分发挥设计时所要求的功能,适应社会市场的需求。能源建设项目是资金密集型的产业,横跨周期长,面临各种风险,如自然风险、市场风险、财务风险、技术风险、人员和生产风险等。

(2) 宏观经济发展的效率与效益。能源建设项目对宏观经济的影响分析是从全民经济的整体出发,综合分析其影响的各方面,包括对国民经济总量的增长、产业结构的调整、劳动就业结构的变化、自然资源的开发、生产力的布局等多方面的综合评价。大型的能源建设项目就其自身来说是一个系统,但是从宏观经济的全局角度来分析,不难理解其又是宏观经济这个大系统中的一个子系统。一个子系统的产生和发展,对于大系统的内部结构和运行机制都会产生影响。因此,对于能源建设项目的宏观经济可持续发展方面,需要从资源的合理配置以及社会经济可持续发展的原则出发,在此采用影子价格、社会折现率等国民经济的评价参数,从国民经济全局的角度出发,考察能源建设项目的宏观经济发展的效率与效益,以鉴定其经济的可持续发展。具体见表 8.3。

表 8.3 宏观经济发展的效率与效益

一级指标	二级指标
宏观盈利能力	经济净现值
	经济内部收益率
宏观经济效率	经济费用效益比

1) 宏观盈利能力。宏观盈利能力主要反映资源的合理分配程度,主要包括以下两个方面。

a. 经济净现值。经济净现值反映建设项目对国民经济所做净贡献的绝对指标。它是用社会贴现率将项目计算期内各年的净效益(等于效益减去费用)折算到建设起点(期初)的现值之和。经济净现值大于零的项目就是可选择的项目。

b. 经济内部收益率。经济内部收益率是指建设项目在计算期内各年经济净现金流量的累计现值为零时的折现率。它表示建设项目占用资金所获得的动态收益率。当经济内部收益率等于或大于社会折现率时,表明建设项目对国民经济的净贡献达到或超过要求的水平,应认为项目可以接受;反之,则认为项目在经济上不合理。

2) 宏观经济效率。宏观经济效率反映资源投入的回报程度。效益费用比是建设项目在计算期内效益流量的现值与费用流量的现值的比率,是经济分析的辅助评价指标。

(3) 推进行业及区域经济发展质量的效果。推进行业及区域经济发展质量效果的评价，是指从区域经济和行业发展的角度出发，分析项目对区域经济及行业经济所产生的影响，主要从区域经济发展、社会收益分配、产业关联效果、市场竞争结构、当地财政收支等角度开展分析论证。具体见表 8.4。

表 8.4 推进行业及区域经济发展质量的效果

一级指标	二级指标
区域经济发展	对区域经济的直接贡献能力
	吸引投资能力（影响力系数）
社会收益分配	就业效果指数
	收益分配效果指数
产业关联效果	上下游企业相邻效果
	技术扩散效果
	相关领域科技进步收益
市场竞争结构	项目对产业结构的影响程度
当地财政收支	相关区域财政收入增加程度

1) 区域经济发展。能源建设项目促进区域经济发展的评价，主要包括以下两个方面。

a. 能源建设项目对区域经济的直接贡献能力。这里主要考虑总量指标，如增加值、净产值、社会纯收入等指标。增加值是指项目投产后对区域经济的净贡献度，即每年形成的国内生产总值。

b. 建设项目对区域经济的间接影响。常用影响力系数作为评价指标。影响力系数是指国民经济某一个产品部门增加一个单位最终产品时，对国民经济各部门所产生的生产需求的波及程度。影响力系数越大，该部门对其他部门的拉动作用也越大。

2) 社会收益分配。改善社会收益分配方面的可持续发展主要着眼于项目投资所带来的就业效果和收益分配效果两个方面。

a. 就业效果指数。宏观经济致力于实现的重要目标之一就是实现社会的充分就业，也是实现可持续发展的必要条件。如就业率、失业率、就业结构等指标。

b. 收益分配效果指数。收益分配效果指数主要用于评价项目收益分配在国家、地方、企业、职工间的分配比重是否合理。对于各方面的比重，一般视不同的建设项目而定，考虑的因素主要有建设项目的地区分布和项目的资金来源等。

3) 产业关联效果。在评价一个能源建设项目的外部可持续的时候，必须考虑建设项目的产业关联效果，因为当建设项目增加产出满足社会需求的时候，每增加一个单位的最终需求时，对相邻产业（包括前向及后向企业）都有增加产出的影响。因此，需要从以下三个方面来评价建设项目的产业关联效果的可持续性：

a. 上下游企业相邻效果。

b. 技术扩散和示范效果。技术扩散和示范效果是由于建设技术先进的项目会培养和造就大量的技术人员和管理人员。他们除了为本项目服务外，由于人员流动、技术交流对整个社会经济发展也会带来好处。

c. 相关领域科技进步收益。

4) 市场竞争结构。市场竞争结构主要用于分析建设项目对产业空间结构分布的影响，可以采用各产业的增加值来评价，反映各产业在国内生产总值中所占份额的大小。特大型建设项目建设前后产业结构的变化反映了项目对产业结构的影响。

5) 当地财政收支。建设项目在整个生命周期对当地财政收入的增长值反映了项目对区域财政的贡献，如企业所得税。

3. 环境、生态效益指标

目前，能源项目所占比例较低，其建设的效益主要体现在环境、生态质量方面的改善与提升。因此，建设项目可持续发展的环境、生态效益指标主要包括环境、生态性能提升性，环境、生态负荷削减性和环境共处和谐性三个方面。

(1) 环境、生态性能提升性。环境、生态性能的提升主要包括项目环境、生态质量的增加和项目服务与功能的增加两个方面。具体见表8.5。

表8.5　　　　　　　　　　　环境、生态性能提升性

二级指标	三级指标
项目环境、生态质量的增加	项目内环境的舒适、健康性
	项目外环境的洁净性
	项目感官的舒适、亲切性
	项目内部生态的多样性
	项目内植被覆被率的增加
	项目外土地退化指数的降低
项目服务与功能的增加	项目交通的匹配性
	项目环境的创新性
	配套服务的便捷性、共享性
	功能的齐备性

1) 项目环境、生态质量的增加。项目环境、生态质量的增加是指从项目内、外部环境在舒适、健康、洁净、生态多样性和交通的匹配性等多个方面来综合评价项目的环境、生态的可持续性。

a. 项目环境的舒适性和洁净性。项目环境的舒适性和洁净性主要包括三个方面：一是物理环境，如声环境、光环境、风环境、水环境和粉尘颗粒等；二是化学环境，如甲酸和二甲苯等；三是生物环境，如细菌、病毒和真菌等。

b. 项目感官的舒适性和亲切性。项目感官的舒适性和亲切性是从项目环境的绿色、整齐、多样化等方面营造视觉上的舒适感和亲切感。

c. 项目内部生态多样性。项目内部生态多样性主要评价建设项目生态系统的多样性和物种的多样性。

d. 项目内植被覆被率的增加。项目内植被覆被率是反映项目内绿化水平的重要指标，

是指项目内植物垂直投影面积与项目地域面积之比,用百分数表示。

e. 项目外土地退化指数的降低。土地退化指数是指被评价区域内风蚀、水蚀、重力侵蚀、冻融侵蚀和工程侵蚀的面积占被评价区域面积的比重,用于反映被评价区域内土地退化程度。能源项目外土地退化指数的降低是指由能源项目的建设而减少土地的退化程度。土地退化指数的计算公式为

$$土地退化指数 = A_{ero} \times \frac{0.05 \times 轻度侵蚀面积 + 0.25 \times 中度侵蚀面积 + 0.70 \times 重度侵蚀面积}{区域面积}$$

式中 A_{ero}——土地退化指数的归一化系数。

2) 项目服务与功能的增加。主要包括以下三个方面:

a. 项目的配套服务要便捷,且能够体现共享性。

b. 项目的功能要齐全,满足项目的常需求。

c. 项目在环境设计上体现创新性。

(2) 环境、生态负荷削减性。环境、生态负荷的削减是指通过各种措施降低项目对环境、生态造成的影响,主要包括三个方面:①对外部环境负荷的削减,即减少对外部环境的污染;②能源的节约,即减少能源的浪费;③资源的节约,即减少资源的浪费。具体见表 8.6。

表 8.6　　　　　　　　　　环境、生态负荷削减性

二级指标	三级指标
对外部环境负荷的削减	环境扰动的减少
	废弃物的回收、利用
	城市气候的缓和
	污染源及污染的防治
能源的节约	可再生能源的应用
	能源利用效率的提高
资源的节约	科学的选址
	不利资源的改造利用
	认证材料的使用
	可再生资源的应用
	资源利用效率的提高

1) 对外部环境负荷的削减。对外部环境负荷的削减是指通过对废弃物的回收利用和污染物的防治,减少对外部环境的污染,以及减少项目对周边环境的扰动和降低对城市气候的影响程度等。

a. 环境扰动的减少。环境扰动的减少主要包括对现有自然景区的保护、当地文物的保护和场地破坏的恢复能力等。

b. 废弃物的回收、利用。废弃物的回收、利用如垃圾回收和沼气发电等。

c. 污染源及污染的防治。污染源及污染的防治主要包括三个方面:一是物理污染

的防治,如声污染、光污染、水污染和粉尘颗粒污染的防治;二是化学污染的防治,如甲苯和二甲苯等污染的防治;三是生物污染的防治,如细菌、病毒和真菌等污染的防治。

2) 能源的节约。能源的节约是指项目通过增加可再生能源的利用和提高能源的利用效率,减少能源的浪费,达到建设项目环境可持续发展的目的。而能源建设项目大多都是以充分利用可再生能源为主,提高能源利用效率为目的的。

a. 可再生能源的应用。如风力发电和太阳能发电等。

b. 能源利用效率的提高。能源利用效率的提高主要从节约能源、循环利用能源和合理配置能源三个方面来评价。

3) 资源的节约。资源的节约主要包括以下五个方面来达到能源建设项目的可持续发展:

a. 科学的选址。选择与建设项目相适应的环境。

b. 不利资源的改造利用。如褐地、荒地和被污染土地的改造利用。

c. 认证材料的使用。选择国际、国家、行业、地区认证的合格材料。

d. 可再生资源的应用。如旧建筑的翻新、改造和废旧材料、可循环材料的利用等。

e. 资源利用效率的提高。如建材本地化、多种资源的科学搭配使用等。

(3) 环境共处和谐性。能源建设项目要保持可持续发展,必须与周围环境和谐共处,达到共赢,主要包括与外部环境保持融洽和与外部环境实现资源共享两个方面。具体见表 8.7。

表 8.7   环 境 共 处 和 谐 性

二级指标	三级指标
与外部环境保持融洽	与外部环境的景观协调性
	对未来环境变化的适应性与可更新性
与外部环境实现资源共享	项目对外部环境的绿色输出
	外部环境对项目的绿色输入

1) 与外部环境保持融洽。能源建设项目与外部环境的融洽主要包括以下两个方面。

a. 项目与外部环境的景观协调性。即项目必须与外部景观相适应,使项目与自然景观相互融洽。

b. 项目对未来环境变化的适应性与可更新性。即项目必须适应环境变化的发展,能够随着环境的变化而变化,便于更新。

2) 与外部环境实现资源共享。与外部环境的共享主要包括以下两个方面:

a. 项目对外部环境的绿色输出。即项目的建立对项目周边环境产生的效益,如绿色能源、景观观赏性和绿色有机物等的输出。

b. 外部环境对项目的绿色输入。即项目周边环境对项目产生的效益,如绿色能源、景观观赏性和绿色有机物等的输入。

4. 技术效益指标

能源建设项目可持续发展的技术指标主要包括五个方面，即技术适应性、技术可靠性、技术安全性、技术清洁性和技术可扩展性。

(1) 技术适应性。技术适应性指标主要包括技术满足预定的功能要求，且功能实现过程中要持续稳定。具体见表 8.8。

表 8.8　技术适应性

二级指标	三级指标
满足预定的功能要求	达到项目技术标准
	项目预定功能的实现
功能实现过程中要持续稳定	项目功能失效风险评价

1) 满足预定的功能要求，主要包括以下方面：

a. 技术必须达到建设项目要求的技术标准。

b. 技术必须实现建设项目预定的功能要求。

2) 功能持续稳定。建设项目功能的持续稳定主要是指建设项目的功能是否能够持续稳定的发挥作用，对建设项目功能失效是否采用了风险评估和补救措施。

(2) 技术可靠性。技术可靠性是指建设项目在规定的时间内，在一定的条件下完成规定功能的能力或可能性，主要包括技术的耐久性、技术的可维修性和设计可靠性等指标。具体见表 8.9。

表 8.9　技术可靠性

二级指标	三级指标
技术的耐久性	系统的耐久性
	维修便利性
技术的可维修性	维修成本价值
	平均维修间隔时间
设计可靠性	失败的概率及后果

1) 技术的耐久性。技术的耐久性是指技术使用的无故障性或者使用寿命长，能够可持续的发挥作用，主要包括系统的耐久性和维修的便利性。

2) 技术的可维修性。技术的可维修性指技术发生故障后，能够很快、很容易地通过维护或维修排除故障，且维护或维修成本也不高。

3) 设计可靠性。设计可靠性是指项目由于设计原因而可能带来的不良后果，主要分析技术失败的概率和造成的影响程度。

(3) 技术安全性。技术安全性指标主要包括项目自身的抗灾防灾能力和项目在建设和运行过程中的安全性两个方面。具体见表 8.10。

8.2 项目可持续发展评价

表 8.10 技术安全性

二级指标	三级指标
项目自身的抗灾防灾能力	灾害检测预报能力
	灾害防御能力
	应急反应能力
	灾后恢复能力
项目在建设和运行过程中的安全性	项目周期内对人员的影响
	工程结构的安全性
	机械设备的安全性

1)项目自身的抗灾防灾能力。建设项目自身的抗灾防灾能力是项目安全中的一项要素,主要包括灾害监测预报能力、灾害防御能力、应急反应能力和灾后恢复能力等等。

2)项目在建设和运行过程中的安全性。技术在项目建设和运行过程中的安全性,必须要评价三个方面的内容,即在建设项目全生命周期内,技术对人员的安全性;技术在工程结构方面必须体现安全性,避免在结构上出现技术性失误;机械设备在操作过程中必须体现安全性。

(4)技术清洁性。技术清洁性指标主要是指通过技术手段的应用,使项目自身低能耗、少污染,避免广泛应用的技术在使用过程中出现高能耗、高污染和资源浪费的情况,主要包括项目自身节约资源的措施和项目环保技术的应用两个方面。具体见表 8.11。

表 8.11 技术清洁性

二级指标	三级指标
项目自身节约资源的措施	资源的获取技术
	节能、节水、节材、节地的技术
项目环保技术的应用	项目自身废弃物的处理技术
	项目对周边自然环境的影响

1)项目自身节约资源的措施。项目自身节约资源的措施主要指项目在建设过程中是否采用节能、节水、节材和节地的技术,且在资源获取的同时是否采用了先进的技术。

2)项目环保技术的应用。项目环保技术的应用是指项目自身废弃物处理技术的应用,且通过使用这些技术对周边的自然环境是否造成影响。

(5)技术可扩展性。技术可扩展性指标是指通过技术的使用,考虑项目的更新改造能力,其是否方便更新以及是否适合进一步开发等。具体见表 8.12。

表 8.12　　　　　　　　　　技 术 可 扩 展 性

二级指标	三级指标
方便更新	功能更新
	结构更新
	物质更新
进一步开发	工程和范围的扩展
	工程结构的改造

1) 方便更新。通过采用先进技术，使能源建设项目方便更新，如功能更新、结构更新和物质更新等。

2) 进一步开发。通过采用先进技术，使能源建设项目适合进一步开发，主要包括工程和范围的扩展、工程结构方便改造和以后的拆除两个方面的内容。

5. 管理效益指标

能源建设项目可持续发展的管理效益指标主要包括两个方面，即人要素的管理和物要素的管理。其中通过人要素的管理，消减建设项目在全生命周期中可能出现的不确定性，并创造一种有利于项目员工发挥能动性的氛围；通过物要素的管理，对相对确定的事物进行综合优化，使建设项目的运行顺畅，资源的转换效率达到最大。

(1) 人要素的管理。人要素的管理主要是评价在管理活动中有哪些手段和方法可以消减建设项目在全生命周期中的不确定性，使其趋于稳定，以及要具备哪些因素才能充分发挥项目员工的能动性，给予建设项目在稳定中谋求发展的机会。具体见表 8.13。

表 8.13　　　　　　　　　　人 要 素 的 管 理

二级指标	三级指标
设立可持续发展咨询组织	为项目建设和运行提供指导
	为使用者提供指导
完善管理制度	工作制度
	管理评审制度
	公众参与制度
建立能动机制	沟通机制
	合作机制
	激励机制
	约束机制
	风险机制

1) 设立可持续发展咨询组织。能源建设项目的可持续发展是高于传统的建设项目，不同于传统建设项目的要求，要实现能源建设项目的可持续发展，需要具备详尽的计划、可行的建设方案，以及专业的指导。因此，有必要建立项目的可持续发展咨询组织，为项目的建设和运行及使用者提供指导。

2)完善管理制度。能源建设项目实现可持续发展,从对人要素的管理角度来看,要点就是削减人的不确定性,并充分发挥人的能动性,而设置完善的管理制度是最有效的手段。因此,首先应当对项目的基本建设工作设置全面的制度,即工作制度;其次是建立能够让项目员工充分发挥能动性的机制;最后还必须建立公众参与的制度,一方面让公众能以一定的方式参与项目建设,另一方面避免公众的错误行为对项目建设产生损害。

3)建立能动机制。建立能动机制是在项目员工的内部营造一种积极向上的氛围,成员之间可以紧密沟通与合作,并拥有激励的措施,充分调动成员的创新能力和工作激情,使成员可以发挥能动性,主动地参与项目的建设。在建设项目可持续发展的要求下,能动机制有沟通机制、合作机制、激励机制、约束机制、风险机制等。

(2)物要素的管理。实现能源建设项目可持续发展的手段只有一个,就是尽可能地优化所有物要素。这里的物要素是指可以要素化的,其目标的实现方式可以通过数学或量化处理模式来解决,在人的认知范围内被无限优化的管理问题。可以是某一种资源,也可以是某一个过程;可以是静态的,也可以是动态的。具体见表8.14。

表8.14   物 要 素 的 管 理

二级指标	三级指标
能源管理方案	可再生能源应用方案
	节约能源的措施
	回收能源的措施
资源管理方案	资源的选用方案
	废弃物和有害物质的处理措施
	物质资源的节约措施
服务和设施管理方案	维护和更新方案
	合理的设置方案
	简便的使用方案
信息管理方案	迅速的信息传播和反馈机制
	信息管理方案信息完整保存的措施
	信息共享的措施

1)能源管理方案。要实现建设项目的可持续发展,不仅要考虑从设计到拆除的全生命周期的能源策略,还要考虑能源转化过程会产生的影响。总的来说,能源管理策略主要包括可再生能源应用方案、节约能源的措施和回收能源的措施等。

2)资源管理方案。可持续发展的核心是发展,发展的前提是合理利用资源,在资源使用上要有序有偿、供需平衡、结构优化、集约高效。因此,在项目建设过程中有必要建立资源管理方案,主要包括资源的选用方案、废弃物和有害物质的处理措施、物质资源的节约措施三个方面。

3)服务和设施管理方案。服务和设施管理的好坏直接影响项目运行的效率,因此,需要制定一些管理方案,促使项目在服务和设施方面的可持续发展。如设施的维护和更新

4）信息管理方案。信息管理是现代管理发展的一种趋势，在建设项目可持续发展管理方案中，必然要建立信息管理方案，以保证信息的迅速传播和反馈，且能够实现信息的共享和完整性，使建设项目的管理方便快捷。

8.2.6 评价指标的权重

一般而言，各评价指标在实现系统的目标和功能上的重要程度是不一样的，这个重要程度称为指标的权重。合理确定评价指标在整个指标体系中的权重，是体现评价中明确主要矛盾、主次有别的重要过程。权重确定得是否合理，往往直接关系到评价的质量。

目前，权重确定的一般方法都带有强烈的主观性和人类中心主义色彩，其是否合理主要依赖于人们对待评价问题的主观、客观认识，即对评价系统目标、功能、特性及实现系统目标等各因素的了解。如果对这些内容把握不住，就不能期望会形成好的评价指标及指标的权重。为保证权重确定的正确合理，应注意指标的权重分配应反复听取各种意见并要灵活处理，避免轻率地取得一致意见。一般而言，确定评价指标权重的主观主义方法主要有相对比较法、判断矩阵法和专家调查法。

1. 相对比较法

相对比较法是一种经验评分法。它是将一个待评价问题的所有评价指标一一列出来，组成一个方阵，对指标两两比较进行评分，然后对每一指标的得分进行求和，并进行正规化处理。

设有 n 个评价指标，把它排成一个 $n \times n$ 的矩阵，其元素 a_{ij} 表示第 i 项指标相对于第 j 项指标的重要性，取值为

$$a_{ij} = \begin{cases} 1 & \text{（当指标} i \text{比指标} j \text{重要时）} \\ 0.5 & \text{（当指标} i \text{与指标} j \text{同样重要时）} \\ 0 & \text{（当指标} i \text{比指标} j \text{不重要时）} \end{cases}$$

一般情况，在矩阵的对角线，即 a_{ii} 处不填元素，或画"×"。

【例 8.1】 某能源项目内部经济效益可持续性的指标包括盈利能力、清偿能力、财务生存能力、风险因素。试运用相对比较法确定各指标的权重。

解： 具体步骤是：

（1）将评价指标以任意顺序排成 4×4 的方阵。

（2）请 20 名以上有实践经验的专家按照上述评分标准，对指标两两比较进行背靠背评分，对角线不评分，每两个指标比较的平均分为最终得到平均矩阵表。假设打分结果见表 8.15。

表 8.15　　　　　　　　　　评　价　指　标　的　权　重

评价指标	盈利能力	清偿能力	财务生存能力	风险因素	q_i	μ_i
盈利能力	×	1	1	1	3	3/6
清偿能力	0	×	0	0.5	0.5	0.5/6
财务生存能力	0	1	×	1	2	2/6
风险因素	0	0.5	0	×	0.5	0.5/6
合计					6	1.0

(3) 正规化处理，即行上求和，得到每个指标的总得分（q_i），然后列上求和，得到所有指标的总得分，用每个指标的总得分除以所有指标的总得分即为各指标的权重（μ_i）。

2. 判断矩阵法

从本质上讲，判断矩阵法也是一种相对比较法，但由于它采用了一种更精确的计分方法，并可对人在判断时的一致性进行检验，因而近几年更为人们所广泛采用。

使用该法时，首先将 n 个评价指标排成一个 $n\times n$ 的方阵，其元素 a_{ij} 表示第 i 项指标相对于第 j 项指标的重要性，取值由极端重要、强烈重要、明显重要、稍微重要、同样重要分别赋予 9、7、5、3、1。反之赋予 1/9、1/7、1/5、1/3、1。这样对于一个判断矩阵，只需判定主对角线以上（下）的元素值即可。然后按行计算每个指标的几何平均值，并进行正规化，所求的特征向量就是所求的权重值。

为了评价所得权重的有效性，必须对判断矩阵的评分结果进行一致性检验。所谓一致性是对打分结果可信与否的一个评价指标。打分结果不可信，则排序结果自然无效。由于判断矩阵是由专家凭借经验模糊量化的，做到完全一致性是不可能的。为此，T L Seaty 提出随机一致性比值概念，记成 $C \cdot R$。且当 $C \cdot R < 0.1$ 时，则认为一致性得到满足，$C \cdot R$ 的计算公式为

$$C \cdot R = \frac{C \cdot I}{R \cdot I} \tag{8.1}$$

$$C \cdot I = \frac{\lambda_{\max} - n}{n - 1} \tag{8.2}$$

式中　$R \cdot I$——为比例系数，与判断矩阵的阶数 n 有关，具体取值见表 8.16；
　　　$C \cdot I$——为一致性指标；
　　　$\lambda_{\max}$——判断矩阵的最大特征根。

表 8.16　　　　　　　　$R \cdot I$ 取 值 表

n	1	2	3	4	5	6	7	8	9	
$R \cdot I$	—	—	0.58	0.90	1.12	1.24	1.32	1.41	1.45	对一、二阶来说总会满足，故取 0

由于采用特征方程式求最大特征根比较复杂。当 $n > 3$ 时，手工计算几乎不可能。为此，T L Seaty 于 1980 年提出计算最大特征根的近似公式，即

$$\lambda_{\max} = \frac{1}{n} \sum_{i=1}^{n} \frac{B \cdot W_{Bi}}{W_{Bi}} \tag{8.3}$$

式中　B——已知判断矩阵；
　　　n——判断矩阵阶数；
　　　W_{Bi}——相对权重列向量。

【例 8.2】　某能源项目环境效益指标包括环境性能提升性、环境负荷削减性、环境共处和谐性。试运用判断矩阵法确定各指标的权重。

解： 具体步骤是：

(1) 将评价指标以任意顺序排成 3×3 的方阵。

(2) 请 20 名以上有实践经验的专家按照上述评分标准，对指标两两比较进行背靠背

评分，对角线为相同指标比较，同等重要，为1分，每两个指标比较的平均分为最终得到的平均矩阵表。假设打分结果见表8.17。

（3）正规化处理，即行上求几何平均值，得到每个指标的几何平均分（q_i），然后列上求和，得到所有指标的总平均分，用每个指标的几何平均分除以所有指标的总平均分即为各指标的权重（μ_i）。

表 8.17　　　　　　　　　　评价指标的权重

评价指标	环境性能提升性	环境负荷削减性	环境共处和谐性	q_i	μ_i
环境性能提升性	1	3	5	2.4662	0.6370
环境负荷削减性	1/3	1	3	1.0000	0.2583
环境共处和谐性	1/5	1/3	1	0.4055	0.1047
合计				3.8717	1.0

（4）一致性检验，已知

$$B=\begin{bmatrix}1 & 3 & 5\\ 1/3 & 1 & 3\\ 1/5 & 1/3 & 1\end{bmatrix},\ W_{Bi}=\begin{bmatrix}0.6370\\ 0.2583\\ 0.1047\end{bmatrix}$$

因为 $n=3$，查表 $R \cdot I = 0.58$。

将 B、W_{Bi} 代入式（8.3），得到

$$\lambda_{\max}=\frac{1}{3}\sum_{i=1}^{3}\frac{\left(\begin{bmatrix}1 & 3 & 5\\ 1/3 & 1 & 3\\ 1/5 & 1/3 & 1\end{bmatrix}\begin{bmatrix}0.6370\\ 0.2583\\ 0.1047\end{bmatrix}\right)_i}{\begin{bmatrix}0.6370\\ 0.2583\\ 0.1047\end{bmatrix}_i}=\frac{1}{3}\sum_{i=1}^{3}\frac{\begin{bmatrix}1.9354\\ 0.7847\\ 0.3182\end{bmatrix}_i}{\begin{bmatrix}0.6370\\ 0.2583\\ 0.1047\end{bmatrix}_i}$$

$$=\frac{1}{3}\sum_{i=1}^{3}\begin{bmatrix}3.038\\ 3.038\\ 3.039\end{bmatrix}_i=3.038_i$$

因此

$$C \cdot I=\frac{\lambda_{\max}-n}{n-1}=\frac{3.038-3}{3-1}=0.019$$

$$C \cdot R=\frac{C \cdot I}{R \cdot I}=\frac{0.019}{0.58}=0.033<0.1$$

结果说明判断矩阵 B 符合一致性要求，层次排序有效。

3. 专家调查法

专家调查法（Delphi Method）是把调查的内容由调查人事先制定出表格，然后根据调查内容选择有权威的人作为调查对象，请他们发表意见填入调查表，最后由调查人汇总，求得各指标的权重值。这种方法的关键在于事先选择好足够数量的专家，同时要求专家背靠背自主完成，不互相影响。调查表的设计也很重要，最好采用简单的打分比较法，依靠专家的感觉和经验评分。如觉得第一次调查得到的数字出入较大，还可以反复进行，

即将调查结果经过整理发给专家进一步征求意见,直到认为满意为止。

除了这些带有主观性的权重确定方法,一些学者提出了从客观角度(或从物质角度,或从生态角度)确定权重的方法,比如能量法、社会热力学方法、系统生态学的方法等。

8.3 项目后评价

能源项目的后评价是基于可持续发展的角度,根据确定的目的来测定项目对象系统的属性,并将这种属性变为客观定量的计值或者主观效用的过程,用以综合判断能源项目的优劣及长期的可持续发展的能力。项目后评价是能源项目可持续发展评价工作的一个重要组成部分。项目后评价的实施,不仅有利于项目决策的科学化与民主化,而且在经济建设中起着越来越重要的作用。

8.3.1 项目后评价的含义

能源项目后评价是指投资项目建成投产并生产运营一段时间(一般为1~2年)后,对项目的准备、立项决策、设计施工、生产运营等全过程的投资活动进行总结评价,对项目实际取得的经济效益、社会效益和环境影响进行综合评价,从而判别项目预期目标实现程度的一种评价方法。能源项目后评价是微观层次上的评价,是通过对项目建设程序各阶段工作的回顾和评价,对投资全过程的实际情况和预计情况进行比较研究,衡量和分析实际情况与预计情况的偏离程度,以达到总结经验、研究问题、提出建议、吸取教训,不断提高项目决策、管理水平和投资效益的目的。项目后评价既是能源项目管理的一个重要内容,也是能源项目建设程序中的重要环节。

8.3.2 项目后评价的特点

能源项目后评价的特点主要表现在现实性、全面性、反馈性和独立性四个方面。

1. 现实性

能源项目的后评价是从实际出发,对项目建设、运营状态、产生的数据进行评价研究。因为评价项目的状态是已经运行的,对项目进行后评价是为了对项目运行起到监督和促进的作用,对于其他同类项目也可以起到参考作用,这就足以说明项目后评价具有现实性的特点。

2. 全面性

能源项目的后评价是对投资项目过程和运营过程进行全面的分析,包括对投资项目的立项决策、设计施工、生产运营的评价。既包括对项目投资效益的评价,又包括经营管理效果的评价。

3. 反馈性

能源项目后评价的结果要反馈到决策部门,从而作为调整投资规划和政策的依据,这是项目后评价的最终用途,因而项目后评价最主要的特点就是具有反馈性,并通过反馈,进一步提高决策和管理水平。

4. 独立性

能源项目后评价从投资者、受援者或项目业主以外的第三者的角度出发,独立地进行，因而避免了项目决策者和管理者自己评价自己而产生的在发现问题、分析原因和做结论时避重就轻，做出不客观评价等情况的发生，从而保证了项目后评价的客观、公正。

8.3.3 项目后评价与前评价的区别

1. 评价的主体不同

前评价主要由投资主体（政府、企业、部门或银行）组织实施；后评价以投资运行的监督管理机构或单独设立的后评价权威机构或上级决策机构为主，组织主管部门会同计划、财政、审计、银行、设计、质量、司法等有关部门进行，以确保后评价的公正性和客观性。

2. 评价的性质不同

前评价是以定量指标为主侧重于经济效益的评价，评价的结论将作为项目取舍的直接依据；后评价是投资决策的各种信息反馈，注重经济效益、社会效益和环境影响，对项目实施结果进行鉴定，其鉴定结论将间接作用于未来项目的投资决策，从而提高未来项目决策的科学化水平。

3. 评价的依据不同

前评价主要依据国家、行业和部门颁发的政策规定和参数标准，以及历史资料和经验性资料，所以前评价依据的条件是建立在预测基础上的；后评价则主要依据建成投产后项目实施的现实资料，并将有关各方情况进行对比，检测项目的实际情况与预测情况的差距，分析产生的原因，提出改进措施。因此，后评价比前评价有较高的现实性和可靠性。

4. 评价的内容不同

前评价分析和研究的主要内容是项目建设条件、工程设计方案、项目的实施计划及项目的经济、社会效益的评价和预测；后评价的主要内容除针对前评价的主要内容进行再评价外，还要对项目决策和实施效率等进行评价，以及对项目实际运营状况进行深入的分析。

5. 评价的阶段不同

前评价属于项目论证的前期工作，为投资决策提供依据；后评价则是项目竣工投产后，对项目全过程的建设和运行情况及产生的效益进行综合评价。

8.3.4 项目后评价的作用

（1）总结建设项目管理的经验教训。

（2）促进项目决策科学化水平的提高。

（3）为国家投资计划和政策的制定提供依据。

8.3.5 项目后评价的主要方法

项目后评价方法是进行能源项目后评价的科学手段和工具。根据不同项目的特点和占有的数据资料，合理选择正确的项目后评价方法，是保证项目后评价工作效果的基础。当前，主要的项目后评价方法有对比法、逻辑框架法、层次分析法和综合评价法等。

8.3.5.1 对比法

对比法分为前后对比和有无对比两种。前后对比是将项目前期的可行性研究和评估的预测结论，以及初步设计时的技术经济指标，与项目的实际运行结果相比较，用于发现变化及分析原因。这种对比用于揭示计划、决策和实施的质量，是项目过程评价应遵循的原则。有无对比是将项目实际发生的情况与没有所投资建设的项目可能发生的情况进行对比，以度量项目的真实效益、影响和作用。有无对比的方法对比的重点是要分清项目自身的作用以及项目以外的作用，一般用于项目的影响评价。

应用前后对比法得到的结论往往只能是各指标的偏差程度，而无法明确得出是何种因素造成了这种偏差。在项目后评价中，投资者不仅要分析指标的偏差，更重要的是要找出使项目评价指标发生差异的主导因素，并分析主导因素发生变化的原因，以及各种因素影响指标的程度，才有助于后续投资项目的决策和服务管理。

8.3.5.2 逻辑框架法

逻辑框架法（logical framework approach，LFA）也就是逻辑框架结构矩阵，是由美国国际开发署在 1970 年开发的，用于项目的设计、规划、实施、监督和评价等工作中，它是项目后评价进行综合分析时的常用方法。近年来，许多发达国家和国际组织广泛应用该方法开展项目后评价工作。

逻辑框架法是一种概念化描述和分析项目的方法，即用一张简单框图来分析一个复杂项目的内涵关系，使之更容易被理解。它将几个内容相关、必须同步考虑的动态因素有机组合起来，从设计、策划到目的、目标等各个方面来评价意向活动或工作，通过分析各因素相互之间的逻辑关系来综合评价项目目标实现的程度和项目的效果、作用及影响，并查找原因，从而改进和完善项目的决策立项、项目准备。应用逻辑框架法进行项目后评价，通常可以解决以下问题。

(1) 评价项目原定的目标和目的是否可以达到，目标是否有调整的必要。

(2) 评价项目的原定效益能否实现以及实现的程度如何。

(3) 分析项目可能将面临什么样的风险，风险的程度如何，将对项目目标的实现产生什么样的影响等。

逻辑框架法的优点在于：有利于明确项目建设运营中的主要问题和缺陷；有利于行业部门的对比和分析等。

逻辑框架法的局限性主要表现在：需要详尽的数据，过分强调与原定目标和目的的对比，可能对实际发生的变化有所忽视；项目实施过程中过分强调项目目标和外部的风险因素，可能会造成项目管理的简化；作为一种总体的分析工具，逻辑框架法只能进行一般性的分析，不能替代经济后评价、环境影响后评价等专业性项目后评价。

总之，逻辑框架法并不是一个具体操作的方法程序，而是一种系统研究和分析问题的思维框架。因此，在应用逻辑框架法进行项目后评价时，应重视以方法的思维框架为指标，而不能过分追求其形式。

8.3.5.3 层次分析法

层次分析法（analytical hierarchy process，AHP）是一种对定性问题和定量问题进行综合分析的多目标决策、评价方法。其基本原理和分析思路为：首先根据问题的性质和要求达到的总目标，把复杂的研究对象和问题分解为若干层次和不同组成因素，自上而下、由高到低地建立一个有序的递阶层次系统；然后根据客观实际情况把同一层次的各种要素进行比较，确定层次中诸因素的相对重要性，并进行定量分析和表述。利用数学方法确定该层次各项因素的权重值；最后，通过对这种比较评判结果的综合计算处理，使得复杂问题变得层次分明、关联清楚。

在进行项目后评价时，通常存在多种因素以不同的方式共同作用，影响项目总体的目标或效果的情况，而运用层次分析法可将一个复杂的问题分解为各个组成部分或组成要素。在建设项目后评价领域，往往涉及众多的因素和指标，并且各种指标的性质存在差异，表现形式也不完全一致，仅从单一指标去衡量或评价项目的实施效果未免有失偏颇，而运用层次分析法可从系统的角度对项目总体效果给出一个全面、客观的评价。因此，层次分析法可以作为一种定量化的分析方法，主要用来确定评价指标的权重，结合其他的综合评价方法应用于项目后效益评价和项目系统问题的诊断中。下面假设研究对象是某新能源工程项目，对该企业的生产运行中存在的问题进行系统问题诊断评价，结合实例介绍层次分析法的步骤和具体方法。

1. 明确问题，建立层次结构

首先明确该新能源工程项目生产过程中存在的主要矛盾问题是什么，通过系统诊断的方法找出影响主要矛盾的各个因素，即为企业存在的主要问题，然后系统分析问题的层次结构，构建评价指标体系。假设该企业主要矛盾为经济效益不好，构建的问题层次结构如图8.2所示。

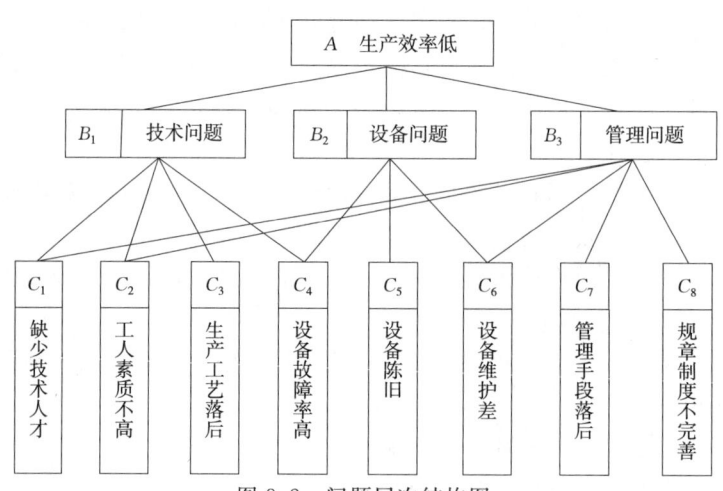

图 8.2 问题层次结构图

2. 分层次构建判断矩阵

判断矩阵是指用来分析第 $K+1$ 层问题对与其对应的第 K 层问题相对重要性而建立的矩阵表达式。建立判断矩阵一般自上而下地进行，即首先分析第二层 B 中各因素相对 A 而言的重要性，为此可构成 $A-B$ 判断矩阵。其一般形式为

$$A-B = \begin{array}{|c|cccc|} \hline A & B_1 & B_2 & \cdots & B_n \\ \hline B_1 & b_{11} & b_{12} & \cdots & b_{1n} \\ B_2 & b_{21} & b_{22} & \cdots & b_{2n} \\ \vdots & \vdots & \vdots & & \vdots \\ B_n & b_{n1} & b_{n2} & \cdots & b_{nn} \\ \hline \end{array}$$

其中，b_{ij} 表示 B_i 与 B_j 比较，对 A 而言 B_i 的相对重要性数值。b_{ij} 取值采用等差数列记分

法(同 8.2.6 中 2),判断矩阵法),即

$$b_{ij}=\begin{cases}1 & (\text{当 } B_i \text{ 与 } B_j \text{ 同等重要时,含 } i=j)\\3 & (\text{当 } B_i \text{ 比 } B_j \text{ 稍微重要时})\\5 & (\text{当 } B_i \text{ 比 } B_j \text{ 明显重要时})\\7 & (\text{当 } B_i \text{ 比 } B_j \text{ 很重要时})\\9 & (\text{当 } B_i \text{ 比 } B_j \text{ 极端重要时})\end{cases} \quad (8.4)$$

且规定
$$b_{ji}=\frac{1}{b_{ij}}$$

b_{ij} 的数值一般由若干熟悉情况的专家。按规定的记分标准分别打分,然后汇总取平均值。

假设 $A-B$ 判断矩阵的具体数值为

A	B_1	B_2	B_3
B_1	1	3	5
B_2	1/3	1	3
B_3	1/5	1/3	1

同理,可给出第三层 C 中各因素对应第二层 B 中各问题的判断矩阵为

B_1	C_1	C_2	C_3	C_4
C_1	1	3	1/5	1/3
C_2	1/3	1	1/7	1/5
C_3	5	7	1	3
C_4	3	5	1/3	1

B_2	C_4	C_5	C_6
C_4	1	3	5
C_5	1/3	1	3
C_6	1/5	1/3	1

B_3	C_1	C_2	C_6	C_7	C_8
C_1	1	3	5	7	7
C_2	1/3	1	3	5	5
C_6	1/5	1/3	1	3	3
C_7	1/7	1/5	1/3	1	1
C_8	1/7	1/5	1/3	1	1

3. 层次单排序

根据判断矩阵去推算第 $K+1$ 层各因素对第 K 层问题的相对重要性系数称为层次单排序。例如根据 $A-B$ 判断矩阵,去推算 B_i ($i=1,2,3$) 对问题 A 的相对重要性系数,记成 $W_{B_i}^A$ ($i=1,2,3$)。用向量表示为

$$W_{B_i}^A=\begin{bmatrix}W_{B_1}\\W_{B_2}\\W_{B_3}\end{bmatrix}, \quad 且 \sum_{i=1}^{3}W_{B_i}^A=1$$

W_{B_i} 的常用计算方法为几何平均值法和判断矩阵法,其计算步骤分为以下三步:

(1) 计算判断矩阵中每一行元素的乘积,即

$$M_{B_i}^A=\prod_{j=1}^{n}b_{ij} \quad (i=1,2,\cdots,n) \quad (8.5)$$

(2) 计算 $M_{B_i}^A$ 的几何平均值,即

$$\overline{W_{B_i}^A}=\sqrt[n]{M_{B_i}^A} \quad (i=1,2,\cdots,n) \quad (8.6)$$

(3) 对 $\overline{W}_{B_i}^A$ 进行规范化处理,即

$$W_{B_i}^A = \frac{\overline{W}_{B_i}^A}{\sum_{i=1}^{n}\overline{W}_{B_i}^A} \quad (i=1,2,\cdots,n) \tag{8.7}$$

假设 A—B 为判断矩阵,B—C 为三个判断矩阵的层次单排序结果分别见表 8.18~表 8.21。

表 8.18 $W_{B_i}^A$ 计 算 详 表

A	B_1	B_2	B_3	$M_{B_i}^A$	$\overline{W}_{B_i}^A$	$W_{B_i}^A$
B_1	1	3	5	15	2.4662	0.6370
B_2	1/3	1	3	1	1.0000	0.2583
B_3	1/5	1/3	1	1/15	0.4055	0.1047
Σ					3.8717	1.0000

表 8.19 $W_{C_i}^{B_1}$ 计 算 详 表

B_1	C_1	C_2	C_3	C_4	$M_{C_i}^{B_1}$	$\overline{W}_{C_i}^{B_1}$	$W_{C_i}^{B_1}$
C_1	1	3	1/5	1/3	1/5	0.6687	0.1178
C_2	1/3	1	1/7	1/5	1/105	0.3124	0.0550
C_3	5	7	1	3	105	3.2011	0.5638
C_4	3	5	1/3	1	5	1.4954	0.2634
Σ						5.6776	1.0000

表 8.20 $W_{C_i}^{B_2}$ 计 算 详 表

B_2	C_4	C_5	C_6	$M_{C_i}^{B_2}$	$\overline{W}_{C_i}^{B_2}$	$W_{C_i}^{B_2}$
C_4	1	3	5	15	2.4662	0.6370
C_5	1/3	1	3	1	1	0.2583
C_6	1/5	1/3	1	1/15	0.4055	0.1047
Σ					3.8717	1.0000

表 8.21 $W_{C_i}^{B_3}$ 计 算 详 表

B_3	C_1	C_2	C_6	C_7	C_8	$M_{C_i}^{B_3}$	$\overline{W}_{C_i}^{B_3}$	$W_{C_i}^{B_3}$
C_1	1	3	5	7	7	735	3.7433	0.5101
C_2	1/3	1	3	5	5	25	1.9037	0.2594
C_6	1/5	1/3	1	3	3	3/5	0.9029	0.1231
C_7	1/7	1/5	1/3	1	1	1/105	0.3942	0.0537
C_8	1/7	1/5	1/3	1	1	1/105	0.3942	0.0537
Σ							7.3383	1.0000

4. 层次总排序

层次总排序是指根据各层排序结果，推算最底层各因素对第一层问题的相对重要性排序。如果问题的层次结构分三层，则总排序计算方法见表 8.22。

表 8.22　　　　　　　　　　　　层次总排序计算方法

第三层因素	B_1 $W^A_{B_1}=0.6370$	B_2 $W^A_{B_2}=0.2583$	B_3 $W^A_{B_3}=0.1047$	层次总排序 $W^A_{C_i}=\sum\limits_{j=1}^{3} W^A_{B_j} \cdot W^{B_j}_{C_i}$
C_1	$W^{B_1}_{C_1}=0.1178$	0	$W^{B_3}_{C_1}=0.5101$	0.1285（3）
C_2	$W^{B_1}_{C_2}=0.0550$	0	$W^{B_3}_{C_2}=0.2594$	0.0621（5）
C_3	$W^{B_1}_{C_3}=0.5638$	0	0	0.3592（1）
C_4	$W^{B_1}_{C_4}=0.2634$	$W^{B_2}_{C_4}=0.6370$	0	0.3323（2）
C_5	0	$W^{B_2}_{C_5}=0.2583$	0	0.0667（4）
C_6	0	$W^{B_2}_{C_6}=0.1047$	$W^{B_3}_{C_6}=0.1231$	0.0399（6）
C_7	0	0	$W^{B_3}_{C_7}=0.0537$	0.0056（7）
C_8	0	0	$W^{B_3}_{C_8}=0.0537$	0.0056（7）
Σ	1.0000	1.0000	1.0000	1.0000

由表 8.19 层次总排序计算结果可知，要想提高生产效率，则解决问题的顺序应是：一是解决生产工艺落后问题；二是减少设备故障率；三是引进技术人才；四是购买新生产设备；五是提高工人素质；六是定期维护生产设备；七是健全各项规章制度和提高管理手段。显然，这个诊断结论对领导科学决策具有重要参考意义。

5. 一致性检验

一致性检验步骤同 8.2.6 中 2）判断矩阵法。本例的各判断矩阵的一致性检验结果分别为 $C \cdot R^A_{B_i} = C \cdot R^{B_2}_{C_i} = 0.033 < 0.1$，$C \cdot R^{B_1}_{C_i} = 0.0427 < 0.1$，$C \cdot R^{B_3}_{C_i} = 0.0303 < 0.1$。结果说明各判断矩阵符合一致性要求，层次排序有效。

一般讲，当层次单排序满足一致性要求后，层次总排序的一致性也会得到满足。为把握起见，也可以对总排序有效性进行检验。本例层次总排序的计算结果为 $C \cdot R^A_{C_i} = 0.0392 < 0.1$，总排序有效。排序有效性计算公式为

$$C \cdot R^A_{C_i} = \frac{\sum\limits_{j=1}^{3} W^A_{B_j}(C \cdot I)^{B_j}_{C_i}}{\sum\limits_{j=1}^{3} W^A_{B_j}(R \cdot I)^{B_j}_{C_i}} < 0.1 \tag{8.8}$$

8.3.5.4　综合评价方法

综合评价就是在建设项目的各个组成部分、项目施工的各个阶段以及项目组织各个层次评价的基础上，寻求项目整体优化。其一般步骤如下：

（1）确定目标。

(2) 确定评价范围。

(3) 构建评价指标体系。

(4) 确定评价指标的权重。

(5) 确定综合评价的判据。

综合评价一般采用定性分析或定量分析相结合的方法。常用的定量评价方法为简单综合法和关联矩阵法，定性评价方法包括德尔菲法和模糊综合评价法等。

1. **定量评价方法**

定量指标能够通过统计数据得到准确的数值，其评价方法分为单指标评价和多指标评价两部分内容。单指标评价就是对某一单个指标进行价值评定。单指标评价是多指标评价的基础，只有先进行单指标评价，然后才能进行多指标评价。多指标评价就是系统的综合评价，是将评价对象在系统各项指标上的特征进行综合处理的方法，能够评价待评方案在给定指标体系下的优劣排序，从而为决策即方案选优提供依据。因此综合评价必须从系统整体优化的观点出发，全面地权衡对象的利弊得失。

(1) 单指标评价。

1) 相对系数评分法。当一组方案为待评价能源项目，在给定的指标下都有确定的取值时，应该采用相对系数评分法使其无纲化，具体分为以下两种情况：

a. 极大化（maxf）问题。即在给定的指标下，方案取值越大越好，各方案得分为

$$d_i = \frac{q_i}{\max\{q_i/i=1,2,\cdots,n\}} \times 100 \quad (i=1,2,\cdots,n) \tag{8.9}$$

式中　d_i——第 i 个方案相对评分；

q_i——第 i 个方案实际取值。

b. 极小化（minf）问题。即在给定的指标下，方案取值越小越好，各方案得分为

$$d_i = \frac{\min\{q_i/i=1,2,\cdots,n\}}{q_i} \times 100 \quad (i=1,2,\cdots,n) \tag{8.10}$$

式中符号意义同前。

2) 指数评价法。其客观性与可比性较强，但在评价过程中，需要注意对指标进行同趋势化处理，原理同相对系数评分法。

a. 极大化（maxf）问题

$$P = \begin{cases} 1 & (C \geqslant T) \\ \dfrac{C}{T} & (C < T) \end{cases} \tag{8.11}$$

b. 极小化（minf）问题

$$P = \begin{cases} 1 & (C \leqslant T) \\ \dfrac{T}{C} & (C > T) \end{cases} \tag{8.12}$$

式中　P——可持续发展指数；

C——可持续发展某项指标的实际数值；

T——比较值，通常从待评项目中选择最优项目的各个指标的取值。

(2) 多指标评价。在完成单指标评价后，就可以进行多指标的评价工作，主要包括直

接求和法、算术平均值法、几何平均值法和加权法，其一般表达形式见表 8.23。表 8.23 中的 p_i 是参与评价的各个方案，G_j 为评价指标，α_j 是评价指标 G_j 的权重，d_{ij} 是评价方案 p_i 在评价指标 G_j 下的单目标评价值。不同的方法有其自身的特点，需要根据问题进行正确选用。

表 8.23　　　　　　　　　　　　简单综合法的一般表达形式

方案	G_1	G_2	…	G_n	直接求和法	算术平均值法	几何平均值法	加权法
	α_1	α_2	…	α_n				
P_1	d_{11}	d_{12}	…	d_{1n}	$\sum_{j=1}^{n} d_{1j}$	$\frac{1}{n}\sum_{j=1}^{n} d_{1j}$	$\sqrt[n]{\prod_{j=1}^{n} d_{1j}}$	$\sum_{j=1}^{n} \alpha_j d_{1j}$
P_2	d_{21}	d_{22}	…	d_{2n}	$\sum_{j=1}^{n} d_{2j}$	$\frac{1}{n}\sum_{j=1}^{n} d_{2j}$	$\sqrt[n]{\prod_{j=1}^{n} d_{2j}}$	$\sum_{j=1}^{n} \alpha_j d_{2j}$
⋮	⋮	⋮	⋮	⋮	⋮	⋮	⋮	⋮
p_m	d_{m1}	d_{m2}	…	d_{mn}	$\sum_{j=1}^{n} d_{mj}$	$\frac{1}{n}\sum_{j=1}^{n} d_{mj}$	$\sqrt[n]{\prod_{j=1}^{n} d_{mj}}$	$\sum_{j=1}^{n} \alpha_j d_{mj}$

1) 直接求和法。将每个方案对应几个目标的评分求和，然后根据总分的多少给出方案优劣排序的方法称为直接求和法。这种方法简单实用，故常被采用。但是，如果评价指标个数不相等，就不能再用直接求和法，而应采用算术平均值法。

2) 算术平均值法。将每个方案对应几个指标的评分求和取平均值，并根据平均值的大小给出方案优劣排序的方法称为算术平均值法。这种方法适用于指标个数相等或不相等两种情况，其实质是等权重的思想。当指标个数相等时，直接求和法与算术平均值法给出的排序结果是相同的。

3) 几何平均值法。将每个方案对应 n 个指标的得分连乘再开 n 次方作为每个方案的综合得分，并依此给出方案优劣排序的方法称为几何平均值法。这种方法不仅适用于指标个数相等或不相等两种情况，而且可把不同指标，但评分比较集中的方案选为最好方案。表 8.24 中，应用算术平均值法则三个方案并列第一，即分不出优劣；而采用几何平均值法，则Ⅲ方案就是最优的，因为该方案对应不同指标的评分非常集中。

表 8.24　　　　　　　　　　　　简单综合法应用实例

方案	指标				算术平均值法		几何平均值法	
	A	B	C	D	得分	排序	得分	排序
Ⅰ	1	3	5	11	5	1	3.6	3
Ⅱ	3	4	6	7	5	1	4.7	2
Ⅲ	5	5	5	5	5	1	5	1

4) 加权法。一般而言，各评价指标在实现系统的目标和功能上的重要程度是不一样的，这个重要程度称为权重。权重的大小代表人们对不同指标的重视程度。事实上，在多指标评价中，引入权重的概念非常重要。一般情况下，一个评价目标下的各个评价指标的

权重之和为1或100。

【例8.3】 以火电厂 600MW 机组的可持续性后评价为例。已知待评价方案为 A、B、C、D 四家企业，可持续发展评价指标及其权重已知，四家企业在各个指标下都能得到可量化的具体数据，应用指数评价法对四家企业进行单目标评价得到的比较值见表8.25，则采用加权法得到 A、B、C、D 四家企业的综合评价值分别为 0.8749、0.7744、0.7478、0.9527。该可持续后评价结果说明，D 企业可持续性最优，其次是 A 企业，然后是 B 企业，而 C 企业最差。

表 8.25　　　　　　　　　　四家企业的指数比较值

指标	权重	企业			
		A	B	C	D
发电标煤耗	0.0703	0.98	0.99	0.86	1
补水率	0.0562	0.28	0.46	0.31	1
厂用电率	0.0458	0.93	0.92	0.74	1
机组利用小时	0.0621	0.99	1	0.95	0.94
内部收益率	0.0639	1	0.56	0.78	0.65
投资回收期	0.0806	0.63	0.99	0.79	1
固定资产利用率	0.0436	0.97	0.55	0.49	1
二氧化硫排放浓度	0.0677	1	0.50	0.53	1
氮氧化物排放浓度	0.0515	0.85	0.65	0.66	1
烟尘排放浓度	0.0391	1	0.14	0.28	0.80
噪声监测达标率	0.0335	0.85	0.98	0.90	1
灰渣综合利用率	0.0477	0.95	1	0.85	1
单位产品水耗	0.0337	1	0.98	0.95	0.96
单位废物产生效益	0.0316	0.98	0.97	0.93	1
财税收入贡献率	0.0713	1	0.81	0.95	0.90
劳动就业率增幅	0.0394	0.90	0.81	0.75	1
人均电网建设投资	0.0391	0.40	0.48	0.85	1
电网平均利用小时	0.0505	1	0.89	0.94	1
经济GDP增长率	0.0395	0.87	0.99	0.53	1
二产业产值所占比重	0.0329	1	0.78	0.92	0.85
综合得分		0.8749	0.7744	0.7478	0.9527
排序		2	3	4	1

2．定性评价方法

（1）德尔菲法。德尔菲法是 Delphi 的中文音译。20世纪40年代美国兰德公司与道格拉斯公司协作，研究如何通过有控制的反馈更为有效可靠地收集专家意见的方法时，以

"德尔菲"为代号,德尔菲法由此而得名。德尔菲法是一种模糊评价方法,通常是由专家来直接确定各个待评方案在各个指标下的综合评价值。

1) 德尔菲法的特点。

a. 匿名性。接受函询的各专家并不知道意见的提出者是谁,因而没有"权威思想"的压力,若改变和修改自己的意见也不公布于众,成员们提出的意见是就事论事,而不受其他因素的影响,避免了集体讨论法中权威意见而影响他人评价的缺点。

b. 反馈性。函询调查要反复进行若干轮,接受调查的专家从反馈的调查表上得到集体的意见,以及同意或反对各个观点的理由,从而构成专家之间匿名的相互影响,避免了独立判断法中不能集思广益的缺点。

c. 趋同性。德尔菲法要进行多次意见的反馈,当某一专家发现自己意见与大多数专家意见不同,同时又不太肯定自己意见时,就可能改变自己的意见,从而使各位专家的评价结果趋于一致。当然,如果这位专家坚信自己的意见是正确的,他一定能拿出自己的理由,这种理由是以书面形式由评价系统的组织者转达给其他专家,就会引起其他专家的思考并修正自己的评价结果。因此,德尔菲法常常能使专家的评价结果"趋同",而这种"趋同"不带有集体讨论评价法中盲从权威的色彩。

2) 德尔菲法的基本步骤。

a. 选择专家。专家选择合理与否是关系到评价成败的关键一环。接受调查的专家应具有一定的相关专业知识,并在相关领域内有较广泛的知识,同时还应注意所选专家的结构和分布,这包括知识结构、工作岗位和工作部门,专家的人数可根据待评价项目的大小和涉及面的宽窄而定,人数太少反映不出代表性,会影响辩论和应答分析,结论也缺乏"权威感";人数太多会增加组织和处理资料上的困难。一般控制在 10~50 人。此外,邀请的专家最好事先征得同意,否则,调查表的回收率可能会较低。

b. 编制调查表。调查表是进行调查的工具,设计得好不好将会影响到调查的效果。用于专家调查的调查表并没有统一的格式,应根据所评价的问题及所要调查的内容科学地设计。不管调查表是什么形式,都应该注意:①问题要清楚;②调查表要力求简洁;③尽量不要提令人为难的问题;④表中应注明请专家寄回表格的最晚期限。

c. 调查表的发放与反馈。专家选择完、设计好表格,可采用派人送货邮寄的方法,将调查表送达专家手中,同时应该将供参考的资料也同时发送给专家。在需要专家寄回调查表时,应由调查部门预付邮费。

将专家第一次反馈意见汇总,列成图表,进行对比,将汇总结果和相关资料再发给各位专家,经过若干次的反馈,直到得到令人满意的结果为止。一般以进行 3~4 轮的调查为宜。

d. 整理结果形成评价报告。经过几轮调查后,若专家们不再改变自己的观点,为了得到评价结果,就应对专家们所填的表格进行分析和处理。当专家们的意见比较统一时,一般是将统一的意见作为最终的评价结果。而当专家们的意见不能趋于统一时,为了作出评价,需要对专家的意见进行综合处理。此外,对一些不能确定的问题还可以跟踪,将取得的实际值与评价值做比较,然后再作出最终评价。

3) 德尔菲法的数据处理方法。当专家们的意见不能趋于统一时,为了作出评价,需要对专家们的意见进行综合处理。一般是用算数平均值作为最终的评价值。表 8.26 是 10 名专家针对某能源项目在生态效益各指标下的评分汇总。

表 8.26　　　　　某能源项目在生态效益各指标下的评分汇总

方案	专家										平均得分	优劣排序
	1	2	3	4	5	6	7	8	9	10		
能源供应能力	75	80	90	80	70	75	78	75	80	75	77.8	3
环境质量改善	80	70	88	75	80	90	92	80	84	76	81.5	1
节约一次能源	85	90	75	90	75	80	78	88	75	75	81.1	2
减少污染物排放	70	75	60	85	60	75	75	70	90	80	74.0	4

(2) 模糊综合评价法。现实生活中，要精确地描述某一评价指标，往往极为困难，这就提出了模糊指标问题。例如，对新能源项目的需求程度、生产设备的可靠性、环境管理的能力等，这时的评价标准多由决策人主观确定。模糊综合评价法是运用模糊集理论对系统进行综合评价的一种方法，能够获得系统各替代方案优劣顺序的有关信息。其具体工作步骤如下：

1) 确定评价指标集合 U。$U = \{u_1, u_2, \cdots, u_n\}$，如对某能源项目的内部可持续性进行考核时，指标集可设定为 $U=$ {市场竞争力，人员结构合理性，人力资源开发和利用合理性等}。

2) 确定评语集合 V。即对评价对象可能给出的评语，$V = \{v_1, v_2, \cdots, v_m\}$，如采取四级评分制，评判集 $V=$ {很好，较好，一般，不好}。

3) 建立评价矩阵 $\underset{\sim}{R}$。这是一个由指标集 U 到评判集 V 的模糊映射（也可看作是模糊变换），其中指标 r_{ij} 表示从第 i 个指标着眼对某一评价对象作出第 j 种评语的可能程度。固定 i，$(r_{i1}, r_{i2}, \cdots)$ 就是 V 上的一个模糊集，表示从第 i 个因素着眼，对于某评价对象所做出的单指标评价。在这里，r_{ij} 一般是通过若干名专家给出的评语进行统计而得到，如请 10 名专家，对某能源项目的市场竞争力进行评价，其中，5 人认为该项目为很好，3 人认为是较好，2 人认为是一般，则对该评价指标在 V 上的一个模糊集为 (0.5, 0.3, 0.2, 0)。模糊评价矩阵的通式为

$$\underset{\sim}{R} = \begin{bmatrix} r_{11} & r_{12} & \cdots & r_{1m} \\ r_{21} & r_{22} & \cdots & r_{2m} \\ & & \vdots & \\ r_{n1} & r_{n2} & \cdots & r_{nm} \end{bmatrix}$$

4) 确定评价指标的权重 $\underset{\sim}{A}(u_i)$ $(i=1, 2, \cdots, n)$。这实际上是 U 中各指标 u_i 的权重。用模糊理论来解释：U 中诸指标之间有不同的权衡，人们对这个问题的认识可以表现为 U 上的一个模糊子集 $\underset{\sim}{A}$，U 中元素 u_i 对 $\underset{\sim}{A}$ 的隶属度为 $\underset{\sim}{A}(u_i)$，称为指标 u_i 被分配的权重，一般情况下 $\sum_{i=1}^{n} \underset{\sim}{A}(u_i) = 1$。

5) 模糊综合评价。如果已给出模糊评价矩阵 $\underset{\sim}{R}$，又给定了权重 $\underset{\sim}{A}$，则模糊隶属向量

$\underset{\sim}{S}$ 为

$$\underset{\sim}{S} = \underset{\sim}{A}\underset{\sim}{R} = [\underset{\sim}{A}(u_1), \underset{\sim}{A}(u_2), \cdots, \underset{\sim}{A}(u_n)] \begin{bmatrix} r_{11} & r_{12} & \cdots & r_{1n} \\ r_{21} & r_{22} & \cdots & r_{2n} \\ & & \vdots & \\ r_{m1} & r_{m2} & \cdots & r_{mn} \end{bmatrix}$$

然后可根据隶属向量的大小来综合分析评价对象所处的等级水平。

【例 8.4】 以对某太阳能电站项目的后评价为例,说明模糊综合评价的应用。在构建后评价指标体系过程中,选取了实施过程、财务效果、环境影响、可持续性四个方面的指标,具体见表 8.27。选择 10 名专家对该太阳能电站项目的各项评价指标进行了综合评分,得到各指标的权重即模糊评价等级分别见表 8.28。

表 8.27　　　　　　　　　某太阳能电站项目后评价指标体系

一级指标	二级指标	三级指标
太阳能电站项目后评价	实施过程	建设必要性
		设计
		施工、生产运营
	环境影响	污染控制
		对地区环境影响
		自然资源保护
	财务效果	内部收益率
		投资回收期
	可持续性	政府政策
		技术
		管理、组织

表 8.28　　　　　　某太阳能电站项目综合评价指标体系的模糊评价等级

二级指标	二级指标权重	三级指标	三级指标权重	等级				
				优	良	中	及格	差
实施过程	0.191	建设必要性	0.349	0.50	0.30	0.10	0.10	0.00
		设计	0.453	0.30	0.30	0.40	0.00	0.00
		施工、生产运营	0.198	0.30	0.30	0.30	0.10	0.00
环境影响	0.404	污染控制	0.212	0.60	0.40	0.00	0.00	0.00
		对地区环境影响	0.428	0.40	0.60	0.00	0.00	0.00
		自然资源保护	0.360	0.50	0.50	0.00	0.00	0.00
财务效果	0.207	内部收益率	0.513	0.00	0.10	0.40	0.20	0.30
		投资回收期	0.487	0.10	0.30	0.40	0.10	0.10

续表

二级指标	二级指标权重	三级指标	三级指标权重	等级				
				优	良	中	及格	差
可持续性	0.198	政府政策	0.604	0.30	0.50	0.20	0.00	0.00
		技术	0.225	0.50	0.30	0.10	0.10	0.00
		管理、组织	0.171	0.40	0.40	0.10	0.10	0.00

则各指标集对评语集的模糊变换结果为

$$S_1 = A_1 R_1 = (0.370 \quad 0.359 \quad 0.276 \quad 0.055 \quad 0.000)$$
$$S_2 = A_2 R_2 = (0.478 \quad 0.522 \quad 0.000 \quad 0.000 \quad 0.000)$$
$$S_3 = A_3 R_3 = (0.049 \quad 0.197 \quad 0.595 \quad 0.151 \quad 0.203)$$
$$S_4 = A_4 R_4 = (0.362 \quad 0.438 \quad 0.160 \quad 0.040 \quad 0.000)$$
$$S = AR = (0.346 \quad 0.407 \quad 0.208 \quad 0.050 \quad 0.042)$$

取 $V = (95 \quad 85 \quad 75 \quad 65 \quad 30)$，分值为每个等级区间的中位数。单个二级指标的综合评价结果分别为

$$F_1 = S_1 \times V = (0.370 \times 95 + 0.359 \times 85 + 0.276 \times 75 + 0.055 \times 65 + 0.000 \times 30) = 89.940$$
$$F_2 = S_2 \times V = (0.478 \times 95 + 0.522 \times 85 + 0.000 \times 75 + 0.000 \times 65 + 0.000 \times 30) = 89.780$$
$$F_3 = S_3 \times V = (0.049 \times 95 + 0.197 \times 85 + 0.595 \times 75 + 0.151 \times 65 + 0.203 \times 30) = 81.930$$
$$F_4 = S_4 \times V = (0.362 \times 95 + 0.438 \times 85 + 0.160 \times 75 + 0.040 \times 65 + 0.000 \times 30) = 86.220$$

最后，该电站项目的总体后评价水平为

$$F = S \times V = (0.346 \times 95 + 0.407 \times 85 + 0.208 \times 75 + 0.050 \times 65 + 0.042 \times 30) = 87.575$$

从计算结果看，该太阳能电站项目的实施过程、环境影响、财务效果、可持续性四个二级指标的得分分别为 89.940、89.780、81.930 和 86.220。这说明该项目在实施过程中的项目前期规划、设计水平较高，项目管理水平较高；环境影响良好，对地区环境质量、自然资源保护起到了积极作用，体现了对资源利用的综合利用优势，实现了节能减排的目标；财务效果在四个部分中得分最低，财务的积极效果不明显，需要项目更好地进行资金利用，增加收益，增大项目规模，降低上网电价成本；项目的可持续性意义较大，社会效应明显，良好的可持续性也得到了体现，应该针对政府政策进一步进行项目的完善提高。

从综合评价结果来看，该太阳能电站项目的综合评分为 87.575 分。项目的整体实施得到了良好的效果，但还需总结经验，降低成本，提高收益，进行应用技术升级，为供电企业开展太阳能技术积累经验，为社会低碳经济发展做出贡献。

思 考 题

1. 第一次将"可持续发展"一词作为术语提出来是在（　　）年。
   A. 1985　　　　B. 1980　　　　C. 1987　　　　D. 1983
2. 以下（　　）不是项目的可持续发展评价的内容。
   A. 技术效益评价　　　　　　　　B. 生态效益评价

C. 人文效益评价　　　　　　　　D. 环境效益评价

3. 下面（　　）不属于可持续发展的内涵之一。

A. 经济可持续发展　　　　　　　B. 社会可持续发展

C. 文明可持续发展　　　　　　　D. 生态可持续发展

4. 习总书记曾经说过："既要金山银山，也要绿水青山；绿水青山就是金山银山；绿水青山既是自然财富，又是社会财富、经济财富。"请从可持续发展的角度解释这句话。

5. 请简要说明我国能源现状并说明发展太阳能、生物质能、风能等新能源对于我国能源的可持续发展有何意义。

6. 请简要说明系统评价与决策的关系。

7. 简述系统评价的复杂性和困难性主要体现在哪三方面。

8. 简述可持续发展的定义。

9. 简述一个完整的指标体系包括的三个层次，并说明其中核心和灵魂。

10. 请简要回答社会效益指标、经济效益指标以及管理效益指标包含的主要内容。

11. 某生物质发电项目技术可靠性的指标包括技术的耐久性、技术的可维修性和设计可靠性。试运用判断矩阵法确定各指标的权重。

12. 某太阳能燃煤电站项目环境效益指标包括环境性能提升性、环境负荷削减性、环境共处和谐性。试运用相对比较法确定各指标的权重。

13. 简述项目后评价与项目前评价的区别及其主要作用。

14. 现针对风电互补项目有三种方案，三个指标分别为建设阶段评价、运营阶段评价以及影响阶段，每种方案对应指标的得分见表 8.29。试分别用算术平均值法和几何平均值法选出最优方案。

表 8.29　　　　　　　　　　　　专 家 评 分 表

方案	建设阶段	运营阶段	影响阶段
Ⅰ	3	5	8
Ⅱ	6	6	9
Ⅲ	4	5	7

15. 案例分析题。

北京华电密云 20MW 光伏发电 10kV 送出工程位于北京市密云区，是北京市第一批大型地面光伏电站项目、北京市荒滩治理示范项目、北京市节能减排示范项目，由华电集团独资建设。该项目集工业发电、光伏农业大棚、科普教育、观光旅游于一体，具有新技术含量高、绿色环保的特点。项目地点位于北京市密云县西田各庄镇白河荒滩上，占地约 $54hm^2$，投资 3.8 亿元。年平均日照时间 2270～3300h，太阳总辐射量在 $5000MJ/m^2$ 以上，属于Ⅱ类光照丰富带，投产后项目年发电量约 2300 万 kW·h。选取企业 30 位行业专家对各指标情况进行判断，指标一致化处理后的判断结果见表 8.30～表 8.33。试运用模糊综合评价方法对该光伏发电项目进行后评价。

表 8.30　　　　　　　　　　　　　过程各指标评价打分

指标	20	40	60	80	100
立项决策	0	2	4	20	4
勘察设计	0	2	8	18	3
开工准备	0	1	15	14	0
组织管理	0	3	9	16	2
进度控制	0	0	2	23	5
投资控制	0	4	13	10	3
质量控制	0	0	8	22	0
安全控制	0	0	0	24	6
试运行	0	0	10	17	3
安装容量	0	3	14	6	7
年上网电量	0	8	10	2	0
年等效清符合利用小时数	0	0	13	13	4
度电运行维护费	0	5	10	15	0
主要设备可利用率	0	6	10	13	1

表 8.31　　　　　　　　　　　　影响评价各指标评价打分

指标	20	40	60	80	100
声环境	0	0	3	25	2
生态环境及水土流失	0	0	0	28	2
电磁环境	0	2	13	15	0
设备维修产生固废处理	0	0	4	15	11
生活垃圾和污水处理	0	0	0	23	7
节约化石能源	0	0	0	12	18
减少气体污染	0	0	2	11	17
改善能源结构	0	4	10	14	2
促进产业发展和地方经济发展	0	2	10	15	3
对无功电压的影响	0	4	12	18	6
对电能质量的影响	0	5	18	7	0
对电网稳定性的影响	0	3	17	9	1
对继电保护的影响	0	2	9	19	0

表 8.32 影响评价各指标评价打分

指标	20	40	60	80	100
设计	0	0	0	22	8
施工	0	0	2	18	10
并网技术	0	0	2	26	2
内部收益率（总投资）	0	2	14	14	0
财务净现值	0	0	18	8	4
投资回收期	0	1	12	16	1
内部收益率（资本金）	0	0	18	11	1
项目资本金净利润率	1	3	16	8	2
利息备付率	0	0	13	14	3
偿债备付率	0	1	12	16	1

表 8.33 可持续评价各指标评价打分

指标	20	40	60	80	100
政策法规	0	0	1	21	9
社会经济	0	0	10	18	2
负荷增长情况	0	0	0	16	14
组织机构	0	0	0	12	18
技术水平	0	5	20	5	0
财务运营能力	0	0	3	17	10

参 考 文 献

[1] 李晟，蒋维，胡国良. 基于 ANP 的模糊多层次分析法的风电项目后评价研究 [J]. 安徽电力，2009，26 (4)：83-86.
[2] 孟忠. 太阳能光伏发电项目的后评价及实证研究 [D]. 北京：华北电力大学，2010.
[3] 王福林. 农业系统工程 [M]. 北京：中国农业出版社，2006.
[4] 申君. 建设项目可持续发展要素研究 [D]. 广州：广东工业大学，2012.
[5] 王宏伟. 可持续能源系统工程. 北京：中国电力出版社，2010.
[6] 侯兵，安连锁. 火电厂 600MW 机组可持续性后评价研究 [J]. 华北电力技术，2009，3：6-9.
[7] 王丽丽. 沼气产业化基本理论与大中型沼气工程资源配置优化研究 [D]. 长春：吉林大学，2012.

第9章 新能源技术经济预测

新能源技术经济预测是根据新能源技术萌芽的可能性和经济现状,预测未来的新能源技术发展与工业发展速度、农业发展速度、总产值、国民收入等的关系。它与单纯技术预测的不同之处在于,技术预测主要是依据当前科技水平和各种影响因素对未来科学技术发展做出估计与分析;而技术经济预测则不但要分析技术因素,而且要分析经济因素,要综合分析这两个因素的相互影响与相互制约。因此,新能源技术经济预测是对新能源技术、经济方案做出决策的前提,也是制定与执行新能源规划,决定新能源技术与经济发展方向和速度,调整新能源发展结构的重要依据。由于新能源是相对于常规能源而言的,新能源也是能源。能源技术经济预测的方法比较多,当然这些预测方法都有其优点和适用的场合,但同时也都有其不足或局限性。

9.1 技术经济预测概述

9.1.1 技术经济预测的概念

预测就是用一定的资料、方法和技巧对事物未来发展进行科学的估算和测定的过程。预测的目的就是要揭示事物的发展规律,更好地把握事物未来的发展动态,为决策提供必要的信息。预测实际上是从过去和现在已知的情况出发,利用一定的方法或技术去探索或模拟不可知的、未出现的或复杂的中间过程,推断出未来的结果。这个过程大体上可用图9.1来表示。

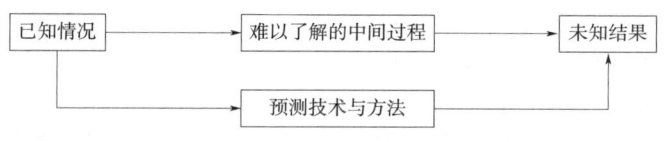

图9.1 预测过程的示意图

技术经济预测则是在调查研究的基础上,依据所取得的资料,运用一定的方法和技巧对技术与经济的未来发展所作的科学分析、预测和推断。其主要目的是促进技术的进步和经济的发展。因此,技术经济预测不仅包括对经济发展的预测,而且包括对技术发展的预测。

9.1.2 技术经济预测的目的和作用

我国技术经济预测的目的完全是为了掌握技术经济发展的前景,更好地发展社会主义市场经济,满足国家经济建设和人民群众日益增长的物质文化生活的需要。

(1) 技术经济预测是对技术、经济方案做出决策的前提。技术问题与经济问题都是十分复杂的,如果事先不经过周密细致的调查和预测,就很难选出合理的方案,也很难做出正确的决策。要发展某种新技术,首先要知道这种新技术已经出现了多长时间,已经在哪些领域得到应用,应用的效果如何,生命周期有多长,是否宜于采用。只有对这些问题事先做过调查和预测,取得真实、全面、可靠的信息之后,才能做出正确的决策。

(2) 技术经济预测也是制定与执行规划,决定技术与经济发展方向和速度的重要依据。编制长远规划及短期计划时,应该开发什么产品、产量有多大、速度有多快,事先都要进行定量与定性的估计。技术经济预测可以为制定发展规划和计划提供必要的依据。

(3) 技术经济预测可以增强产品的竞争能力,为生产部门在改进技术、提高经济效益方面明确方向。为了发展我国社会主义市场经济,努力使我国的产品在国际市场上占有一定的地位,就不能不参与国际竞争。因此,必须通过对国际市场情况的预测,掌握产品的技术发展动向与供求数量,采取相应的对策,以增强产品在国际市场上的竞争能力。在国内,由于存在着企业之间的市场竞争,生产企业为了保持和扩大产品的销售能力,增加盈利,也应该通过对市场需求量的预测,来调节产品的构成和产量。

9.1.3 技术经济预测的特点

1. 科学性

预测是应用调查和统计资料,通过一定的程序、方法和模型,取得未来事件的信息。这些信息反映了事物诸因素之间的相互联系和相互制约关系及其程度,基本上反映了事物发展的规律,所以预测具有科学性。

2. 近似性

预测是对未来事件的估量和推测,处在事件发生之前。因为事物的发展不是简单的重复,总要受到各方面不断变化的因素影响,所以事前预计与推测事件的结果,总会与将来事件发生的实际结果存在一定的偏差。预测的数值同未来事件发生的实际数值不可能完全一致,仅仅是一个近似值,所以预测具有近似性。

3. 局限性

预测对象的许多因素往往受到外部各种因素变化的制约,带有随机性。加上人们对未来事件的认识总有一定的局限,或者由于掌握的资料不准确、不全面,或者对具有许多复杂因素影响的事件进行预测时,为了建立模型,简化了一些因素和条件,以致预测的结果往往不能表征事物发展的全部,所以预测的信息结果对事物性质的表达具有一定的局限性。

9.1.4 技术经济预测的原则

人们经过漫长的历史实践和总结,认识到事物的发展都是按照一定的原则和规律进行的。原则是事物发展规律的体现,即是人们为什么能够运用各种方法来对事物进行预测。它是各种预测方法的基础,也是科学预测的认识基础。因此,在进行技术经济预测时,应该遵循一定的原则。

1. 可测原则

从理论上讲，世界上一切事物的运动、变化都是有规律的，因而也是可预测的。人类不但可以认识预测对象的过去和现在，而且可以通过它的过去和现在推知其未来。其关键是要掌握事物发展的实际客观规律，注意事物发展全过程的统一，即过去、现在和未来的统一。它是一条最根本的预测原则。

2. 惯性原则

惯性原则也称"慢性原则"，即是"鉴往知来"的含义。过去一种事物随时间变化的形式，即为现在以及今后事物随时间变化的形式。任何事物的发展都带有一定的延续性。例如，目前我国能源生产和消费的结构是以煤炭、石油、天然气为主，水电为辅，风能、太阳能、生物质能等新能源为补充。据预测，到2020年，虽然在国家政策的推动下，新能源会有很大的发展，但是在一次能源仍有一定储备量，以及技术水平和生产成本限制的条件下，这一能源生产和消费结构仍然会延续很长一段时间。

3. 连续原则

事物的发展总是随时间的推移而呈现出某一变化的趋势，这就是预测的连续原则。它是利用时间序列方法进行预测的理论基础。但必须指出，连续原则不适用于个人因素起很大作用的预测。例如，某种新能源产品的价格可能会因为决策者的主观意向而大幅度地提升或下降。这时若采用基于连续原则的时间序列方法来进行预测，就会失败。

4. 类推原则

世界上的许多事物在发展变化中都有类似之处，利用事物与其他事物的发展变化在时间上有前后不同，但在表现形式上有相似之处这一特性，有可能把先发展事物的表现过程类推到后发展事物上去，从而对后发展事物的前景做出预测。例如，过去我国沼气项目建设主要是以农村户用沼气池为主，利用形式主要是代替农户薪柴，其产气效率很低，今后要发展一定数量的大中型沼气工程，还要延长沼气的整个产业链，发展沼气及其副产物后续的深加工利用。但是大中型沼气工程如何良性运行，如何协调产业链的供需平衡，就可以借鉴发达国家的经验，类推预测出我国发展大中型沼气工程的规模和运行模式。在利用类推原则进行预测时，一定要注意两个事物之间发展变化的基本条件。要注意避免"一叶障目，不见其他"的错误倾向。例如，使用国外资料类推时，必须考虑到社会制度、经济基础、资源条件以及人们的生活习惯和观念形态上的差异，正确估计和修正条件不同所带来的偏差，并且应该预见到有时由于条件相差甚远，某些项目的预测是根本不能进行类推的。

5. 相关原则

利用相关原则时，最重要的是要找到预测对象的发展变化与哪些因素相关，并且常常要从众多因素中找出最主要的若干因素。如果确认预测对象和某些因素相关，还要鉴别究竟是线性相关还是非线性相关，这样就可以恰当地建立相关模型，提高预测结果的准确程度。

6. 概率推断原则

由于各种因素的干扰，常常使预测变量的未来表现呈现随机变化的形式。随机变化的不确定性给预测工作带来了非常大的困难。然而为了给决策工作提供参考依据，需要预测工作者对具有不确定性结果的预测对象提出较确定性的结论,这就需要应用概率推断原则。当推断的预测结果能以较大的概率出现时,就认为这个结果是成立的,且是可用的。

7. 反馈原则

预测某种事物的结果是为了现在对其作出相应的决策,即预测未来的目的在于指导当前,以预先协调关系,以利于未来的行动。

8. 系统原则

任何一个预测对象都处在整个社会的大系统中,因而要强调预测对象内在与外在的系统性。缺乏系统观点的预测,必将导致顾此失彼的决策。

9.1.5 技术经济预测的分类

技术经济预测是一个复杂的调查研究和分析判断的过程,涉及的内容非常广泛。预测对象不同,选用的预测方法也不同。迄今为止,已出现的预测方法就有数百种,按不同的划分标准,可以进行不同的分类,以考察预测对象不同的侧面。

1. 按预测范围分类

按预测范围分类,技术经济预测可分为宏观预测和微观预测。

(1) 宏观预测。是指对国民经济范围的有关指标所作的预测,如对国民生产总值及其增长、社会物价的总水平、工资水平、就业率、建设规模、资源开发和技术发展等方面所作的预测。

(2) 微观预测。是对一个企业的发展、一种产品的供应和需求,以及一项技术的经济效益等方面所作的预测。

2. 按预测时期的长短分类

按预测时期的长短分类,技术经济预测可分为长期预测、中期预测、短期预测和近期预测。

长期预测是指预测期在 10 年以上的预测;中期预测是指预测期在 5~10 年的预测;短期预测是指预测期在 1~5 年的预测;近期预测是指预测期在 1 年以内的预测。

预测的精度是预测时间长度的函数。预测精度随时间的延长而下降,一般说来,短期预测要求较高的准确度比中、长期预测误差要小,大多属于定量预测。中期预测主要为中期决策服务,其准确度可比短期预测要求低些,一般属于定量预测,但有时应附加一些定性预测。通常对技术发展的预测以中期预测为主。这是因为中期预测的时间与一项新技术从开发到投入生产所需的时间大体相当。而经济预测一般以 5 年为主。这是因为长远规划是以 5 年为周期。长期预测主要为制定长远发展规划或战略发展规划服务,通常需要采用定性与定量相结合的方法。总之,预测期限的长短决定于预测对象的性质、内容和要求,并服从于决策的需要。

3. 按预测内容的性质分类

按预测内容的性质分类,技术经济预测可分为技术预测和经济预测。

(1) 技术预测。技术预测主要是预测技术的储备、扩散和发展趋势,预测新技术将在什么时候出现、突破和运用,将给其他方面带来什么变化等。

(2) 经济预测。经济预测主要是预测经济的发展、社会的需求、市场的购买力和市场的容量及其变化趋势和波动等。

由于技术发展与经济发展联系甚为密切,所以技术预测与经济预测常常要同时进行。这两种预测在内容上虽然不同,但所采用的方法和程序基本是相同的。

4. 按预测的方法分类

按预测的方法分类,技术经济预测可分为定性预测、定量预测和综合预测。

(1) 定性预测。定性预测是对预测对象未来状况的性质作出预测,即是在调查研究的基础上,人们根据自身的知识和经验,对事物未来的发展所做的分析和判断。进行定性预测时,主要是通过对历史资料的分析和对未来条件的研究,凭借预测者的主观经验和逻辑推理能力,去对事物未来表现的性质进行推测和判断。常用于定性预测的方法有历史分析法、各种调查法、德尔菲法（亦称专家法）、类推法、主观概率法、集思广益法等。

(2) 定量预测。定量预测是在掌握比较充分的实际数据的基础上,运用能够近似地反映事物发展规律的数学模型进行定量的计算,并把计算结果作为事物未来发展的预测值。任何一种预测方法都有其一定的适用范围,都有一定的局限性。为了克服这种缺点,可以采用多种预测方法进行综合预测。常用的定量预测方法有时间序列法、回归法、马尔可夫转移概率矩阵法、投入产出法、经济计量学方法等。

(3) 综合预测。综合预测兼有定性预测和定量预测的优点,并且可以弥补两者的缺点。综合预测的方法有两类：一类是用不同的方法预测同一个问题,然后比较它们的结果,找出和消除其中的不肯定因素,以提高预测结果的可靠性；另一类是找出各种相关事件相互影响的规律性,把它们结合起来进行综合预测,以提高预测的精度和可靠性。

5. 按限制条件分类

按限制条件分类,技术经济预测可分为条件预测和无条件预测。

(1) 条件预测。条件预测是在某些限制条件下预测对象的发展状况。这类预测实际上是为决策者提供的多种选择方案中均附加了某些限制条件。预测按各种不同方案实施时各自产生的历年效益即是条件预测。

(2) 无条件预测。无条件预测是与条件预测相对而言的。它是不考虑决策条件或决策方案对预测对象的发展产生影响时所进行的预测。例如,对某种新能源产品的"生命周期"的预测,即对该种新能源产品从实验、生产、推广一直到被淘汰所经历时间长短的预测,而各种新能源生命周期的长短基本上不受具体生产单位决策的影响。

6. 按目标限制分类

按目标限制分类,技术经济预测可分为规范性预测和探索性预测。

(1) 规范性预测。规范性预测是预先确定某一事物的发展目标,并作为事物发展的规范。例如,到2020年我国各种新能源建设达到某一规模,新能源创新技术发展到某一水平等。这些目标能否实现,实现这些目标应采取哪些措施,作出哪些决策,对这些问题进行的预测即为规范性预测。目前,各地进行的"十三五"经济、社会和科技发展规划中的预测多属于规范性预测。

(2) 探索性预测。探索性预测是对未来发展的可能前景进行探索。

规范性预测和探索性预测的主要区别是前者是从需求出发预测实现的可能性,而后者则是根据客观实际发展的规律预测未来的前景。

在选择采用哪种预测方法时，应从预测对象和预测技术本身的特点出发，并要权衡所需花费的成本和预测结果的应用价值。在面对具体的预测对象时，还应该考虑以下问题：①所要预测的对象是处于其自身历史情况的继续，还是基本情况发生变化的转折点；②预测精度与所需要的成本相关，在达到相同精度的情况下，要尽可能选择简便、成本较低的预测方法；③要考虑历史资料的多少和收集资料所需的成本，通常应先从所需资料不多的预测方法入手；④必须考虑预测允许的时间，在选择预测方法时，一定要注意事情的紧急性和收集资料的规定时间。

9.1.6 技术经济预测的程序

在实际预测工作中，由于预测对象、预测范围、预测时间、预测区间、预测精度和预测方法的不同，具体的预测程序细节不可能完全相同，但一般都包括以下几个过程。

1. 明确预测的目的

在预测过程中，首先要对预测对象及相关经济活动（或其他对象）进行必要的分析，明确预测目的和预测对象，弄清楚为什么要进行预测、预测什么，以及具体的要求是什么，包括具体的预测指标、预测期限、可能选用的预测方法、预测数量单位和要求达到的精确度等基本资料和数据。

预测的目的是根据决策的要求提出的。例如，当决策只需要知道某新能源产品销售的发展趋势时，能够预测出销售量是增加或是减少，或是不变就达到预测目的了；而当决策要了解产品的销售量能达到什么水平时，则需要对该新能源产品销售量的增加或减少的具体数值进行系统性的预测。因此，当对一个事物的发展变化进行预测时，首先要了解决策的要求，并据此明确属于哪类预测和应满足的标准等。

2. 搜集和分析资料

充分地占有资料是预测工作的基础。因此要根据预测目的的具体要求和可能选用的预测方法和预测指标，在客观调查研究的基础上，系统全面地搜集进行预测所需要的各种资料，其中包括预测对象本身发展的历史资料，对预测对象发展变化起影响作用的各种因素的历史（包括目前）资料，形成这些资料的历史背景资料，以及各种影响因素在预测所要说明的未来期限内可能表现的各种情况。

同时，收集到各种资料之后，还要进行科学分析、加工和整理，去伪存真，形成各种数据样本，找出预测对象发展变化的客观规律性。分析时应注意资料的真实性、可靠性和适用性，剔除一些背离事物演变规律较远的个别数据资料，以及与预测对象关系不密切的影响因素。对于尚缺的必要的资料，应该想方设法加以搜集。一般情况下，资料主要包括以下内容：

（1）国家及有关部门的统计资料。

（2）国外技术进口项目的资料。

（3）国内外各种技术及经济刊物等资料。

（4）情报部门整理的参考资料。

（5）本系统企业实际活动的统计资料。

（6）各研究机构的研究成果资料等。

3. 选择预测方法

预测的方法有很多，各种方法都有其各自的特点和适用范围，究竟采用哪一种预测方法较好，需要结合预测的目的和要求、预测对象本身的特点和占有资料的情况而定。在一项预测工作中，一般都可以采用多种预测方法求得预测结果。但是，由于人力、物力、财力、时间等客观条件的限制，不可能也不需要将每种适用的方法都预测一下，往往只需选择其中的一种或几种就可达到预测的目的。在实际工作中，技术经济预测的准确性除了取决于对预测对象历史、现状的了解及其资料、数据的完整性以外，在很大程度上还取决于所选择预测方法的科学性、合理性。预测时，需要根据决策和计划工作对预测结果的要求，结合开展预测工作的具体条件和环境，本着经济、方便、效果好的原则，选择适宜的预测方法，合理选择预测方法。

4. 建立预测模型

预测模型是对预测对象发展变化规律的近似模拟。因此，应在资料搜集齐全、处理以及选定预测方法的基础上，科学地确定或建立可用于预测的模型。预测对象的影响因素很多，影响关系又很复杂，因此，建立预测模型时既要考虑主要因素的影响，又要考虑其他因素的影响。根据经济理论（或其他学科、领域的理论）和数学、统计学原理，收集整理得到的样本数据及所选择的预测方法，确定预测模型、计算模型参数，对定量预测建立数学模型，对定性预测设定逻辑思维和推理程序，或把两者结合起来综合应用，然后根据建立的预测模型或程序，进行定量预测、定性预测或综合预测。

5. 模型检验、误差分析和模型修正

由于模型是利用历史样本数据，运用数学方法建立的数学模型，是对预测的近似模拟，反映的是客观事物发展的历史规律，因此能否据此预测事物未来发展趋势，必须进行一系列的检验和评价。首先是参数数理统计的合理性检验、模型预测精度的检验；其次是因变量与自变量间（对因果关系分析模型来说）经济关系逻辑性的检验，只有两种检验结果均符合要求时，建立的模型才能用于预测；最后运用一部分历史资料对建立的预测模型进行验证，分析其误差，并对误差较大的预测模型作出必要的修正，使其能够真正反映预测对象的变化规律。当认为事物在未来的发展中将不再遵循该预测模型所反映的规律性时，即预测模型不再适用于预测的未来情况，则应舍弃该模型，重新建立可用于进行未来预测的模型。

6. 计算与分析预测结果、提供预测方案

根据收集的历史资料，经过检验和评价确定的预测模型、预测期限及误差，对预测对象的各项指标进行实际预测，获得预测对象的未来结果。这种计算和推测实际是在假设过去和现在的规律能够延续到未来的条件下进行的，即是预测对象在预测期间内的发展变化不会发生大的异常。

利用预测模型得到的预测结果有时并不一定与事物发展的实际结果完全相符。这是由于建立的模型是对实际情况的近似模拟，有的模型模拟效果可能好些，而有的模拟效果则可能差些。同时，在计算和推测过程中也难免会产生误差，再加上预测是在一定的假设条件下进行的，所以预测结果与实际情况难免会有较大的偏差。因此，每次得到预测结果后，都应对其加以分析和评价。通常的方法是根据常识和经验去检查、判断预测结果是否

合理，与实际可能结果之间是否存在较大的偏差，未来条件的变化对实际结果产生多大的影响，预测结果是否可信等。此外，在条件允许的情况下，可以采用多种方法，将各种预测结果相互比较或征询专家意见，确定给出的预测结果是可信的，从而最终推荐可能性最大的方案为预测方案。

7. 实施与应用

预测的结果是提供给有关决策部门使用的，因此，应注意系统运行的信息监测与反馈，及时修正原来的预测结果。同时，从积累的预测误差中寻找预测系统的校正量，用以修正模型，改进预测方法，为今后进行的类似的预测问题提供依据。

总之，预测过程是一个收集资料、选择技术和综合分析相结合的过程。资料是基础和出发点，预测技术的应用是核心，分析和评价则贯穿了预测的全过程。可以说没有分析和评价，就不能称其为预测。

9.2 新能源技术经济预测的方法及应用

由于新能源是相对于常规能源而言的，新能源也是能源，本节通过介绍能源的技术经济预测方法来更加深入地了解新能源。能源技术经济预测的方法比较多，当然这些预测方法都有其优点和适用的场合，但同时也都有其不足或局限性。

9.2.1 定性预测方法——德尔菲法

1. 德尔菲法的特点

（1）匿名性。在接受咨询的各位专家并不知道意见的提出者是谁，因而没有"权威思想"的压力，若改变和修改自己的意见也不公布于众，成员们提出的意见是就事论事，而不受其他外界因素的影响，避免了集体讨论法中的权威意见影响他人预测的缺点。

（2）反馈性。咨询调查要反复进行若干轮，接受调查的专家从反馈的调查表上得到集体的意见，以及同意或反对各个专家观点的理由，从而构成专家之间匿名的相互影响，避免了独立判断法中不能集思广益的缺点。

（3）趋同性。德尔菲法要进行多次意见的反馈，当某一专家发现自己意见与大多数专家意见不同，同时又不太肯定自己的意见时，就可能改变自己的意见，从而使各位专家的预测结果趋于一致。当然，如果这位专家坚信自己的意见是正确的，他一定能拿出自己的理由，这种理由是以书面形式由预测组织者转达给其他各位专家，这样就会引起其他专家的思考，并修正自己的预测结果。因此，德尔菲法常常能够使专家的预测结果"趋同"，而这种"趋同"不带有集体讨论预测法中盲从权威的色彩。

2. 德尔菲法的基本步骤

（1）选择专家。专家选择是否合理是关系到预测工作成败的关键一环。接受调查的专家应该在相关领域内具有较广泛的相关专业知识，同时还应该注意所选择专家的结构和分布，包括知识结构、工作岗位和工作部门，专家的人数可以根据预测项目的大小和涉及面的宽窄而定，人数太少反映不出代表性，势必会影响辩论和应答的分析，结论也缺乏"权威感"；人数太多会增加组织和处理资料上的困难。一般控制在 10～50 人。此外，邀请专家时最好事先征得各位专家的同意,否则,调查表的回收率可能会较低。

(2) 编制调查表。调查表是进行调查的基本工具,设计的好坏将直接影响到调查的效果。调查表并没有统一的格式和形式,通常是根据待预测的具体问题及所要调查的相关内容科学地设计和编制,但必须要注意以下几点:①问题要清楚;②调查表要力求简洁;③尽量不要提问令人为难的问题;④应注明请专家寄回表格的截止期限。

(3) 调查表的发放与反馈。专家选择完、编制好表格,便可采用派人送货邮寄的方法,将调查表和提供参考的资料送到专家的手中,在需要专家寄回调查表时,应由调查部门预付邮费。将专家第一次反馈意见汇总,绘成图表,然后将汇总结果和相关资料再次发给各位专家,经过若干次的反馈,直至得到令人满意的结果为止。通常以进行3至4轮的调查为宜。

(4) 整理结果形成预测报告。经过几轮调查后,倘若各位专家不再改变自己的观点时,便可对各位专家所填的表格进行处理和分析,当各位专家的意见比较统一时,可将统一的意见作为预测的结果。而当各位专家的意见不能趋于统一时,为了得到合理的预测结果,需要对专家的意见进行综合处理。一般是采用中位数作为预测值,用上、下四分位数之间的间隔作为预测区间,其实现概率为 50%。例如,当有 n 个专家时,对某一指标的回答分别是 $x_1, x_2, x_3, \cdots, x_n$,且有 $x_1 \leqslant x_2 \leqslant x_3 \leqslant \cdots \leqslant x_{n-1} \leqslant x_n$,则其中位数为

$$\bar{x} = \begin{cases} x_{k+1} & \left(n \text{ 为奇数}, k = \dfrac{n-1}{2}\right) \\ \dfrac{x_k + x_{k+1}}{2} & \left(n \text{ 为偶数} \quad k = \dfrac{n}{2}\right) \end{cases} \tag{9.1}$$

上四分位数为

$$x_{\text{上}} = \begin{cases} x_{\frac{(3k+3)}{2}} & \left(k = \dfrac{n-1}{2}, \text{且 } k \text{ 为奇数}, n \text{ 为奇数}\right) \\ \dfrac{x_{\frac{3}{2}k+1} + x_{\frac{3}{2}k+2}}{2} & \left(k = \dfrac{n-1}{2}, \text{且 } k \text{ 为偶数}, n \text{ 为奇数}\right) \\ x_{\frac{3k+1}{2}} & \left(k = \dfrac{n}{2}, \text{且 } k \text{ 为奇数}, n \text{ 为偶数}\right) \\ \dfrac{x_{\frac{3}{2}k} + x_{\frac{3}{2}k+1}}{2} & \left(k = \dfrac{n}{2}, \text{且 } k \text{ 为偶数}, n \text{ 为偶数}\right) \end{cases} \tag{9.2}$$

下四分位数为

$$x_{\text{下}} = \begin{cases} x_{\frac{k+1}{2}} & \left(k = \dfrac{n-1}{2}, \text{且 } k \text{ 为奇数}, n \text{ 为奇数}\right) \\ \dfrac{x_{\frac{k}{2}} + x_{\frac{k}{2}+1}}{2} & \left(k = \dfrac{n-1}{2}, \text{且 } k \text{ 为偶数}, n \text{ 为奇数}\right) \\ x_{\frac{k+1}{2}} & \left(k = \dfrac{n}{2}, \text{且 } k \text{ 为奇数}, n \text{ 为偶数}\right) \\ \dfrac{x_{\frac{k}{2}} + x_{\frac{k}{2}+1}}{2} & \left(k = \dfrac{n}{2}, \text{且 } k \text{ 为偶数}, n \text{ 为偶数}\right) \end{cases} \tag{9.3}$$

此外,对一些不能确定的问题还可以跟踪,取得实际值与预测值做比较而建立校正系

数，校正以后再作出预测。

9.2.2 时间序列预测法

9.2.2.1 时间序列预测法的概念

时间序列也称时间数列、历史复数或动态数列。它是将某种统计指标的数值按照时间顺序先后排列所形成的数列。时间序列预测法就是通过编制和分析时间序列，根据时间序列所反映出来的发展过程、方向和趋势，进行类推或延伸，借以预测下一段时间或以后若干年内可能达到的水平。

9.2.2.2 时间序列预测法的特点

(1) 时间序列预测法是根据过去的变化趋势预测未来的发展，其前提是假设事物的过去延续到未来。

时间序列预测是根据客观事物发展的连续规律性，运用过去的历史数据，通过统计分析，进一步预测未来的发展趋势。事物的过去会延续到未来这个假设前提包含两层含义：一是不会发生突然的跳跃变化，是以相对小的步伐前进；二是过去和当前的现象可能表明现在和将来活动的发展变化趋向。

(2) 时间序列数据变动存在着规律性与不规律性。时间序列中的每个观察值的大小是影响变化的各种不同因素在同一时刻发生作用的综合结果。从这些影响因素发生作用的大小和方向变化的时间特性来看，这些因素造成的时间序列数据的变动分为以下四种类型：

1) 趋势性。某个变量随着时间进展或自变量变化，呈现一种比较缓慢而长期的持续上升、下降、停留的同性质变动趋向，但变动幅度可能不相等。

2) 周期性。某个变量由于外部影响随着时间的推移交替出现高峰和低谷的规律。

3) 随机性。个别为随机变动，整体呈现统计规律。

4) 综合性。实际变化情况是几种变动的叠加或组合。预测时要设法过滤过去不规则变动，突出反映趋势性和周期性的变动。

9.2.2.3 时间序列预测法的步骤

(1) 收集历史资料，加以整理，编成时间序列，并根据时间序列绘成统计图。时间序列分析通常是把各种可能发生作用的因素进行分类。传统的分类方法是按各种因素的特点或影响效果分为长期趋势、季节变动、循环变动和不规则变动四类。

(2) 分析时间序列。时间序列中的每一时期的数值都是由许许多多不同的因素同时发生作用后的综合结果。

(3) 求时间序列的长期趋势（T）、季节变动（S）和不规则变动（I）的值，并选定近似的数学模型来代表它们。对于数学模型中的诸多未知参数，使用合适的技术方法求出其值。

(4) 利用时间序列资料求出长期趋势、季节变动和不规则变动的数学模型后，就可以利用它来预测未来的长期趋势值 T 和季节变动值 S，在可能的情况下预测不规则变动值 I。然后用以下模式计算出未来的时间序列的预测值 Y

加法模式 $\qquad Y=T+S+I$

乘法模式 $\qquad Y=TSI$

如果不规则变动的预测值难以求得，就只求长期趋势和季节变动的预测值，以两者相乘之积或相加之和为时间序列的预测值。如果经济现象本身没有季节变动或不需预测分季、分月的资料，则长期趋势的预测值就是时间序列的预测值，即 $T=Y$。但要注意这个预测值只反映现象未来的发展趋势，即使很准确的趋势线在按时间顺序的观察方面所起的作用，本质上也只是一个平均数的作用，实际值将围绕着它上下波动。

9.2.2.4 时间序列预测法的分类

时间序列预测法可用于短期预测、中期预测和长期预测。根据对资料分析方法的不同又可分为简单序时平均数法、加权序时平均数法、简单移动平均法、加权移动平均法、指数平滑法、季节性趋势预测法、市场寿命周期预测法等。

（1）简单序时平均数法。也称算术平均法。即把若干历史时期的统计数值作为观察值，求出算术平均数作为下期预测值。这种方法基于下列假设："过去这样，今后也将这样"，把近期和远期数据等同化和平均化，因此只能适用于事物变化不大的趋势预测。如果事物呈现某种上升或下降的趋势，就不宜采用此法。

（2）加权序时平均数法。就是把各个时期的历史数据按近期和远期影响程度进行加权，求出平均值，作为下期预测值。

（3）简单移动平均法。就是相继移动计算若干时期的算术平均数作为下期预测值。

（4）加权移动平均法。即将简单移动平均数进行加权计算。在确定权数时，近期观察值的权数应该大些，远期观察值的权数应该小些。

上述几种方法虽然简便，能迅速求出预测值，但由于没有考虑整个社会经济发展的新动向和其他因素的影响，所以准确性较差。应根据新的情况，对预测结果作必要的修正。

（5）指数平滑法。即根据历史资料的上期实际数和预测值，用指数加权的办法进行预测。这种方法实质上是由加权移动平均法演变而来的一种方法。其优点是只要有上期实际数和上期预测值，就可以计算下期的预测值，这样可以节省很多数据和处理数据的时间，减少数据的存储量，方法简便，是国外广泛应用的一种短期预测方法。

（6）季节性趋势预测法。是根据经济事物每年重复出现的周期性季节变动指数，预测其季节性变动趋势。推算季节性指数可采用不同的方法，常用的方法有季（月）别平均法和移动平均法两种：

1) 季（月）别平均法。就是把各年度的数值分季（或月）加以平均，除以各年季（或月）的总平均数，得出各季（月）指数。这种方法可以用来分析生产、销售、原材料储备、预计资金周转需要量等方面的经济事物的季节性变动。

2) 移动平均法。即应用移动平均数计算比例求典型季节指数。

（7）市场寿命周期预测法。市场寿命周期预测法就是对产品市场寿命周期的分析研究。例如，对长期生产的产品的销售量进行预测，最常用的一种方法就是根据统计资料，按时间序列画成曲线图，再将曲线外延，即得到未来销售量的发展趋势。最简单的外延方法是直线外延法，适用于对耐用消费品的预测。这种方法简单、直观、易于掌握。

9.2.2.5 时间序列法在风电场风速预测中的应用

1. 我国风电简介

我国现有风电基地规模都是千万千瓦级，由于风电具有间歇性和随机性的固有缺点，大规模的风电机组接入电网会对电力系统的安全、稳定运行带来严峻挑战，从而限制风力发电的发展。风电场发电功率短期预测是解决该问题的有效途径之一。我国的风电场大多是集中的、大容量的风电场，而且处于电网建设相对比较薄弱的地区，因此，我国更需要进行风电场发电功率短期预测的研究，而发电功率的预测主要源自风速的预测。因此，不管从节能减排，还是从电网规划的角度来讲，在风电场的规划和建设中，发电功率的短期预测是非常重要的。

2. ARMA(p,q)时间序列预测模型

在风电场风速预测方面有多种方法，如持续预测法、神经网络法、时间序列法、空间相关性法、小波分析法以及各种新型复合改进算法等。时间序列法是基于风速序列的相关性，通过模型辨识与定阶、参数估计、模型检验等步骤建立预测模型。该方法只需要知道历史风速数据就可以对风速进行预测，并且可以达到较好的预测效果。对于风速数据来说，由于其具有强烈的随机波动性，应用时间序列的预测方法是可行的。常用的时间序列模型有自回归模型（Autoregressive，AR）、滑动平均模型（Moving Average，MA）、自回归滑动平均模型（Autoregressive and Moving Average，ARMA）等。

ARMA(p,q)是由博克斯（Box）、詹金斯（Jenkins）创立，亦称 B-J 预测方法，是一种精度较高的时序短期预测方法。其基本思想为：某些时间序列是依赖于时间 t 的一组随机变量，构成该时序的单个序列值虽然具有不确定性，但整个序列的变化却有一定的规律性，可以用相应的数学模型近似描述，通过对数学模型的分析研究，能够更本质地认识时间序列的结构与特征，达到最小方差意义下的最优预测。构建 ARMA(p,q) 时间序列模型的一般步骤为：①模型的识别，通过对相关图的分析，初步确定适合于给定样本的 ARMA 模型形式，即确定 p、q 取值；②模型参数的估计，在初步确定模型形式后对模型参数进行估计；③诊断与检验，以样本为基础检验拟合的模型，以求发现某些不妥之处。如果模型的某些参数估计值不能通过显著性检验或者残差序列不能近似为一个白噪声过程（白噪声是一种功率频谱密度为常数的随机信号或随机过程，即信号在各个频段上的功率是一样的），则返回第一步再次对模型进行识别，如果上述两个问题都不存在，就可以接受所建立的模型。

(1) AR(p)自回归模型。时间序列 Y_t 为它的前期值和随机项的线性函数，可以表示为

$$Y_t = \sum_{j=1}^{p} \varphi_j Y_{t-j} + u_t \tag{9.4}$$

式中　Y_t、Y_{t-j}——在等间隔时间点 t，$t-1$，$t-2$，…上的过程值；

　　　　p——自回归模型的阶数；

$\varphi_j(j=1,2,\cdots,p)$——模型的自回归待定参数，它决定前一时刻时间序列的值多大程度上影响当前时刻的值；

　　　　u_t——误差。

(2) MA(q)滑动平均模型。如果 u_t 不是一个白噪声，它为当前与前期的误差和随机项的线性函数，可以表示为

$$u_t = \varepsilon_t - \sum_{j=1}^{q} \theta_j \varepsilon_{t-j} \tag{9.5}$$

式中 q——滑动平均模型的阶数；

$\theta_j(j=1,2,\cdots,q)$——移动平均参数，它决定前一时刻高斯随机变量的值影响现在值的程度；

ε_t、ε_{t-j}——随机干扰值，即白噪声。

(3) ARMA(p, q)自回归滑动平均模型。ARMA(p, q)是自回归模型和滑动平均模型的组合，时间序列 Y_t 为当前与前期的误差和随机项，以及它的前期值的线性函数，可表示为

$$Y_t = \sum_{j=1}^{p} \varphi_j Y_{t-j} + \varepsilon_t - \sum_{j=1}^{q} \theta_j \varepsilon_{t-j} \tag{9.6}$$

(4) 模型定阶。本例采用准则函数对 ARMA 模型进行定阶。通过对序列 $\{Y_t\}$ 从低阶到高阶逐一拟合模型 ARMA(p, q)，并通过相关统计量的检验进行优选。准则函数既考虑用某一模型拟合时对原始数据的接近程度，同时也考虑模型中所包含待定参数的个数，构建模型时按照这种函数的取值判断模型的优劣，以决定取舍，使准则函数达到最小最优模型。常用的准则函数有 AIC 准则、BIC 准则、FPE 准则等。但通常采用 AIC 准则函数，AIC 准则要求 AIC 取值越小越好，即

$$\mathrm{AIC} = \frac{2L}{n} + \frac{2(p+q+1)}{n} \tag{9.7}$$

式中 L——对数似然值；

n——观测值的数目。

(5) 模式识别。模型的模式识别主要是对时间序列的自相关函数和偏相关函数进行分析。下面给出一些相关的定义。

1) 自相关函数定义为

$$\rho_k = \frac{\gamma_k}{\gamma_0} \tag{9.8}$$

其中

$$\gamma_k = \mathrm{cov}[Y_t, Y_{t+k}] = E[(Y_t - \mu_r)(Y_{t+k} - \mu_r)] = \frac{1}{n} \sum_{t=1}^{n-k} [Y_t - E(Y_t)][Y_{t+k} - E(Y_t)]$$

$$\gamma_0 = \frac{1}{n-1} \sum_{t=1}^{n} [Y_t - E(Y_t)]^2$$

2) 偏相关函数定义为

$$\varphi_{kk} = \frac{E[(Y_t - \hat{E}(Y_t))(Y_{t-k} - \hat{E}(Y_t))]}{E[(Y_{t-k} - \hat{E}(Y_{t-k}))^2]} = \begin{cases} \hat{\rho}_1, k=1 \\ \dfrac{\hat{\rho}_k - \sum_{j=1}^{k-1} \hat{\varphi}_{k-1,j} \hat{\rho}_{k-j}}{1 - \sum_{j=1}^{k-1} \hat{\varphi}_{k-1,j} \hat{\rho}_{k-j}} \end{cases} \quad (k=2,3,\cdots) \tag{9.9}$$

其中 $\hat{\varphi}_{k,j} = \hat{\varphi}_{k-1,j} - \hat{\varphi}_{kk} \varphi_{k-1,k-j}$ ($j=1, 2, \cdots, k-1$)

设序列的自相关函数为 ρ_1，ρ_2，…，ρ_q，…，ρ_k，…，如果 $k>q$ 后，恒有 $\rho_k=0$，这种特性就称为自相关函数的"截尾"性；如果不论 k 取多大，ρ_k 始终有非零的取值，但逐渐衰减而且被负指数函数所控制的特性就称为"拖尾"性。因此，对于模型的识别可以根据下面的方法进行判断：如果自相关函数是"拖尾"的，偏相关函数是"截尾"的，则 $x(t)$ 适合用 AR 模型描述，假设其偏自相关函数在 p 阶以后截尾，则此序列是自回归 AR(p) 序列；如果自相关函数是"截尾"的，偏相关函数是"拖尾"的，则 $x(t)$ 适合用 MA 模型描述，假设其自相关函数在 q 阶以后截尾，则此序列是滑动平均 MA(q) 序列；如果自相关函数和偏相关函数都是"拖尾"的，即以负指数速度收敛到 0，那么应用 ARMA 模型描述，假设偏自相关函数从 p 阶滞后项开始逐渐趋向于零，而自相关函数从 q 阶滞后项开始逐渐趋向于零，则此序列是自回归滑动平均 ARMA(p,q) 序列。p、q 的值可以由收敛速度来决定。当偏相关函数 $\varphi_{kk}=0$ 时，则 $p=k-1$；而当 $\rho_k=0$ 时，则 $q=k-1$。

（6）参数估计。模型的参数估计是建模中最重要的部分，通过适当的方法估计出时间序列模型中各项的系数。常用的参数估计方法有最小二乘法、矩估计、极大似然估计等。时间序列中常用到以下公式：

平均值
$$\mu_r = \frac{1}{n} \sum_{t=1}^{n} Y_t \tag{9.10}$$

方差
$$\sigma_r^2 = \frac{1}{n-1} \sum_{t=1}^{n} (Y_t - u_r) \tag{9.11}$$

协方差
$$\gamma_k = \text{cov}[Y_t, \quad Y_{t+k}] = \frac{1}{n} \sum_{t=1}^{n-k} (Y_t - \mu_r)(Y_{t+k} - \mu_r) \tag{9.12}$$

（7）模型的检验与修改。

1）包括的内容。

a. 平稳性和可逆性检验。要求全部特征根均位于单位圆内，即根的模值均大于 1。如果平稳可逆性检验未通过，可适当调整差分阶数进行修正。

b. 残差序列检验。通过检验残差的随机性来判断模型是否合适。如果残差不具有随机性，则所建的模型还需进一步的改善。

c. 过拟合检验。该过程一方面可以删除掉模型中多余的参数，另一方面尝试提高模型的阶数，通过考察残差的平方和有无明显减小，从而判断当前所建立的模型是否参数不足。

如果经检验确定该模型不合适，可作如下处理：

2）模型不合适时的处理。

a. 利用参数估计的标准差评价参数估计值的统计显著性。一般规定，参数点估计的绝对值小于二倍标准差者为统计显著性差或称其不显著，对于这样的参数做系数的项，应当从模型中删除掉。与此同时，若需要在模型中增加一个自回归项或滑动平均项，就加进这个初步确定的模型中去，但需要检验增加后的新模型应比原初步确定的模型更有适用性，否则增加参数项无意义。

b. 根据在残差分析中残差所提供的信息，对模型进行适当的修改。

c. 如果不对初步确定的模型进行修改，也可以重新识别模型。经检验认为初步确定的模型不合适时，在经过模型修改或重新识别得到新模型后，还必须再次进行模型检验，以确定其合理性。

3. ARIMA(p,d,q)风速预测模型

由于风速信号存在不平稳性，为了应用时间序列的方法对其进行预测，就需要将风速信号变为平稳的随机信号，通常采取引用有序差分算子$\nabla=1-B$的方法，对原非平稳时间序列$\{y_t\}$施行一阶有序差分变换，即

$$\nabla y_t=(1-B)y_t=y_t-y_{t-1} \tag{9.13}$$

原时间序列经过d阶差分后得

$$\nabla^d y_t=(1-B)^d y_t \tag{9.14}$$

差分后得到的平稳序列可以用 AR、MA、ARMA 模型来描述，则原时间序列可表示为

$$\varphi(B)\nabla^d y_t=\theta(B)a_t \tag{9.15}$$

这就是累积式自回归滑动平均模型 ARIMA(p,d,q)。

9.2.3 能源消费弹性系数预测法

能源消费增长率与经济增长率的比值称为能源消费弹性系数。一个国家（或地区）的能源消费弹性系数可以宏观地反映本国（或地区）国民经济发展与能源消费的统计规律。能源消费弹性系数的变动与经济发展过程中产业结构的变化是紧密联系在一起的。一般而言，经济增长必然伴随着能源消耗的增加。一个国家的发展过程一般是从以轻工业为中心转向以重工业为中心，从以重工业为中心转向以加工、组装工业为中心，然后再转向以技术、知识密集型产业为中心这样一个从低能耗的产业结构转向高能耗的产业结构，然后再转向低能耗的产业结构的过程。与此相对应，能源弹性系数也反映了这样一个变化规律。能源弹性系数急剧上升而后下降。在工业化的初期阶段，能源消费弹性系数大于1，在工业化后期阶段，能源消费弹性系数则小于1。因此，在某一特定的历史发展阶段，能源消费弹性系数大体上有一个比较稳定的数值范围。根据历史上能源消费与经济增长的统计数据，计算出能源消费弹性系数，然后利用这个系数来预测未来年份的能源需求量的方法称为能源消费弹性系数预测法。这种方法是根据经济增长速度与能源消费增长速度之间的关系来预测能源消费的总量，是预测能源消费总量最常用的方法之一。

能源消费弹性系数预测法的基本思想是，假设一个国家（或地区）在未来预测年份的经济发展趋势与过去的经济发展趋势相比没有明显的改变。如果该假设成立，则预测结果将会比较准确。近年来，一些国家（或地区）经济结构的调整、能源消费结构的改变等因素都将会影响其能源消费的弹性系数。因而，在采用能源消费弹性系数法进行预测时，通常要对能源消费弹性系数进行修正，用修正后的能源消费弹性系数去预测未来年份的能源需求情况。能源消费量的基本计算公式为

$$E_t=\left[e\left(\frac{GDP_t}{GDP_0}-1\right)+1\right]E_0 \tag{9.16}$$

式中　E_t——第t年的能源消耗量；

　　　E_0——基准期的能源消耗量；

e——能源消费弹性系数；
GDP_t——第 t 年的国内生产总值；
GDP_0——基准期的国内生产总值。

9.2.3.1 能源消费弹性系数的计算

能源消费弹性系数是一个国家（或地区）能源消费量增长率与经济增长率之比，而经济增长率通常采用国内生产总值（GDP）的增长率。能源消费弹性系数直接反映了经济增长对能源消费的依赖关系。目前的能源消费弹性系数计算方法为能源消费（年）增长率与经济（如产值）（年）增长率的比值，具体公式为

$$e = \frac{N}{M} \tag{9.17}$$

$$N = \frac{\Delta E}{E_0} \times 100\% = \frac{E - E_0}{E_0} \times 100\% \tag{9.18}$$

$$M = \frac{\Delta G}{G_0} \times 100\% = \frac{G - G_0}{G_0} \times 100\% \tag{9.19}$$

式中　e——能源消费弹性系数；
　　　N——能源消费（年）增长率；
　　　M——经济（年）增长率（即 GDP 增长率）；
　　　E——统计期能源消费量；
　　　E_0——基准期能源消费量；
　　　G——统计期国内（或地区）GDP（或工业总产值）；
　　　G_0——基准期国内（或地区）GDP（或工业总产值）。

用这种方法计算的能源消费弹性系数 e 在能源消费与国民经济均呈正增长时，可以看出能源消费增长与经济增长的相对关系。即当这一比值大于 1 时，表示能源消费的增长大于国民经济的增长；当这一比值小于 1 时，表示能源消费的增长小于国民经济的增长；当这一比值等于 1 时，表示能源消费的增长同步于国民经济的增长。但是，随着产业结构的不断调整，高附加值产品的不断涌出，以及国民节能意识的逐步增强，往往会出现在国民经济增长的同时，能源消费呈现负增长（即呈下降趋势）的情况，使能源消费弹性系数出现负值。在此情况下，用上述公式计算出的能源消费弹性系数就失去了其对节能管理和能源消费预测的指定作用和意义。此时，可采用能源消费（年）增长率与国民经济（年）增长率的比值来代替原有能源消费弹性系数的计算方法，其具体计算公式为

$$N = \frac{E}{E_0} \times 100\% \tag{9.20}$$

$$M = \frac{G}{G_0} \times 100\% \tag{9.21}$$

能源消费弹性系数的计算方法通常有两种：一种是平均增长速度法；另一种是回归分析法。需要注意的是，能源消费弹性系数应该用 GDP 可比价增长率来计算。

1. 平均增长速度法

平均增长速度法是基于一定时间间隔内平均增长率来计算能源消费弹性系数，即计算该时期内的能源消费弹性平均增长率与同时期内国民经济生产总值年均增长率的比值，也

称为"几何平均法",又称为"水平法",它是在统计工作中最常使用的方法。用这种方法求得的能源消费弹性系数只取决于初始年 t_0 及期末年 t 的数据,并不反映中间年代的变化。如果取初始年和期末年为相邻 2 个年份的数据,即 $t-t_0=1$,则可以体现出每一年数据的变化。统计年鉴中的能源弹性系数利用这种方法逐年计算即可得到。

设 N 和 M 为计算期内能源消费量和 GDP 的平均增长率,则

$$E_t = E_0(1+N)^{t-t_0} \tag{9.22}$$

$$G_t = G_0(1+M)^{t-t_0} \tag{9.23}$$

式中 E_t、E_0——t 年和 t_0 年的能源消费量;

G_t、G_0——t 年和 t_0 年的 GDP 值。

由此可得 N 和 M 分别为

$$N = \left(\frac{E_t}{E_0}\right)^{\frac{1}{t-t_0}} - 1 \tag{9.24}$$

$$M = \left(\frac{G_t}{G_0}\right)^{\frac{1}{t-t_0}} - 1 \tag{9.25}$$

则能源消费弹性系数 e 为

$$e = \frac{N}{M} = \frac{\left[\left(\frac{E_t}{E_0}\right)^{\frac{1}{t-t_0}} - 1\right]}{\left[\left(\frac{G_t}{G_0}\right)^{\frac{1}{t-t_0}} - 1\right]} \tag{9.26}$$

2. 回归分析法

能源消费量 E 和国内生产总值 G 可以用一定的函数关系来描述。例如 CD(Cobb-Douglas)生产函数是最基本的生产函数,它不仅可以用来测算技术进步,而且可以用来分析规模经济、最优投入结构等问题,许多生产函数都是在 CD 函数的基础上发展而来的。则能源消费量 E 和国内生产总值 G 的关系可以表示为

$$E = kG^b \tag{9.27}$$

表示成双对数形式的计量经济学模型即为

$$\ln E = \ln k + b \ln G \tag{9.28}$$

由于

$$b = \frac{d\ln E}{d\ln G} = \frac{dE/E}{dG/G} \tag{9.29}$$

式中 b——能源消费弹性系数。

可以对一组历史统计数据 E_i 和 G_i 进行回归分析,可以计算出估计值 $\hat{b}$,即得能源消费弹性系数。

9.2.3.2 能源消费弹性系数与单位 GDP 能耗之间的关系

由式(9.17)~式(9.19)可得能源消费弹性系数为边际产值能耗与单位产值能耗的比值,即

$$e = \frac{\Delta E/E_0}{\Delta G/G_0} = \frac{\Delta E/\Delta G}{E_0/G_0} \tag{9.30}$$

若 $e<1$,则

$$\frac{\Delta E}{\Delta G} < \frac{E_0}{G_0} \tag{9.31}$$

这里采用逐年计算方法，ΔE 为本年度能源消费量 E_1 与上一年的能源消费量 E_0 之差，即 $\Delta E = E_1 - E_0$。ΔG 为本年度 GDP 值 G_1 与上一年的 GDP 值 G_0 之差，即 $\Delta G = G_1 - G_0$。则式（9.31）可写成

$$\frac{E_1 - E_0}{G_1 - G_0} < \frac{E_0}{G_0} \tag{9.32}$$

由于我国近年来 GDP 一直处于增长的态势，所以，$G_1 - G_0 > 0$，则可得

$$(E_1 - E_0)G_0 < E_0(G_1 - G_0)$$

$$E_1 G_0 < E_0 G_1$$

$$\frac{E_1}{G_1} < \frac{E_0}{G_0}$$

以上推导说明，能源消费弹性系数小于 1，使得本年边际产值能耗小于上一年单位产值能耗，则本年度单位 GDP 能耗比上年降低。

同理可得，若 $e = 1$，则本年度边际产值能耗等于上一年度单位产值能耗，说明本年度单位 GDP 能耗与上年持平；若 $e > 1$，则本年度边际产值能耗大于上一年度单位产值能耗，说明本年度单位 GDP 能耗比上年上升。

9.2.3.3 能源消费弹性系数预测法在能源系统中的应用

下面通过一个试例来了解计算能源消费弹性系数的两种方法，并利用修正过的能源消费弹性系数来预测能源需求量。已知表 9.1 列出了某国 2000—2010 年的工农业总产值和能源消费量。现依据该表内的数据来计算该时期的能源消费弹性系数并据此进行预测。

表 9.1　　　　　某国 2000—2010 年的工农业总产值和能源消费量

年份	2000	2001	2002	2003	2004	2005	2006	2007	2008	2009	2010
工农业总产值/亿元	3101	3479	3635	3968	4024	4504	4579	5067	5690	6175	6679
能源消费量/万 t 标煤	29211	34621	37384	38969	39623	45250	47616	52105	56871	58588	60275

1. 用平均几何增长方法计算

由式（9.20）和式（9.21）计算 2000—2010 年内任意年份的能源消费增长率和工农业产值增长率，并编成三角形表，具体见表 9.2 和表 9.3。然后，由相对应年份数字相除求出能源消费弹性系数三角形，具体见表 9.4。例如，计算 2003—2008 年的能源消费平均增长率、工农业总产值增长率和能源消费弹性系数。则可得

$$N = \left(\frac{56871}{38969}\right)^{\frac{1}{2008-2003}} - 1 = 0.07853$$

$$M = \left(\frac{5690}{3968}\right)^{\frac{1}{2008-2003}} - 1 = 0.07475$$

$$e = \frac{N}{M} = 1.0506 = 1.051$$

表 9.2 2000—2010 年能源消费增长三角形

年份	2001	2002	2003	2004	2005	2006	2007	2008	2009	2010
2001	0.185	0.131	0.101	0.0792	0.0915	0.0848	0.0862	0.0868	0.0804	0.0751
2002		0.0798	0.0609	0.0460	0.0692	0.0658	0.0705	0.0735	0.0680	0.0635
2003			0.0424	0.0295	0.0657	0.0623	0.0687	0.0724	0.0663	0.0615
2004				0.0168	0.0776	0.0691	0.0753	0.0785	0.0703	0.0643
2005					0.142	0.0962	0.0956	0.0946	0.0814	0.0724
2006						0.0523	0.0731	0.0792	0.0667	0.0590
2007							0.0943	0.0929	0.0716	0.0607
2008								0.0915	0.0604	0.0498
2009									0.0302	0.0295
2010										0.0288

表 9.3 2000—2010 年工农业产值增长三角形

年份	2001	2002	2003	2004	2005	2006	2007	2008	2009	2010
2001	0.122	0.0269	0.0857	0.0673	0.0775	0.0672	0.0727	0.0788	0.0795	0.0797
2002		0.0448	0.0680	0.0497	0.0667	0.0565	0.0647	0.0728	0.0744	0.0752
2003			0.0916	0.0521	0.0741	0.0594	0.0687	0.0775	0.0786	0.0790
2004				0.141	0.0654	0.489	0.0630	0.0748	0.0765	0.0772
2005					0.119	0.0667	0.0799	0.0905	0.0894	0.0881
2006						0.0167	0.0607	0.0810	0.0821	0.0820
2007							0.107	0.115	0.105	0.0990
2008								0.123	0.104	0.0965
2001									0.0852	0.0834
2010										0.0816

表 9.4 2000—2010 年能源消费弹性系数三角形

年份	2001	2002	2003	2004	2005	2006	2007	2008	2009	2010
2001	1.519	1.588	1.177	1.177	1.180	1.264	1.186	1.102	1.011	0.942
2002		1.780	0.897	0.926	1.038	1.165	1.090	1.009	0.914	0.845
2003			0.463	0.566	0.887	1.049	1.000	0.934	0.843	0.779
2004					1.189	1.186	1.413	1.195	1.051	0.919	0.833
2005						1.191	1.442	1.197	1.045	0.910	0.822

续表

年份	2001	2002	2003	2004	2005	2006	2007	2008	2009	2010
2006						3.140	1.205	0.977	0.813	0.720
2007							0.885	0.809	0.683	0.613
2008								0.744	0.581	0.516
2009									0.354	0.354
2010										0.353

2. 用回归分析法计算

前面已经讲过，能源消费量 E 与国民经济产值 G 之间的关系可以用函数 $E=kG^b$ 来描述，表示成双对数形式为 $\ln E=\ln k+b\ln G$。利用一元线性回归的知识，给定一组数据 E_i 和 G_i，可以求出 b。

下面仅取 2005—2010 年的数据来计算这期间的能源消费弹性系数 b。设 $\ln E=y$，$\ln G=x$，$\ln k=a$，则 $y=a+bx$，则按照最小二乘法可得参数 a 和 b 的估计值分别为

$$\hat{b}=\frac{n\sum_{i=1}^{n}x_iy_i-\sum_{i=1}^{n}x_i\sum_{i=1}^{n}y_i}{n\sum_{i=1}^{n}x_i^2-(\sum_{i=1}^{n}x_i)^2}$$

$$\hat{a}=\frac{1}{n}\sum_{i=1}^{n}y_i-\hat{b}\frac{1}{n}\sum_{i=1}^{n}x_i$$

式中　n——数据点个数，$n=6$。

经计算得到 $\hat{b}=0.707$，$\hat{a}=1.704$。于是，该时期内能源消费量与工农业总产值的关系可写成

$$\ln E=1.704+0.707\ln G$$

即 $$E=0.182G^{0.707}$$

该时期内能源消费弹性系数 $b=0.707$。同样可以计算出 2000—2010 年间的能源消费弹性系数为 1.115。

用回归分析法计算能源消费弹性系数时，应注意两点：一是所取的数据点数应该多一些，一般需要 20~30 个点或以上，上面仅仅是作为示范性的简单示例，才取 $n=6$；二是对回归方程应该进行检验，简单的检验方法是计算出 x 与 y 之间的相关系数 τ，即

$$\tau=\frac{\sum_{i=1}^{n}x_iy_i-\frac{1}{n}\sum_{i=1}^{n}x_i\sum_{i=1}^{n}y_i}{\sqrt{\left[\sum_{i=1}^{n}x_i^2-\frac{1}{n}(\sum_{i=1}^{n}x_i)^2\right]\left[\sum_{i=1}^{n}y_i^2-\frac{1}{n}(\sum_{i=1}^{n}y_i)^2\right]}}$$

若 τ 接近于 1，则表示 x 与 y 之间确实存在线性关系。当然，严格地讲还必须进行许多项检验，一般在计算弹性系数时，计算出相关系数即可。对于上例中的数据，计算得到 $\tau=0.976$，这说明 $\ln E$ 与 $\ln G$ 之间确实存在线性关系。

9.2.4　投入产出预测法

9.2.4.1　投入产出分析法简介

投入产出分析（input-output analysis）又称"投入产出法""投入产出技术""部门联系平衡法""产业关联法"，是一种研究经济联系的数量分析方法，通过编制投入产出表，综合研究国民经济各部门"投入"与"产出"的数量平衡关系。自美国经济学家瓦西里·列昂惕夫（Wassily Leontief）约于20世纪30年代提出以来，经过70余年的实践与发展，其理论与方法日趋成熟，已成为一种研究分析宏观经济活动、进行经济分析和预测及制定经济发展规划的基本工具。投入产出分析法的用途主要有：①对经济结构、各部门和行业之间的关系进行分析；②经济预测和长期规划；③研究生产成本和主要产品的价格；④分析经济政策的影响。

投入产出分析是研究经济系统各个部分作为生产单位或消费单位的各个部门、行业、产品等之间表现为投入与产出相互依存关系的经济数量分析方法，是建立在经济理论、经济分析方法与数学相结合的基础上的，是经济分析和预测的重要方法之一，是一种全面地、定量地、深刻地了解一个经济系统内部机制的有效工具，是进行经济平衡和规划管理的重要手段。它可以应用于分析和计量一个地区、部门或行业的经济活动，小到一个公司或企业的生产经营，大到国际经济关系的分析，都可以用这种方法进行分析研究。

由于投入产出分析具有科学性、先进性和实用性，自20世纪50年代以来世界各国纷纷研究投入产出分析，编制和应用投入产出表。目前，除极少数国家外，世界上大多数国家都编制了投入产出表，并且开展了这方面的研究。投入产出分析在国际上已成为公认的、科学的经济分析方法和常规的经济核算手段。1988年，成立了国际投入产出协会（IIOA）。经过半个多世纪的实践证明，它是一类灵活和多面的技术。在环境保护、信息经济、人口、教育、收入分配、财务核算和国民经济核算等领域，投入产出分析均有所扩展。目前投入产出技术与其他经济分析方法，如数量经济方法，特别是计量经济学、数学规划方法、神经网络、数理统计和概率论等日益融合，各种经济方法在应用分析过程中密切结合，许多学者从不同的研究领域出发，运用各种方法和手段提出了各种投入产出模型。以至于诺贝尔经济学奖获得者剑桥大学教授Richard stone曾指出"投入产出的核心难以辨别"。

9.2.4.2　投入产出分析基本理论

投入产出分析中的投入是指经济活动过程中的各种投入（包括中间投入和最初投入）及其来源。比如，国民经济各部门在产品生产和服务过程中的中间投入（又称中间消耗）包括产品生产所需的原材料、辅助材料、燃料、动力及各种服务。最初投入是指增加值等各要素的投入，包括固定资产折旧、劳动者报酬、生产税净额以及营业盈余。从广义上而言，投入还包括经济活动过程中对固定资产、流动资产、自然资源和劳动力等的占用。

投入产出分析中的产出是指经济活动的成果（如得到一定数量的某种产品或劳务）及其分配使用的方向（包括中间使用和最终使用），如用于生产消费（中间产品）、生活消费、积累和净出口等（后三者总称为最终产品）。中间使用是指经济系统各部分，如国民经济各部门所生产的产品被用于中间消耗的部分产品；最终使用是指被用于最终消费、资本形成和净出口的产品。在商品经济的条件下,经济系统各个部分之间投入和产出的相互依存关系表现为商品交换关系,即作为商品的购买者、作为资源的占用或使用者、作为销售者等的相互关系。

投入产出表的结构见表 9.5。

表 9.5 投 入 产 出 表

投入		产出								
		中间使用				最终使用				总产出
		部门1	部门2	...	部门n	合计	固定资产更新	积累	消费	合计	
生产部门	部门1	x_{11}	x_{12}	...	x_{1n}	W_1				Y_1	X_1
	部门2	x_{21}	x_{22}	...	x_{2n}	W_2				Y_2	X_2
	...	...	...	...	...	...				...	...
	部门n	x_{n1}	x_{n2}	...	x_{nn}	W_n				Y_n	X_n
	合计	C_1	C_2	...	C_n	C				Y	X
增加值	固定资产折旧	d_1	d_2	...	d_n	D					
	劳动报酬	v_1	v_2	...	v_n	V					
	社会纯收入	m_1	m_2	...	m_n	M					
	合计	N_1	N_2	...	N_n	N					
总投入		X_1	X_2	...	X_n	X					

投入产出表将国民经济分为 n 个部门, x_{ij} 表示第 j 部门生产中使用的第 i 部门产品的数量(或价值);Y_i 表示第 i 部门提供的最终产品量;d_j 表示第 j 部门的固定资产折旧;v_j 表示第 j 部门的劳动报酬量;m_j 表示第 j 部门创造的社会纯收入;N_j 表示第 j 部门增加值的合计;X_i 表示第 i 部门的总产量或总产值。

在投入产出表中,每个部门提供各生产部门消耗的中间使用与提供的最终使用的总和等于该部门的总产出,即

$$\sum_{j=1}^{n} x_{ij} + Y_i = X_i \quad (i=1,2,\cdots,n) \tag{9.33}$$

每个部门生产中的中间消耗与增加值的总和,等于该部门的总投入,即

$$\sum_{i=1}^{n} x_{ij} + N_j = X_j \quad (j=1,2,\cdots,n) \tag{9.34}$$

而各部门的总投入等于总产出。根据投入产出表和平衡数学模型可以得到以下主要的分析系数。

1. 直接消耗系数

直接消耗系数即每生产单位数量的 j 产品消耗的 i 产品的数量,一般用 a_{ij} 表示。其计算公式为

$$a_{ij} = \frac{x_{ij}}{X_j} \quad (i,j=1,2,\cdots,n) \tag{9.35}$$

由直接消耗系数组成的矩阵，称为直接消耗系数矩阵，记为 $A=(a_{ij})_{n\times n}$。

2. 完全消耗系数

j 部门对 i 部门产品的完全消耗系数，为单位数量的第 j 部门的最终产品所直接消耗的第 i 部门产品的数量与全部间接消耗量的总和，一般用 b_{ij} 表示，由完全消耗系数组成的矩阵称为完全消耗系数矩阵，记为 $B=(b_{ij})_{n\times n}$。

$$b_{ij}=a_{ij}+\sum_{m=1}^{n}b_{im}a_{mj} \quad (i,j=1,2,\cdots,n) \tag{9.36}$$

式中　　m——中间产品；

$\sum_{m=1}^{n}b_{im}a_{mj}$——通过 m 中间产品形成的第 j 部门产品对第 i 部门的全部间接消耗。

将式（9.36）写成矩阵形式为

$$B=A+BA=A(I-A)^{-1}=(I-I+A)(I-A)^{-1}=(I-A)^{-1}-(I-A)(I-A)^{-1}$$

从而得到

$$B=(I-A)^{-1}-I \tag{9.37}$$

式中　　I——单位矩阵。

3. 列昂惕夫逆系数（完全需要系数矩阵）

列昂惕夫逆系数矩阵记为

$$\overline{B}=(I-A)^{-1} \tag{9.38}$$

此矩阵与完全消耗系数矩阵的差别是多了一个单位数量的本部门产品的最终产出，反映了生产一个单位最终产品的完全需求，故又称为完全需要系数矩阵。

4. 感应度系数

感应度系数 E_i 反映国民经济各部门每增加一个最终使用时，第 i 部门由此而受到的需求感应程度，即需要该部门为其他部门生产而提供的产出量。其计算公式为

$$E_i=\frac{\sum_{j=1}^{n}\overline{b_{ij}}}{\frac{1}{n}\sum_{i=1}^{n}\sum_{j=1}^{n}\overline{b_{ij}}} \quad (i=1,2,\cdots,n) \tag{9.39}$$

式中　　$\overline{b_{ij}}$——完全需要系数矩阵 $\overline{B}$ 的元素，反映为增加单位数量的第 j 部门的最终产品而对第 i 部门产品的完全需要量。

式（9.39）的分子表示国民经济各部门每增加单位数量的最终产品时，对第 i 部门产品的完全需要量的总和；分母表示国民经济各部门每增加单位数量的最终产品时，对各部门的需求增加的平均值。$E_i>1$ 时，表示国民经济各部门每增加单位数量的最终产品时，第 i 部门所受到的感应程度（即分子完全需求量增加总额）高于社会平均感应度水平（即分母部门平均完全需求量增加额）。

9.2.4.3 投入产出预测法

1. 引起直接消耗系数变化的主要原因

利用基年的投入产出表进行长期预测时，关键是确定预测期内的直接消耗系数矩阵。任何一个系统的功能和结构都是处在变化之中的。社会经济系统更是一个复杂多变、因素

众多的系统。在编制投入产出表时,直接消耗系数的确定关系到投入产出表的精确程度。引起直接消耗系数变化有以下主要原因。

(1) 高新技术的引入。引入高科技和新技术可以直接降低物质的单耗,例如,企业采用新型节能锅炉,可使产值耗能下降;企业使用先进高技术设备,可以提高成品率,也同样降低单耗。

(2) 产品结构变化。由于投入产出表中的每一个部门包含有很多同部门不同种类的产品,而产品种类不同,消耗结构不同,如沼气产业,有的是利用秸秆做原料,有的是用工业废水、养殖场粪污等为原料,其投入产出表不可能将部门划分得同产品种类一样细,但又要体现各部门的特征,因此,要了解各部门未来可能向哪一个方向发展,即了解发展趋势。如果只从表面的特征数字上做文章,就很可能违背未来的发展趋势。

(3) 物质替代。物质替代是经济发展的客观规律,工艺改革或原材料新用途的发现或新材料的发明,也经常影响产品的消耗结构。例如,新型工业塑料零件取代金属零部件引起对化工产品消耗的增多;各行各业寻求廉价的原材料代替昂贵的原材料;机械化水平的不断提高等,都在不断影响各部门产品的消耗构成。

除此之外,人的主观因素、科学管理水平、行业合理布局等,都将影响到直接消耗系数的变化。

2. 直接消耗系数的修订方法

面对直接消耗系数的变化,应对直接消耗系数矩阵 $\boldsymbol{A}$ 随生产的技术、经济和自然等因素的变化而加以修订,以使投入产出模型更好地符合客观实际。修订的方法通常有专家调查法、重点系数修订法、时间序列法、平均增加倍率法、矩阵摄动法、RAS 法及改进 RAS 法。RAS 法及改进的 RAS 法在投入产出预测中占有十分重要的地位,我国投入产出延长表即用改进的 RAS 方法进行编制。下面将重点介绍并应用投入产出方法的思想进行投入产出表的预测。

(1) 传统的 RAS 法。RAS 修订方法是由英国著名经济学家斯通(Stone)于 20 世纪 60 年代初最早提出的一种直接消耗系数的修订方法。RAS 方法的基本原理为:设已知基期和现期的两个直接消耗系数矩阵分别为 $\boldsymbol{A}_0 = (a_{ij}^0)_{n \times n}$ 和 $\boldsymbol{A} = (a_{ij})_{n \times n}$。RAS 方法有以下两个假设条件:

1) 假定直接消耗系数的变动受到两方面的影响,一个为代替乘数矩阵 $\boldsymbol{R}$,另一个称为制造乘数矩阵 $\boldsymbol{S}$。设法求出这两个乘数矩阵,分别加以调整。沿各行运算的乘数用 $\boldsymbol{R}$ 表示,为替代乘数矩阵,反映替代的影响,即中间产品间相互替代的程度;沿各列运算的乘数用 $\boldsymbol{S}$ 表示,反映制造的影响,即由于工艺过程变动而引起的中间投入与总投入比率的变化。$\boldsymbol{R}$ 和 $\boldsymbol{S}$ 均为正对角矩阵,即

$$\boldsymbol{R} = \begin{bmatrix} r_1 & & \\ & \ddots & \\ & & r_n \end{bmatrix}, \boldsymbol{S} = \begin{bmatrix} s_1 & & \\ & \ddots & \\ & & s_n \end{bmatrix} \quad r_i > 0, s_i > 0 \tag{9.40}$$

2) 进一步假定上述两种影响一致地发生作用,即中间产品对所有部门的投入按同比率变动,且一种产品的中间投入对总投入比率的变动对所有部门发生的作用相同。由此可以得到

$$A = RA_0 S \qquad (9.41)$$

式中 A_0——基期的投入系数;

A——现期的投入系数。

由此计算出替代乘数 r_i 和制造乘数 s_i 的每年平均变化率 $\sqrt[n]{r_i}$ 和 $\sqrt[n]{s_i}$,将其延伸可推算出预期的第 $t+k$ 期的直接消耗矩阵。由此可以看出 RAS 方法的关键就是求 R 和 S。根据式(9.41)可得

$$a_{ij} = r_i a_{ij}^0 s \qquad (i,j = 1,2,\cdots,n)$$

式(9.42)为 r_i 和 s_i 应满足的方程,式中共有 n^2 个方程,而未知数仅为 $2n$ 个,求解此方程组。求解的方法都是根据该式确定 $2n$ 个方程,并据此求出 $2n$ 个未知元素。显然,对于确定出的不同的 $2n$ 个方程,所得到的解往往是不同的,或者说不是唯一的。

设现期总产值向量为 $X = (x_1, x_2, \cdots, x_n)$,最终需求产品向量 $Y = (y_1, y_2, \cdots, y_n)^T$,设现期中间使用列和向量为 $U = (u_1, u_2, \cdots, u_n)^T$,行和向量为 $V = (v_1, v_2, \cdots, v_n)^T$。又设现期投入产出系数矩阵 $A = (a_{ij})_{n\times n}$,根据 RAS 法的基本假定,有 $A = RA_0 S$,根据投入产出表可以得到

$$\begin{cases} u_i = \sum_{j=1}^{n} a_{ij} x_j = \sum_{j=1}^{n} r_i a_{ij}^0 s_j x_j \\ v_j = \sum_{i=1}^{n} a_{ij} x_j = \sum_{i=1}^{n} r_i a_{ij}^0 s_j x_j \end{cases} \quad (i,j = 1,2,\cdots,n) \qquad (9.42)$$

R 和 S 的求解是一个迭代的过程,该过程可以表示为

$$\begin{cases} r_i^1 = \dfrac{u_i}{\sum_{j=1}^{n} a_{ij}^0 x_j} \\ s_j^1 = \dfrac{v_j}{\sum_{i=1}^{n} r_i^1 a_{ij}^0 x_j} \end{cases} \qquad (9.43)$$

$$\begin{cases} r_i^2 = \dfrac{u_i}{\sum_{j=1}^{n} r_i^1 a_{ij}^0 x_j s_j^1} \\ s_j^2 = \dfrac{v_j}{\sum_{i=1}^{n} r_i^2 r_i^1 a_{ij}^0 x_j s_j^1} \end{cases} \qquad (9.44)$$

$$\vdots$$

$$\begin{cases} r_i^k = \dfrac{u_i}{\sum_{j=1}^{n} r_i^{k-1} \cdots r_i^1 a_{ij}^0 s_j^1 \cdots s_j^{k-1}} \\ s_j^k = \dfrac{v_j}{\sum_{i=1}^{n} r_i^k r_i^{k-1} \cdots r_i^1 a_{ij}^0 x_j s_j^1 \cdots s_j^{k-1}} \end{cases} \qquad (9.45)$$

$$r_i = r_i^1 r_i^2 \cdots r_i^{k-1} r_i^k \quad (i=1,2,\cdots,n) \tag{9.46}$$

$$s_j = s_j^1 s_j^2 \cdots s_j^{k-2} s_j^{k-1} \quad (j=1,2,\cdots,n) \tag{9.47}$$

RAS 修订法程序实现很简单,它的局限主要在于:它是建立在直接消耗系数的变动仅来自两个方面的影响这一基本假设之上的,而在实际经济中,影响直接消耗系数变动的因素有很多。另外,使用它的前提是已知现期各个部门的中间使用合计和物耗合计,而在许多情况下各个部门中间使用量无法获得。该方法本质上是一种迭代修正的方法,对于缺少数据的情况,RAS 法无法体现其优越性。

对传统 RAS 方法随后的研究主要针对 RAS 方法求解的数学特性,包括解的存在性、唯一性和迭代的收敛性。尽管这些数学方法取得了进展,但该方法在具体应用中仍然存在一系列问题。众多研究表明,绝大多数,特别是相邻年份,投入产出系数渐进的情况下,修订的 RAS 方法比原方法提高了估计的精度。

(2) 改进的 RAS 法。目前外推延长表,国内外通用的方法是修订的 RAS 方法。这种改进的 RAS 可以提高运算的精确度。我国投入产出延长表的编制也是采用修订的 RAS 方法,先利用新的资料对重点系数进行修订,再采用 RAS 方法对非重点系数进行综合调整。

修正直接消耗系数的 RAS 方法也是在 1960 年前后由英国剑桥大学著名经济学家斯通 (Stone) 及其助手在原 RAS 的方法上首次提出的。其重要思路是确定直接消耗系数中的主要元素,然后对主要元素加以修订修正。把这些系数排除在调整过程之外,其他条件同简单 RAS 方法。

确定主要元素目前实际中常用的方法,如重点系数修订法、消耗系数权重法等都只考虑了直接消耗系数矩阵 $\boldsymbol{A}$ 所提供的信息,即仅考虑直接消耗系数的相对大小,而未考虑各系数之间存在的关联影响作用。有研究根据直接消耗系数的变动对完全需要系数矩阵的影响程度提出了一种修订直接消耗系数的矩阵摄动分析方法,该方法考虑了直接消耗系数之间的关联影响,是一种比其他方法更为有效地确定主要元素的方法。但矩阵摄动分析方法实际上是一种一阶微分近似方法,当直接消耗系数变动较大时,其对完全需要系数矩阵影响程度的估计误差可能增大。从而有研究对直接消耗系数的修订问题进行进一步研究,具体方法如下所述。

考虑 n 部门投入产出模型,其直接消耗系数矩阵 $\boldsymbol{A}=(a_{ij})_{n\times n}$。假定直接消耗系数 a_{ij} 变动 Δa_{ij},其变动将影响完全需要系数矩阵 $(\boldsymbol{I}-\boldsymbol{A})^{-1}$ 元素的取值。由于完全需要系数矩阵在投入产出模型的计算中至关重要,因此,若完全需要系数的变动较大,即完全需要系数对 a_{ij} 的变动敏感,则 a_{ij} 就应作为主要元素加以修订;反之,a_{ij} 无需修订,以节省人力、财力和时间;或者根据传统 RAS 方法进行修订。这一确定主要元素思路的关键在于确定 a_{ij} 变动对 $(\boldsymbol{I}-\boldsymbol{A})^{-1}$ 的影响程度。

定理 1 若直接消耗系数矩阵 $\boldsymbol{A}$ 的元素 a_{ij} 变动 Δa_{ij},其余元素保持不变,则完全需要系数的变动量 $\Delta \overline{B}$ 为

$$\Delta \overline{B} = \frac{\Delta a_{ij}}{1-\Delta a_{ij}\overline{b_{ij}}} \begin{bmatrix} \overline{b_{1j}b_{j1}} & \overline{b_{1j}b_{j2}} & \cdots & \overline{b_{1j}b_{jn}} \\ \overline{b_{2j}b_{j1}} & \overline{b_{2j}b_{j2}} & \cdots & \overline{b_{2j}b_{jn}} \\ \vdots & \vdots & \vdots & \vdots \\ \overline{b_{nj}b_{j1}} & \overline{b_{nj}b_{j2}} & \cdots & \overline{b_{nj}b_{jn}} \end{bmatrix} \tag{9.48}$$

由于完全消耗系数矩阵 $\boldsymbol{B}=(\boldsymbol{I}-\boldsymbol{A})^{-1}-\boldsymbol{I}$，因此，该式的完全需要系数矩阵变动量也是完全消耗系数矩阵的变动量，这两个系数矩阵在投入产出模型的应用中起着关键的作用。

由直接消耗系数的定义，$\boldsymbol{A}$ 为非负矩阵，且 $(\boldsymbol{I}-\boldsymbol{A})^{-1}=\sum_{k=0}^{+\infty}\boldsymbol{A}^k$，因而，也为非负矩阵。由式（9.48）可知，$\overline{\boldsymbol{B}}$ 矩阵各元素的变动量符号相同，如果用 J_{ij} 表示所有元素变动量之和，则 J_{ij} 可用以度量 a_{ij} 的变动对完全需要系数的总体影响。显然，可以得到

$$J_{ij}=\sum_{k=1}^n\sum_{l=1}^n\Delta_{kl}=\frac{\Delta a_{ij}}{1-\Delta a_{ij}\overline{b_{ji}}}\sum_{k=1}^n\sum_{l=1}^n\overline{b_{ki}b_{jl}}=\frac{\Delta a_{ij}}{1-\Delta a_{ij}\overline{b_{ji}}}\left(\sum_{k=1}^n\overline{b_{ki}}\right)\left(\sum_{l=1}^n\overline{b_{jl}}\right) \quad (9.49)$$

式中，$\sum_{k=1}^n\overline{b_{ki}}$ 和 $\sum_{l=1}^n\overline{b_{jl}}$ 为完全需要系数矩阵的第 i 列和第 j 行元素之和，记为

$$s_i=\sum_{k=1}^n\overline{b_{ki}} \quad (9.50)$$

$$s_j^*=\sum_{l=1}^n\overline{b_{jl}} \quad (9.51)$$

式（9.49）可重新写为

$$J_{ij}=\frac{\Delta a_{ij}}{1-\Delta a_{ij}\overline{b_{ji}}}s_i s_j^* \quad (9.52)$$

若 a_{ij} 变动较小，$\Delta a_{ij}\overline{b_{ji}}$ 可以忽略，式（9.52）简化为

$$J_{ij}=\Delta a_{ij}s_i s_j^*$$

另外，当 J_{ij} 的值为负时，可取 J_{ij} 的绝对值度量 a_{ij} 变动对 $\overline{\boldsymbol{B}}$ 矩阵的总体影响。为了合理比较各直接消耗系数变动对完全需要系数的总体影响程度，可以假定各直接消耗系数具有同样的相对变动率，即

$$k=\frac{\Delta a_{ij}}{a_{ij}} \quad (9.53)$$

这样式（9.52）可写为

$$J_{ij}=\frac{ka_{ij}}{1-ka_{ij}\overline{b_{ji}}}s_i s_j^* \quad (9.54)$$

式（9.54）中分子去掉 k，不影响比较结果，综上，可以得到如下定理。

定理 2　直接消耗系数 a_{ij} 变动对完全需要系数矩阵的总体影响程度可以用下式表示

$$J_{ij}=\frac{a_{ij}s_i s_j^*}{1-ka_{ij}\overline{b_{ji}}} \quad (9.55)$$

由定理 2 可见，J_{ij} 越大，表示完全消耗系数矩阵对 a_{ij} 变动越敏感。因此，应以 J_{ij} 的大小排序，以确定直接消耗系数的主要元素。显然，按式（9.55）计算结果排序确定主要元素的方法不但考虑了 $\boldsymbol{A}$ 矩阵提供的信息，也包含了 $(\boldsymbol{I}-\boldsymbol{A})^{-1}$ 矩阵提供的信息考虑了直接消耗系数之间的关联影响作用。

主要元素确定之后，改进的 RAS 方法将主要元素的位置填补为 0，再根据传统的 RAS 方法，计算出其他的直接消耗系数。由此可见，改进的 RAS 方法与传统 RAS 的方

法不同之处就在于确定出关键的消耗系数，这对提高投入产出方法的预测准确性有着至关重要的作用。

（3）RAS方法的检验。在估计投入产出表时，有两种方法可供选择，即RAS方法和黑田方法。黑田方法的原理是构建直接消耗系数估计误差的二次函数，然后取其极小值，采用的是数学上求极值的拉格朗日乘数法，所以该方法实际上是拉格朗日待定系数法。可以证明在一定条件下该方法近似于RAS方法，可以看作是对RAS方法的一种验证。

生成投入产出序列表时首先要确定基年表，在已知各年部门中间总投入和中间总产出的约束条件下，使得系数估计的误差达到最小。若构成比例未知，可以假设构成比例不变，根据基年表数据直接估计。用数学方法描述误差最小化估计方法：给定数据 $Y_i(i=1, 2, \cdots, n)$ 和 $Z_j(j=1,2,\cdots,m)$，估计矩阵 $\boldsymbol{B}_{m \times n}$。设 $\boldsymbol{B}$ 的元素为 X_{ij}，虽然矩阵 $\boldsymbol{B}$ 或 X_{ij} 未知，但矩阵 $\boldsymbol{B}$ 的约束条件已知，即

$$Y_i = \sum_{j=1}^{m} X_{ij} \quad (i=1,2,\cdots,n) \tag{9.56}$$

$$Z_j = \sum_{i=1}^{n} X_{ij} \quad (j=1,2,\cdots,m) \tag{9.57}$$

假设 $\boldsymbol{A}$ 为对应于 $\boldsymbol{B}$ 的基期矩阵，$\boldsymbol{A}$ 的元素 X'_{ij} 已知。由基期数据定义两个系数 e_{ij} 和 c_{ij} 为

$$e_{ij} = \frac{X'_{ij}}{Y'_i} \quad (i=1,2,\cdots,n; j=1,2,\cdots,m) \tag{9.58}$$

$$c_{ij} = \frac{X'_{ij}}{Z'_j} \quad (i=1,2,\cdots,n; j=1,2,\cdots,m) \tag{9.59}$$

为了根据已知的 Y_i、Z_j、e_{ij} 和 c_{ij} 估计 $\boldsymbol{B}$ 中的 X_{ij}，并使得估计误差最小，建立如下的加权二次目标函数

$$Q = \frac{1}{2} \sum_i \sum_j \left(\frac{X_{ij}}{Y_i} - e_{ij}\right)^2 w_{ij} + \frac{1}{2} \sum_i \sum_j \left(\frac{X_{ij}}{Z_j} - c_{ij}\right)^2 v_{ij} \tag{9.60}$$

式中 w_{ij}、v_{ij}——目标函数的权重。

因此，对 X_{ij} 的估计转换为目标函数式（9.60）在约束条件式（9.58）和式（9.59）下的最小化问题，目标函数的拉格朗日函数为

$$\begin{aligned}\varphi = &\frac{1}{2} \sum_i \sum_j \left(\frac{X_{ij}}{Y_i} - e_{ij}\right)^2 w_{ij} + \frac{1}{2} \sum_i \sum_j \left(\frac{X_{ij}}{Z_j} - c_{ij}\right)^2 v_{ij} - \\ &\sum_i \lambda_i \left(Y_i - \sum_j X_{ij}\right) - \sum_j \mu_j \left(Z_j - \sum_i X_{ij}\right)\end{aligned} \tag{9.61}$$

式中 λ_i、μ_j——拉格朗日乘数。

目标函数最小化条件为

$$\frac{\partial \varphi}{\partial X_{ij}} = \frac{w_{ij}}{Y_i}\left(\frac{X_{ij}}{Y_i} - e_{ij}\right) + \frac{v_{ij}}{Z_j}\left(\frac{X_{ij}}{Z_j} - c_{ij}\right) + \lambda_i + \mu_j = 0 \quad (i=1,2,\cdots,n; j=1,2,\cdots,m) \tag{9.62}$$

$$\frac{\partial \varphi}{\partial \lambda_i} = Y_i - \sum_j X_{ij} = 0 \quad (i=1,2,\cdots,n) \tag{9.63}$$

$$\frac{\partial \varphi}{\partial \mu_j} = Z_j - \sum_i X_{ij} = 0 \quad (j=1,2,\cdots,m) \tag{9.64}$$

由式（9.54）得到

$$X_{ij} = l_{ij}s_{ij} - \lambda_i s_{ij} - \mu_j s_{ij} \tag{9.65}$$

其中

$$s_{ij} = \frac{1}{\left[\frac{w_{ij}}{Y_{i2}}\right] + \left[\frac{v_{ij}}{Z_{j2}}\right]} = \frac{Y_{i2}Z_{j2}}{w_{ij}Z_{j2} + v_{ij}Y_{i2}}$$

$$l_{ij} = \left[\frac{w_{ij}}{Y_i}\right]e_{ij} + \left[\frac{v_{ij}}{Z_j}\right]c_{ij} = \frac{w_{ij}e_{ij}Z_j + v_{ij}c_{ij}Y_i}{Y_i Z_j}$$

式（9.65）代入式（9.63）和式（9.64）得到 λ_i 和 μ_j 的 $n+m$ 线性方程组，即

$$\sum_j s_{ij}l_{ij} - \lambda_i \sum_j s_{ij} - \sum_j s_{ij}\mu_j = Y_i \quad (i=1,2,\cdots,n) \tag{9.66}$$

$$\sum_i s_{ij}l_{ij} - \sum_i s_{ij}\lambda_i - \mu_j \sum_i s_{ij} = Z_j \quad (j=1,2,\cdots,m) \tag{9.67}$$

定义恒等式可知

$$\sum_i Y_i = \sum_j Z_j = \sum_i \sum_j X_{ij} \tag{9.68}$$

且式（9.66）和式（9.67）构成的联立方程组中每个方程都是独立的。为了得到唯一解，在不失一般性的情况下，令 $\mu^m = 0$，方程组式（9.66）和式（9.67）变换为矩阵形式为

$$\begin{bmatrix} L & K \\ K & M \end{bmatrix} \begin{bmatrix} \lambda \\ \mu \end{bmatrix} = \begin{bmatrix} Y \\ Z \end{bmatrix} \tag{9.69}$$

其中，L、M 是对角矩阵，元素为 $\sum_j s_{ij}$ 和 $\sum_i s_{ij}$ ($i=1,2,\cdots,n$; $j=1,2,\cdots,m$)，$\lambda = \{\lambda_i\}$，$\mu = \{u_j\}$，$Y = \{Y_i - \sum_j s_{ij}l_{ij}\}$，$Z = \{Z_j - \sum_i s_{ij}l_{ij}\}$。求解得出

$$\lambda = [KM^{-1}K - L]^{-1}[KM^{-1}Z - Y] \tag{9.70}$$

$$\mu = [KL^{-1}K - M]^{-1}[KL^{-1}Z - Z] \tag{9.71}$$

将式（9.70）和式（9.71）代入式（9.65），最终得到 X_{ij}。目标函数 φ 是 X_{ij} 的二次函数，约束条件是 X_{ij} 的线性方程。因此，上述联立方程的求解保证目标函数 φ 有唯一的极值与极值条件下的 X_{ij}。

二次加权目标函数中的权重可以根据情况和实际资料取不同的值。如果假设构成比例不变，考虑 $w_{ij}=0$ 和 $v_{ij}=Z_j/c_{ij}$ 的情形，可以导出此时的解接近于 RAS 方法得出的解。如果假设系数是等比例变化的，即 $w_{ij}=1/e_{ij}$，$v_{ij}=1/c_{ij}$，这种方法也类似于 RAS 方法，被称为 KEO-RAS 方法。

（4）因素分析法。

1）Laspeyres 指数法。主要特点为将同度量因素的时期固定在基期，单纯反映指数化因素的综合变动。设 e_{it} 为第 i 产业的能源消耗强度，s_{it} 为第 i 产业的经济产出份额，则第 i 产业的加权能源消耗强度为

$$e_i^w = e_{it}s_{it} \tag{9.72}$$

能源消耗强度的变化可表示为

$$E_{i0t} = \sum_i (e_{it}^w - e_{i0}^w) = \sum_i (e_{it}s_{it} - e_{i0}s_{i0})$$
$$= \sum_i [e_{i0}(s_{it} - s_{i0}) + s_{i0}(e_{it} - e_{i0}) + (e_{it} - e_{i0})(s_{it} - s_{i0})] \quad (9.73)$$

能源消耗强度变动的 Laspeyres 指数及其分解模型为

$$\Delta e_{\text{mix}} = \sum_i e_{i0}(s_{it} - s_{i0}) + \frac{1}{2}\sum_i (e_{it} - e_{i0})(s_{it} - s_{i0}) \quad (9.74)$$

$$\Delta e_{\text{int}} = \sum_i s_{i0}(e_{it} - e_{i0}) + \frac{1}{2}\sum_i (e_{it} - e_{i0})(s_{it} - s_{i0}) \quad (9.75)$$

$$\Delta e = \Delta e_{\text{mix}} + \Delta e_{\text{int}} \quad (9.76)$$

式中　Δe_{mix}——结构份额，它表示各产业在总产出中所占比重变化导致能源消耗强度的变化量；

Δe_{int}——效率份额，它表示各产业能源效率变化而导致能源消耗强度的变化量。

2）Divisia 指数法。把变化分解为产业结构变化效果、产业能源效率变化效果与残差效果，可以用公式表示为

$$(1 + \Delta EI_{i0t})_{0t} = (1 + \Delta EI_{\text{mix}})_{0t}(1 + \Delta EI_{\text{int}})_{0t}(1 + RD)_{0t} \quad (9.77)$$

其中

$$(1 + \Delta EI_{\text{mix}})_{0t} = \exp\{\sum (Es_i + \beta_i \Delta Es_i)(\ln Gs_i^t - \ln Gs_i^0)\} \quad (9.78)$$

$$(1 + \Delta EI_{\text{int}})_{0t} = \exp\{\sum (Es_i + \gamma_i \Delta Es_i)(\ln EI_i^t - \ln EI_i^0)\} \quad (9.79)$$

$$\beta_i = \frac{\left\{\dfrac{EI_i^0}{EI^0}(GS_i^t - GS_i^0) - ES_i^0(\ln GS_i^t - \ln GS_i^0)\right\}}{\left\{(ES_i^t - ES_i^0)(\ln GS_i^t - \ln GS_i^0) - \left[\dfrac{EI_i^t}{EI^t} - \dfrac{EI_i^0}{EI^0}\right](GS_i^t - GS_i^0)\right\}} \quad (9.80)$$

$$\gamma_i = \frac{\left\{\dfrac{GS_i^0}{EI^0}(EI_i^t - EI_i^0) - ES_i^0(\ln EI_i^t - \ln EI_i^0)\right\}}{\left\{(ES_i^t - ES_i^0)(\ln EI_i^t - \ln EI_i^0) - \left[\dfrac{GS_i^t}{EI^t} - \dfrac{GS_i^0}{EI^0}\right](EI_i^t - EI_i^0)\right\}} \quad (9.81)$$

参数 β_i 和 γ_i 的计算是方法中为了避免主观判断而确定的，同时也符合数学恒等式条件，且能随时间序列而变动，能尽可能地反映出相关信息；RD 为误差项，反映结构变化因素和部门能源强度变化因素的估计误差。

9.2.5 趋势外推法

1. 趋势外推法介绍

趋势外推法的基本假设为未来是过去和现在连续发展的结果。当预测对象随着时间变化呈现某种上升或下降的趋势，且没有明显的季节波动，并能找到一个合适的函数曲线反映这种变化趋势时，就可以用趋势外推法进行预测。

趋势外推法的基本理论是：决定事物过去发展的各种因素，在很大程度上也决定着该事物未来的发展，其变化不会太大；而且，事物的发展过程一般都是渐进式的变化，而不是跳跃式的变化，通过掌握事物的一般发展规律，依据这种规律进行推导，就可以预测出它的未来趋势和状态。

趋势外推法首先由 R. 赖恩（Rhyne）用于科技方面的预测。他认为，应用趋势外推法进行预测，主要包括六个步骤：①选择预测参数；②收集必要的数据；③拟合曲线；④趋势外推；⑤预测说明；⑥研究预测结果在制订规划和决策中的应用。

趋势外推法是在对研究对象的过去和现在的发展作了全面分析之后，利用某种模型描述某一参数的变化规律，然后以此规律进行外推。为了拟合数据点，实际中最常用的是一些比较简单的函数模型，如线性趋势外推法、指数曲线、生长曲线、包络曲线等。

（1）线性趋势外推法。线性趋势外推法是最简单的外推法。这种方法可用来研究随时间按恒定增长率变化的事物。在以时间为横坐标的坐标图中，事物的变化接近一条直线。根据这条直线，可以推断事物未来的变化。应用线性趋势外推法，首先是收集研究对象的动态数列，然后画数据点分布图，如果散点构成的曲线非常近似于直线，则可按直线规律外推。

（2）指数曲线法。指数曲线法是一种重要的趋势外推法。当描述某一客观事物的指标或参数在散点图上的数据点构成指数曲线或近似指数曲线时，表明该事物的发展是按指数规律或近似指数规律变化。如果在预测期限内，有理由说明该事物仍将按此规律发展，则可采用指数曲线法外推。

许多研究结果表明，技术发展往往包括社会发展，其定量特性往往表现为按指数规律或近似指数规律的增长。因为，一种技术的发展通常要经过发生、发展和成熟三个阶段。在技术发展进入成熟阶段之前，有一个高速发展时期。一般地说，在这个时期内，很多技术特性的发展是符合指数增长规律的。

对于处在发生和发展阶段的技术，指数曲线法是一种重要的预测方法，一次指数曲线因与这个阶段的发展趋势相适应，所以比较适合对处于发生和发展阶段技术的预测，一次指数曲线也可用于经济预测，因为它与许多经济现象的发展过程相适应，二次指数曲线和修正指数曲线则主要用于经济方面的预测。

（3）生长曲线法。生长曲线模型（growth curve models）可以描述事物发生、发展和成熟的全过程。生物群体的生长，如人口的增加、细胞的繁殖，开始几乎都是按指数函数的规律增长的。当达到一定的生物密度以后，由于自身和环境的制约作用，逐渐趋于一个稳定状态。通过对技术发展过程的研究，发现也具有类似的规律。由于技术性能的提高与生物群体的生长存在着类似，因而可以应用生长曲线来模拟技术的发展过程。生长曲线法几乎可用来研究每个技术领域的发展，它不仅可以描述技术发展的基本倾向，而更重要的是，它可以说明一项技术的增长由高速发展变为缓慢发展的转折时期，为规划决策、确定开发新技术的恰当时机提供依据。有些经济现象也符合或近似生长曲线的变化规律，因而生长曲线法也完全可以用来研究经济领域的问题。

（4）包络曲线法。生长曲线描述一项单元技术的发展过程，而包络曲线（envelop curve）则描述整个技术系统的发展过程。一项单元技术有功能特性上限，而由一系列先后相继的单元技术构成的整个技术系统，不会由于单元技术达到性能上限而停止发展。例如，把太阳能发电作为整个技术系统，太阳能发电板、逆变器、蓄电池、充放电控制器等就是它的单元技术。随着单元技术的更替，太阳能发电技术也在不断提高。

由于单元技术的连续更替，在时间-特性图上表现为一系列的 S 曲线，随着时间的推移,后一条 S 曲线的性能比前一条 S 曲线的性能有所提高。如果把这一系列的 S 曲线绘成一条包络曲线,其形状也往往是一条 S 曲线。R. 艾尔斯(Ayres)通过对整个技术系统实际发展过程的观察和分析,列举了许多实例,如粒子加速器工作能量的增加、白炽灯效率的提高、航空发动机功率的增长、交通工具速度的提高等,用以说明整个技术系统的发展是符合包络曲线规律的。图 9.2 所示为交通工具速度提高的包络曲线图。

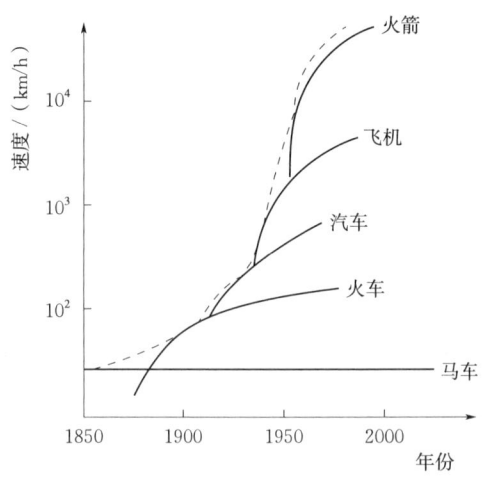

图 9.2 交通工具速度提高的包络曲线图

这些事实说明,整个技术系统的发展也是连续的,呈现某种规律性,符合或近似包络曲线规律。这一规律是制订长远科技发展规划的一个依据。用包络曲线外推,可以估计某个技术系统的特性参数在未来某一时间将会达到什么水平,适用于长期技术预测。此外,它还有以下两个方面的实际用途:

1) 用于分析新技术可能出现的时机。根据整个技术系统的特性参数遵循包络曲线发展的规律,当某一单元技术的性能趋于其上限时,通常会有另一新的单元技术出现,推动整个技术系统的发展。按照这个原理,如果将包络曲线法与生长曲线法结合起来使用,当现有技术的性能水平接近其上限时,规划制订者就应该估计是否会有另一新的单元技术出现,从而相应地作出新技术的科研规划和计划,并加以实施,以保持产品的先进性。

2) 用于验证规划中制订的技术参数指标是否合理,为未来产品设计的功能特性参数提供评价依据。如果目标规定的技术参数值在外推的包络曲线之上,表明有可能冒进;反之,则可能是偏于保守的。

2. 基于线性外推法的能源生产总量的预测

(1) 线性外推法预测模型。设拟合直线为

$$\hat{y}_t = \hat{a} + \hat{b} x_t \tag{9.82}$$

式中 $\hat{y}_t$——第 t 期的预测值;

x_t——自变量,表示第 t 期时间的编号取值;

$\hat{a}$——趋势直线在 y 轴上的截距;

$\hat{b}$——趋势外推直线的斜率。

假设 y_t 为时间序列第 t 期实际观察值($t=1,2\cdots,n$),$\hat{y}_t$ 为趋势外推模型确定的直

线的第 t 期预测值，e_t 为第 t 期实际观察值与趋势外推模型预测值的离差，则

$$e_t = y_t - \hat{y}_t = y_t - \hat{a} - \hat{b}x_t \tag{9.83}$$

假设 Q 为总离差平方和，则

$$Q = \sum_{t=1}^{n} e_t^2 = \sum_{t=1}^{n} (y_t - \hat{y}_t)^2 = \sum_{t=1}^{n} (y_t - \hat{a} - \hat{b}x_t)^2 \tag{9.84}$$

式中，由于 y_t 和 x_t 的值都是已知的确定值，因此 Q 的大小实际上是取决于待定系数 $\hat{a}$ 和 $\hat{b}$ 的取值。也就是说，Q 的取值实际上是以 $\hat{a}$ 和 $\hat{b}$ 为自变量的二元函数。所以，为使 Q 为最小，可分别对 $\hat{a}$ 和 $\hat{b}$ 求偏导，并使之为 0 即可，即

$$\begin{cases} \dfrac{\partial Q}{\partial \hat{a}} = \dfrac{\partial}{\partial \hat{a}} \sum_{t=1}^{n} (y_t - \hat{a} - \hat{b}x_t)^2 = 0 \\ \dfrac{\partial Q}{\partial \hat{b}} = \dfrac{\partial}{\partial \hat{b}} \sum_{t=1}^{n} (y_t - \hat{a} - \hat{b}x_t)^2 = 0 \end{cases} \tag{9.85}$$

将上面的公式进行联立求解，可以求得

$$\hat{a} = \frac{1}{n}\sum_{t=1}^{n} y_t - \hat{b}\frac{1}{n}\sum_{t=1}^{n} x_t = \overline{y} - \hat{b}\overline{x} \tag{9.86}$$

$$\hat{b} = \frac{n\sum_{t=1}^{n} x_t y_t - \left(\sum_{t=1}^{n} x_t\right)\left(\sum_{t=1}^{n} y_t\right)}{n\sum_{t=1}^{n} x_t^2 - \left(\sum_{t=1}^{n} x_t\right)^2} = \frac{\sum_{t=1}^{n} (x_t - \overline{x})}{\left(\sum_{t=1}^{n} x_t - \overline{x}\right)^2} \tag{9.87}$$

其中

$$\overline{x} = \frac{1}{n}\sum_{t=1}^{n} x_t$$

$$\overline{y} = \frac{1}{n}\sum_{t=1}^{n} y_t$$

时间变量 x_t 的取值代表的是时间变量的编号，这种编号不一定要从 1 开始，可以从任一个自然数开始按照顺序编号就可以，例如 $x_1 = 0$，$x_1 = -3$ 等。这种方法称为正、负对称编号法。这样可以减少工作量。即当时间序列的数据长度 n 为奇数时，取中数 $(n+1)/2$ 的编号为 0，则 $(n+1)/2$ 就构成了以 0 为中心的正、负数对称的顺序编号，也就是令 $x_t = t - \dfrac{n+1}{2}$，使得 $\sum_{t=1}^{n} x_t = 0$。

如果 x_t 的取值用正、负对称编号法来获得，则式（9.86）和式（9.87）可以简化为

$$\hat{a} = \frac{\sum_{t=1}^{n} y_t}{n} = \overline{y} \tag{9.88}$$

$$\hat{b} = \frac{\sum_{t=1}^{n} x_t y_t}{\sum_{t=1}^{n} x_t^2} \tag{9.89}$$

（2）能源生产总量的预测。我国国内生产的煤炭、石油、天然气、电力等能源是我国

能源生产的主要形式,已知我国1986—2015年能源生产总量及构成见表9.6。因此,通过对能源生产总量及能源生产结构的预测可以分析我国未来能源的生产趋势。本例仅对能源的生产总量开展预测分析。

表9.6　　　　　　　　　　1986—2015年能源生产总量及构成　　　　　　　单位:万t标准煤

年份	能源生产总量	煤炭	石油	天然气	水电、核电、其他能发电
1986	63735	44232.09	15168.93	1912.05	2421.93
1987	63227	44385.35	14478.98	1707.129	2655.534
1988	66778	47612.71	14557.6	1602.672	3005.01
1989	71270	51029.32	15180.51	1639.21	3420.96
1990	77855	56367.02	16349.55	1634.955	3503.475
1991	85546	62277.49	17879.11	1710.92	3678.478
1992	88124	63801.78	18682.29	1850.604	3789.332
1993	91266	66259.12	19165.86	1825.32	4015.704
1994	95801	70030.53	19543.4	1916.02	4311.045
1995	101639	75314.5	19616.33	2032.78	4675.394
1996	103922	77110.12	19745.18	2078.44	4988.256
1997	104844	77689.4	20130.05	2096.88	4927.668
1998	107256	79691.21	20271.38	2145.12	5148.288
1999	111059	82183.66	20768.03	2221.18	5886.127
2000	118729	88571.83	20896.3	2255.851	7005.011
2001	129034	97162.6	21419.64	2451.646	8000.108
2002	133031.5	99760.35	22482.33	2673.934	8114.924
2003	133460.4	99107.67	22968.53	2762.63	8634.886
2004	129833.7	95142.14	23006.53	2830.375	8854.658
2005	131934.7	97433.78	22851.09	3351.141	8298.693
2006	135047.6	98868.36	23282.21	3619.276	9277.771
2007	143874.6	105028.5	23422.78	4028.489	11308.54
2008	150655.7	110747	23863.86	4338.884	11705.95
2009	171905.9	131061	24221.54	4658.649	11947.46
2010	196647.5	151615.3	25131.56	5506.131	14394.6
2011	216218.5	167828.8	25902.98	6551.422	15935.31
2012	232166.6	180625.6	26234.82	7777.58	17366.06
2013	247279.2	192135.9	26607.24	9198.786	19188.87
2014	260552	200103.9	27357.96	10656.58	22459.58
2015	274619	212280.5	27187.28	11259.38	23891.85

从表9.6的相关数据来看,1986—2015年能源生产总量的大致趋势是不断上升的,将相关数据绘制成散点图,如图9.3所示。可以看出,1986—2005能源生产总量的变化趋势是一条直线,2006—2015年能源生产总量的变化趋势也是一条直线,但这两条直线的斜率不同,可分别用直线方程来拟合。因此,可用2006—2015年的拟合直线方程对我国未来能源的生产总量进行预测。

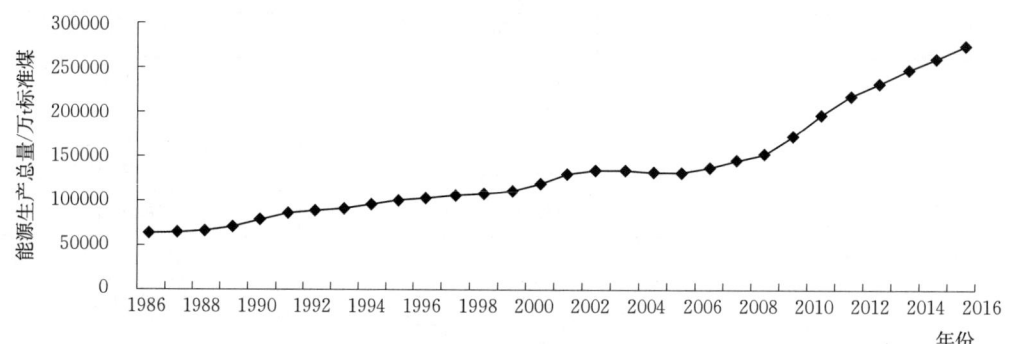

图9.3　1986—2015年能源生产总量

可以运用正负对称编号法进行编号,则 x_t 的取值为 $x_1=-9$,$x_2=-7$,$x_3=-5$,$x_4=-3$,$x_5=-1$,$x_6=1$,$x_7=3$,$x_8=5$,$x_9=7$,$x_{10}=9$。列表计算见表9.7。

表9.7　　　　　　2006—2015年能源生产总量的计算表　　　　　单位:万t标准煤

年份	总生产量 y_t	x_t	x_t^2	$x_t y_t$
2006	135047.6	−9	81	−1215428.4
2007	143874.6	−7	49	−1007122.2
2008	150655.7	−5	25	−753278.5
2009	171905.9	−3	9	−515717.7
2010	196647.5	−1	1	−196647.5
2011	216218.5	1	1	216218.5
2012	232166.6	3	9	696499.8
2013	247279.2	5	25	1236396
2014	260552	7	49	1823864
2015	274619	9	81	2471571
Σ	2028966.6	0	330	2756355

将 $\sum_{t=1}^{n} y_t = 2028966.6$,$\sum_{t=1}^{n} x_t y_t = 2756355$,$\sum_{t=1}^{n} x_t^2 = 330$ 代入式(9.88)和式(9.89)可得

$$\hat{a} = \frac{\sum_{t=1}^{n} y_t}{n} = \frac{2028966.6}{10} = 202896.66$$

$$\hat{b} = \frac{\sum_{t=1}^{n} x_t y_t}{\sum_{t=1}^{n} x_t^2} = \frac{2756355}{330} = 8352.5909$$

则拟合直线方程为

$$\hat{y}_t = 202896.66 + 8352.5909 x_t$$

利用所建立的模型对2006—2015年能源的生产总量进行预测,所得的预测值与实际值进行比较,具体见表9.8。

表9.8　　　　2006—2015年能源生产总量预测值与实际值间的误差分析

年份	实际值/万 t 标准煤	预测值/万 t 标准煤	相对误差/%
2006	135047.6	127723.3	5.42
2007	143874.6	144428.5	−0.39
2008	150655.7	161133.7	−6.96
2009	171905.9	177838.9	−3.45
2010	196647.5	194544.1	1.07
2011	216218.5	211249.3	2.3
2012	232166.6	227954.4	1.81
2013	247279.2	244659.6	1.06
2014	260552	261364.8	−0.31
2015	274619	278070	−1.26

该模型预测的平均相对误差为2.4%,预测精度较高,可以用其对未来能源的生产总量进行预测,具体见表9.9。

表9.9　　　　　　　　　　未来能源的生产总量

年份	能源生产总量预测值/万 t 标准煤	年份	能源生产总量预测值/万 t 标准煤
2016	294775.2	2020	361595.9
2017	311480.3	2021	378301.1
2018	328185.5	2026	461827
2019	344890.7	2036	628878.8

根据该预测结果得知,2016—2021年能源的生产总量的年均增长率为4.59%,2026—2036年能源的生产总量的年均增长率为3.14%,可以看出能源生产的年均增长率呈现下降趋势,这是因为随着经济发展对能源消耗量的增加,导致能源生产量在逐年增加,但勘探可开发的能源总量并没有增加太多,能源日益在枯竭,因此未来每年能源的生产量增长率将呈现下降趋势。

9.2.6 灰色系统预测模型

在控制论中,将已知信息的系统称为白色系统,未知信息的系统称为黑色系统,系统中既含有已知又含有未知或不完全的信息系统称为灰色系统。灰色系统理论自我国著名学者邓聚龙于1982年提出以来,在理论和应用方面都取得了显著成绩。灰色系统理论建模的主要任务是根据社会、经济、技术等系统的行为特征数据,找出因素本身或因素之间的数学关系,从而了解系统的动态行为和发展趋势。该系统理论具有所需样本数据少、计算简单等优点,其特点是:①预测模型不是唯一的;②一般预测到一个区间,而不是一个点;③预测区间的大小与预测精度成反比,而与预测成功率成正比。

灰色系统理论认为:①任何随机过程都可看作是在一定时空区域变化的灰色过程,随机量可看作是灰色量;②无规则的离散时空数列是潜在的有规则序列的一种表现。因而,通过生成变化可将无规则序列变成规则序列。灰色预测是对灰色系统,如社会系统、经济系统以及生态系统等的预测。能源系统是一个复杂的系统,其影响因素有些是已知的,有些是未知的。因此,可以把能源系统作为灰色系统进行处理。灰色预测模型在能源预测中已得到了广泛应用。

1. GM(1,1)预测模型

灰色预测所用的模型一般为 GM(1,1)、GM(0,N)、GM(1,N)、SCCM(1,1)等,其中应用最为广泛的是 GM(1,1)模型,它是通过惯性序列建立预测模型,求得预测值的分布。下面讲述其具体预测过程。

设原始数据为 $\boldsymbol{x}^{(0)} = \{x^{(0)}(1), x^{(0)}(2), \cdots, x^{(0)}(n)\}$,建立 GM(1,1)微分模型为

$$\frac{d\boldsymbol{x}^{(1)}}{dt} + a\boldsymbol{x}^{(1)} = b \tag{9.90}$$

式中 $x^{(1)}$——一次累加生成的 AGO(Accumulated Generation Operation)数列;

a、b——待求参数。

确定数据矩阵 $\boldsymbol{B}$ 和 $\boldsymbol{Y}_N$,根据最小二乘法得到下式

$$\hat{a} = \begin{bmatrix} a \\ b \end{bmatrix} = [\boldsymbol{B}^T \boldsymbol{B}]^{-1} \boldsymbol{B}^T \boldsymbol{Y}_N \tag{9.91}$$

其中 $\boldsymbol{B} = \begin{bmatrix} -\frac{1}{2}[x^{(1)}(1) + x^{(1)}(2)] & 1 \\ -\frac{1}{2}[x^{(1)}(2) + x^{(1)}(3)] & 1 \\ \vdots & \vdots \\ -\frac{1}{2}[x^{(1)}(n-1) + x^{(1)}(n)] & 1 \end{bmatrix}, \boldsymbol{Y}_N = \begin{bmatrix} x^{(0)}(2) \\ x^{(0)}(3) \\ \vdots \\ x^{(0)}(n) \end{bmatrix}$

$\boldsymbol{B}^T \boldsymbol{B}$ 是对称矩阵。将原始数据列及一次 AGO 数列代入到式(9.91)中,得到 a 和 b 的值。然后,将 a 和 b 的值代入到式(9.90)中,推导得到

$$\hat{x}^{(1)}(k+1) = \left(x^{(0)}(1) - \frac{b}{a}\right)e^{-ak} + \frac{b}{a} \tag{9.92}$$

预测值计算公式为

$$\hat{x}^{(0)}(k+1)=\hat{x}^{(1)}(k+1)-\hat{x}^{(1)}(k) \tag{9.93}$$

由式（9.93）可得到预测数列 $\hat{x}^{(0)}$。然后对所得预测数据进行残差和精度检验，实际值与预测值的残差公式为：

绝对误差（残差） $\quad\delta(t)=x^{(0)}(t)-\hat{x}^{(0)}(t) \tag{9.94}$

相对误差 $\quad\delta_{\mathrm{r}}(t)=\dfrac{\delta(t)}{x^{(0)}(t)} \tag{9.95}$

进行精度检验需要计算后验差比值 C，根据后验差检验的原则，后验差比值 C 越小越好。残差 δ 及 δ 的样本总体标准差 S_1、样本数据 $x(0)$ 的样本总体标准差 S_2 分别为

$$S_1=\sqrt{\dfrac{\sum\limits_{t=1}^{n}\left[\delta(t)-\overline{\delta}\right]^2}{n}} \tag{9.96}$$

$$S_2=\sqrt{\dfrac{\sum\limits_{t=1}^{n}\left[x^{(0)}(t)-\overline{x}\right]^2}{n}} \tag{9.97}$$

则 $\quad C=\dfrac{S_1}{S_2} \tag{9.98}$

通过观察误差值及后验差比值 C 来验证选择该方法的正确性。

2. GM(1,1)模型在能源生产总量预测中的应用

已知 1986—2015 年能源的生产总量作为原始数列，通过建立灰色预测 GM(1,1)模型，对未来的能源生产总量进行预测。

原始数列 $\boldsymbol{x}^{(0)}$ = {63735, 63227, 66778, 71270, 77855, 85546, 88124, 91266, 95801, 101639, 103922, 104844, 107256, 111059, 118729, 129034, 133031.54, 133460.37, 129833.7, 131934.7, 135047.61, 143874.6, 150655.71, 171905.88, 196647.54, 216218.54, 232166.57, 247279.19, 260552, 274619}

一次累加生成数列 $\boldsymbol{x}^{(1)}$ = {63735, 126962, 193740, 265010, 342865, 428411, 516535, 607801, 703602, 805241, 909163, 1014007, 1121263, 1232322, 1351051, 1480085, 1613117, 1746577, 1876411, 2008345, 2143393, 2287268, 2437923, 2609829, 2806477, 3022695, 3254862, 3502141, 3762693, 4037312}

将求得的一次累加生成数列 $\boldsymbol{x}^{(1)}$ 计算平均值得到数据矩阵 $\boldsymbol{B}$，根据原始数列 $\boldsymbol{x}^{(0)}$ 得到数据矩阵 $\boldsymbol{Y}_\mathrm{N}$。

$$[\boldsymbol{B}^\mathrm{T}\ \boldsymbol{B}]^{-1}=\begin{bmatrix}2.86\mathrm{E}-14 & 4.55\mathrm{E}-08\\ 4.55\mathrm{E}-08 & 0.1070733\end{bmatrix}$$

$\boldsymbol{Y}_\mathrm{N}=[63227,66778,71270,77855,85546,88124,91266,95801,101639,103922,104844,107256,111059,118729,129034,133031.54,133460.37,129833.7,131934.7,135047.61,143874.6,150655.71,171905.88,196647.54,216218.54,232166.57,247279.19,260552,274619]^T$

根据公式 $\hat{\boldsymbol{a}}=\begin{bmatrix}a\\ b\end{bmatrix}=[\boldsymbol{B}^\mathrm{T}\ \boldsymbol{B}]^{-1}\boldsymbol{B}^\mathrm{T}\boldsymbol{Y}_\mathrm{N}$，可求得

$$\hat{a} = \begin{bmatrix} a \\ b \end{bmatrix} = \begin{bmatrix} -0.051861 \\ 54363.4815 \end{bmatrix}$$

根据 $GM(1,1)$ 微分模型 $\dfrac{dx^{(1)}}{dt} + ax^{(1)} = b$，可推导得到预测模型

$$\hat{x}^{(1)}(k+1) = \left(x^{(0)}(1) - \dfrac{b}{a}\right)e^{-ak} + \dfrac{b}{a} \text{ 得到}$$

$$\hat{x}^{(1)}(k+1) = 1111987e^{0.051861k} - 1048252$$

最后根据预测值计算公式 $\hat{x}^{(0)}(k+1) = \hat{x}^{(1)}(k+1) - \hat{x}^{(1)}(k)$ 可得到未来历年能源生产总量的预测值。1986—2015年能源生产总量的预测结果及预测误差见表9.10。

表 9.10   1986—2015 年能源生产总量的模型预测

年份	实际值/万 t 标准煤	预测值/万 t 标准煤	绝对误差/万 t 标准煤	相对误差
1986	63735	63735	0	0
1987	63227	59190.42	4036.577	0.063843
1988	66778	62341.1	4436.905	0.066443
1989	71270	65659.48	5610.523	0.078722
1990	77855	69154.49	8700.506	0.111753
1991	85546	72835.55	12710.45	0.14858
1992	88124	76712.54	11411.46	0.129493
1993	91266	80795.91	10470.09	0.114721
1994	95801	85096.63	10704.37	0.111735
1995	101639	89626.27	12012.73	0.11819
1996	103922	94397.03	9524.97	0.091655
1997	104844	99421.73	5422.269	0.051717
1998	107256	104713.9	2542.107	0.023701
1999	111059	110287.8	771.2454	0.006944
2000	118729	116158.3	2570.691	0.021652
2001	129034	122341.4	6692.65	0.051867
2002	133031.5	128853.5	4178.029	0.031406
2003	133460.4	135712.3	−2251.94	0.016873
2004	129833.7	142936.2	−13102.5	0.100918
2005	131934.7	150544.6	−18609.9	0.141054
2006	135047.6	158558	−23510.4	0.17409
2007	143874.6	166998	−23123.4	0.160719
2008	150655.7	175887.2	−25231.5	0.167478

续表

年份	实际值/万 t 标准煤	预测值/万 t 标准煤	绝对误差/万 t 标准煤	相对误差
2009	171905.9	185249.6	−13343.7	0.077622
2010	196647.5	195110.3	1537.256	0.007817
2011	216218.5	205495.9	10722.65	0.049592
2012	232166.6	216434.3	15732.25	0.067763
2013	247279.2	227955	19324.19	0.078147
2014	260552	240088.9	20463.08	0.078537
2015	274619	252868.7	21750.29	0.079202

从各年度预测值的相对误差来看，近30年的平均相对误差仅为8.07%，预测精度达到91.93%。计算得出的残差标准差 $S_1=12688.29$，能源生产总量实际值的标准差 $S_2=58980.09$，根据公式后验差 $C=S_1/S_2$ 计算得出 $C=0.215$，符合灰色预测模型后验差比值小于0.5的要求，该结果说明所构建的灰色预测模型预测效果很好，可以用于能源生产总量的预测。下面用其对未来能源生产总量进行预测，预测结果见表9.11。

表 9.11　　　　　　　未来能源生产总量的 GM(1,1)模型预测

年份	生产总量预测值/万 t 标准煤
2016	266328.8
2017	280505.3
2018	295436.4
2019	311162.4
2020	327725.4
2021	345170
2026	447350.5
2036	751411.5

从预测结果可以看到，2016年能源生产总量为26.63亿 t 标准煤，2020年将达到32.77亿 t，2036年为75.14亿 t。由于模型预测的基础数据是1986—2015年的能源生产量数据，这一阶段正是加快工业化进程建设的阶段，每年对能源的生产量与消耗量均非常大，且每年以较快的速度增长，这对模型产生了重大影响，使模型预测数据的递增速度较快，这直接导致了模型的预测数据偏大。经济发展的一般规律表明，随着经济的不断发展，第三产业增加值将在 GDP 中所占的比重呈现增长态势，部分发达国家的国内生产总值中第三产业的贡献率已高达80%~90%，而第三产业对能源的需求要低于第二产业与第一产业，因此能源生产总量的增长速度也会呈现明显下降态势。事实上，经济、社会发展中的绝大多数问题都不可能单纯依靠哪一个或几个数学模型来精确的描述，单纯运用数学模型的方法都会产生或大或小的偏差，这是不可避免的。

9.2.7 技术扩散预测法

1. 技术扩散模型

在已有的有关新能源技术扩散研究中,扩散模型运用较多。按照创新扩散过程的影响因素,扩散模型可分为以下三类:

(1) 内部影响模型,如 Logistic 模型,考虑系统内部因素主要是过去使用者对扩散的影响。内部影响模型假定创新扩散完全是由潜在市场内部的信息传播推动,其描述的创新扩散过程与传染病的传播过程相似,也被称为标准传染模型。

(2) 外部影响模型,将技术扩散完全归于系统的外部因素。外部影响模型将潜在的采用者市场分为已采纳创新者和未采纳创新者两类。

(3) 混合影响模型,如 Bass 模型,综合考虑内外部因素对扩散的影响。混合模型中涉及的未知参数较多,对于数据充足性要求较高。

Fisher 和 Pry(1970)、Henry(1972)和 Blaekmna(1974)等人通过比较研究各种技术创新的扩散过程,认为 Logistic 内部扩散模型可以较好地描述技术创新扩散过程。该技术扩散过程符合传染病扩散过程,即初始阶段技术进入市场,由于潜在采用者的不确定性及技术本身的风险,扩散速度缓慢;在加速阶段,随着用户增多,市场传播速度加快,普及量开始迅速增加;在饱和阶段,当超过最大加速度点之后,技术市场扩散速度开始减慢,最终达到市场饱和,即最大开发量,该过程可以通过图 9.4 清楚地看出。

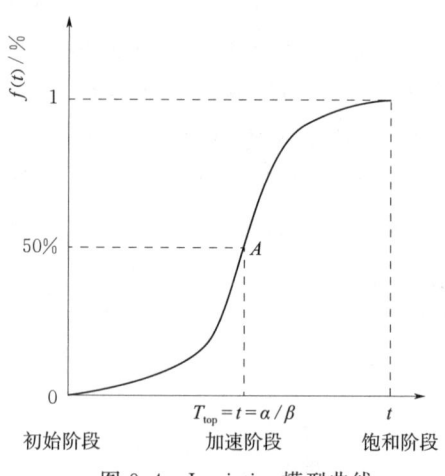

图 9.4 Logistics 模型曲线

2. 技术扩散模型在新能源系统中的应用

下面以太阳能光伏技术的扩散预测为例,详细说明 Logistics 模型在新能源技术预测中的应用。

(1) 太阳能及光伏技术的应用简介。太阳能一直被认为是人类社会可持续发展的重要可再生的、清洁的能源,世界各国都把太阳能光伏发电的利用和商业化作为重要的发展方向。根据欧洲 JRC 的预测,到 2030 年太阳能发电将在世界电力的供应中显现其重要的作用,达到 10% 以上;2050 年太阳能发电将占全球总能耗的 20%,到本世纪末太阳能发电将在能源结构中起到主导作用。

每年中国陆地接收的太阳辐射总量相当于 24000 亿 t 标准煤,约等于 1000 年的能源消费量;全国总面积 2/3 的地区年日照时间都超过 2000h。目前太阳能主要用来发电和发热。我国太阳能热水器年生产能力已超过 2300 万 m^2,太阳能热水器使用总量超过 1.2 亿 m^2。占世界总使用量的 60%,与此相比,我国光伏产业与国际光伏发展仍有较大的距离,世界光伏产业每年以 31% 的速度发展,而我国的光伏产业每年增长率仅为 15%。

我国具有发展太阳能的天然基础。有效利用太阳能资源已经成为解决我国能源环境问题的重要突破口之一，而制约我国太阳能资源发展的重要问题就是技术层面上的落后。因此太阳能光伏技术扩散问题亟待解决。本例采用 Logistics 扩散模型对我国太阳能光伏发电技术扩散趋势进行预测，试图模拟我国未来太阳能光伏发电技术的发展曲线，以期对国家可再生能源的发展利用提出政策依据。

（2）Logistics 扩散模型构建。假设在某一时点 t 太阳能的市场最大开发能力 N_t，时间 t 点上太阳能光伏的市场普及量或者已有的市场潜能为 n_t，若太阳能光伏技术采用比率为 β，则在无限小的时间间隔 dt 中，市场采用数量可以表示为

$$dN = \beta \frac{n_t}{N_t}(N_t - n_t)dt \tag{9.99}$$

令 $f(t) = \dfrac{n_t}{N_t}$ 表示时间 t 上太阳能光伏的市场开发率，即在某一时点上，太阳能光伏技术市场普及量 n_t 在最大经济可开发量 N_t 中所占的比例。则式（9.99）可变形为

$$df = \beta f(1-f)dt \tag{9.100}$$

β 为常数，则式（9.100）微分可得 Logistics 曲线，即

$$f(t) = \frac{1}{1+a_0 e^{-\beta(t-t_0)}} \tag{9.101}$$

其中

$$a_0 = \frac{1-f(t_0)}{f(t_0)}$$

可以看出 $f(t_0)$ 必须大于零，主要是由于技术一旦进入市场，必然会有采用者，因此 $f(t_0)$ 一定会大于零。进而对式（9.101）整合变形可得

$$f(t) = \frac{1}{1+e^{-\beta t+\alpha}} \tag{9.102}$$

通过比较式（9.101）和式（9.102）可知，$\alpha = \beta t_0 + \ln a_0$。由于价格、制度等多方面因素的影响，每一个时间点 t 上的 N_t 值都是在变化的。在 Logistic 模型中，α 和 β 是 Logistic 模型参数，t 表示研究的时间点（$t=1, 2, \cdots$）。对式（9.102）求导，得

$$\frac{df}{dt} = f' = \beta e^{-\beta t+\alpha} \times \frac{1}{(1+e^{-\beta t+\alpha})^2} \tag{9.103}$$

式（9.103）中，f' 表示市场开发率增长速度，通过对式（9.103）求极值可知，当 $t = \alpha/\beta$ 时，$f' = \dfrac{\beta}{4}$，此时 f' 最大，表示在 $t = \alpha/\beta$ 时市场开发率增长速度最大。将 t 带入式（9.102），得光伏技术市场开发率 $f(t) = 50\% = \dfrac{n_t}{N_t}$，即在光伏技术市场开发率达到 50% 时，市场开发率增长速度最大。令 $T_{top} = t = \alpha/\beta$，则 T_{top} 表示太阳能光伏技术市场开发率达到 50% 所要花费的时间。式（9.103）的各点可在图 9.4 中显示，其中横轴表示时间，纵轴表示太阳能光伏技术市场开发率，A 点即达到市场开发比率达到 50% 时的时间点，也是市场开发率增长速度最快的时间点。

在 Logistic 模型中，市场开发率 $f(t)$ 可以作为衡量技术扩散程度的主要因素，然而现实中，技术扩散速度将随着时间的增长呈现缓慢减弱趋势，为此，将式

(9.103) 变形为

$$\frac{\mathrm{d}f/\mathrm{d}t}{f} = \frac{-\beta \mathrm{e}^{-\beta t+\alpha}\dfrac{1}{(1+\mathrm{e}^{-\beta t+\alpha})^2}}{\dfrac{1}{1+\mathrm{e}^{-\beta t+\alpha}}} = -\frac{\beta}{1+\mathrm{e}^{\beta t-\alpha}} \quad (9.104)$$

由式（9.104）可知，随着时间的无限增长，公式逐渐减小并逐步趋向于 0，这一变化趋势与模型假设以及现实都是相符合的。由此可知，Logistic 模型能够比较合理的解释太阳能光伏技术的扩散趋势。该模型中自变量只有时间一个量，然而在逻辑模型中只有一个自变量时，预测结果倾向于定性结果。因此该模型定性的反映了太阳能光伏发电技术扩散的整体趋势。

(3) Logistic 模型参数估计。模型中 β 表示扩散速度，定义为太阳能技术扩散的市场渗透比率，是技术扩散研究中的关键参数。由式（9.102）可以看出，市场渗透比率在长期过程随着新技术市场占有率的提高在逐步下降，β 决定了扩散曲线的斜率和坡度。

在 Logistic 模型中，数据充足时，参数估计方法通常有普通最小二乘法、极大似然估计法和非线性最小二乘法。而在缺乏有效数据的情况下，参数可以通过管理判断或者历史上类似创新的扩散情况来获得，用历史数据估计模型中的参数值作为一种数据确实情况下的估值方法已经被众多学者论证过。

国外学者在研究太阳能光伏技术扩散方面数据较为全面，根据文献研究，德国、芬兰，以及世界范围下的太阳能光伏技术扩散市场开发率要达到 50%，分别需要 23 年、31 年、46 年的时间，其扩散速度也有较大差别，具体见表 9.12。取三种情况下的平均值作为假设条件下我国太阳能光伏技术扩散系数，将这两个参数值代入公式 $T_{\text{top}}=\alpha/\beta$ 得 α 的值。参数值计算结果见表 9.13。

表 9.12　太阳能技术扩散历史参数

太阳能技术	$\beta/$（%/年）	$T_{\text{top}}/$年
太阳能光伏（德国）	0.346	23.0
太阳能光伏（芬兰）	0.138	31.0
太阳能光伏（世界）	0.203	46.0

表 9.13　模型的主要参数值

太阳能技术	$\beta/$（%/年）	α	$T_{\text{top}}/$年
太阳能光伏（平均）	0.229	7.626	33.3

(4) 我国太阳能光伏发电技术市场扩散预测。本例选取 1996 年为基期，对应 $t=1$，根据已知的 α、β 值，带入式（9.102）得到我国太阳能光伏技术市场扩散曲线为

$$f(t) = \frac{1}{1+\mathrm{e}^{-0.229t+7.626}} \quad (9.105)$$

根据模型，对我国 2010—2030 年期间太阳能光伏技术市场扩散情况做出预测，得出太阳能光伏技术市场扩散曲线如图 9.5 所示。假设影响因素不变，以目前扩散速率，到 2020 年我国太阳能光伏技术市场开发率则能达到 12% 以上，而到 2030 年我国太阳能光伏发电技术市场开发率则将达到 59.06%。

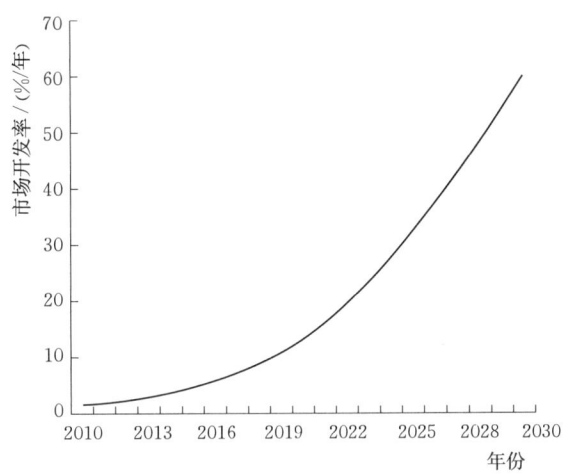

图 9.5　太阳能光伏技术扩散 2010—2030 年发展预测

将 2010—2030 年间的扩散趋势分解为两步：2010—2020 年，2021—2030 年。可以看出，2010—2020 年我国太阳能光伏发电技术扩散较 2021—2030 年更为快速。2010—2020 年，国家对于新能源的一系列政策及财政支持逐步发挥作用，大力促进了太阳能光伏的发展，扩散曲线较为倾斜，可见扩散趋势较为显著。又 $f(t)=\dfrac{n_t}{N_t}$，n_t 指产品销量数值，但由于发电量与使用量基本相等，n_t 为太阳能光伏发电安装容量。根据我国 2010—2016 年实际的太阳能光伏发电的安装容量，可以验证模型的可靠性，进行模型的再次修正，也可进一步估算我国太阳能光伏发电的最大经济可开发量 N_t。2021—2030 年扩散势头开始呈现直线上升趋势，扩散的步调也开始趋于平缓，太阳能光伏发电市场发展趋于逐步成熟阶段。

9.2.8　组合预测法

1. 组合预测法简介

时间序列预测法、趋势外推法、灰色系统预测等主要是根据历史数据之间的相互关系和规律，而不考虑能源系统的相互作用和平衡规律，直接将历史趋势进行外推的建模方法，这些模型结构简单，使用起来比较方便，但由于这些模型对系统内的机理考虑较少，因此，外推能力有限，比较适合短期预测。而且，在预测实践中，对于同一个问题可采用不同的预测方法，不同预测方法的预测精度也往往不同。一般是以预测误差平方和作为评价预测方法优劣的标准，但不同的预测方法往往能够提供不同的有用信息，这表明单一的预测方法在使用上存在以下局限性：

（1）单一预测模型都是对被预测对象所处的环境作出某些假设，而预测环境是指未被预测模型所考虑的一组因素，考虑到建模的成本和效益，舍去了一些与模型相关的环境信息，从而使模型简化。因此，当环境迅速变化时，由于模型的各种假设前提不再成立，模型的性能将会变差，弱化了对环境的适应性。

（2）一些预测方法使用时往往面临一个问题，即同时有多种预测模型，均通过统计检验及有关合理性的检验准则，但预测结果却分布在一个较宽的区域内，从而使决策者难以决定取舍。

（3）从大量的研究中发现，对于一个特定的预测领域，可供使用的信息是有限的。不同的单一预测方法所载用的信息是不完全相同的，而任一预测方法都使用了一部分有用的信息。所以被取舍的那些预测方法或模型总是包含了一些有用的独立信息。因此，采用某个单一模型进行预测，结果将会导致可靠性与精度的降低。

为了克服上述单一预测模型中存在的局限性，利用组合模型可以将各种模型有机结合，综合各种模型的优点，从而提供更精确的预测结果。组合预测就是通过一定的方法，采用多种预测模型可以利用的信息，对它们的预测结果进行综合，以达到强化对环境的适应性，取得一个较窄的预测取值范围，从而提高预测的精度，增加预测模型实用性的一种有效手段。

组合预测在国外常被称为 Combination forecasting，Combined forecasting 或 Combined forecast 等，在国内也被称为结合预测或复合预测。由于最早对组合预测方法进行系统研究的是 J M Bates 和 C W J Granger，所以也有人把组合预测称之为 B-G 组合预测。

组合预测是采用两个或两个以上不同的预测方法对同一研究对象进行预测，并对各单独的预测结果适当加权，然后取其加权平均值作为最终的预测结果。这是近年来较为活跃的一种预测方法。组合预测模型聚集了各个单个预测方法包含的有用信息，从而具有对未来变化的适应能力，减少了预测的风险，提高了预测的精度。

2. 组合预测模型

组合预测方法按其综合手段的不同特点可以分为权重合成和区域合成两大类型，其中权重合成应用最为广泛。假设对于同一个预测问题，用 N 种不同的预测模型分别进行预测，则由 N 个模型构成的组合预测模型为

$$f_t = \sum_{i=1}^{N} k_i f_{it} \quad (t=1,2,\cdots,n) \tag{9.106}$$

式中　　f_t——t 时刻组合预测模型的预测值；

f_{it}——t 时刻第 i 种预测模型的预测值，$i=1,2,\cdots,N$；

k_i——第 i 个模型的权重，$i=1,2,\cdots,N$，且 $\sum_{i=1}^{N} k_i = 1$。

当求得 f_{it} 和 k_i 时，即可利用式（9.106）进行组合预测。

3. 最优权重的确定

组合预测的关键是恰当地确定单个预测方法的权系数。确定权系数有很多种不同的算法，相应地可以产生各种组合预测模型，其中每个模型都可以从某个角度提高预测水平。常用的确定权重的方法有以下几种。

9.2 新能源技术经济预测的方法及应用

(1) 拉格朗日乘子法。若记 y_t 为 t 时刻的实际观察值，$t=1,2,\cdots,M$；M 为已知观测值的个数；e_{it} 为 t 时刻第 i 种预测模型的预测误差，$t=1,2,\cdots,M$；$i=1,2,\cdots,N$；e_t 为 t 时刻组合预测模型的预测误差。则有

$$e_{it}=y_t-f_{it} \tag{9.107}$$

$$e_t=y_t-f_t=\sum_{i=1}^{N}k_i e_{it}=[k_1,k_2,\cdots,k_N][e_{1t},e_{2t},\cdots,e_{Nt}]^T$$
$$=[e_{1t},e_{2t},\cdots,e_{Nt}][k_1,k_2,\cdots,k_N]^T \tag{9.108}$$

如果记组合预测模型的加权系数向量为 $\boldsymbol{k}=[k_1,k_2,\cdots,k_N]^T$，第 i 个预测模型的预测误差向量为 $\boldsymbol{E}_i=[e_{i1},e_{i2},\cdots,e_{im}]^T$，组合预测误差矩阵为 $\boldsymbol{E}=[\boldsymbol{E}_1,\boldsymbol{E}_2,\cdots,\boldsymbol{E}_N]$，组合预测误差平方和为 J，则有

$$J=\sum_{t=1}^{M}e_t^2 \tag{9.109}$$

当再记

$$\boldsymbol{E}=\boldsymbol{e}^T\boldsymbol{e}=\begin{bmatrix} \sum_{t=1}^{M}e_{1t}^2 & \sum_{t=1}^{M}e_{1t}e_{2t} & \cdots & \sum_{t=1}^{M}e_{1t}e_{Nt} \\ \sum_{t=1}^{M}e_{2t}e_{1t} & \sum_{t=1}^{M}e_{2t}^2 & \cdots & \sum_{t=1}^{M}e_{2t}e_{Nt} \\ \vdots & \vdots & \cdots & \vdots \\ \sum_{t=1}^{M}e_{Nt}e_{1t} & \sum_{t=1}^{M}e_{Nt}e_{2t} & \cdots & \sum_{t=1}^{M}e_{Nt}^2 \end{bmatrix} \tag{9.110}$$

于是，可以证明

$$J=\boldsymbol{k}^T\boldsymbol{E}\boldsymbol{k} \tag{9.111}$$

如果向量 $\boldsymbol{E}_1,\boldsymbol{E}_2,\cdots,\boldsymbol{E}_N$ 线性独立，则 $\boldsymbol{E}$ 为对称正定矩阵，从而 $\boldsymbol{E}$ 可逆。下面假设 $\boldsymbol{E}_i$ 是线性独立的。

若记 $\boldsymbol{R}=[1,1,\cdots,1]^T$，则权重之和应满足条件 $\sum_{i=1}^{N}k_i=1$，可以改写为

$$\boldsymbol{R}^T\boldsymbol{k}=1 \tag{9.112}$$

为求得权重向量 $\boldsymbol{k}$ 在满足式（9.112）条件下，使组合预测模型的预测误差平方和 J 达到极小值，引入拉格朗日乘子 λ 后，J 可以表示为

$$J=\boldsymbol{k}^T\boldsymbol{E}\boldsymbol{k}+\lambda(\boldsymbol{R}^T\boldsymbol{k}-1) \tag{9.113}$$

要使 J 取得极小值 J_{min}，J 对 $\boldsymbol{k}$ 的一阶偏导数必为零。根据标量对向量求导规则可得

$$\frac{\partial J}{\partial \boldsymbol{k}}=2\boldsymbol{E}\boldsymbol{k}+\lambda\boldsymbol{R}=0 \tag{9.114}$$

将 $\boldsymbol{E}^{-1}$ 左乘式（9.114）的两端得

$$2\boldsymbol{k}+\lambda\boldsymbol{E}^{-1}\boldsymbol{R}=0 \tag{9.115}$$

将式（9.115）的两端乘 $\boldsymbol{R}^T$ 可得

$$2\mathbf{R}^{\mathrm{T}}\mathbf{k}+\lambda\mathbf{R}^{\mathrm{T}}\mathbf{E}^{-1}\mathbf{R}=0 \tag{9.116}$$

将式 (9.112) 代入式 (9.116) 可解出 λ，即

$$\lambda=-\frac{2}{\mathbf{R}^{\mathrm{T}}\mathbf{E}^{-1}\mathbf{R}} \tag{9.117}$$

将式 (9.117) 代入式 (9.115) 可解出 $\mathbf{k}$，即

$$\mathbf{k}=-\frac{\mathbf{E}^{-1}\mathbf{R}}{\mathbf{R}^{\mathrm{T}}\mathbf{E}^{-1}\mathbf{R}} \tag{9.118}$$

按式 (9.118) 求出的 $\mathbf{k}$ 就是最优权重向量。相应的 $J=\mathbf{k}^{\mathrm{T}}\mathbf{E}\mathbf{k}$ 达到极小值 $J_{\min}$。拉格朗日乘子法确定权重的方法，虽然可以利用公式直接进行计算，但这种确定权重 $\mathbf{k}$ 的方法不能保证任意的 $k_i \geqslant 0$。

(2) 线性规划法。

当令

$$x_{1t}=(|e_t|-e_t)/2 \tag{9.119}$$

$$x_{2t}=(|e_t|+e_t)/2 \tag{9.120}$$

显然有

$$x_{1t} \geqslant 0 \quad (t=1, 2, \cdots, M)$$

$$x_{2t} \geqslant 0 \quad (t=1, 2, \cdots, M)$$

$$x_{1t} x_{2t}=0 \quad (t=1, 2, \cdots, M)$$

$$e_t=x_{2t}-x_{1t} \quad (t=1, 2, \cdots, M)$$

$$|e_t|=x_{1t}+x_{2t} \quad (t=1, 2, \cdots, M)$$

当以组合预测模型误差绝对值之和最小为目标时，则可建立如下线性规划模型：

目标函数

$$\min S=\sum_{t=1}^{M}(x_{1t}+x_{2t}) \tag{9.121}$$

约束条件

$$\begin{cases} \sum_{i=1}^{N} k_i=1 \\ \sum_{i=1}^{N} e_{it} k_i + x_{1t} - x_{2t}=0 & (t=1, 2, \cdots, M) \\ k_i \geqslant 0 & (i=1, 2, \cdots, N) \\ x_{1t} \geqslant 0, x_{2t} \geqslant 0 & (t=1, 2, \cdots, M) \end{cases} \tag{9.122}$$

解上述线性规划模型便可求得最优权重 k_1, k_2, $\cdots$, k_N。

(3) 非线性规划模型。当以组合预测误差平方和最小为目标时，则可以建立如下的非线性规划模型：

目标函数

$$\min J=\sum_{t=1}^{M} e_t^2 = \mathbf{k}^{\mathrm{T}}\mathbf{E}\mathbf{k} \tag{9.123}$$

约束条件

$$\begin{cases} \sum_{i=1}^{N} k_i = 1 & (i=1,2,\cdots,N) \\ k_i \geqslant 0 \end{cases} \quad (9.124)$$

解上述非线性规划模型便可求得最优权重 k_1, k_2, $\cdots$, k_N。

(4) 变动权重方法。变动权重的研究起步晚于固定权重的研究,权重的确定方法还处于探讨阶段,但变动权重的组合预测方法的预测精度要明显高于固定权重的组合预测方法,因此目前对此种方法也加大了研究力度。由于变动权重函数是时间的函数,所以权重的确定比较困难,目前在能源预测模型中也很少应用。

设有 n 种预测方法 (f_{1t}, f_{2t}, $\cdots$, f_{nt}) 可以用于预测,其中 y_t 为第 t 期的实际观测值 ($t=1,2,\cdots,M$);f_{it} 为运用第 i 种预测方法计算得到的第 t 期的预测值;k_{it} 为第 i 种预测方法在第 t 期的加权系数,且满足 $\sum_{i=1}^{n} k_{it} = 1$, $k_{it} \geqslant 0$ ($t=1,2,\cdots,M$);用第 i 种预测方法得到的第 t 期的预测值的预测误差 $e_{it} = y_t - f_{it}$;运用组合预测法得到的第 t 期的预测值 $f_t = \sum_{i=1}^{n} k_{it} f_{it}$,组合预测法第 t 期预测值的预测误差 $e_t = y_t - f_t = \sum_{i=1}^{n} k_{it} e_{it}$。

确定各预测方法权重系数的基本原则是确定的权重必须使样本点处的组合预测误差为最小(误差绝对值最小)。因此,组合预测方法的权重系数可通过下式求得,即

$$\begin{cases} \min Z_t = |e_t| = \left| \sum_{i=1}^{n} k_{it} e_{it} \right| \\ \sum_{i=1}^{n} k_{it} = 1, k_{it} \geqslant 0 \quad (t=1,2,\cdots,M) \end{cases} \quad (9.125)$$

样本点处的组合预测模型分为以下两种情况:

1) 在样本点 t 处,所有的预测方法 i,预测误差都是同方向的,即对于所有预测方法,均有 $e_{it} \geqslant 0$ (或 $e_{it} \leqslant 0$),这时组合预测优化模型可记为

$$\begin{cases} \min Z_t = \left| \sum_{i=1}^{n} k_{it} e_{it} \right| = \sum_{i=1}^{n} k_{it} |e_{it}| \\ \sum_{i=1}^{n} k_{it} = 1, k_{it} \geqslant 0 \quad (t=1,2,\cdots,M) \end{cases} \quad (9.126)$$

很显然,这一组合预测问题已转化为一个线性规划问题,假设 $e_{pt} = \min e_{it}$,则这一线性规划问题的解必定为

$$\begin{cases} k_{pt} = 1 \\ k_{it} = 0 \quad (i=1,2,\cdots,n; i \neq p) \end{cases} \quad (9.127)$$

如果对于所有的样本点 $t=1,2,\cdots,M$,均有 $k_{pt} = 1$, $k_{it} = 0$ ($i=1,2,\cdots,n$; $i \neq p$),即在组合预测优化模型中,预测方法 f_{pt} 的权重系数为 1,其他预测方法的权重系数均为 0,这说明 f_{pt} 比其他预测方法的预测误差都要小,预测精度都要高。这时,f_{it} 相

对于 f_{pt} 为劣方法（劣模型）或无效模型，而 f_{pt} 相对于 f_{it} 为优方法（优模型），且此时 f_{pt} 为这一预测问题的全程最优预测方法。以上情况的假设前提是所有预测方法的 e 为同方向，如果 e 符号不同，则对于样本点 t，各种预测方法互为非劣。

如果对于某一个预测问题，不存在全程最优预测方法，那么至少存在两种预测方法 f_{1t}、f_{2t}，其中在某些样本点上，f_{1t} 优于 f_{2t}，而在另外一些样本点上，f_{2t} 优于 f_{1t}，此时 f_{1t} 与 f_{2t} 互为非劣预测方法。在进行组合预测时，应首先将劣预测方法剔除，如果剔除劣预测方法后，只剩下一种预测方法，则这种预测方法可认为是该预测问题的最佳预测模型。

2）在样本点 t 处，有部分预测方法的预测误差 $e_{it}>0$，其他预测方法的预测误差 $e_{it}\leqslant 0$。即 $I_1=\{I_{e_{it}}>0\}$，$I_2=\{I_{e_{it}}\leqslant 0\}$，且 $I=I_1+I_2$。这时组合预测优化模型可记为

$$\begin{cases} \min Z_t = |e_t| = \left|\sum_{i=1}^{n} k_{it} e_{it}\right| = \left|\sum_{i\in I_1} k_{it} e_{it} + \sum_{i\in I_2} k_{it} e_{it}\right| \\ \sum_{i\in I_1} k_{it} + \sum_{i\in I_2} k_{it} = 1, k_{it} \geqslant 0 \quad (i=1,2,\cdots,n) \end{cases} \quad (9.128)$$

这一模型具有多重最优解。经过相应转换处理后，假设在前 I_1 个方法中存在预测方法 $p_1\in I_1$，使得 $e_{p_1t}\leqslant e_{it}(i\in I_1, i\neq p_1)$，则称 f_{p_1t} 为样本点 t 处前 I_1 个预测方法中的最优方法，同理，对后 $n-I_1$ 个预测方法，必存在 $p_2\in I_2$，使得 $e_{p_2t}\leqslant e_{it}(i\in I_2, i\neq p_2)$，则称 f_{p_2t} 为样本点 t 处前 $n-I_1$ 个预测方法中的最优方法。

此时，可令 $k_{it}=0(i\in I, i\neq p_1, i\neq p_2)$，则权重系数的求解可转化为

$$\begin{cases} k_{p_1t}|e_{p_1t}| - k_{p_2t}|e_{p_2t}| = 0 \\ k_{p_1t} + k_{p_2t} = 1 \end{cases} \quad (9.129)$$

解得

$$\begin{cases} k_{p_1t} = \dfrac{|e_{p_2t}|}{[|e_{p_1t}| + |e_{p_2t}|]} \\ k_{p_2t} = \dfrac{|e_{p_1t}|}{[|e_{p_1t}| + |e_{p_2t}|]} \end{cases} \quad (9.130)$$

通过上述两种情况，可求得各预测方法在样本点处的最优组合权重系数 k_{it}。

构建组合预测模型的目的是为了更好地对问题进行预测，提高预测的准确度，那么各预测时点的组合预测权重系数为

$$k_{i,M+1} = \frac{1}{M}\sum_{i=1}^{M} k_{it}, \quad k_{i,M+2} = \frac{1}{M}\sum_{i=2}^{M+1} k_{it}, \cdots, \quad k_{i,M+j} = \frac{1}{M}\sum_{i=j}^{M+j-1} k_{it} \quad (9.131)$$

4. 基于变权重的能源生产总量的预测

本例基于 2.5 和 2.6 节的灰色预测法和趋势外推法两个单项预测模型，采用变权重方法对我国能源的生产总量进行组合预测。首先建立各样本点的组合预测优化模型，求出各样本点的最优组合权系数；然后根据已确定的组合权系数确定各预测时点上各种预测方法的组合权重（相关数据同前），得到组合预测各样本点的预测权重见表 9.14。

表 9.14   2007—2036 年能源生产总量预测值与实际值间的误差分析

年份	灰色预测	趋势外推预测	年份	灰色预测	趋势外推预测
2007	0.000000	1.000000	2022	0.068946	0.931054
2008	0.000000	1.000000	2023	0.075840	0.924160
2009	0.000000	1.000000	2024	0.083424	0.916576
2010	1.000000	0.000000	2025	0.091767	0.908233
2011	0.000000	1.000000	2026	0.100943	0.899057
2012	0.000000	1.000000	2027	0.099926	0.900074
2013	0.000000	1.000000	2028	0.098808	0.901192
2014	0.000000	1.000000	2029	0.096466	0.903534
2015	0.000000	1.000000	2030	0.092669	0.907331
2016	0.111111	0.888889	2031	0.087147	0.912853
2017	0.111111	0.888889	2032	0.089594	0.910406
2018	0.122222	0.877778	2033	0.091658	0.908342
2019	0.134444	0.865556	2034	0.093240	0.906760
2020	0.147889	0.852111	2035	0.094222	0.905778
2021	0.062678	0.937322	2036	0.094467	0.905533

根据组合预测的基本理论，可建立我国能源资源生产总量的组合预测模型，以提高预测的精度，组合预测的误差见表 9.15。

表 9.15   能源生产总量的组合预测误差

年份	实际值/万 t 标准煤	组合预测值/万 t 标准煤	绝对误差/万 t 标准煤	相对误差/%
2007	143874.6	144428.5	−553.924	−0.39
2008	150655.7	161133.7	−10478	−6.96
2009	171905.9	177838.9	−5932.99	−3.45
2010	196647.5	195110.3	1537.216	0.78
2011	216218.5	211249.3	4969.249	2.30
2012	232166.6	227954.4	4212.167	1.81
2013	247279.2	244659.6	2619.585	1.06
2014	260552	261364.8	−812.796	−0.31
2015	274619	278070	−3450.98	−1.26

灰色预测 GM(1,1) 的平均相对误差为 8.07%，趋势外推法的平均相对误差为

2.40%，而组合预测法的平均相对误差仅为 2.03%，预测精度达到了 97.97%。因此，可以运用组合预测法对能源的生产总量进行预测，结果见表 9.16。

表 9.16　　　　　　　　　　未来能源生产总量的组合预测结果

年份	能源生产总量预测值/万 t 标准煤	年份	能源生产总量预测值/万 t 标准煤
2016	291614.5	2020	356586.8
2017	308038.7	2021	376224.5
2018	324182.9	2026	460365.7
2019	340356.1	2036	640454.1

思 考 题

1. 名词解释

(1) 预测。

(2) 技术经济预测。

(3) 时间序列预测法。

(4) 投入产出分析法。

(5) 趋势外推法。

(6) 灰色预测。

2. 简述技术经济预测的目的和作用。

3. 简述技术经济预测过程包括的基本步骤。

4. 简述德尔菲法的特点及德尔菲法的基本步骤。

5. 简述时间序列预测法包括的基本步骤及包括的预测的方法。

6. 简述能源消费弹性系数的基本思路。

7. 简述灰色系统的理论。

8. 简述参数估计在预测中的作用及常用的参数估计方法的种类。

9. 简述组合预测方法与单一模型预测方法相比的优点，确定组合预测权重系数的方法的种类。

10. 举例说明还有哪些技术经济预测方法在新能源系统有实际应用。

参 考 文 献

[1] 代聪文. 基于 ARMA (p, q) 和 GM (1, 1) 组合模型的甘肃省能源需求预测研究 [D]. 兰州：兰州理工大学，2011.

[2] 孙翰墨. 基于 ARMA 模型的风电机组风速预测研究 [D]. 北京：华北电力大学，2011.

[3] 程静, 郑定成, 吴继权. 基于时间序列 ARMA 模型的广东省能源需求预测 [J]. 能源工程，2010, 1: 1-5.

[4] 连文莉, 黄成辰, 吕昌霖. 采用时间序列预测风电场出力 [J]. 电网与清洁能源，2011, 27 (12): 112-117.

［5］ 黄湘宁. 关于能源消费弹性系数计算方法的探讨［J］. 能源研究与利用，1997，2：10-13.

［6］ 苏璟，谭忠富，严菲. 能源消费弹性系数计算方法及其实例分析［J］. 中国能源，2008，30（8）：26-29.

［7］ 高广阔，张能进. 中国能源需求预测及供给对策［J］. 电力技术经济，2005，17（3）：9-13.

［8］ 龚利平. 基于投入产出法的电力经济关系研究［D］. 北京：华北电力大学，2008.

［9］ 邓志茹. 我国能源供求预测研究［D］. 哈尔滨：哈尔滨工程大学，2011.

［10］ 史彩玲，龙如银，李慧娟. 我国太阳能光伏技术扩散预测研究［J］. 工业技术经济，2011，8：60-65.